# Face au racisme

# Du même auteur

La Force du préjugé.
Essai sur le racisme et ses doubles
*La Découverte, Paris, 1988
rééd. en poche, Gallimard, coll. « Tel », Paris, 1980*

Théorie du nationalisme
*Kimé, Paris, 1991
(avec Gil Delannoi)*

Les Protocoles des Sages de Sion.
Faux et usages d'un faux
*Berg International, Paris, 1992, 2 tomes*

*sous la direction de*
*Pierre-André Taguieff*

# Face au racisme

TOME II

Analyses,
hypothèses, perspectives

*Éditions La Découverte*

EN COUVERTURE : Paul Klee,
*Sous une étoile noire*, 1918, 116
(*Under schwartzen Stern*) (détail).
© ADAGP 1993

ISBN 2-02-020979-9, tome 2
ISBN 2-02-020981-0, éd. complète
(ISBN 2-7071-2011-1, t. 2, 1re publication)

© Éditions La Découverte, 1991

Le Code de la propriété intellectuelle interdit les copies ou reproductions destinées à une utilisation collective. Toute représentation ou reproduction intégrale ou partielle faite par quelque procédé que ce soit, sans le consentement de l'auteur ou de ses ayants cause, est illicite et constitue une contrefaçon sanctionnée par les articles 425 et suivants du Code pénal.

## Ont participé à ce volume

- Christian BACHMANN, sociologue, université Paris-Nord et Institut supérieur d'intervention sociale.
- Stéphane BEAUD, historien, École normale supérieure, Paris/Ulm.
- Pierre BIRNBAUM, sociologue, professeur à l'université Paris-I.
- Simone BONNAFOUS, linguiste, maître de conférence à l'université Paris-XII.
- Serge BOULOT, enseignant-chercheur au CREDIF, École normale supérieure, Fontenay/Saint-Cloud.
- Danielle BOYZON-FRADET, enseignant-chercheur au CREDIF, École normale supérieure, Fontenay/Saint-Cloud.
- Jacqueline COSTA-LASCOUX, juriste, directeur de recherche au CNRS.
- Antoine GARAPON, magistrat, juge des enfants à Créteil.
- Hervé HAMON, magistrat, premier juge des enfants, tribunal de Nanterre.
- Riva KASTORYANO, politiste, chargé de recherche au CNRS.

- Gilles KEPEL, politiste, directeur de recherche au CNRS (CERI).
- Jean LECA, politiste, professeur à l'Institut d'études politiques de Paris.
- Étienne LE ROY, juriste, professeur à l'université Paris-I.
- Claude-Valentin MARIE, sociologue, Paris.
- Nonna MAYER, politiste, directeur de recherche au CNRS (CEVIPOF).
- Gérard NOIRIEL, historien, École normale supérieure, Paris/Ulm.
- Pascal PERRINEAU, politiste, professeur à l'université François-Rabelais (Tours), directeur du CEVIPOF (Paris).
- Véronique DE RUDDER, sociologue, chargé de recherche au CNRS.
- Benjamin STORA, historien, maître de conférence à l'université Paris-VIII.
- Pierre-André TAGUIEFF, philosophe et politiste, directeur de recherche au CNRS, ancien président de l'Observatoire de l'antisémitisme.
- Patrick WEIL, politiste, chargé de mission à la Fondation nationale des sciences politiques.
- Michel WIEVIORKA, sociologue, directeur d'études à l'École des hautes études en sciences sociales (Paris), directeur du CADIS.

# Avertissement

Ce livre s'adresse au citoyen qui, désireux de combattre le racisme, ne se satisfait plus de slogans, de propos indignés ou de rassemblements symboliques. Il est urgent aujourd'hui de répondre à la demande d'une action *efficace* contre les diverses manifestations de racisme. L'évolution récente de la société française justifie l'inquiétude des milieux antiracistes, comme le montre la convergence d'un certain nombre d'indicateurs : remontée des opinions antijuives dans les sondages depuis 1988 et stabilité de la xénophobie antimaghrébine (à un niveau élevé), augmentation du nombre des menaces antijuives et antimaghrébines depuis 1987-1988 selon les statistiques du ministère de l'Intérieur, persistance des actions violentes motivées par l'origine maghrébine supposée des victimes, multiplication des écrits idéologiques diffusant les stéréotypes anti-immigrés et réactivant les formes élémentaires de l'antisémitisme politique (dénonciation du « pouvoir » ou de l'« influence » occulte des Juifs).

Si le racisme est devenu, au cours des années quatre-vingt, l'un des thèmes majeurs du débat public, c'est d'abord du fait de l'irruption dans l'espace politique français d'un mouvement national-populiste, le Front national, qui vit et prospère d'exploiter les hantises, les peurs et les ressentiments des Français. C'est précisément l'inquiétante ascension du Front national qui a permis de prendre conscience des illusions et des limites de l'action antiraciste telle qu'on l'a conduite. Le racisme est devenu un problème pour les sciences sociales (comment le définir? Quels sont ses modes de manifestation? Ses causes? etc.), tandis que l'antiracisme a dû s'engager dans une profonde remise en question de ses fondements, de ses objectifs et de ses moyens de lutte (voir tome 1, introduction et texte n° 4, et tome 2, textes n$^{os}$ 1, 5, 16, 17).

Cet ouvrage se propose d'abord, dans le premier tome, de répondre à des questions simples concernant les moyens d'agir face aux diverses manifestations de racisme et de xénophobie, avec un souci dominant d'efficacité (tome 1, I$^{re}$ partie : *Orientations pour l'action*). Agir de façon concrète contre le racisme et la xénophobie, c'est aussi pouvoir répliquer avec précision, fermeté et efficacité à des affirmations non fondées, approximatives ou simplement fausses, quand elles ne sont pas mensongères. Ce qui implique de pouvoir reconnaître les stéréotypes, les amalgames polémiques et les clichés de propagande, d'être en mesure d'analyser les notions confuses et les formules creuses, de démontrer aussi les faux raisonnements et les raisonnements faux. Et, bien sûr, de pouvoir se référer aux données objectives lorsqu'elles sont établies et disponibles. L'examen critique du discours tenu par le Front national sur l'identité française « menacée » et l'« immigration-invasion » nous permettra de montrer l'inconsistance des positions et propositions lepénistes (voir tome 1, II$^e$ partie : *Des mythes aux problèmes : l'argumentation xénophobe prise au mot*).

Mais la lutte contre le racisme et la xénophobie, si elle veut se ressourcer, ne peut plus se tenir à distance des travaux et recherches des sciences sociales. Il n'est pas d'action efficace sans une connaissance suffisante des processus sociaux, des évolutions idéologiques et des mobilisations politiques liés au phénomène complexe sur lequel on souhaite exercer une influence. Il ne s'agit pas seulement ici de partir de données chiffrées bien établies, il faut se risquer à formuler des hypothèses, à construire des modèles d'intelligibilité, à problématiser nos manières de faire et d'utiliser l'histoire ou de recourir à la méthode comparative. Et ne plus éviter de poser la question épineuse par excellence : comment articuler la visée explicative de la science et l'intention de transformer certains phénomènes sociaux selon un ensemble de valeurs et de normes (ce qu'on appelle un « projet »)? Le second tome de *Face au racisme*, pour relever un tel défi, réunit des études synthétiques dues à divers spécialistes des sciences sociales (politistes, sociologues, historiens, économistes, etc.), qui ne séparent pas la recherche des facteurs explicatifs de l'interrogation sur les valeurs et les normes. On ne saurait aujourd'hui « penser » ou « repenser le racisme » sans faire le détour par le continent des sciences de la société. Celles-ci, comme le montre l'ensemble des textes du tome 2 *(Analyses, hypothèses, perspectives)*, nous donnent une leçon préalable : le problème du racisme est infiniment moins simple qu'on ne le pense. C'est un avis aux antiracistes de l'avenir : il faudra bien qu'un jour prochain l'intendance suive...

P.-A. Taguieff

# I
## *Racismes et discriminations*

# 1

## Les métamorphoses idéologiques du racisme et la crise de l'antiracisme

*par Pierre-André Taguieff*

> « L'histoire des idées a peut-être cette utilité, non pas de résoudre les problèmes, mais d'élever le niveau du débat. »
>
> Albert O. Hirschman [1]

On suppose, en particulier lorsqu'on se déclare « antiraciste », que le racisme est chose bien connue et correctement définie. La plupart des définitions savantes du racisme constituent des approximations de la caractérisation suivante, due au sociologue britannique Michael Banton : « La doctrine selon laquelle le comportement d'un individu est déterminé par des caractères héréditaires stables qui dérivent de souches raciales séparées ayant des attributs différents et dont on considère ordinairement qu'elles ont entre elles des relations de supériorité et d'infériorité [2]. »

---

1. Albert O. HIRSCHMAN, « Deux cents ans de rhétorique réactionnaire : le cas de l'effet pervers », *Annales ESC*, 44ᵉ année, janvier-février 1989, n° 1, p. 84. Cette étude reprend des développements précédemment publiés. Voir notamment : P.-A. TAGUIEFF, « Réflexions sur la théorie du racisme et la nouvelle question antiraciste », in *Albert Memmi écrivain et sociologue*, L'Harmattan, Paris, 1990, p. 99-137 ; ID., « Réflexions sur la question antiraciste », *Lignes*, n° 12, décembre 1990, p. 15-52.
2. Michael BANTON, *Race Relations*, Tavistock, Londres, 1967, p. 8 ; ID., « The Concept of Racism », *in* S. ZUBAIDA (ed.), *Race and Racialism*, Tavistock, Londres, 1970, p. 18.

L'évidence première est ici que le racisme postule l'existence des races humaines, qui différeraient entre elles en raison de certaines caractéristiques héréditaires. Les généticiens contemporains n'ont guère de mal à montrer qu'une telle évidence relève d'une conception de la « race » aujourd'hui abandonnée par la science. Et ils ajoutent que nul résultat de recherche n'a pu démontrer l'existence d'une échelle de valeur universelle permettant de classer les « races » en supérieures et inférieures. Ainsi défini, comme une doctrine ou une idéologie biologique, le racisme est une théorie scientifiquement fausse, ou pour le moins dénuée de base scientifique. Et l'on est en droit de dénoncer les « mythes raciaux » et les « préjugés racistes ». La question serait dès lors définitivement réglée : le racisme relèverait du sombre domaine de l'erreur et de l'illusion, il n'existerait plus qu'en tant que fable ou mythe. La bonne nouvelle a été largement diffusée par les successives Déclarations de l'Unesco depuis 1949 : le racisme est définitivement réfuté.

Pourtant, un malaise subsiste, jusque dans les milieux antiracistes organisés, dont l'optimisme « scientifique » déclaré paraît sans cesse contredit par un second discours, pessimiste, voire catastrophique, dénonçant inlassablement « la montée du racisme », « la multiplication des agressions racistes », etc. Paradoxe : mort en tant que théorie pseudo-scientifique, le racisme montrerait une intense vitalité hors des frontières de la communauté savante. L'hypothèse la plus simple consiste à supposer que, lorsqu'on parle du « racisme », l'on ne parle pas toujours et nécessairement du même type de phénomènes. Nous supposerons que le racisme se dit au moins en trois sens : le *racisme-idéologie*, le *racisme-préjugé*, le racime comme *comportement* (pratiques, actes)[3]. De nombreux travaux ont établi qu'il n'y avait pas de relation causale (de lien nécessaire de cause à effet) entre le racisme-préjugé (la sphère des opinions, des attitudes, des croyances) et le racisme-comportement (pratiques de discrimination, de persécution, voire d'extermination), ni entre le racisme comme configuration idéologique (ensemble organisé de représentations et de croyances) et le racisme de persécution ou d'anéantissement. Les comportements sociaux

---

3. P.-A. TAGUIEFF, *La Force du préjugé. Essai sur le racisme et ses doubles*, La Découverte, Paris, 1988 (puis Gallimard, 1990, coll. « Tel »), p. 227-284.

dits racistes ne sauraient donc être prédits à partir de la seule connaissance des attitudes ou des opinions « racistes » (telles que les sondages, par exemple, permettent de les mesurer), ni à partir de celle, aussi érudite fût-elle, des écrits idéologiques jugés « racistes ». Une telle désimplication va directement à l'encontre de l'opinion commune sur le racisme, laquelle suppose comme une évidence indubitable que le préjugé « conduit nécessairement à » l'acte, ou que l'acte implique le préjugé ou la vision du monde (la théorie de l'inégalité entre les races, en tant que « clef de l'histoire »).

Dans la présente étude, nous nous en tiendrons à l'analyse du *racisme-idéologie*, en mettant plus particulièrement l'accent sur les métamorphoses contemporaines de celui-ci, lesquelles devraient conduire le mouvement antiraciste à un examen critique radical de ses idées reçues, sur le racisme comme sur les moyens de lutter contre lui. Depuis la fin des années quatre-vingt, certains résultats de nos recherches sur l'évolution récente de l'idéologie raciste sont passés dans l'espace public, non sans distorsions, contresens et exploitations politiques sommaires. Phénomène certes inévitable, qu'il serait vain de déplorer. Le présent texte pourrait néanmoins contribuer à corriger certaines interprétations hâtives, mais dénuées de mauvaise foi (donc rectifiables). L'essentiel de la tâche qu'il s'agit d'accomplir peut se dire en une phrase : il est temps que le mouvement antiraciste, aussi diversifié que figé en ses divisions, prenne conscience de la rupture qui s'est opérée dans les représentations et les argumentations racistes élaborées, à savoir le *déplacement de l'inégalité biologique vers l'absolutisation de la différence culturelle*, et en tire les conséquences pour le type ou le style du combat à venir.

L'objectif immédiat de cette mise au point est donc de rendre problématiques certaines évidences de base liées à la position antiraciste, et partant de réveiller les militants antiracistes de leur sommeil dogmatique. On soumettra notamment à un examen critique dénué de complaisance les deux phénomènes suivants, dont l'interaction constitue l'un des principaux obstacles que devra surmonter l'action politique contre le racisme : d'une part, les métamorphoses récentes des représentations et des argumentations racistes ; d'autre part, la routinisation, voire la sclérose, de l'antiracisme, effet indésirable et imprévu de son institutionnalisation comme de ses instrumentalisations politiques et médiatiques cyniques.

## Entre préjugé racial et génocide : l'espace des idées et définitions reçues

Le premier obstacle est constitué par la confusion des idées circulant aujourd'hui sur « le racisme ». Elles oscillent entre deux réductions : d'un côté, toute manifestation, verbale ou non, de haine ou de mépris, d'irrespect pour « les différences », d'hostilité ou d'agressivité, qu'elle vise un individu ou un groupe, tend à être qualifiée de « raciste » ; de l'autre côté, l'on entend dans le mot « racisme » la référence à certaines pratiques modernes d'extermination de masse réglées par un ensemble organisé de représentations et de croyances (l'« idéologie raciste »), et dont le type hystorique est fourni le plus souvent par le génocide national-socialiste des Juifs d'Europe, paradigme du « crime contre l'humanité » (exterminer un « peuple » non pour ce qu'il aurait fait mais pour ce qu'il est ou est censé être).

Entre le racisme comme attitude négative vis-à-vis des « autres » et le racisme comme système d'extermination, la conception téléologique du « préjugé racial » trace une ligne continue et postule qu'il y a mouvement de réalisation ou d'accomplissement logique. C'est l'idée antiraciste reçue selon laquelle le préjugé « conduit à », doit infailliblement « aboutir à » une fin imaginée sur le modèle du génocide. Stigmatisant en 1955 le « racisme dirigé contre les Nord-Africains » en France, « racisme en général timide et honteux, mais sensible tout de même », Maxime Rodinson proposait un schème explicatif fondé à la fois sur la conception téléologique du préjugé racial et sur une interprétation instrumentaliste de celui-ci, énoncée dans le jargon stalinien d'époque. Rappelons-en les grandes lignes : la diffusion du préjugé racial sert les intérêts de la bourgeoisie (et plus précisément de la « grande bourgeoisie »), le racisme n'est qu'un instrument dans l'offensive idéologique conduite par la « bourgeoisie réactionnaire » ; il sert essentiellement, dans le cadre de la politique intérieure, à détourner les légitimes insatisfactions et revendications de la classe ouvrière ; le préjugé est donc moins une erreur ou une illusion qu'un mensonge et une arme. Maxime Rodinson concluait ainsi son étude :

« On a pu voir avec dégoût les forces idéologiques de l'ordre bourgeois, en tout premier lieu la presse capitaliste, se jeter sur cette occasion de détourner sur un bouc émissaire commode les colères latentes, les pressions revendicatives de ses lecteurs. [...] Le développement de ce racisme serait un grave danger pour la classe ouvrière française elle-même, pour le mouvement démocratique en général, car il permettrait bien des manœuvres à la bourgeoisie. De ces manœuvres l'exemple hitlérien nous donne un modèle terrible. Il faut inlassablement le rappeler : l'aboutissement de tout racisme, c'est toujours le pogrom et le crématoire [4]. »

Entre le sens populaire élargi du mot « racisme », n'impliquant ni idéologie explicite, ni mobilisation politique, ni visée d'extermination, et son sens historique restreint, impliquant une intention génocidaire et un ensemble de moyens mis en œuvre, dans les conditions spécifiques du monde moderne (industrialisation, bureaucraties liées à l'État-nation, etc.), par un État totalitaire se référant à une idéologie explicite, peuvent se repérer des formes mixtes, dont le type général est donné par la définition synthétique reçue dans les milieux intellectuels engagés : le racisme est une idéologie dont le noyau dur est constitué par l'affirmation d'une inégalité, fondée sur des différences de nature, entre les groupes humains (races), affirmation qui implique des pratiques d'exclusion, de discrimination, de persécution ou d'extermination, que préparent et/ou accompagnent des attitudes de haine et de mépris (de « l'autre »).

A cette évidence bien partagée s'ajoute une explication non moins reçue, consistant à réduire le racisme comme phénomène moderne à une *légitimation* idéologique d'un processus de domination ordonné à un mode d'*exploitation économique* tendanciellement mondial. C'est ce que Allport appelait la « théorie exploitationnelle » du « préjugé racial » [5], pièce maîtresse de la vulgate antiraciste contemporaine de gauche. Dans sa version forte, de type marxiste,

---

4. Maxime RODINSON, « Racisme et civilisation », *La Nouvelle Critique*, juin 1955, n° 66, 7ᵉ année, p. 140.
5. Gordon W. ALLPORT, *The Nature of Prejudice*, Addison-Wesley Publishing Company, Cambridge, Massachussetts, 1954, p. 209-210.

elle consiste à expliquer le racisme en tant qu'idéologie dotée d'une valeur fonctionnelle dans le mode de production capitaliste, ou dans le capitalisme historique, ou encore dans « l'économie-monde capitaliste » (Wallerstein), où il refléterait et justifierait un mécanisme de surexploitation. Dans la version faible de la « théorie exploitationnelle », le racisme est conçu comme engendré, suscité ou favorisé par « la crise économique », moyennant ce supplément passe-partout d'explication toujours vérifié qu'est la théorie du bouc émissaire, revue et corrigée par le modèle freudien de la projection — pour simplifier : dans une situation de crise économique, la concurrence avec les travailleurs étrangers engendre un ressentiment spécifique, et s'accompagne d'attitudes phobiques collectives dites racistes, d'exclusion ou de rejet, visant certains groupes différents.

Il n'est guère difficile de voir que la version forte est incompatible avec la version faible, puisque la première implique non pas l'exclusion des étrangers « indésirables », objets de phobie, mais bien leur maintien à l'intérieur de la société, comme un groupe dominé, inférioriser, éminemment exploitable, alors que la seconde implique logiquement une expulsion ou une extermination des groupes perçus comme menaçants, ce que la notion de *xénophobie* permet de catégoriser. Et surtout, aucune explication économiste ne permet de comprendre le fonctionnement du racisme national-socialiste, et d'éclairer les raisons du processus d'extermination des Juifs et des Tsiganes. La logique de l'exploitation économique, tout au contraire, interdisait que l'on exterminât en temps de guerre des millions de travailleurs potentiels. Les limites d'une telle explication économique du racisme d'anéantissement sont celles de toute conception strictement utilitariste, dont la logique est celle de la maximisation des rapports entre moyens et fins. Dans cette perspective, comme l'a finement montré Marshall Sahlins, « la culture est un précipité de l'activité rationnelle des individus agissant en fonction de leurs intérêts[6] ». Pour les « théories de l'utilité objective », qui sont « naturalistes ou écologiques », « la sagesse matérielle substantialisée en forme culturelle est la survie de la population humaine ou d'un ordre social donné.

---

6. Marshall SAHLINS, *Au cœur des sociétés. Raison utilitaire et raison culturelle* [1976], trad. fr. S. Fainzang, Gallimard, Paris, 1980, p. 7.

La logique précise est celle de l'avantage adaptatif ou du maintien du système dans des limites naturelles de viabilité[7] ». Il s'ensuit que « dans la problématique de la praxis, la logique symbolique est subordonnée à la logique instrumentale dans la production et, par conséquent, dans toute la société. Comme la raison de la production est l'intérêt pratique ou la satisfaction des besoins humains, elle fait corps avec le processus naturel qu'elle met en mouvement[8]. » On ne peut ainsi expliquer, par la logique instrumentale de la production matérielle ordonnée à l'intérêt pratique — dont le critère exclusif est la satisfaction d'un besoin matériel —, ni le choix des Juifs ni le processus qui a conduit à l'extermination. L'explication doit faire intervenir, d'une part, une logique symbolique telle qu'elle se déploie dans ses variantes historico-nationales (la fusion des traditions judéophobes dans la réinterprétation raciale du nationalisme allemand, à la fois particulariste et missionnaire), et, d'autre part, la concurrence entre les diverses institutions de l'État national-socialiste dans la situation spécifique d'une guerre totale[9]. Ce n'est là pourtant qu'un bref aperçu de l'immense confusion régnant dans l'espace des définitions et des explications en cours.

Le premier précepte de méthode que je suivrai est le suivant : il faut procéder à une critique préalable des *représentations antiracistes du racisme*[10]. Car « le racisme » ne doit pas être considéré comme un terme sans équivoque, ni comme une notion transparente et bien définie : il s'agit d'un mot dont la formation historique est singulièrement éclairante sur la confusion ou l'indétermination de ses usages contemporains, et d'une notion faussement claire, dont l'obscurité est masquée par un suremploi polémique. Afin de procéder à un début de clarification, je m'efforcerai de montrer, tout d'abord, le *décalage* entre les reformulations contemporaines du racisme-idéologie, telles qu'elles se présentent chez ses

---

7. *Ibid.*
8. *Ibid.*, p. 257.
9. Pour une interprétation d'ensemble des facteurs ayant concouru à engendrer la « solution finale », cf. Michael POLLAK, « Les mots qui tuent », *Actes de la recherche en sciences sociales*, n° 41, 1982, p. 29-45 ; à compléter par : Philippe BURRIN, *Hitler et les Juifs. Genèse d'un génocide*, Le Seuil, Paris, 1989, et Arno MAYER, *La « Solution finale » dans l'histoire* (1989), trad. fr. M.-G. et J. Carlier, La Découverte, Paris, 1990.
10. Voir P.-A. TAGUIEFF, *La Force du préjugé, op. cit.*, 1988, 1990, p. 49-180.

acteurs réels, et ce que j'appellerai l'*antiracisme commémoratif*, noyau de la vulgate antiraciste contemporaine, dispositif polémique ritualisé depuis sa mise au point dans le cadre de la lutte contre le national-socialisme, et discours figé depuis quarante ans environ. Il représente ce qui reste d'une pièce maîtresse de l'antifascisme des années trente, aujourd'hui détournée de sa signification et de sa fonction polémique originelles, et instrumentalisée par de nouveaux discours de propagande, dont le communiste n'est pas le moindre. Il se reconnaît rhétoriquement à ce qu'il « nazifie » celui qu'il désigne comme « raciste », quel que soit le contexte de cette désignation stigmatisante. Cet amalgame anachronique, tendant à identifier tout « raciste » supposé à un indice de la survivance ou de la « résurgence » du nazisme, constitue l'une des entraves majeures de l'antiracisme, un souvenir-écran aveuglant l'antiraciste face à la réalité des nouvelles pratiques racistoïdes. Raymond Aron notait en 1948 : « Les hommes sont rarement contemporains de leur propre histoire. Ils continuent d'invoquer une idéologie, longtemps après que celle-ci a été démentie par les événements, sans même se rendre compte que la victoire éventuelle de leur foi aurait un sens exactement opposé à l'inspiration originelle[11]. »

Si l'antiracisme semble saisi par un malaise, qui s'exprime notamment comme une « crise d'identité », et surtout comme une crise de ses normes et de ses impératifs (Que faire ? Comment lutter ? En vue de quoi ? De quel type de société ? Questions récurrentes...), plus qu'à travers une conscience claire de ses limites et de ses échecs, c'est principalement du fait qu'apparaissent aux militants les instrumentalisations idéologico-politiques multiples, contraires ou contradictoires, des thèmes de leur combat, que commencent à leur devenir visibles les détournements, les renversements, les retournements et les effets pervers de leurs mots, de leurs représentations et de leurs arguments, que surgit enfin l'évidence d'une confusion dans la définition du « racisme » qu'ils se proposent de combattre.

---

11. Raymond ARON, *Le Grand Schisme*, Gallimard, Paris, 1948, p. 336.

## Antiracisme commémoratif et néo-racisme différentialiste : décalages et paradoxes

Les difficultés commencent dès le choix et l'usage des termes : *racisme* et *antiracisme*, l'un et l'autre mal formés, mal définis, instruments de lutte plutôt qu'outils de connaissance. Ces deux termes font surgir des représentations trompeuses, ou simplement partielles, et engagent sur des voies soit sans issue, soit piégées, lorsque l'analyse théorique reprend sans critique les évidences premières du discours ordinaire. Rappelons brièvement, en le reformulant systématiquement, le sens ordinaire du « racisme », qui est son sens ordinairement antiraciste : attitude consistant à réduire un individu à son origine raciale, à l'identifier à son appartenance bioculturelle « héritée », renvoyant à une théorie de l'inégalité naturelle (ou biologique) des races humaines, justifiant une domination et conduisant au mépris, à la haine, à l'exclusion ou à la persécution, voire à l'extermination.

Le mot *racisme* donne à entendre comme une évidence indiscutable qu'il s'agit de race, et laisse entendre qu'il s'agit de *race* au sens zoologique de variété d'une espèce [12]. Dès lors le racisme, « à strictement parler [...], signifierait une théorie de la *différence biologique* », remarquait Albert Memmi dans son « Essai de définition » du racisme, en 1964 [13]. Bref, le racisme serait une doctrine *biologique* de l'*inégalité* entre les *races*. Les deux noyaux de la définition reçue du racisme, en tant que « matérialisme zoologique »

---

12. Cf. Pierre L. VAN DEN BERGHE, *Race and Racism. A Comparative Perspective*, J. Wiley and Sons, Inc., New York, 1967, p. 9 et suiv. Pour une analyse historique et conceptuelle des distinctions entre la race comme lignée ou lignage *(lineage)*, la race comme type et la race comme sous-espèce, voir Michael BANTON, *Racial Theories*, Cambridge University Press, 1987, chap. 1, 2, 3, p. 1-98; ID., « La classification des races en Europe et en Amérique du Nord : 1700-1850 », *Revue internationale des sciences sociales*, n° 111, février 1987, p. 49-66. Pour la définition stricte du racisme comme théorie de l'inégalité des races, voir : M. BANTON, « The Concept of Racism », *in* S. ZUBAIDA (ed.), *Race and Racialism, op. cit.*, p. 18. Mais, dans son livre sur les théories raciales américaines au XIXe siècle, Reginald HORSMAN emploie les termes *racialism/racialist* plutôt que les termes *racism/racist*, dont les connotations contemporaines sont susceptibles de produire de grossières confusions (*Race and Manifest Destiny. The Origins of American Racial Anglo-Saxonism*, Harvard University Press, Cambridge, Mass., et Londres, 1981, p. 305).
13. Albert MEMMI, « Essai de définition », *La Nef*, n[os] 19-20, septembre-décembre 1964, p. 42.

(Trotski), se reconnaissent : *1) biologisme* dogmatique et intégral ; déterminisme biologique (ou génétique) des traits sociaux et culturels, biologisation des catégories sociales, des groupements humains, des identités et des différences collectives, des interactions collectives (« lutte des races ») ; *2)* affirmation d'une *inégalité* entre les groupes humains ou les variétés supposées naturelles appelées « races », se présentant comme classification hiérarchisante des groupes humains. Voilà comment se conçoit ordinairement le racisme « proprement dit », ou « à proprement parler », qui serait le racisme proprement zoologique ou biologique, dont la composante théorique pourrait être appelée *racialisme*, à savoir : la théorie explicite des races humaines décrites et classées selon les méthodes des sciences naturelles, et impliquant la thèse du déterminisme biologique (ou génétique) de l'inégalité entre les races.

Dès lors, la controverse entre racistes et antiracistes pouvait se réduire, sur le plan théorique, à la controverse mettant aux prises héréditaristes et environnementalistes. Les partisans d'une approche biologisante de la nature humaine avaient dû faire face, dès la fin du XIXe siècle, à des contestataires leur opposant l'importance des facteurs sociaux, puis celle du modelage culturel — par définition différentiel — de la personnalité. Le relativisme culturel devenait, dans les années trente et quarante, l'arme décisive à la fois contre le déterminisme biologique et contre l'ethnocentrisme comme attitude supposée spontanée. Par le décentrement qu'il implique [14], le relativisme culturel paraissait pouvoir non seulement interdire définitivement la dévalorisation des cultures étrangères à celles du sujet, mais encore transformer en jugements positifs sur la diversité culturelle les attitudes dévaluatrices de départ. Ethnocentrisme et racisme devaient disparaître au terme d'un processus d'éducation et de diffusion des connaissances sur les civilisations ou les systèmes culturels dont on postulait soit l'égalité en valeur soit l'incomparabilité de principe (ce qui disqualifiait toute tentative de les hiérarchiser). L'antiracisme se confondait dès

---

14. De même que le développement cognitif, selon Piaget, suppose un abandon progressif de l'égocentrisme spontané de l'enfant (pensée préopératoire), de même peut-on supposer que le sociocentrisme spontané est corrigé (sinon surmonté) par l'acquisition de la capacité d'autodécentration. Voir par exemple Jean PIAGET, *La Représentation du monde chez l'enfant* [1926], PUF, nouvelle édition, Paris, 1947.

lors avec une argumentation à la fois culturaliste et relativiste [15], il semblait garanti une fois pour toutes par les faits établis scientifiquement dans la recherche anthropologique, et rejoignait la grande croyance progressiste aux pouvoirs illimités de l'instruction, destructrice des préjugés. Des positions de Franz Boas et d'Otto Klineberg à celles des ethnologues culturalistes français (Michel Leiris, Claude Lévi-Strauss), une tradition antiraciste s'est ainsi constituée, traversant les clivages politiques — conservateurs et révolutionnaires pouvaient s'y retrouver. Cette tradition antiraciste toujours vivante et militante se fonde sur trois principes : autonomie des phénomènes culturels, déterminisme culturel dominant des structures mentales et des formes de vie, égalité en valeur de toutes les cultures. Le fatalisme biologique impliqué par la pensée raciste pouvait donc, au début des années cinquante, sembler définitivement réfuté [16]. Et l'ethnocentrisme, structure psychosociale d'accueil de la pensée raciste, ne plus constituer qu'une survivance destinée à s'abolir avec les progrès du savoir et une meilleure diffusion de celui-ci.

Les témoignages d'autosatisfaction des intellectuels et des scientifiques engagés dans la lutte antiraciste sont, depuis, aussi nombreux que significatifs. Au début des années soixante, le célèbre auteur du *Dilemme américain* [17], Gunnar Myrdal, déclarait avec satisfaction : « La doctrine de l'infériorité de certaines races a disparu, et nous ne pou-

---

15. Cf. les remarques rétrospectives de Claude LÉVI-STRAUSS, illustrant parfaitement cette position philosophico-politique, in *De près et de loin*, Éd. Odile Jacob, Paris, 1988, p. 204-205.
16. Voir, par exemple, Michel LEIRIS, « Race et civilisation » (1951), repris *in* M. LEIRIS, *Cinq études d'ethnologie*, Denoël, Paris, 1969 ; réédition Gallimard, Paris, coll. « Tel », 1988, p. 15-32 (« Les limites de la notion de "race" »). Sur les croisements de l'environnementalisme psychosociologique et du culturalisme anthropologique, on peut se reporter à Gérard LEMAINE, Benjamin MATALON, *Hommes supérieurs, hommes inférieurs ? La controverse sur l'hérédité de l'intelligence*, A. Colin, Paris, 1985, chap. 1, p. 11-19, chap. 4, p. 99-117.
17. Gunnar MYRDAL, *An American Dilemma: The Negro Problem and Modern Democracy*, Harper and Row, New York, 1944. Rappelons la discussion critique des thèses de Myrdal par Louis DUMONT, « Caste, racisme et "stratification" » [1960], *in* L. DUMONT, *Homo hierarchicus. Le système des castes et ses implications*, Gallimard, Paris, 1966 ; 2e éd., coll. « Tel », 1979, appendice A, p. 309 et suiv. Voir également : Michael BANTON, *Racial Theories, op. cit.*, p. 108-109 ; Dalmas A. TAYLOR, Phyllis A. KATZ, « The Resurgent and Cyclical Nature of Racism », *Revue internationale de psychologie sociale*, t. 2, n° 3, juillet-septembre 1989, p. 282 et suiv.

vons que nous en féliciter, attendu qu'elle n'avait aucun fondement scientifique [18]. »

Dans le même sens, l'anthropologue français Henri-V. Vallois déclarait en 1968 : « Certains auteurs ont cru devoir distinguer des races ''supérieures'' et des races ''inférieures'', les premières, plus évoluées du point de vue somatique comme du point de vue psychique, étant par là même toutes désignées pour diriger et commander les autres. *C'est cette notion qui est à la base du racisme* [je souligne]. Mais elle ne repose sur aucune preuve [...]. La notion de races supérieures et de races inférieures doit disparaître (voir la publication de l'UNESCO, 1960) [19]. »

Que l'idéologie raciste doive disparaître, tous les antiracistes le proclament. Les plus optimistes sont ceux qui réduisent le racisme à un mode de légitimation de l'exploitation économique de type capitaliste. Cette réduction historiciste, d'origine marxiste, est centrale dans les conceptions « révolutionnaires » du racisme : « Il s'agit de dépasser l'idéologie et la politique bourgeoises, justifiant la « supériorité » biologique ou psychologique et culturelle, et donc le « droit » à la domination socio-économique et politique d'une race sur une autre [20]. »

Or, si le racisme n'est que la « justification idéologique spécifique de cette domination et un système de mesures poli-

---

18. G. MYRDAL, cité par Otto KLINEBERG, « Face à la pensée raciste d'aujourd'hui », *Le Courrier* (mensuel de l'Unesco), XXIVe année, novembre 1971, p. 5.
19. H.-V. VALLOIS, « L'anthropologie physique », *in* Jean POIRIER (éd.), *Ethnologie générale*, Gallimard, « Encyclopédie de la Pléiade », Paris, 1968, p. 680-681.
20. « Qu'est-ce qui fait aujourd'hui le danger du racisme ? », *La Nouvelle Revue internationale*, n° 3 (307), XXVIIe année, mars 1984, p. 173. Pour un exposé d'ensemble, voir le livre de l'anthropologue soviétique M. NESTURKH, *The Races of Mankind*, Progress Publishers, Moscou, 2e éd., 1966, p. 96-108. Il convient ici de préciser que les marxistes se rattachant à la « Class Theory of Racial and Ethnic Relations » (M. BANTON, *Racial and Ethnic Competition*, Cambridge University Press, 1983, p. 87) ne se contentent pas d'un déterminisme économique sommaire et des clichés lénino-staliniens : cf. Oliver C. Cox, *Caste, Class and Race : A Study in Social Dynamics*, Monthly Review Press, New York, 1948 ; Marvin HARRIS, *Patterns of Race in the Americas*, Walker, New York, 1964. Pour une discussion critique, voir : M. BANTON, *The Idea of Race*, Tavistock, Londres, 1977, p. 129-134 ; Robert MILES, « Class, Race and Ethnicity : A Critique of Cox's Theory », *Racial and Ethnic Studies*, 3, 1980, p. 169-187 ; M. BANTON, *op. cit.*, 1983, p. 85-91, 97-98 ; M. BANTON, *op. cit.*, 1987, chap. 5 (« Race as Class »), p. 146-169 ; R. MILES, *op. cit.*, 1982, p. 81-87 ; J. SOLOMOS, *op. cit.*, 1989, p. 18-19.

tiques, d'actions pratiques visant à la perpétuer [21] », si le racisme, bien qu'« antérieur à l'impérialisme moderne », a été « réélaboré » par celui-ci « dans un but de domination et d'exploitation », jusqu'à être « converti en une partie essentielle » du système impérialiste, alors il apparaît que « l'élimination du racisme est indissolublement liée à la disparition de l'impérialisme [22]. » En 1987, l'académicien Yu.V. Bromley, directeur de l'Institut d'ethnologie N.N. Mikloukho-Maklay (Moscou), pouvait encore affirmer sans sourciller que « les chercheurs en sciences sociales soviétiques » ont notamment « démontré que le racisme est partie intégrante de l'idéologie impérialiste et de toute politique qui s'en inspire en général, mettant ainsi en évidence les racines sociales, de classe, du racisme [23]. »

Bromley ne manquait pas de conclure son article sur l'amalgame central de l'« antiracisme » stalinien (racisme = « fascisme » [nazisme] = « crime contre l'humanité » = colonialisme) : « Le racisme n'a aucune justification scientifique, morale ou juridique, [...] c'est un crime contre l'humanité et les valeurs humaines, et [...] il est l'ennemi de la paix, de la culture et du progrès social des peuples. [...] les chercheurs soviétiques [...] font tout pour aider à dénoncer et à condamner aussi bien les pratiques criminelles que les "théories" faussement scientifiques des colonisateurs et des racistes de tous poils et de toutes tendances [24]. » Dans la rhétorique de cet antiracisme démonologique, le « racisme » incarne le Mal absolu, il condense en un mot toutes les figures possibles et réelles (historiques) du Pire. Bref, pour définir le racisme, ne cherchez pas, imaginez le pire...

Dans la perspective communiste, la lutte contre le racisme n'est qu'une composante de la lutte des classes au niveau mondial, et l'antiracisme ne peut réaliser ses objectifs que dans le cadre de la révolution mondiale qui doit mettre fin au système capitaliste d'exploitation et de domination à l'époque de l'impérialisme : « Comme le prouve l'histoire, la disparition totale du racisme ne sera possible que lorsque

---

21. « Qu'est-ce qui fait aujourd'hui le danger du racisme ? », *art. cit.*, p. 173.
22. « Déclaration générale du Congrès culturel de La Havane » (4-11 janvier 1968), *Tricontinental*, n° 2, mars-avril 1968, p. 71.
23. « L'anthropologie et l'ethnologie devant les préjugés ethniques et raciaux », *Revue internationale des sciences sociales*, n° 111, février 1987, p. 45.
24. *Ibid.*, p. 46.

sa base économique disparaîtra, c'est-à-dire dans une société sans oppresseurs [25]. »

Insistons sur la persistance de la vulgate économiste de tradition communiste dans le discours antiraciste, lorsque celui-ci se veut explicatif. Tel journaliste dénonce ainsi, en juin 1990, avec une assurance d'expert, « les véritables causes du racisme, celles-ci étant à 99 % socio-économiques [26] ».

Considérons maintenant la conception cognitive du racisme en tant que *biologisation* du social ou du culturel. Le sens restreint donné au mot *racisme*, renvoyant à une pensée biologisante, est ainsi justifié par Christian Delacampagne en 1976 : « Dans le mouvement d'indifférenciation qui entraîne la planète, il semble donc que, pour retrouver des racines, il faille les chercher dans un sol qui résiste à l'érosion de l'histoire. Ce sol, évidemment, ce ne peut être que la nature — cette nature qu'on commence à définir en termes scientifiques à partir du XVIe siècle au moins (Galilée), et qui devient, à la fin du siècle des Lumières, l'objet d'une discipline nouvelle : la biologie. [...] Le racisme répond à la nécessité, pour l'individu, de s'identifier à son groupe, et pour le groupe, de se définir en termes biologiques, autrement dit raciaux [27]. »

L'axiome sur lequel se fonde ce modèle explicatif du racisme est le suivant : « La condition suffisante pour que nous puissions parler de racisme, c'est [...] *l'idée de nature* : le racisme retraduit les différences culturelles — existant réellement entre les hommes — en termes de différences naturelles [28]. »

Dans cette perspective, le noyau dur du racisme, son noyau cognitif, c'est la *naturalisation des différences* par leur biologisation, explicite ou non. Mais le racisme ainsi défini devient du même coup indiscernable des formes de ségrégation sociale qui, notamment à travers les mécanismes scolai-

---

25. « Déclaration générale du Congrès culturel de La Havane », *art. cit.*, p. 71.
26. Patrick Besson, « On aime tous la même Noire », *L'Humanité*, 6 juin 1990, p. 14. Face au déferlement de tels clichés, interdisant toute analyse du réel social, nous avons cru devoir déclarer publiquement que « le mouvement antiraciste ne s'est pas dégagé de la forte imprégnation stalinienne qui le caractérise depuis longtemps. Il reste encore à déstaliniser l'antiracisme » (« Antiracisme : les mauvais mots », *Le Nouvel Observateur*, 17-23 mai 1990, p. 65).
27. Christian Delacampagne, in Léon Poliakov (éd.), *Le Racisme*, Seghers, Paris, 1976, p. 124-125.
28. C. Delacampagne, *ibid.*, p. 122.

res de sélection — c'est-à-dire de relégation et d'élimination —, reposent sur une naturalisation des différences instituées comme légitimes. Claude Grignon remarque à juste titre que « le système des examens et des concours crée de la discontinuité sociale ; il transforme des différences de degré (un quart de point) en différences de nature entre ceux qui sont éliminés et ceux qui sont sélectionnés. C'est ainsi qu'un système d'apparence et d'intention méritocratiques contribue à la constitution "d'élites" fondées sur le principe aristocratique de la coupure, radicale et irréversible, entre ceux qui font partie de ces élites, et les autres [29] ». Si donc, par un effet pervers, le système scolaire engendre une classification hiérarchique sur laquelle se fonde « l'assurance de classe des élus » qui s'accomplit dans une « assurance de caste » — celle des anciens élèves des grandes écoles, « intimement convaincus de leur appartenance à une sorte de race supérieure [30] » —, le regard sociologique est conduit à se focaliser sur les mécanismes communs au racisme « au sens habituel du terme [31] » et au « racisme de classe », lequel caractérise le « rejet et [...] la ségrégation dont les classes dominées sont l'objet [32] ». Claude Grignon affirme ainsi que « le racisme de classe et le racisme dit ordinaire sont deux formes différentes d'un même mécanisme : on retrouve, à l'intérieur d'une même société, des manifestations d'ethnocentrisme culturel et d'exclusion analogues à ceux qu'on observe entre sociétés coloniales ou hégémoniques et sociétés dominées [33] ».

Notons tout d'abord qu'ici le vocabulaire scientifique n'est pas fixé, ou que les notions sont mal définies : on passe insensiblement du « racisme de classe » à l'« ethnocentrisme de classe ». Ensuite, que la position de « deux formes différentes de racisme [34] » se heurte à une difficulté de catégorisation : si le racisme ordinaire et le racisme de classe (ou de caste : troisième racisme ?) reposent sur « les mêmes mécanismes », « à savoir une combinaison de ségrégation sociale

---

29. Claude GRIGNON, « Racisme et ethnocentrisme de classe », *Bulletin interne de l'Association critiques sociales*, n° 2, décembre 1988, p. 3.
30. *Ibid.*
31. *Ibid.*, p. 2.
32. *Ibid.*
33. *Ibid.*, p. 3-4.
34. C. GRIGNON, *in* « Extraits du débat », *op. cit.*, p. 5.

— *apartheid* — et d'exclusion symbolique — *stigmatisation*[35] » —, alors il faut bien postuler l'existence d'un protoracisme, ou d'un métaracisme, qui se spécifierait en racisme « ethnique » ou « à base ethnique » — pour ne pas dire : racisme racial —, et en racisme de classe. Mais pourquoi parler encore de racisme, si le mot équivaut à ethnocentrisme ou à sociocentrisme, à conscience de classe (supérieure) ou de caste ? Le choix du mot *racisme* semble lui-même régi par une visée polémique implicite, qui est de stigmatiser quiconque stigmatise : stigmatisation de toute stigmatisation. Cercle vicieux du soupçon et de la quête indéfinie des stigmates : ici, on s'applique à repérer et déchiffrer les indices de « racisme ». On notera en outre qu'un tel usage élargi du mot racisme renvoie indistinctement à des attitudes, à des convictions idéologiques implicites, à des systèmes idéologiques et à des pratiques.

Enfin, et surtout, ce type de théorisation repose sur des postulats idéologiques non critiqués : postulat populiste et postulat relativiste-culturel. L'évidence première et directrice est que le racisme est l'attitude spontanée des dominants, « une habitude mentale liée à une structure sociale[36] », un ensemble de convictions et d'assurances propres à ceux qui occupent une position dominante : « Plus les gens sont en position de dominants, et plus ils ont une tendance spontanée au racisme de classe[37] ». Ce populisme théorique, supposant le « peuple » (« les dominés ») bon et innocent, ne peut reconnaître le racisme populaire qu'en tant que réaction

---

35. C. GRIGNON, « Racisme et ethnocentrisme de classe », *art. cit.*, p. 2. « Qu'il s'agisse de l'étranger ou du dominé, la stigmatisation consiste à interpréter chacun des traits de la culture de l'Autre comme la manifestation d'une Nature, sauvage ou bon enfant, terrifiante ou pittoresque, mais, dans tous les cas, étrangère » *(ibid.)*. Dans cette perspective, on pourrait poser que c'est la naturalisation de la différence « essentielle » de l'Autre qui détermine le passage de la xénophobie au racisme. Mais la discussion terminologique, malheureusement, durera aussi longtemps que le conflit des théories du racisme. On notera que l'analyse sociologique de C. Grignon (comme celle de Pierre Bourdieu) suppose une problématique marxisante de la domination de classe : « Racisme à base ethnique et racisme de classe ont les mêmes propriétés : stigmatisation, exclusion, assimilation au barbare, au sauvage, au naturel. Elles sont simplement plus patentes, plus visibles dans le cas du racisme ethnique » (« Extraits du débat », p. 5). La meilleure visibilité sociale du racisme dit ordinaire fait de celui-ci, à la fois, la forme connue et reconnue du racisme, et l'analyseur de la « forme méconnue » (p. 5) du racisme qu'est le racisme de classe, qui « passe le plus souvent inaperçu » (p. 4), et dont l'« expression est très peu censurée dans les fractions dominantes de la classe dominante » *(ibid.)*.
36. C. GRIGNON, « Extraits du débat », p. 5.
37. *Ibid.*

de légitime défense, donc comme racisme second, strictement réactionnel : « Le racisme au sens ordinaire, c'est vrai, se rencontre *aussi* [je souligne] chez les dominés (vous connaissez l'exemple si souvent invoqué des HLM). Mais en ce qui concerne le racisme de classe, il faut distinguer entre le racisme des dominants et le contre-racisme des dominés, qui n'est qu'un racisme de classe réactif, renvoyé à l'expéditeur [38] ». Bref, le racisme se diffuse toujours de haut en bas, des dominants vers les dominés, qu'il contamine pour ainsi dire. Le « virus » affecte préférentiellement les dominants, et descend vers les innocents par nature. Le racisme au sens propre est un attribut substantiel des dominants, le « contre-racisme populaire », un attribut accidentel des dominés. Cette conception essentialiste et inégalitaire des dominants et des dominés quant à leurs aptitudes respectives au racisme s'articule avec une conception naïve du relativisme culturel comme arme absolue contre le racisme : « Quelle que soit la relation de domination, les dominants sont spontanément et aveuglément réfractaires au relativisme culturel [39] ». Car le racisme est défini comme une forme de « déni d'humanité [40] » sur le modèle de l'ethnocentrisme : « Le raciste ne se contente pas d'une dévalorisation, même systématique, de la culture de l'Autre ; il naturalise ce qu'il constitue en différences, parce qu'il ne peut admettre qu'il est lui-même l'indigène d'une culture parmi d'autres [41] ». Si le racisme consiste en l'absolutisation d'une supériorité de

---

38. *Ibid.*
39. C. Grignon, « Racisme et ethnocentrisme de classe », p. 4. Les travaux récents de Nonna Mayer montrent que la thèse de la tendance quasi « naturelle » des « dominants » à l'ethnocentrisme n'est qu'une évidence idéologique aveuglante, et l'un des instruments privilégiés d'un populisme « anti-Gros » de gauche. C'est au contraire ceux « d'en bas » qui manifestent la plus forte tendance à l'ethnocentrisme ; voir : N. Mayer, « Ethnocentrisme, racisme et intolérance », in *L'électeur français en question*, Presses de la FNSP, Paris, 1990, p. 17-43 (notamment p. 25).
40. C. Grignon, *art. cit.*, p. 2. Nous suivons bien entendu C. Grignon dans cette caractérisation générale du racisme, qui postulent toutes nos analyses depuis une dizaine d'années : le racisme est *déni d'humanité*, et non pas *déni d'identité*.
41. *Ibid.*, p. 4. Dans l'analyse piagétienne, les représentations égocentriques et réifiées sont caractéristiques de la pensée non décentrée de l'enfant : « Pour un petit Genevois, les Français sont "étrangers" partout, même pour eux et en France, tandis que lui-même ne l'est nulle part, même pour d'autres » (voir J. Piaget, « Problèmes de la psychosociologie de l'enfance », in Georges Gurvitch [éd.], *Traité de sociologie*, PUF, Paris, 1960, t. II, p. 229-254). Sur ce mode de catégorisation, cf. Colette Guillaumin, *L'Idéologie raciste. Genèse et langage actuel*, Mouton, Paris-La Haye, 1972, p. 213.

classe ou d'une hégémonie culturelle par une naturalisation des différences, alors le rejet du racisme implique le rejet relativiste de toute forme d'ethnocentrisme et la récusation de tout naturalisme au profit d'un strict culturalisme (sociologisme, environnementalisme). Le vrai antiracisme, c'est le relativisme culturel : telle est la conclusion logique de ce type d'analyse. Conclusion naïve, et idée reçue tragiquement (ou comiquement) décalée par rapport à la réalité du racisme contemporain, qui postule lui aussi les évidences équivoques du relativisme culturel.

Disons, pour aller vite, que, de la fin des années quarante à la fin des années soixante, l'énoncé antiraciste savant dominant était que la notion de *hiérarchie raciale* n'avait plus de sens scientifique. Depuis le début des années soixante-dix, les interventions antiracistes des généticiens tournent désormais autour d'une seconde bonne nouvelle, d'une affirmation apparemment sécurisante : la notion même de *race* n'a plus de sens scientifique, la *race* n'a plus ni place ni fonction dans une problématique ou une théorie scientifique, les généticiens n'ont plus besoin de ce mauvais objet ni de ce faux concept. Le terme de « race » est indéfinissable, ou, si l'on s'en donne une définition claire, inapplicable par la génétique des populations [42]. Dans les deux cas, la forme du raisonnement et les conclusions de l'antiracisme « scientifique » sont les mêmes : si le racisme se définit comme la théorie de l'*inégalité biologiquement déterminée* entre les *races* humaines, alors le racisme ne peut plus prétendre s'établir sur des bases scientifiques, et surtout, « tout programme politique ou pédagogique fondé sur la prétendue infériorité native d'une race ou d'un groupe ethnique quelconque est dénué de valeur scientifique [43] ». C'est seulement après la Seconde Guerre mondiale, et certainement en rapport avec son issue, que l'opinion savante a rompu radicalement avec les évidences indubitables du XIXe siècle. Car, comme le rappelle Léon Poliakov, « pour Darwin, comme pratiquement pour *tous* les auteurs du XIXe siècle, la distinction entre *races supé-*

---

42. Cf. André LANGANEY, *Les Hommes : passé, présent, conditionnel*, A. Colin, Paris, 1988, p. 197.
43. O. KLINEBERG, *art. cit.*, 1971, p. 5. Pour une synthèse critique des travaux scientifiques récents, voir Marcel BLANC, « Les races humaines existent-elles ? », *La Recherche*, vol. 13, n° 135, juillet-août 1982, p. 930-941.

*rieures* et *races inférieures* allait de soi, et n'avait nul besoin d'être prouvée [44] ».

Après 1945, la tendance hégémonique de l'antiracisme a été de se définir par la négation systématique des thèses propres aux racismes de type colonialiste et de type nazi, en les confondant par ailleurs. Bref, l'antiracisme s'est engagé dans une voie sans issue, en « prenant l'exact contre-pied du racisme [45] », non sans triomphalisme. Et en incorporant une position antibiologique de principe : face aux arguments des psychologues héréditaristes, ou des hypothèses sociobiologiques, la position spontanée des antiracistes contemporains est de prononcer un rejet sans discussion (discuter serait légitimer !), et de jeter la suspicion sur les scientifiques producteurs de modèles ou de théories idéologiquement choquants, en leur prêtant des intentions cachées (ainsi le sociobiologiste E.O. Wilson serait « raciste », qu'il le veuille ou non, qu'il l'« avoue » ou non), des arrière-pensées inavouables, ou, plus subtilement, en déclarant que leurs propositions théoriques « conduisent à » un certain nombre de conséquences fâcheuses ou indésirables, parce que dépassant les bornes de l'idéologiquement convenable (« racisme », « darwinisme social », « justification de l'inégalité sociale », « eugénisme » ou « extermination des porteurs de tares héréditaires », etc.). La disqualification démonisante se substitue alors à la réfutation rationnelle, la dénonciation édifiante suffit à marginaliser, voire à exclure du débat scientifique légitime, les hypothèses théoriques non conformes aux attentes idéologiques [46]. L'ordre idéologique « progressiste » n'a rien ici à envier à l'ordre moral « réactionnaire ». L'apparent consensus antiraciste tend à bien des égards à se confondre avec cet ordre idéologique qui, fondé sur le soupçon, ne vit que de la dénonciation. L'antiracisme n'est plus alors qu'une forme parmi d'autres du moralisme ou du « vertuisme » (Vilfredo Pareto). Un ensemble de recettes rhétoriques (« contre l'exclusion ») permettant aux biens-pensants de l'actuelle

---

44. L. POLIAKOV, « Le fantasme des êtres hybrides et la hiérarchie des races aux XVIIIᵉ et XIXᵉ siècles », *in* L. POLIAKOV (éd.), *Hommes et bêtes. Entretiens sur le racisme*, Mouton, Paris-La Haye, 1975, p. 176.
45. Voir les lucides remarques critiques formulées par Denis VASSE, dans une perspective freudo-lacanienne, sur l'antiracisme de simple négation du racisme : « Race et racisme. Essai d'analyse », *Etudes*, t. 323, juillet-août 1965, p. 5-16.
46. Cf. P.-A. TAGUIEFF, *La Force du préjugé, op. cit.*, p. 68-69 ; ID., « Sur l'eugénisme : du fantasme au débat », *Pouvoirs*, 56, 1991, p. 23-64.

conjoncture, sans risque ni engagement coûteux, de dispenser des leçons de morale. Victoire du conformisme intellectuel à l'heure du « consensus », ou triomphe de la « pensée molle » ? A entendre leaders politiques, journalistes et intellectuels doués de la parole médiatique, la victoire de l'antiracisme « scientifique », avec son supplément moralisateur, semble définitivement assurée.

Et pourtant. Les vieilles théories racistes pseudo-scientifiques (Gobineau, Vacher de Lapouge, Madison Grant, etc.) se sont effondrées, mais les attitudes persistent et les comportements demeurent. Comme si les évidences premières qu'elles avaient mobilisées et canalisées étaient indestructibles, inaccessibles en tout cas à l'argumentation rationnelle, persistant à travers censure et refoulement, en deçà des opinions verbalisées et des pratiques identifiables que la loi permet de réprimer. Comme si le racisme n'avait besoin, pour exister, ni d'une légitimation par une quelconque « science des races », ni d'une légitimité conférée par un type d'État s'en réclamant explicitement. Et surtout, de nouvelles théorisations ont remplacé les anciennes dans l'espace du dicible. L'optimisme récent des généticiens est dès lors pris en défaut : s'étant attaqués avec succès à un accessoire pseudo-scientifique, historiquement situé, du racisme doctrinal (la vieille anthropologie taxinomique, avec ses classifications fondées sur des caractères phénotypiques), ils avaient cru détruire les bases mêmes du racisme en général. En tout cas, les fondements de son acceptabilité dans l'espace public [47].

Or, depuis plus de quarante ans, à côté des théories bio-inégalitaires combattues par l'armée internationale des savants liés aux activités antiracistes de l'UNESCO, se sont constitués de nouveaux modes idéologiques de racisation, irréductibles au modèle antiraciste savant du racisme. Ces formes de néoracisme ne présupposent plus le dogmatisme *biologiste* et l'évidence *inégalitaire* appliquée aux rapports entre les « races », positions désormais scientifiquement

---

[47]. Certains esprits non aveuglés par un scientisme militant avaient bien aperçu que le caractère a- ou pseudo-scientifique des théories racistes n'empêchait nullement celles-ci d'exister dans l'espace idéologico-politique : « L'importance politologique de la notion de race est aussi grande que sa valeur scientifique est faible. Aussi bien sur le plan intellectuel que sur le plan événementiel, *le racisme* est un des grands courants idéologiques contemporains. » (Marcel PRÉLOT, *Sociologie politique*, Dalloz, Paris, 1973, p. 93.)

disqualifiées et socialement inacceptables, elles dérivent d'un bricolage idéologique portant sur deux schèmes fondamentaux : la défense des *identités culturelles*, et l'éloge de la différence, tant interindividuelle qu'intercommunautaire, retraduit en *droit à la différence*. La haute acceptabilité idéologique de ces deux schèmes vient, à la fois, de leur long séjour dans la culture politique « de gauche », et d'un usage antiraciste devenu ordinaire autour de l'impératif néochrétien de « respect de l'autre », impliquant amour et connaissance de l'altérité humaine en tant que telle. Double légitimation. Saisis par l'ambiguïté idéologique, les motifs identitaires et différentialistes ont reçu un supplément de recevabilité par leur apparente consonance avec les valeurs « individualistes » impliquant la sacralisation des différences, une certaine mode intellectuelle ayant conjointement prôné le « retour aux racines » et le joyeux abandon « postmoderne » de tout souci d'universalité, ou interprété la défection des grands récits d'émancipation et de libération universelles comme une excellente nouvelle [48]. Redécouverte confuse, donc, aussi naïve qu'émerveillée, de la diversité, de la pluralité, de l'altérité, des différences...

Mais les scintillements de la différence n'ont pas seulement enchanté les habitants du nouveau narcissisme de masse. Ils ont été idéologiquement exploités. D'où ces constructions doctrinales, parfois bien argumentées, en tout cas agrémentées de références savantes très légitimes (C. Lévi-Strauss, L. Dumont, etc.), qu'on rencontre dans le champ de la littérature politico-philosophique du « néo-conservatisme » à la française (les « nouvelles droites ») : théorisations racistoïdes fondées sur le postulat de l'irréductibilité, de l'incomparabilité, de l'incommunicabilité ou de l'absolue séparation des *cultures* (des « spécificités » ou des « identités » culturelles), des *structures mentales*, des *mœurs*, des *traditions communautaires*, bref des manières collectives différentielles d'être, de faire, de penser, de désirer.

Le nouveau racisme doctrinal se fonde sur le *principe d'incommensurabilité radicale* des formes culturelles diffé-

---

48. Cf. notamment Gilles LIPOVETSKY, *L'Ère du vide. Essais sur l'individualisme contemporain*, Gallimard, Paris, 1983 ; et aussi, dans une perspective différente (néo-nietzschéenne) : Jean-François LYOTARD, *La Condition post-moderne*, Ed. de Minuit, Paris, 1979.

rentes [49]. Voilà le constat que les « observateurs » et « théoriciens » antiracistes ont longtemps négligé de faire, ou plutôt, qu'ils n'ont pu établir faute d'un examen critique de leur système d'évidences sur « le racisme ». Les faits sociopolitiques sont tout autres que ne les pense la vulgate antiraciste. Tout d'abord, le racisme zoologique ou biologique inégalitaire est presque une rareté depuis la disparition du racisme d'État national-socialiste. Quant au régime d'*apartheid* d'Afrique du Sud, on sait que ses modes de légitimation recourent plus volontiers à l'évidence des *différences culturelles* pour justifier le fait et défendre la norme d'un « développement séparé », au nom même du respect des spécificités et des identités collectives [50]. Et les exterminations de masse contemporaines s'accompagnent régulièrement de rationalisations patriotiques ou nationalistes, qu'elles invoquent pour se justifier le principe d'autodétermination, la défense des « droits des peuples » ou des « droits culturels », la lutte contre l'« ethnocide » ou le « génocide culturel ». La rationalisation des massacres intergroupaux s'opère plus efficacement par appel aux arguments dits « anti-impérialistes » de libération nationale ou de préservation de l'identité culturelle d'un « peuple », à ceux de la sécurité des frontières, ou à l'impératif de légitime défense contre des agresseurs « étrangers ». C'est ainsi qu'au racisme des dominants et oppresseurs répond un contre-racisme des dominés et opprimés. Au printemps 1989, le conflit entre Mauritaniens et Sénégalais, conflit pudiquement qualifié d'« interethnique », a mis en lumière l'existence d'un racisme de combat chez un groupe dominé visant la conquête du pouvoir : du *Manifeste des Négro-Africains opprimés* du FLAM (Front de libération

---

49. La présentation la plus idéologiquement « acceptable » du néo-racisme élaboré à partir du relativisme culturel intégral se trouve dans le livre d'Alain DE BENOIST, *Europe, tiers monde, même combat*, R. Laffont, Paris, 1986. Les formes « subtiles » et « indirectes » du « racisme symbolique » contemporain, dans sa version européenne, y sont articulées avec cohérence et mises en doctrine politique. Pour la version américaine du néo-racisme subtil, cf. la synthèse critique de Thomas F. PETTIGREW, « The Nature of Modern Racism in the United States », *Revue internationale de psychologie sociale*, t. 2, n° 3, juillet-septembre 1989, p. 293-303.

50. Voir par exemple : *Thoughts on Apartheid*, Univ. de Pretoria, avril 1959, p. 7-8 ; H. BROTZ, *The Politics of South Africa : Democracy and Racial Diversity*, OUP, 1977, p. 35 ; Odette GUITARD, *L'Apartheid*, PUF, Paris, 1983, p. 17, 20, note 6 ; Jean-Paul COQUEREL, « Noirs et Blancs en Afrique du Sud », *L'Histoire*, n° 123, juin 1989, p. 42.

africain de la Mauritanie), l'enquêteur du journal *Le Monde* n'hésitait pas à dire que son « ambition n'est autre que l'avènement d'un pouvoir noir à Nouakchott », et qu'il incitait, pour réaliser un tel objectif, « à l'affrontement racial [51] ». Malgré l'évidence, occultée par le fonctionnement automatique des représentations idéologiques, la plupart des commentateurs, formés dans la rhétorique tiers-mondiste (dont l'axiome est : le racisme est toujours le fait du Blanc occidental, et s'applique toujours à une victime ni blanche ni occidentale), ont dépensé beaucoup d'énergie pour éviter de décrire les massacres réciproques comme des actes racistes : « A l'évidence, les émeutes procèdent beaucoup plus de la xénophobie et du nationalisme exacerbé que du racisme en tant que tel — même s'il a joué un rôle [52]. »

Ce n'était donc pas si grave ! Les antiracistes peuvent à nouveau respirer, et ronronner en paix sur leurs coussins de certitudes...

## Absolutisation de la différence et postulat d'inassimilabilité

A considérer l'évolution récente du racisme-idéologie, le constat peut ainsi être prononcé : la *biologisation* s'est effacée au profit de ce qu'on pourrait appeler une *culturalisation* (les « cultures » étant transformées en « natures » secondes), en même temps que l'axiome d'*inégalité* interraciale laissait toute la place à la nouvelle évidence absolue de la *différence* interculturelle, posée à la fois comme un fait nécessaire et une norme positive. Parallèlement s'est imposée l'idée que, le racisme étant ainsi réduit à sa forme bio-inégalitaire qui suppose une échelle universelle de valeurs, l'acte antiraciste minimal devait être de récuser tout recours à l'universel, et de dénoncer l'universalisme en tant que socle idéologique exclusif du racisme. Telle est la dernière grande reformulation de l'antiracisme, telle est la position de ce que j'appelle l'*antiracisme différentialiste* [53]. Mais, selon la juste formule

---

51. Frédéric FRITSCHER, « Maures contre Négro-Africains », *Le Monde*, 18 mai 1989, p. 10.
52. Abdelaziz DAHMANI, « Nouakchott : comment tout a basculé », *Jeune Afrique*, n° 1480, 17 mai 1989, p. 29.
53. C. GUILLAUMIN a bien vu les faiblesses d'une argumentation antiraciste fondée sur la seule récusation de l'idée d'une hiérarchie entre les groupes humains et

de Bertrand de Jouvenel, « le contraire qu'engendre une erreur n'est pas la vérité mais une autre erreur [54] ». Cette recentration de l'antiracisme sur la norme du respect de la différence (dont la conversion politique dominante est la position anti-exclusionnaire) est inséparable du déplacement idéologique général vers le « culturel ». Dès lors, le nouvel antiracisme hégémonique se présente à la fois comme différentialiste et comme « culturaliste ».

On peut dès à présent définir le point aveugle du culturalisme antiraciste : le déterminisme environnementaliste absolu est le symétrique du déterminisme biologique strict de type racial. Le déplacement du thème de la « race » à celui de la « culture » permet l'apparition d'une réplique ni voulue ni prévue (du moins par les antiracistes) du racialisme [55].

Le mal nommé « racisme culturel » est une théorie de la détermination totale de l'individuel par un jeu de facteurs sociaux ou culturels. Racialisme et « culturalisme » sont deux réductionnismes mettant en œuvre les mêmes mécanismes et aboutissant à des résultats analogues : l'individu est réduit à représenter telle ou telle totalité ; qu'il s'agisse de la race-prison, du peuple-organisme, de la société-cellule ou de la culture-geôle. Deux réductionnismes qui, passés au politique, sont entrés en rivalité mimétique, rendant indéterminable la frontière entre « racisme » et « antiracisme » : l'antiracisme relativiste-culturaliste peut se renverser en nouveau racisme, par exemple en fournissant au racisme biologisant déconsidéré un habillage rhétorique qui le rend acceptable (cas le plus simple) [56].

---

l'affirmation du « droit à la différence », les différences étant supposées « enrichissantes » (« Le chou et le moteur à deux temps. De la catégorie à la hiérarchie », *Le Genre humain*, 2, 1982, p. 35-36). Il faut rappeler ici que, dans les années cinquante, Georges A. Heuse proclamait la faillite de l'« antiracisme égalitariste » et prônait un « antiracisme différentialiste », lequel serait seul scientifique, se tenant « au-dessus des partis et des dogmes » (G.A. HEUSE, « Race, racismes, antiracismes », *Revue de psychologie des peuples*, t. 10, vol. 4, 4ᵉ trimestre 1955, p. 368-381).

54. Bertrand DE JOUVENEL, *Du pouvoir. Histoire naturelle de sa croissance* (1945), Hachette, Paris, 1972 ; coll. « Pluriel », 1977, p. 605.
55. Voir les remarques lucides de Géza RÓHEIM, *Psychanalyse et anthropologie* [1950], trad. fr. M. Moscovici, Gallimard, Paris, 1967 ; coll. « Tel », 1978, p. 447-448.
56. En 1970, le sociologue britannique John REX avait bien aperçu les limites d'une définition restreinte du racisme comme théorie biologique (voir : *Race Relations in Sociological Theory*, Weidenfeld and Nicolson, Londres, 1970). Pour une discussion sur la terminologie qui mobilise les problématiques, voir Robert MILES,

Il convient maintenant d'analyser la « co-évolution » idéologique du racisme doctrinal et de l'antiracisme militant. L'avantage, si l'on peut ainsi dire, de l'idéologie différentialiste, c'est qu'elle permet aux racistes de tous bords (y compris aux frères ennemis en haine raciale : « Blancs » et « Noirs », par exemple) de s'entendre sur un principe minimal, celui de la *séparation*. James S. Jackson et Gérard Lemaine notent dans ce sens : « Les Blancs pourraient se faire à l'idée que s'affaiblisse leur domination en termes de classe sociale mais alors il ne resterait comme solution que la séparation, l'existence de deux sociétés parallèles ; point de vue défendu, notons-le, par des leaders noirs dès les années trente. Les mouvements sociaux récents et les interrogations des psychosociologues noirs sur l'identité de leur groupe ne vont-ils pas, quelque peu paradoxalement, dans un sens favorable aux valeurs du racisme blanc décrit par Warner [57] ? »

La réinterprétation tiers-mondiste de cette conception antiraciste, assimilant sans nuances racisme et universalisme (celui-ci étant réduit à sa corruption impérialiste, ou, par les doctrinaires marxistes, identifié à la forme générale des modes d'autolégitimation du capitalisme historique), a engendré un discours « révolutionnariste » passe-partout accusant l'Occident, « impérialiste » par définition, voire la « race blanche » (retournant ainsi l'essentialisme raciste), d'être l'initiateur, l'unique porteur et le bénéficiaire exclusif du racisme. On se souvient des canoniques dénonciations de l'Europe et de l'Occident prononcées par Frantz Fanon au début des années soixante : « L'Occident a voulu être une aventure de l'Esprit. C'est au nom de l'Esprit, de l'esprit européen s'entend, que l'Europe a justifié ses crimes et légitimé l'esclavage dans lequel elle maintenait les quatre cinquièmes de l'humanité [58]. » Carl J. Friedrich n'hésitera pas à

---

*Racism and Migrant Labour*, Routledge and Kegan Paul, Londres, p. 72 ; John SOLOMOS, *Race and Racism in Contemporary Britain*, Macmillan, Londres, 1989, p. XIII-XIV, p. 1.

57. J.S. JACKSON et G. LEMAINE, « Éditorial », *Revue internationale de psychologie sociale*, t. 2, n° 3, juillet-septembre 1989, p. 271. Jackson et Lemaine font référence aux travaux de l'anthropologue W. Lloyd Warner et de ses élèves (St Clair DRAKE and Horace R. CAYTON, *Black Metropolis*, Harcourt, Brace & Co., New York, 1945).

58. F. FANON, *Les Damnés de la terre* [1961], F. Maspero, Paris, 1979, p. 230-231. Apparent paradoxe, le révolutionnarisme mythique rejoint, dans la radi-

faire ce commentaire, dans une conférence prononcée le 12 janvier 1968 : « Quand Franz Fanon lança son appel à la violence, il abandonna l'argument égalitaire. C'est non leur égalité mais leur différence qui sert de justification aux "damnés" pour user de la violence. Dans son livre [Les Damnés de la terre], plusieurs passages rappellent Hitler par l'accent mis sur la supériorité de race [59]. » Le politologue américain avait aperçu à la fois l'origine mytho-religieuse des représentations révolutionnaires et le déplacement du socle argumentatif de l'égalité à la différence. Dans cette retraduction idéologique du mythe des « élus » et des « damnés », les anciens « damnés » se transforment par inversion en nouveaux « élus » : les derniers deviennent les premiers. Exemple parmi d'autres de la réversibilité de la catégorisation en « élus » et « damnés », que l'analyse comparée des racismes et des antiracismes ne cesse de rencontrer.

Il nous faudra revenir ailleurs, plus précisément, sur les conditions d'apparition et les avatars de la corruption idéologique de la position anti-impérialiste. Car la mythologisation polémique de l'Occident qu'elle a engendrée constitue peut-être le prototype historique de la rétorsion du racisme, en tant que dénonciation méprisante et craintive à la fois de la barbarie de l'Autre. En effet, l'Occident accusé et dénoncé globalement est bien essentialisé ; comme s'il était de l'essence de l'Occident de s'accomplir dans l'histoire par l'agression guerrière, la domination impériale, l'exploitation économique, la discrimination raciale et les exterminations de masse. Ce faisceau de stigmatisations, cet amalgame idéologique d'extension planétaire présente l'avantage, pour les multiples dictatures sanglantes du tiers monde, de constituer une ceinture de sécurité et un écran de protection face à toute critique (« ingérence dans les affaires intérieures » d'un État-nation !), et de pouvoir se retraduire en un mythe victimaire autodéfensif — l'Occident étant toujours l'agresseur (les réactions anti-occidentales, provoquées par la guerre du Golfe, en janvier-février 1991, montrent la puissance mobilisatrice de ces stéréotypes). Bref, il y a un essentialisme raciste

---

calité de son rejet de l'Occident « dominateur » et « destructeur », les thèses du traditionalisme intégral : voir par exemple René GUÉNON, *La Crise du monde moderne* [1927], Paris, Gallimard, 1946, puis 1969, p. 32 *sq.*, 129 *sq.*

[59]. C.J. FRIEDRICH, « La crise de l'égalitarisme », *Revue internationale de philosophie*, 25ᵉ année, n° 97, 1971-fasc. 3, p. 263.

retourné dans certaines formes d'anti-occidentalisme fanatique. Certains intellectuels anti-occidentalistes de gauche, aveugles à leur sociocentrisme négatif (« haine de soi »/idéalisation du non-identique, de l'étranger, de l'« autre »), n'hésitent pas à stigmatiser le « blanco-biblisme », qu'ils postulent source unique du racisme en général[60]. Ce nouvel anti-occidentalisme est tendanciellement transidéologique : il définit la pensée commune et le discours de combat partagé des radicalismes de droite et de gauche. Il fait ainsi se rejoindre, en France, les variantes anti-américaines de la nouvelle droite, sous le label du « tiers-mondisme différentialiste »[61] certains courants néo-fascistes violemment anti-américains (autant qu'anticommunistes), et la plus grande partie de la mouvance gauchiste et d'ultra-gauche, à commencer par les « révisionnistes »[62]. Précisons que, jumelé avec un anti-américanisme radical, l'antisionisme en est une composante si importante qu'il en peut devenir l'emblème. Il faudrait analyser plus précisément les ambiguïtés de ce singulier « antisionisme » proclamé, avec un non moins singulier « antiracisme », par tous les courant anti-occidentalistes, y compris les « nationalistes révolutionnaires » partisans d'un « axe euro-arabe », sous le label de la « lutte contre l'impérialisme ».

Revenons sur le tournant différentialiste et culturel dans les jeux de langage que, par convention, l'on peut qualifier de « néo-racistes », apparus publiquement en Europe de l'Ouest dans les années soixante-dix. Il faut ici rendre hommage à la lucidité quasi prophétique d'Albert Memmi, dont le « type idéal » du racisme, présenté en 1964 de façon canonique, comportait deux innovations majeures :

---

60. Cf. Louis SALA-MOLINS, *Le Code Noir ou le calvaire de Canaan*, PUF, Paris, 1987, 2ᵉ éd., 1988. Est-il nécessaire d'insister sur le sociocentrisme négatif, voire le racisme anti-Blanc, exprimé par un amalgame polémique tel que le « blanco-biblisme » ou un syntagme tel que « la science blanche » (*op. cit.*, p. 34) ?
61. Cf. Alain DE BENOIST, *Europe, tiers monde, même combat*, R. Laffont, Paris, 1986 ; Guillaume FAYE, *Les Nouveaux Enjeux idéologiques*, Le Labyrinthe, Paris, 1985, p. 15-59. Pour une position mesurée du problème, et la défense d'un tiers-mondisme « critique », cf. Claude LIAUZU, *L'Islam de l'Occident. La question de l'Islam dans la conscience occidentale*, Arcantère, Paris, 1989, notamment p. 147 *sq.*
62. Cf. Pierre GUILLAUME, « Génocide — Holocauste — Shoah », *Annales d'histoire révisionniste*, n° 5, été-automne 1988, p. 103-112 ; Serge THION, « Histoire européenne et monde arabe », *Annales d'histoire révisionniste*, n° 1, printemps 1987, p. 109-135. Sur ce type de littérature, voir : P.-A. TAGUIEFF, « La nouvelle judéophobie », *Les Temps modernes*, novembre 1989, p. 1-80.

*1)* il recentrait la définition du racisme-attitude sur « la valorisation généralisée et définitive de *différences* [je souligne], réelles ou imaginaires [63] » ;

*2)* il ne réduisait pas les modes de racisation à la *biologisation*, et mettait l'accent sur la polymorphie des différences hypervalorisées : « L'accusation raciste s'appuie tantôt sur une *différence biologique*, tantôt sur une *différence caractérologique*, tantôt sur une *différence culturelle*. Tantôt elle part de la biologie, tantôt de la culture, *pour généraliser* ensuite à l'ensemble de la personnalité, de la vie et du groupe de l'accusé. Quelquefois, le trait biologique est hésitant ou même absent. En somme, nous nous trouvons devant un mécanisme infiniment plus varié, plus complexe et malheureusement plus courant que peut le laisser croire le terme strict de racisme. Il faudrait songer à le remplacer par un autre mot, ou une locution, qui exprimerait à la fois la variété et la parenté des démarches racistes [64]. »

En reconnaissant le caractère mal formé du mot *racisme*, en permettant de reconnaître la *multiplicité* des modes de « racisation » (je reprends ici l'expression qui sera proposée ultérieurement par Colette Guillaumin, dans un sens sensiblement différent [65]), lesquels seront ensuite interprétés comme autant de formes prises par l'*hétérophobie* [66], A. Memmi avait bien posé le problème. Mais il sera suivi dans les réponses supposées aux interrogations soulevées,

---

63. Albert MEMMI, « Essai de définition », *La Nef*, n° 19-20, septembre-décembre 1964, p. 42.

64. A. MEMMI, *art. cit.*, 1964, p. 42 (je souligne). Dans une note, Memmi proposait de remplacer le mot *racisme* par « un couple de termes, par exemple : "Agression-Justification" qui résume assez bien le mécanisme général que nous allons décrire » (p. 42, note 1). Memmi se situe ainsi dans la lignée de « l'hypothèse frustration-agression », formulée notamment par John DOLLARD (par exemple : « Hostility and Fear in Social Life », *Social Forces*, 17, 1938, p. 15-26 ; et l'exposé de M. BANTON, *op. cit.*, 1983, p. 82-84).

65. C. GUILLAUMIN, *L'Idéologie raciste, op. cit.*, 1972, chap. XI, « La catégorisation », p. 161 : la désignation est « l'acte initial de la racisation : ce qui est nommé l'est sous le signe racial ou non ». Hypothèse caractéristique du cognitivisme individuel à laquelle s'applique cette remarque de J.S. JACKSON et G. LEMAINE : « Dans la thèse cognitiviste extrême, la simple catégorisation ou le découpage en "nous" et en "eux" pourrait être à l'origine des attitudes défavorables à l'égard de l'outgroup » (*art. cit.*, 1989, p. 269).

66. A. MEMMI, *Le Racisme. Description, définition, traitement*, Gallimard, Paris, 1982, p. 115-118. « *Hétérophobie* pourrait désigner ces constellations phobiques et agressives, dirigées contre autrui, qui prétendent se légitimer par des arguments divers, psychologiques, culturels, sociaux ou métaphysiques, et dont le racisme, au sens biologique, serait une variante [...]. Hétérophobie permettrait d'englober toutes les variétés de refus agressifs. » (P. 115-116.)

réponses vite devenues idées toutes faites — le racisme, c'est « le rejet de l'autre » —, plutôt que dans la problématisation esquissée.

La seule restriction, théorique et terminologique, que j'avancerai ici, est que la réduction des attitudes racistes à des formes d'hétérophobie se heurte à un grand fait idéologique et discursif : il existe des formes proprement *hétérophiles* de racisme. La *mise à distance* qu'implique toute racisation (refus du contact, évitement social, hantise du métissage, peur panique des « mariages mixtes » et rejet d'une descendance métissée, etc.) peut se traduire aussi bien dans la langue *hétérophile* (éloge de la différence, respect de l'altérité...) que dans la langue *hétérophobe*.

Si l'éloge de la différence peut exprimer une attitude raciste aussi bien que le rejet de la différence, alors l'*hétérophilie* et l'*hétérophobie* ne s'opposent pas, respectivement, comme l'antiracisme et le racisme, ni comme une position « ouverte » de gauche à une position « fermée » de droite. Car l'éloge peut valoir comme instrument du blâme, instrument de racisation d'autant plus efficace qu'il ne se présente pas comme tel. Tel est le paradoxe : l'invocation du droit à la différence, l'appel au respect de l'autre ou des identités culturelles, l'exigence d'hétérophilie ou de « xénophilie » (Lévinas) peuvent être instrumentalisés par des acteurs individuels ou collectifs racistes. Telle est peut-être la corruption idéologique d'un idéal éthique la plus inquiétante, parce que la mieux acceptée, des deux dernières décennies.

Ainsi la valeur-norme de différence, située au centre de l'argumentation antiraciste depuis les années cinquante, a-t-elle été intégrée et « retournée » pour devenir l'un des piliers du néo-racisme contemporain. L'*absolutisation de la différence* permet de présenter comme une évidence première l'idée que certains « groupes humains » (l'expression est elle-même un euphémisme) sont *inassimilables*, du fait, précisément, de leur différence radicale [67]. Reconnaître la différence, ce n'est plus seulement hiérarchiser ce qui diffère (Louis Dumont), c'est exiger la séparation ou l'exclusion de

---

67. Cf. les remarques de C. GUILLAUMIN, *op. cit.*, 1972, p. 106-107. « La catégorisation raciste est précisément celle qui distingue ''l'hétérogène'' du semblable », précise ailleurs C. Guillaumin (« Le chou et le moteur à deux temps. De la catégorie à la hiérarchie », *Le Genre humain*, 2, 1982, p. 31).

ce qui diffère absolument, en raison de cette absolue différence, de cette différence de nature. Il s'ensuit qu'aujourd'hui la catégorisation raciste de base ne s'exprime plus à travers la référence à telle ou telle classification hiérarchique des races humaines, mais selon le critère apparemment moins brutal : *assimilable versus inassimilable* [68]. Et les modes de légitimation de cette nouvelle et clandestine catégorisation racisante empruntent plus à l'idéologie pluraliste de la diversité culturelle qu'au déterminisme génétique différentiel strict des caractères culturels ou psychosociaux.

L'une des meilleures illustrations en est la désignation de certaines minorités préalablement « extranéisées », qu'elles soient ethniques ou nationales/religieuses, identifiées comme « étrangères » [69], en tant que facteurs principaux de la déstabilisation ou de la décomposition de l'identité nationale, par simple contact. Car ces minorités étrangères par essence, postulées hétérogènes par nature, sont perçues comme dangereuses [70]. Une représentation substantialiste de l'identité nationale propre a en effet pour envers idéologique l'attribution d'une hétérogénéité de principe aux identités communautaires « étrangères ».

Aussi faut-il mettre en évidence une caractérisation supplémentaire du néo-racisme contemporain saisi dans ses manifestations verbales : son passage au discours indirect et son recours systématique à l'implicite. Ce quatrième trait, disons l'implicitation du racisme, s'ajoute au trois opérations suivantes :

---

68. Le critère n'est évidemment pas nouveau, c'est son usage différentialiste et ses rationalisations culturelles qui sont inédits. Sur l'usage raciste du critère d'assimilabilité, dans le cadre de l'universalisme impérial français traditionnel, cf. Etienne BALIBAR, *in* E. BALIBAR et Immanuel WALLERSTEIN, *Race, nation, classe. Les identités ambiguës*, La Découverte, Paris, 1988, p. 37-38 (on différencie et hiérarchise les individus ou les groupes « en fonction de leur plus ou moins d'aptitude ou de résistance à l'assimilation »).
69. Cf. C. GUILLAUMIN, *op. cit.*, 1972, p. 66, note 12.
70. « Ce n'est pas tant d'ordination que d'opposition que se forme la catégorisation raciste », note C. GUILLAUMIN (« Le chou... », *art. cit.*, 1982, p. 33). Cornelius CASTORIADIS définit plus classiquement le racisme comme une radicalisation de la xénophobie impliquée par l'ethnocentrisme, comme le résultat de « l'exacerbation d'un trait virtuellement universel des sociétés humaines : le rejet de l'autre, l'exclusion de l'altérité externe » (« Notations sur le racisme », *Connexions*, 48, 1987, p. 107). Plus précisément, écrit Castoriadis, « le racisme est un rejeton, ou un avatar, particulièrement aigu et exacerbé, [...] une spécification monstrueuse, d'un trait empiriquement presque universel des sociétés humaines. Il s'agit de l'apparente incapacité de se constituer comme soi sans exclure l'autre — *et* de l'apparente incapacité d'exclure l'autre sans le dévaloriser et, finalement, le haïr » (*ibid.*, p. 111).

*1)* le déplacement de la *race* vers la *culture*, et la substitution corrélative de l'identité culturelle « authentique » à la pureté raciale ;

*2)* le déplacement de l'*inégalité* vers la *différence* : le mépris affiché pour les inférieurs tend ainsi à laisser la place à la hantise du contact avec les autres, et, plus profondément, à la phobie du mélange ;

*3)* le recours à des énoncés *hétérophiles* (droit à la différence, etc.) plutôt qu'à des énoncés *hétérophobes*.

La quatrième caractéristique du néo-racisme concerne donc son mode de manifestation :

*4)* le racisme *symbolique* ou indirect [71], exprimé sans être déclaré, et qui tend à se substituer au racisme direct et déclaré (ou assumé) : les nouveaux modes discursifs de racisation opèrent sur du sous-entendu, de l'implicite, du connoté, du présupposé. Ainsi les intentions judéophobes ne se déclarent-elles plus « antisémites » mais se révèlent-elles, par exemple, à travers des énumérations de noms propres « à consonance juive » dans des contextes polémiques où sont dénoncés des « parasites », des « dominateurs », des « profiteurs », des « menteurs professionnels », des « comploteurs » [72]. Ce passage à l'implicite conduit à poser non seulement le problème de l'applicabilité, mais encore celui de l'efficacité, de la loi du 1er juillet 1972 : l'émergence du racisme symbolique,

---

[71]. Sur la notion de « racisme symbolique », élaborée pour rendre compte des attitudes et des représentations racistes rejetant « les stéréotypes grossiers et la discrimination la plus flagrante », voir : J.B. McConahay, J.C. Hough, Jr., « Symbolic Racism », *Journal of Social Issues*, 32, 1976, p. 23-45 ; D.O. Sears, C.P. Hensler, L.K. Speer, « White's Opposition to Busing : Self-Interest or Symbolic Politics ? », *American Political Science Review*, 73, 1979, p. 369-384 ; D.R. Kinder et D.O. Sears, « Prejudice and Politics : Symbolic Racism Versus Racial Threats to the Good Life », *Journal of Personality and Social Psychology*, 40, 1981, p. 414-431 ; Teun A. van Dijk, *Communicating Racism. Ethnic Prejudice in Thought and Talk*, Newbury park, Sage Publications, Inc., 1987, p. 225-226, 368 ; D.O. Sears, « Symbolic Racism », in P.A. Katz, D.A. Taylor (eds.), *Eliminating Racism : Profiles in Controversy*, Plenum, New York, 1988, p. 53-84. Sur la théorie psycho-sociale de D.O. Sears, cf. les remarques critiques de T.F. Pettigrew, « The Nature of Modern Racism in the United States », *Revue internationale de psychologie sociale*, 1989, t. 2, n° 3, p. 293-303.

[72]. Cf. les propos tenus par J.-M. Le Pen le 20 octobre 1985 au Bourget, à la fête des « Bleu Blanc Rouge », propos illustrant la judéophobie symbolique contemporaine (indirecte et « subtile »), qui ont valu au président du Front national une condamnation par le tribunal d'Aubervilliers (11 mars 1986), jugement confirmé par la cour d'appel de Paris (arrêt du 9 juillet 1986), pour « *antisémitisme insidieux* [je souligne] qui procède de la volonté déterminée de choisir de critiquer des personnes exclusivement en fonction de leur origine » (voir *Le Droit de vivre*, 54e année, n° 530, juillet-août 1988, p. 5).

notamment en discours (alors que la discrimination à l'embauche selon le faciès, par exemple, est dénuée d'équivoque), rend extrêmement difficile le repérage des « appels à la haine » ou à la « discrimination » selon l'origine nationale, ethnique ou religieuse. Prenons un exemple d'antisémitisme symbolique : le quotidien prolepéniste *Présent* publie un court article titré « Vingt et un cercueils profanés à Ajaccio. Mais ce ne sont que des catholiques »[73] ; si le sous-entendu est clair (un cadavre « israélite » a plus de « poids » que vingt et un cadavres « catholiques », donc les Juifs ont en France des droits supérieurs aux catholiques), la caractérisation judiciaire de cet énoncé comme antisémite est loin d'aller de soi. Et pourtant, la signification antijuive de l'énoncé « saute aux yeux » (c'est dire, en particulier, qu'elle est immédiatement décodée par les antisémites comme une stigmatisation du « pouvoir » des Juifs en France, ou de « l'influence juive »).

De la même manière, le discours anti-immigrés, essentialisant, globalisant et démonisant les étrangers « indésirables » de diverses manières (« les Arabes », « l'immigration », etc.)[74], est un discours raciste qui se présente comme une réaction normale de citoyens français excédés, submergés, en état de légitime défense contre une invasion ou une agression, sous le label de la « préférence nationale ». Et ses doctrinaires (cf. J.-Y. Le Gallou, J. Madiran) affirment que le principe de la « discrimination nationale », qu'ils défendent, n'a rien à voir avec l'appel à la discrimination raciale : « Les dirigeants de la droite libérale et gaulliste [...] ont accepté de condamner et d'exclure le Front national au nom de certains critères d'ailleurs mal définis et se réduisant en somme à un vocabulaire préfabriqué. L'astuce principale de ce vocabulaire consiste à nommer *raciste* toute affirmation de la *préférence nationale*, et à rendre ainsi le *cosmopolitisme* moralement obligatoire[75]. »

Sous l'impulsion de Jean-Yves Le Gallou, l'hebdomadaire du Front national ira plus loin dans la contre-argumentation de type anti-antiraciste : « Le Pen a exposé cent fois la posi-

---

73. Article signé Olivier TRAMOND, in *Présent*, n° 2212, 5 décembre 1990, p. 2.
74. Cf. E. BALIBAR, *in* E. BALIBAR et I. WALLERSTEIN, *op. cit.*, 1988, p. 71, 295.
75. Jean MADIRAN, in *Présent*, n° 1594, 11 juin 1988, p. 2.

tion du Front national relativement à l'immigration. Elle n'implique pas la "préférence raciale", mais la "préférence nationale". C'est-à-dire qu'elle ne prend pas en considération la "race", qui est une donnée étrangère à la volonté de l'individu, mais la nationalité qui, elle, peut être modifiée par un acte volontaire de l'individu [76]. » Tournant stratégique : se défendre des accusations de « racisme » en affirmant une conception volontariste et contractuelle de la nationalité... Le néo-racisme intégré dans le nationalisme peut ainsi revendiquer la tradition républicaine [77].

Il résulte de cet ensemble de redéfinitions et de reformulations que les appels les plus violents à la haine, au rejet, à l'expulsion, etc., en arrivent à se présenter comme des conclusions logiques et légitimes de l'attachement patriotique ou de l'affirmation de la tradition républicaine, du respect des identités culturelles ou du droit à la différence. Le *racisme symbolique* se manifeste, dans le discours politique publiquement tenu, par de telles stratégies de présentation et de représentation, permettant de satisfaire à certaines conditions de recevabilité et d'acceptabilité propres à l'espace public dans une conjoncture historique déterminée. Mais les masques, les visages et les habillages du racisme ne doivent pas faire oublier son noyau dur. Le postulat d'*inassimilabilité* est au cœur de la pensée raciste (ou, si l'on préfère, racisante). Il peut se retraduire en un postulat d'*inconvertibilité* : « Pour le racisme, l'autre est inconvertible [78]. » La différence dans l'origine, comme une tache ineffaçable, est supposée insurmontable. C'est pourquoi le vrai racisme, le racisme pour ainsi dire logique, « ne veut pas la conversion des autres, il veut leur mort [79] ». Mais la mort de l'autre doit s'entendre à son tour en plusieurs sens, du plus symbolique au plus empirique : de l'invisibilité de l'autre (« je ne veux plus le/les voir ! ») à son anéantissement, à sa destruction physique.

Si donc les termes ne signifiaient pas tout autre chose dans l'usage, on devrait plutôt parler, pour désigner et catégori-

---

76. *National-Hebdo*, n° 234, 12-18 janvier 1988, p. 8.
77. Cf. P.-A. TAGUIEFF, « La démagogie à visage républicain », *Revue politique et parlementaire*, 87ᵉ année, n° 915, mars-avril 1985, p. 85-102 ; ID., « Un programme "révolutionnaire" ? », in *Le Front national à découvert* (sous la direction de Nonna MAYER et Pascal PERRINEAU), Presses de la FNSP, Paris, 1989, p. 195-227.
78. C. CASTORIADIS, « Notations sur le racisme », *art. cit.*, 1987, p. 115.
79. *Ibid.*

ser correctement ces nouveaux modes culturels-différentialistes de racisation, de *culturalisme*, ou encore d'*ethnisme*, voire d'*éthisme*. En 1964, A. Memmi notait à juste titre : « Il est rare qu'un racisme biologique n'entraîne pas un racisme psychologique et un racisme culturel (ce que l'on pourrait appeler d'ailleurs un *ethnisme* plutôt qu'un racisme) [80]. »

Mais la réciproque est-elle vraie ? Le « racisme culturel » entraîne-t-il nécessairement un racisme biologique ? Rien n'est moins sûr, à considérer en tout cas les argumentations, ordinaires et savantes, produites depuis une vingtaine d'années. L'interrogation vaut cependant pour bien des problématiques apparues notamment en Allemagne, dans l'espace du « pessimisme culturel » et de la « révolution conservatrice ». C'est ainsi que, dans sa vaste étude sur Oswald Spengler, Gilbert Merlio rencontre la difficulté, et propose pour la surmonter la notion de « racisme psychique », qui rapproche Spengler de Houston Stewart Chamberlain [81]. Mais l'historien des idées reconnaît la « grande ambiguïté » des textes spenglériens, qui mêlent une violente critique du matérialisme biologique d'inspiration darwinienne à un usage constant de métaphores biologiques [82], qu'elles soient de type organiciste ou de type polémologique. Merlio va jusqu'à parler d'une « métaphysique de la xénophobie [83] » pour caractériser cette sublimation du biologisme, qu'on pourrait concevoir comme une pensée biologisante de second degré, comme un métabiologisme. La même ambiguïté et les mêmes paradoxes définitionnels se rencontrent chez des auteurs tels que Houston Stewart Chamberlain, Hans F.K. Günther ou Julius Evola, oscillant entre le matérialisme mystique et le spiritualisme racial. Mais, dans tous les cas, la théorie des races est présentée comme un anti-universalisme radical : les pensées de l'universel sont réduites à n'être que des autosublimations propres aux représentants du « chaos racial » (réduction polémique héritée de la doctrine gobinienne) [84].

---

80. A. MEMMI, *art. cit.*, 1964, p. 44.
81. G. MERLIO, *Oswald Spengler. Témoin de son temps*, Hans-Dieter Heinz, Stuttgart, 1982, t. II, p. 865-888.
82. *Ibid.*, p. 888.
83. *Ibid.*
84. Voir par exemple : Max ROUCHÉ, « Houston Stewart Chamberlain (1855-1927) », *Études germaniques*, 17ᵉ année, n° 4, octobre-décembre 1962, p. 390-402 ; Benoit MASSIN, *Deux aspects de l'œuvre de H.F.K. Günther*

Le néo-racisme culturel peut être, en un sens, considéré comme une généralisation de la judéophobie moderne, qui procède par démonisation et pathologisation de l'ennemi (les Juifs, « nos plus mortels ennemis », dit Hitler le 13 février 1945), et non point par bestialisation et abaissement de l'étranger. Dans cette configuration idéologique antijuive qui surgit dans l'espace public européen au cours du dernier tiers du XIXᵉ siècle, l'ennemi démonisé, porteur d'une souillure, est essentiellement objet de phobie : il s'agit dès lors d'éviter le contact avec lui, par tous les moyens et à tout prix. Trois voies possibles s'offrent logiquement pour tenir à distance cette extranéité menaçante : l'exclusion interne ou la séparation prescrite (ghetto, *apartheid*), l'expulsion, l'extermination. La présupposition d'un tel éventail limité des mesures ou des actions possibles est la certitude que le type menaçant l'identité du groupe propre est inaltérable, et partant *inassimilable*. Non point en tant que « race » au sens biologique de variété d'une espèce ou type psychosomatique, mais bien en tant que « race mentale », indéfinissable biologiquement. Le Juif stigmatisé par l'antisémitisme nationaliste moderne est pour ainsi dire le prototype de ce type psychologique ou mental, la catégorie des « culturellement inassimilables », dont le néo-racisme idéologique contemporain fournit un certain nombre d'équivalents lexicaux. D'abord réservée presque exclusivement aux Juifs par les antisémites de doctrine dès la fin du siècle dernier, l'idée de « race historique » ou de « race mentale », à travers les catégories aujourd'hui recevables d'« ethnie », de « peuple » ou de « structures mentales », s'est insensiblement généralisée pour s'appliquer à toutes les catégories de population stigmatisables. L'idée de « race culturelle » est devenue l'une des évidences idéologiques contemporaines.

Il n'est pas ici sans intérêt de rappeler les hésitations et les variations de Hitler lui-même sur la question de la définition du Juif. Le témoignage de P. Schultze-Naumburg, rapporté par H.F.K. Günther, mérite d'être cité : « Là se tenait Hitler [dans la bibliothèque de S.-N.], devant le piano, et moi, à

---

*(1891-1968), le « plus connu des théoriciens de la race » dans l'Allemagne de l'entre-deux-guerres*, maîtrise d'histoire, université Paris-IV, 1989 ; P.-A. TAGUIEFF, *La Force du préjugé, op. cit.*, 1988, p. 303-306 ; ID., « Julius Evola, penseur de la décadence », *Politica Hermetica*, n° 1, novembre 1987, p. 11-49

côté du meuble. Dans la conversation, nous en vînmes à la question raciale. Je dus lui apprendre qu'il n'existait pas de race juive, pas plus que de race allemande : l'une et l'autre étaient des métissages. [...] Il n'en avait rien su jusque-là [85]. » Si, dans ses discours publics, Hitler continuera de référer aux Juifs comme à une « race » biologique, conformément à la vulgate raciste, ses conversations privées, recueillies par Martin Bormann, montrent qu'il concevait l'« ennemi inexpiable » comme une « race mentale », un type psycho-culturel historiquement engendré, caractérisé essentiellement par son invariabilité (d'où son inassimilabilité) et sa force « dissolvante » (le Juif « germe [ou « ferment »] de décomposition », selon l'expression de T. Mommsen), sa puissance de destruction : « Le Juif est par définition l'étranger inassimilable et qui refuse de s'assimiler. C'est ce qui distingue le Juif des autres étrangers. [...] Notre racisme n'est agressif qu'à l'égard de la race juive. Nous parlons de race juive par commodité de langage, car il n'y a pas, à proprement parler, et du point de vue de la génétique, une race juive. Il existe toutefois une réalité de fait à laquelle, sans la moindre hésitation, l'on peut accorder cette qualification et qui est admise par les Juifs eux-mêmes. C'est l'existence d'un groupe humain spirituellement homogène dont les Juifs de toutes les parties du monde ont conscience de faire partie. [...] La race juive est avant tout une race mentale. [...] Une race mentale, c'est quelque chose de plus solide, de plus durable, qu'une race tout court. Transplantez un Allemand aux États-Unis, vous en faites un Américain. Le Juif, où qu'il aille, demeure un Juif. C'est un être par nature inassimilable. Et c'est ce caractère même qui le rend impropre à l'assimilation, qui définit sa race. Voilà une preuve de la supériorité de l'esprit sur la chair [86] ! »

Cette légitimation hitlérienne de la judéophobie, forme particulière de xénophobie adaptée à la nature spécifique du Juif (inassimilable/dissolvant), est aujourd'hui appliquée à

---

85. Hans F.K. GÜNTHER, *Mon témoignage sur Adolf Hitler* (1969), trad. fr. E. Popelier, Pardès, Puiseaux, 1990, p. 104 (livre posthume, l'auteur étant mort le 25 septembre 1968). Sur le rôle de P. Schultze-Naumburg dans la politique culturelle nazie, voir : Hildegard BRENNER, *La Politique artistique du national-socialisme* (1963), trad. fr. L. Steinberg, Maspero, Paris, 1980, p. 20, 51.

86. Adolf Hitler, propos tenus le 13 février 1945, in *Le Testament politique de Hitler* (notes recueillies par Martin BORMANN), version française et présentation de François GENOUD, Fayard, Paris, 1959, p. 79-86.

des xénophobies ciblées visant d'autres groupes que les Juifs. C'est ce déplacement qui nous autorise à parler d'une extension ou d'une généralisation des représentations et des arguments originellement antijuifs. La vision nationaliste xénophobe de l'Arabe inassimilable en train de conquérir la France (ou l'Europe occidentale) par « l'immigration-invasion », cette vision participe, dans ses formes organisatrices, de la tradition judéophobe étendue et retraduite. De tels phénomènes de reconversion idéologique mériteraient d'être systématiquement étudiés.

## Usages néo-racistes de l'identité culturelle

Nous voudrions brièvement illustrer par quelques exemples textuels la manière dont la prescription d'exclusion ou d'exigence de stricte séparation ont été retraduites dans la thématique de la défense des identités culturelles. Et ce, afin de mieux caractériser les principaux aspects de la reformulation culturelle et différentialiste du racisme, telle qu'elle est passée au politique dans les années quatre-vingt. Deux remarques préalables s'imposent, l'une sur les producteurs du discours néo-raciste, l'autre sur l'accommodation de ce discours à la thématique fournie par l'actualité politico-médiatique. En premier lieu, c'est d'un travail idéologique conduit, dans les années soixante-dix, au sein de clubs (« sociétés de pensée ») tels que le GRECE (1968) ou le Club de l'Horloge (1974), que proviennent les reformulations et les redéfinitions du racisme, par-delà les survivances de l'idéologie biologico-inégalitaire. Les nouveaux modes de légitimation du racisme dérivent, comme nous l'avons vu, de deux opérations fondamentales : d'une part, la production de nouvelles présentations recevables centrées sur la « défense des identités culturelles »; d'autre part, la mise au point de nouveaux arguments acceptables tournant autour de l'éloge immodéré de la différence. En second lieu, c'est sur la question de l'immigration, et de l'immigration instituée en problème social et politique majeur par les effets combinés des propagandes anti-gauche (1982-1986), que se sont cristallisés tous les nouveaux lieux communs de la rhétorique de l'identité culturelle et de la différence, dont la hantise du métissage, perçu comme génocide indirect et ethnocide à moyen terme, constitue le fond affectivo-imaginaire plus ou moins voilé dans les discours produits.

Cette argumentation fondée sur la *qualité* (identité/différence) ne chasse pas nécessairement l'argumentation fondée sur la *quantité* (« seuil de tolérance aux étrangers ») : de la première l'on déduit une inassimilabilité essentielle ou intrinsèque, de la seconde l'on conclut à une inassimilabilité relative. Un ouvrage publié en juin 1972 par le mouvement Ordre nouveau nous fournira une claire illustration de ce jumelage de l'argument essentialiste et de l'argument numérique :

« Notre pays a toujours eu une capacité élevée d'assimilation de groupes ethniques étrangers — mineurs polonais, maçons piémontais, par exemple. [...] Mais ces heureux exemples du passé ne peuvent valablement servir de points de référence. En cette matière, il n'y a pas de secret : les possibilités d'insertion d'une minorité étrangère sont en proportion inverse de son importance numérique, et deviennent très minces au-delà d'un certain seuil. [...] Certaines minorités sont *en elles-mêmes pratiquement inassimilables — les Nord-Africains*, pour parler clair [je souligne]. Compte tenu de leur généreuse natalité, ils seront de trois à quatre millions à la fin du siècle, si rien ne change d'ici là. *Cela est une promesse de guerre civile*[87]. »

Nous emprunterons les énoncés suivants aux textes publiés dans la presse des droites radicales en France au cours de la dernière décennie[88] :

— « La vérité, c'est que les peuples doivent préserver et cultiver leurs différences [...]. L'immigration est condamnable parce qu'elle porte atteinte à l'identité de la culture d'accueil aussi bien qu'à l'identité des immigrés[89]. »

— « C'est parce que nous nous respectons nous-mêmes et que nous respectons les autres que nous refusons de voir notre pays transformé en une société multiraciale où chacun

---

87. *Ordre nouveau*, ouvrage présenté à l'occasion du 2ᵉ Congrès du mouvement Ordre nouveau, juin 1972, Éd. « Pour un Ordre nouveau », Paris, p. 292.

88. Cf. notamment : P.-A. TAGUIEFF, « La stratégie culturelle de la "nouvelle droite" en France (1968-1983) », in *Vous avez dit fascismes ?*, Arthaud/Montalba, Paris, 1984, p. 13-152 ; ID., « Alain de Benoist, philosophe », *Les Temps modernes*, février 1984, p. 1439-1478.

89. Robert DE HERTE [Alain DE BENOIST], « Avec les immigrés contre le nouvel esclavage », *Éléments pour la civilisation européenne*, n° 45, printemps 1983, p. 2.

perdrait sa spécificité, aussi bien les allogènes que nous-mêmes[90]. »

— « Les peuples ne peuvent pas être sommairement qualifiés de supérieurs ou d'inférieurs, ils sont différents, et il faut tenir compte de ces différences physiques ou culturelles[91]. »

— « La question de l'immigration ne peut plus être résolue dans notre esprit que par l'expulsion radicale ou le rapatriement planifié de tous les étrangers. Dans la pratique, cette mesure ne s'applique pas aux ressortissants, assimilables, de la Communauté européenne[92]. »

Une simple lecture montre la récurrence de la *thèse d'inassimilabilité* visant les immigrés d'origine non européenne, et l'imbrication des argumentations biologisantes (raciales) et culturalistes dans les retraductions racistoïdes du respect des différences. La force argumentative de ce nouveau discours vient de ce qu'il se fonde sur des évidences premières, et de ce qu'il manie le truisme avec l'art des petites variations. Pour parler comme Perelman, le néo-racisme culturel et différentialiste privilégie les arguments fondés sur la structure du réel. Mais le réel anthropologique est ici réduit à l'immédiatement perceptible, et en particulier au plus visible : tout le monde peut voir les différences de couleur de peau, ou entendre les différences de langues ou d'accents. Voilà cette réalité différentielle immédiate qui, avec la vivacité de ce qui saute aux yeux, constitue le roc sur lequel est bâti l'édifice imposant du néo-racisme, lequel se présente en défenseur des identités culturelles, donc en antiracisme authentique. Nous sommes déjà entrés dans l'océan des ambiguïtés.

Voilà le fait brut : le sens du mot *racisme* ne saurait être considéré comme stable, inaffecté par le cours de l'histoire, car les attitudes et les argumentations idéologiques racisantes se transforment à la fois *plus vite* que les représentations et les argumentations antiracistes, et *ailleurs* que dans les lieux et les figures où on les cherche et les attend.

La difficulté vient notamment de ce que les usages, ou plu-

---

90. Pierre PASCAL, « Les vrais racistes », *Militant* (Revue nationaliste populaire d'action européenne), 16ᵉ année, n° 156, janvier 1984, p. 15.
91. Jean-Marie LE PEN, « Le Pen et l'Église » (interview), *National-Hebdo*, n° 44, 19 avril 1985, p. 8.
92. « Pourquoi nous combattons », *Jeune Nation solidariste* (organe du mouvement « nationaliste révolutionnaire » Troisième voie), n° 10, juillet-août 1986, p. 6.

tôt les mésusages, du mot *racisme* présentent deux fronts sur lesquels doit lutter une pensée antiraciste exigeante : d'une part, l'*extension abusive*, dans le discours polémique ordinaire, de l'usage du mot *racisme*, ce qui le banalise ; d'autre part, une *trop grande restriction*, un usage trop étroit lié à un figement des représentations du racisme depuis la découverte du génocide nazi. Considérons brièvement ces deux excès.

*1)* D'une part, se présente le front des usages ordinaires du mot *racisme* pour stigmatiser des attitudes ou des pratiques sociales considérées comme réprouvables ou condamnables : « racisme antijeunes », « racisme antipoliciers », « racisme antivieux », etc. Sur ce front idéologique des mésusages, c'est l'*extension indéfinie* du champ d'application du mot qu'il s'agit de combattre. Le mot n'a plus qu'un usage polémique et un sens indéterminable. Nommer *raciste* ou labelliser en tant que *raciste* tout individu ou tout groupe dont on n'aime pas les positions, les attitudes ou les conduites aboutit à détruire tout usage rigoureux du mot *racisme*. Il faut récuser cette banalisation rhétorique du mot *racisme*.

*2)* D'autre part, en raison d'une certaine inertie du vocabulaire et des définitions lexicales fixées par les dictionnaires, on continue, dans les milieux antiracistes, à penser le racisme de façon *trop restrictive*, sur le modèle du racisme d'État national-socialiste, idéologie bio-inégalitaire incarnée par un type de régime totalitaire ayant organisé une extermination de masse. Mais ce n'est là qu'une variante historique du racisme moderne, ou plutôt du passage au politique d'attitudes racistes portées par des passions spécifiques (mépris, haine, peur, ressentiment) et d'une certaine doctrine explicite travaillée par une oscillation interne entre deux orientations, la théorie de l'inégalité des races et une démonisation phobique du Juif.

Érigé en définition du racisme en général, le modèle national-socialiste du racisme — ou plutôt le modèle simplificateur transmis par la vulgate antiraciste, — ne nous permet nullement de reconnaître comme « racistes », par exemple, des discours ne comportant ni une théorie *biologique explicite* des races, ni l'assertion d'*inégalité* entre races, ni la prescription d'une *extermination* de type génocidaire. Face aux formes nouvelles du racisme, ce modèle reçu s'érige bien plutôt en représentation-écran, en obstacle idéologique, en voile mythologisant. Car les racistes d'aujourd'hui, en dépit de quelques survivances — du moins dans les démocraties occidentales —, ne s'expriment plus comme Hitler, Himmler ou Rosenberg.

Illustrons plus précisément notre propos. Le 19 septembre 1982, Le Pen déclarait : « Nous avons non seulement le droit mais le devoir de défendre notre personnalité nationale et nous aussi notre droit à la différence [93]. » Le 13 juin 1989, Carl Lang, secrétaire général du Front national, reprenait l'argument et le précisait : « Nous revendiquons, pour nous Français, notre droit à la différence, [...] le droit de notre peuple de disposer de lui-même, [...] le droit de défendre notre identité [94]. »

Cette nouvelle argumentation illustre la stratégie de rétorsion appliquée systématiquement par les idéologues nationaux-populistes à la thématique de l'identité culturelle. Dans la perspective de David O. Sears, nous faisons l'hypothèse qu'il s'agit là d'un acte argumentatif caractéristique du nouveau racisme, le « racisme symbolique ».

La rhétorique de ce néo-racisme « soft » a été théorisée et pédagogiquement exposée par les leaders doctrinaux du Front national dans une brochure interne, *L'Image du Front national*[95], destinée aux cadres du mouvement. On y peut lire, sous la rubrique « Ne pas utiliser de propos outranciers » (p. 11) : « Pour séduire, il faut d'abord éviter de faire peur et de créer un sentiment de répulsion. Or, dans notre société soft et craintive, les propos excessifs inquiètent et provoquent la méfiance ou le rejet dans une large partie de la population. [...] De façon certes caricaturale, au lieu de dire ''les bougnoules à la mer'', disons qu'il faut ''organiser le retour chez eux des immigrés du tiers monde''. »

Notre hypothèse interprétative ne pouvait pas être mieux vérifiée.

---

[93]. J.-M. Le Pen, propos tenus le 19 septembre 1982, cités par Alain Rollat, in *Le Monde*, 21 septembre 1982.
[94]. Carl Lang, propos tenus à l'émission « Stars à la barre », Antenne 2, 13 juin 1989.
[95]. Institut de formation nationale/Délégation générale du Front national, Paris, 1990.

## Le principe de métamorphose des représentations à l'ère de l'ambiguïté idéologique

De l'identité nationale aujourd'hui, l'on pourrait dire ce qu'un observateur perspicace, en 1934, notait sur le fascisme et « le sens de l'honneur » : « Une substitution des valeurs s'opère sous le manteau des mêmes mots [96]. » Il faut en effet considérer, d'une part, certains effets du passage au politique de la thématique différentialiste-culturelle, sous la forme d'une mobilisation populiste centrée sur la défense de l'identité nationale et la dénonciation du « racisme antifrançais » ; d'autre part, l'impuissance des milieux antiracistes organisés à faire face, par une contre-argumentation cohérente, à cette nouvelle situation idéologique, où le racisme symbolique phagocyte avec art certains impératifs antiracistes traditionnels. Car, avec l'apparition d'un *racisme différentialiste et culturel*, désormais apte à fonctionner idéologiquement de façon autonome, nous sommes entrés dans une zone d'ambiguïté. Tentons d'en décrire et analyser les principaux aspects.

### Face à la loi du 1er juillet 1972 : abroger, compléter, retourner

D'une part, les leaders du national-populisme pouvaient, en 1984, lancer une campagne contre le « racisme anti-Français », tout en faisant passer au politique l'argumentation différentialiste et culturelle : le nationalisme se redéfinissait, à partir du « droit à la différence », par le « devoir des peuples (ou des cultures) de demeurer eux-mêmes ». De cette instrumentalisation extrême-droitière du motif différentialiste témoigne la création, le 30 octobre 1984, de l'AGRIF : l'« Alliance générale contre le racisme et pour le respect de l'identité française et chrétienne » [97]. L'AGRIF, précise la revue *Chrétienté-Solidarité*, « c'est l'instrument juridique qui permet de s'opposer au racisme anti-Français dans le cadre de la loi Pleven de 1972, donc de briser le monopole actuel de la LICRA et du MRAP [98] ». Il convient d'insister sur le

---

96. Edmond Humeau, « Le fascisme et le sens de l'honneur », *Esprit*, n° 16, 1er janvier 1984, p. 590.
97. Cf. *Lectures françaises*, n° 341, septembre 1985, p. 25 (« L'AGRIF »).
98. Gabriel Lindon, « Autopsie du racisme anticatholique », *Chrétienté-Solidarité*, n° 64, février 1989, p. 5.

tournant stratégique incarné par la création de l'AGRIF : jusque-là, c'est-à-dire avant les premiers succès électoraux du Front national (1983-1984), les milieux nationalistes français se contentaient de réclamer l'abrogation de la loi du 1er juillet 1972, considérée comme l'un des instruments de la « destruction » de « l'identité française ». Ainsi, en avril 1981, le Mouvement populiste européen, dont Marc Fredriksen (leader de l'ex-FANE) est le secrétaire général, lance une campagne pour l'abrogation de la loi du 1er juillet 1972, « cette scélérate loi antifrançaise [qui] fait contre elle l'entente de la majorité des Français[99] ». Dans un « Appel à la constitution du Comité d'entente pour l'abrogation de la loi Pleven », diffusé en avril et mai 1981, le Mouvement populiste français (déclaré le 16 avril 1981 en remplacement du MPE) précise : « Il faut rendre à notre peuple sa dignité ! Et ce combat éminemment populaire n'est pas celui de la classe politique au pouvoir. Ce combat, c'est le nôtre ! C'est pourquoi nous lançons un appel à toutes les associations nationales, populaires et patriotiques et à leurs représentants afin qu'ils s'unissent dans le respect de leurs propres entités au sein d'un Comité d'Entente pour l'abrogation de la loi Pleven[100]. » Parmi les premiers signataires du Comité d'entente, l'on trouvait Pierre Pauty, directeur de la revue *Militant* (dont les comités de soutien seront à l'origine de la fondation, en décembre 1983, du Parti nationaliste français, dissidence du Front national dénoncé comme « sioniste »), et Raymond Mesure, leader du Comité d'entente pour le réveil français (Marseille). Dans *L'Entente*, organe du CERF, l'« odieuse loi Pleven » est alors régulièrement dénoncée en même temps que l'immigration qui « ne peut que submerger (et détruire) notre nation[101] » : si la loi Pleven doit être abrogée, c'est pour « rendre enfin la France aux Français[102] ». Dans un « dossier immigration » publié en 1982 par le mensuel

---

99. Janpier DUTRIEUX, « Pour l'abrogation de la loi Pleven », *France populiste. L'Action populaire*, n° 1, avril 1981, p. 2. Sur *L'Action populaire*, cf. Marcel LE BORGNE, « Entretien avec *L'Action populaire* », *Notre Europe* [directeur : Marc Fredriksen], n° 34, avril 1981, p. 10-11.
100. Tract (sans date) diffusé par le Mouvement populiste français (Paris) et le Comité d'entente pour le réveil français (Marseille), en vue d'un parrainage du Comité d'entente pour l'abrogation de la loi Pleven.
101. « La France aux Français ! » (éditorial), *L'Entente* (organe du CERF), mensuel, n° 59, octobre 1983, p. 1.
102. *Ibid.*

*Militant* (Revue nationaliste populaire d'action européenne), la loi Pleven est dénoncée comme une loi « raciste antifrançaise » qu'il faut impérativement abroger [103], en même temps que d'autres lois « antifrançaises », telle la loi Veil [104]. De la même manière, le Manifeste nationaliste français (programme du PNF) exige, afin de « préserver la nation française » et de lui permettre de « *demeurer elle-même* », « ce qui suppose qu'elle demeure d'abord fidèle à son sang [105] », l'abrogation de la « loi raciste antifrançaise Pleven [106] ». Le Programme du Parti nationaliste français et européen (créé en avril 1987, à partir d'une dissidence du PNF) comporte dans ses trois premiers paragraphes les propositions suivantes : « *1)* Instauration d'un État nationaliste fort et hiérarchisé. *2)* Renvoi progressif, mais total, des immigrés non membres de la CEE dans leurs pays d'origine. *3)* Abrogation de la scélérate loi Pleven du 1er juillet 1972 [107]. »

La position du Front national ne s'est pas définie de façon aussi nette et claire. L'avocat maurrassien Georges-Paul Wagner conclut une analyse critique de « la loi dite antiraciste du 1er juillet 1972 », parue en décembre 1983 dans la revue traditionaliste *Itinéraires*, par une proposition dénuée d'équivoque : « Au nom des principes mêmes dont tous les démocrates se réclament, la loi du 1er juillet 1972 doit être abrogée. Elle a créé une censure inadmissible, une inégalité intolérable au détriment de ceux qui, comme aurait dit Paul Marchandeau, sont Français ''par circonstance héréditaire''. Surtout elle a donné un pouvoir exorbitant d'inquisition à deux Églises laïques, aux arrière-pensées politiques évidentes, et que rien n'autorise à se poser en donneuses de leçons de morale publique [108]. » Mais le directeur d'*Itinéraires*, Jean Madiran (par ailleurs codirecteur du quotidien *Présent*,

---

103. « Dossier immigration », *Militant*, 15e année, 1982, n° 144 [16 p.], p. 12, 13, 15-16.

104. *Ibid.*, p. 14.

105. « Manifeste nationaliste français », *Militant*, 16e année, 1983, n° 167 [12 p.], p. 3.

106. *Ibid.*, p. 4.

107. « Programme du PNFE », *Tribune nationaliste* (organe de combat des nationalistes français), 3e année, n° 29, juin 1988, p. 20.

108. Georges-Paul WAGNER, « La loi dite antiraciste du 1er juillet 1972 », *Itinéraires*, n° spécial hors série, décembre 1983 (« Le soi-disant antiracisme. Une technique d'assassinat juridique et moral »), p. 15. Dans le même sens, cf. Éric DELCROIX, « Considérations sur la loi dite ''antiraciste'' », *Annales d'histoire révisionniste*, n° 3, automne-hiver 1987, p. 77-88.

créé le 5 janvier 1982), pose l'alternative « abroger ou compléter » : « La loi odieuse de 1972, nous ne cherchons pas à l'enfreindre, nous travaillons à la faire abroger. [...] Mais prétendre abroger purement et simplement, sans rien mettre à la place, n'est-ce pas irréaliste ? [...] Nous montrons que la loi est mal faite, c'est tout. Savoir s'il faut la compléter plutôt que l'abroger, nous n'en tranchons point. Nous pouvons seulement présenter quelques observations sur les compléments qu'il faudra inévitablement y ajouter si on ne l'abroge point. Deux observations, sur deux compléments. *Premièrement* : il faudra inscrire dans la loi le châtiment du blasphème contre les choses saintes. [...] Le blasphème contre la nation française ou contre la foi catholique ne peut pas ne pas être un crime aussi grave que le blasphème contre la nation juive ou contre le judaïsme. [...] *Secondement* : Soljenitsyne nous a appris [...] que *le communisme est bien pire et beaucoup plus dangereux que le racisme*. Au vrai, le communisme est le plus grand crime contre l'humanité, le plus infernal esclavagisme que l'on ait vu depuis le début de l'histoire humaine. Si le *racisme* est réprimé en tant que tel par la loi, il faut à plus forte raison que le *communisme* en tant que tel soit encore plus réprimé par la même loi[109]. » L'alternative stricte « il faut abroger ou il faut compléter » est à l'évidence formulée dans une intention tactique : seule la seconde proposition se caractérise par une applicabilité éventuelle au regard du texte de la loi. C'est précisément la voie que choisira de suivre l'AGRIF près d'un an plus tard : exiger l'extension de la loi à d'autres formes de racisme que le racisme des nationaux visant certaines catégories d'étrangers.

Ainsi, au sein du Front national, semblent toujours coexis-

---

[109]. Jean MADIRAN, « Abroger ou compléter », *Itinéraires*, n° spécial hors série, décembre 1983, p. 16-17. Voir également la réaction de Madiran à la promulgation de la loi n° 90-615 du 13 juillet 1990 tendant à réprimer tout acte raciste, antisémite ou xénophobe : J. MADIRAN, *La Loi du 13 juillet*, brochure publiée par le quotidien *Présent* et distribuée par Difralivre, septembre 1990, 20 p. ; le sous-titre est clair : « Par un "coup d'État législatif" la liberté de la presse a été supprimée et la France a changé de régime » (p. 1). Il reste que les conditions dans lesquelles cette loi a été rédigée et adoptée sont loin d'être satisfaisantes, et que l'on peut craindre certains effets pervers de son application à venir (atteintes à la liberté d'opinion et d'expression). L'expert du Front national en matière d'immigration, Jean-Yves Le Gallou, a publié dans la presse nationale divers articles sur la question : voir J.-Y. LE GALLOU, *Loi « antiraciste » et arbitraire*, brochure, juin 1990 (recueil d'articles et de tracts).

ter deux attitudes face à la loi du 1ᵉʳ juillet 1972 : exigence d'abrogation et exigence d'élargissement, lutte pour la suppression d'une « mauvaise » loi et lutte contre le monopole de l'usage de la loi. C'est ainsi qu'en décembre 1990, alors même que l'AGRIF est en droit d'agir judiciairement depuis plus d'un an, le président du groupe Front national au conseil régional d'Ile-de-France, Jean-Yves Le Gallou, écrit dans *Le Figaro* : « Il faut [...] tracer les voies du redressement : le retour des immigrés en surnombre, l'expulsion des étrangers délinquants, la déchéance éventuelle de leur nationalité des binationaux délinquants [...], mais aussi et surtout, le rétablissement d'un Code pénal dissuasif [...] et *l'abrogation des lois antiracistes* [je souligne], dont les effets pervers expliquent l'éclosion des bandes raciales et ethniques[110]. »

L'alternative posée se révèle n'être qu'un double jeu face à la loi. La duplicité se retrouve dans les attitudes prises face au racisme : soit l'on récuse la notion même de racisme, on dénonce le « racisme » comme le nom d'une fiction instrumentale (l'arme idéologique des ennemis de l'identité « française et chrétienne »), soit l'on élargit la catégorie de racisme de façon à pouvoir faire tomber sous son infâmante juridiction les antiracistes eux-mêmes, aux côtés des antinationaux (les « cosmopolites » et autres « mondialistes ») et des anticléricaux, voire des athées (lesquels ne peuvent en effet s'exprimer sans montrer qu'ils sont étrangers à « l'âme chrétienne » de la France, et étrangers hostiles ou menaçants).

Quoi qu'il en soit, ce qui importe est moins le fait de telles variations tactico-stratégiques que l'apparition d'une nouvelle organisation « antiraciste » atypique : avec la fondation de l'AGRIF par des nationalistes français, sous l'impulsion de Romain Marie, la loi de 1972 n'est plus contestée, elle est contournée en vue d'être retournée, selon le principe que le « racisme antifrançais et antichrétien » est pratiqué principalement par les organisations antiracistes, avec la « complicité » de divers « lobbies », de certains partis politiques, et de nombreuses personnalités religieuses. Dans cette perspective, le « racisme anticatholique » est dénoncé comme le

---

110. J.-Y. LE GALLOU, « La faillite de la ''prévention'' », *Le Figaro*, 6 décembre 1990, p. 2. Voir, pour marquer le contraste entre les deux stratégies (abrogation ou élargissement/retournement), la *Lettre d'information* de l'AGRIF, notamment à partir de décembre 1989.

seul et véritable racisme existant en France — selon l'axiome que « l'âme de la France » est catholique —, et comme un racisme d'autant plus pervers qu'il est pratiqué sous couvert des droits de l'homme, au nom des « droits illimités de l'homme [111] ».

## L'antiracisme scientiste face au néo-racisme culturel

Par ailleurs, en affirmant un pluralisme culturel radical, en affichant un anti-universalisme qui serait l'unique fondement de la tolérance positive, le nouveau racisme de la différence culturelle a pu se présenter comme l'antiracisme authentique, respectueux de toutes les identités de groupe. Face à une telle mutation des représentations racisantes, l'antiracisme commémoratif s'est contenté de dénoncer la « résurgence » du nazisme, d'invoquer les fausses évidences explicatives de la « crise économique » ou des « séquelles du colonialisme », de déplorer confusément la « levée des tabous », et d'en appeler paresseusement au savoir antiraciste des biologistes. Cette somme d'aveuglements et de retards provient à la fois de la ritualisation de la « lutte contre le racisme » depuis le milieu des années trente, de ses instrumentalisations et corruptions idéologico-politiques, et de la paresse intellectuelle héritée du XIX$^e$ siècle, consistant à s'en remettre à « la Science » pour résoudre les problèmes sociaux et politiques — que l'espoir antiraciste se porte vers les sciences « dures » (génétique) ou vers les sciences sociales. Il est temps de prendre distance critique face à la grande illusion de l'antiracisme « scientifique » qui, depuis les premières déclarations de l'Unesco sur la « race » et le « racisme » (1949-1951), n'a guère d'autre efficacité que de permettre aux antiracistes de dormir paisiblement. La parole scientifique, ou plus exactement la parole de tel ou tel scientifique reconnu, remplit ici une fonction oraculaire (elle dévoile le vrai) tout en satisfaisant le désir d'une victoire sur les forces du Mal (porteuses de haine et de mensonge). C'est l'illusion spécifique de toute critique démystificatrice : croire qu'on en a terminé avec le phénomène jugé comme intrinsèquement négatif, une fois qu'on l'a disséqué, anatomisé,

---

111. Bernard ANTONY [Romain MARIE], « Contre la civilisation, le racisme anti-catholique », *Chrétienté-Solidarité*, n° 64, février 1989, p. 3-4.

réduit à ses composantes ou à ses origines méconnues, ou encore analysé en ses erreurs ou ses confusions conceptuelles constitutives. Illusion qui explique la stupeur saisissant les antiracistes devant l'incompréhensible persistance du « racisme » (opinion, idéologie ou conduite) dans l'être social, malgré les « réfutations » décisives des thèses « pseudo-scientifiques » du racisme biologique.

La réflexion juridique sur l'émergence de nouveaux modes de discrimination, liés notamment au retournement du thème identitaire et de l'impératif différentialiste, ne s'est produite que vers la fin des années quatre-vingt [112]. Quant à la loi du 13 juillet 1990, à peine discutée et votée hâtivement par la majorité de gauche dans un contexte politique convulsif (les « affaires » de fausses factures, la montée du Front national, la profanation du cimetière juif de Carpentras), elle ne paraît guère satisfaisante, tant au regard de la liberté de la presse qu'à celui de la liberté de la recherche historique [113].

Nous avons donné un certain nombre d'arguments qui tendent à montrer les limites d'une critique scientifique du racisme, en particulier quant à l'efficacité symbolique du discours critique-démystificateur [114]. Il faut également insister sur l'impuissance de l'antiracisme « scientifique » (celui des généticiens autant que celui des historiens) à produire des normes positives, sur son incapacité à déterminer par lui-même des idéaux et des valeurs. Après la mise en pièces de la conceptualité du racisme pseudo-scientifique, les questions surgissent : que faire ? Quelle est l'organisation sociale la

---

112. Voir Michel HANNOUN, *L'Homme est l'espérance de l'homme* (Rapport sur le racisme et les discriminations en France au secrétaire d'État auprès du Premier ministre chargé des droits de l'homme), La Documentation française, Paris, novembre 1987 ; et surtout Jacqueline COSTA-LASCOUX, *De l'immigré au citoyen*, La Documentation française, Paris, 1989.

113. Très significative aura été l'attitude de désapprobation prise par les historiens qui se sont exprimés publiquement sur la proposition de loi, par-delà les clivages politiques (Jacques Julliard, Annie Kriegel, Pierre Vidal-Naquet, Madeleine Rebérioux, Alfred Grosser, etc.). Pour une première analyse froide, voir Nonna MAYER, « Racism, Antisemitism and Political Response : the Aftermath of Carpentras », papier présenté au colloque annuel de l'American Political Science Association, 30 août-2 septembre 1990, 19 p.

114. Sur le discours de type critique-démystificateur, cf. Jean-Pierre DUPUY, « John Rawls et l'instabilité de tout modèle de la justice sociale », *Cahiers du CREA*, n° 4, septembre 1984, p. 38-45 ; ID., « Nature et différences », *Cité* (Revue de la nouvelle citoyenneté), n° 10, 1er trimestre 1985, appendice, p. 25-26.

meilleure ou la plus souhaitable ? Que nous est-il permis d'espérer ? Car la lutte contre le racisme renvoie à ces questions fondamentales, questions éthiques et politiques. Or, pour ne prendre qu'un exemple, le silence des généticiens, en tant que scientifiques spécialisés, sur une question du type : faut-il vouloir une société culturellement homogène ou une société pluriculturelle ?, ce silence est assuré. Lorsque les « savants » énoncent des principes ou se réfèrent à des valeurs et des idéaux, ils n'interviennent pas en tant que représentants de la communauté scientifique (en droit internationale), mais en tant que personnes publiques mettant, pour la « bonne cause », leur autorité scientifique au service de leurs croyances et de leurs préférences individuelles. L'antiracisme contemporain apparaît ainsi dans son inconséquence majeure : pourfendeur du scientisme lorsque celui-ci permet en effet de caractériser telle ou telle variante du racisme-idéologie, il pratique régulièrement les rites conjuratoires de la religiosité scientiste la plus naïve (les « racistes » stigmatisés comme de très mauvais élèves, inaptes à la science), et rend inaudible l'accablant silence axiologique de la science « pure » en le remplissant de paroles prophétiques, de sentences morales, ou de slogans politiques. Valeurs et normes d'emprunt, abusivement légitimées par recours à l'autorité de la parole du « savant ».

Mais le temps des désillusions de l'antiracisme scientiste semble venu, ou du moins s'annonce ici et là. En 1987, Jacques Gervet notait ainsi : « Les scientifiques cherchant à poser les bases scientifiques de l'antiracisme, s'ils peuvent démonter avec justesse les arguments de leurs adversaires, n'ont pas de légitimité particulière à proposer un modèle alternatif[115] ! » Et pourtant, les scientifiques proposent, répondant à la demande sociale. Il faut ici considérer la diversité des traditions antiracistes nationales : l'antiracisme en France est dominé par des conceptualités critiques issues soit de la génétique des populations (« le concept de "race" n'a aucun sens scientifique »), soit de l'histoire démographique de la nation française (le peuple français, formé par des métissages successifs, n'a aucune identité substantielle ; il est

---

115. Jacques GERVET, « Comportement », in *D'une science à l'autre. Des concepts nomades* (sous la direction d'Isabelle STENGERS), Le Seuil, Paris, 1987, p. 299.

multiracial et pluriculturel), soit d'une sociologie hypercritique ou déconstructrice, s'attachant par exemple à montrer le caractère scientifiquement mal établi de la notion de « seuil de tolérance aux étrangers [116] ».

Ce dernier type d'argumentation montre bien les limites de l'antiracisme « savant » ou « scientifique » : pour le « seuil de tolérance » comme pour la « race », l'intervention déconstructrice permet de disqualifier, pour le public relativement spécialisé que visent de telles analyses, tout recours à la notion dont la confusion a été démasquée, mais elle ne permet pas de déterminer des valeurs et des normes positives pour orienter la « résolution » des problèmes sociaux, lesquels n'ont pas été effacés par la magie de la critique théorique. Bref, la déconstruction met en pièces les conceptualités douteuses, mais n'en laisse pas moins les choses en l'état. Elle fait le vide des certitudes pseudo-scientifiques, mais elle le fait au prix fort, et sans capacité d'autocorrection, en creusant le vide du sens et des valeurs, et en laissant les esprits démunis. Les évidences vives qu'imposent une quotidienneté conflictuelle ne tardent pas alors à combler le vide théorique (demande d'explication, qu'une brillante déconstruction ne saurait elle-même satisfaire) et normatif (que faire, par exemple, face à la constitution de ghettos urbains fortement ethnicisés ? Et plus précisément, pour compliquer le tableau, pluriethniques ?). Mais l'objection la plus radicale à une argumentation antiraciste strictement critico-démystificatrice est la suivante : ce qui a été historiquement construit n'en est pas moins doté d'une réalité sociale à part entière, et ne saurait être réduit à un objet fabriqué, au statut d'artefact [117].

Les approches anthropologiques, sociologiques et psycho-sociologiques du racisme ont été en France, jusqu'à la fin des années quatre-vingt, à peu près inexistantes (à l'exception notable des travaux de C. Guillaumin, puis de ceux de Gérard Lemaine et de son groupe de recherche). D'où les illusions spécifiques de l'antiracisme français, passablement

---

116. Voir, par exemple, Véronique DE RUDDER, « La tolérance s'arrête au seuil », *Pluriel*, n° 21, 1980, p. 3-13.
117. Pour une semblable « critique de la critique », voir Benedict ANDERSON, *Imagined Communities. Reflections on the Origin and Spread of Nationalism*, Verso, Londres, 1983, p. 15 (objections visant l'approche du phénomène national par Ernest Gellner).

scientiste, dont les théoriciens ne vont guère au-delà d'une critique déconstructrice légitimée par l'argument d'autorité (« la science dit que... »). Or, le racisme est un phénomène complexe, mettant en jeu des mécanismes cognitifs, certes, mais aussi et surtout des facteurs affectifs inscrits dans des relations intergroupes, renvoyant à la fois à des systèmes de valeurs et à des conflits politiques déterminés. C'est ce qui autorise J.S. Jackson et G. Lemaine à émettre de fortes réserves sur l'optimisme naïf de « notre » antiracisme théorique : « Warner et ses élèves (Drake et Cayton par exemple) ont mis l'accent sur le fait que le racisme est une valeur de la société blanche, pas plus irrationnelle qu'une autre, et que ce qui est décisif, c'est le désir d'endogamie, les règles de descendance et la catégorisation raciale sociale (ce qui va contre l'optimisme antiraciste, toujours un peu scientiste, que nous connaissons bien en France) [118]. »

Les analyses que nous avons présentées des métamorphoses idéologiques contemporaines du racisme constituent une vérification supplémentaire de l'hypothèse formulée par Raymond Boudon, non sans humour : « Comme les champignons dans les sous-bois, les idéologies qui paraissent le plus définitivement enterrées sont toujours prêtes à réapparaître à la moindre averse [...]. La principale différence entre les idéologies et les champignons est que les premières réapparaissent toujours sous des *formes* inédites. Pareto l'avait clairement vu : une idée ancienne et discréditée doit, pour s'imposer à nouveau, subir d'abord une *métamorphose*. Car il faut qu'elle puisse facilement être perçue comme une idée nouvelle [119]. »

---

118. J.S. Jackson et G. Lemaine, « Editorial », *Revue internationale de psychologie sociale*, t. 2, n° 3, juillet-septembre 1989, « Le racisme : domination, exclusion, identité », p. 271. Pour prendre la mesure du contraste entre travaux anglo-saxons et français, voir Bernard Lamy, « La recherche récente sur le racisme dans la sociologie américaine et britannique. Une analyse bibliographique », *Sociétés contemporaines*, 1990, n° 1, p. 113-136.

119. Raymond Boudon, *L'Idéologie ou l'origine des idées reçues*, Fayard, Paris, 1986, p. 283.

# 2

## Racisme et antisémitisme dans l'opinion publique française

*par Nonna Mayer*

« Un racisme anti-Maghrébins "soft" s'étend comme une marée noire partout, en tous lieux de la vie sociale et en tous points du territoire, y compris lorsque la communauté maghrébine est absente, c'est-à-dire là où des problèmes de cohabitation et de proximité n'existent pas. » On assiste dans le même temps au « retour à un antisémitisme explicite et virulent ranimé par le racisme anti-maghrébin, tandis que se développent des formes pernicieuses de déstabilisation de la communauté juive, la vulgarisation de thèses et d'écrits dits "révisionnistes", contestant la véracité de l'Holocauste juif de la Seconde Guerre mondiale et dénonçant la mainmise des juifs sur le pays [1] ».

Ces conclusions figurent dans le rapport de la Commission nationale consultative des droits de l'homme, rendu public le 28 mars 1990. Elles s'appuient notamment sur les statistiques du ministère de l'Intérieur et de la Gendarmerie nationale, faisant état à partir de 1981 d'une nette hausse des « actions » (attentats, agressions contre les personnes, incendies criminels, coups de feu, déprédations diverses) et

---

1. *Rapport au Premier ministre sur la lutte contre le racisme et la xénophobie*, Paris, 1990, p. 255-256.

surtout des « menaces » racistes (inscriptions injurieuses, graffiti, tracts et appels anonymes), en majorité dirigées contre des Maghrébins, ainsi que d'une nette progression des menaces et secondairement des actions antisémites à partir de 1987 [2].

Les assassinats de trois jeunes Maghrébins en mars 1990 [3], puis en mai la profanation du cimetière de Carpentras et celles qui l'ont suivie, s'inscrivent dans le prolongement de ces tendances.

De ces actes, qui sont le fait d'une minorité, faut-il conclure à une montée du racisme et de l'antisémitisme dans l'opinion publique française? Ces deux phénomènes sont-ils liés? S'expliquent-ils par les mêmes facteurs?

## Permanence du racisme et de l'antisémitisme

Sur le long terme, l'analyse des sondages d'opinion témoigne plutôt d'un recul des préjugés à l'égard des diverses minorités ethniques, culturelles et religieuses. L'antipathie déclarée à l'égard des juifs a quasi disparu. Le sentiment qu'ils sont des Français comme les autres est devenu unanime. Leur intégration sociale et politique progresse : ceux qui refuseraient de voter pour un président ou pour un député juif, d'avoir un patron, un médecin, un gendre ou une belle-fille juifs sont aujourd'hui nettement minoritaires [4].

Les grandes enquêtes menées par l'INED de 1947 à 1974 montrent de même une évolution positive des attitudes des Français à l'égard des immigrés, l'acceptation croissante des

---

2. On compte en 1987 77 menaces et 46 actions au caractère raciste avéré (affaires de droit commun et de simple vandalisme exclues), dont respectivement 66 et 39 visent des Maghrébins. En 1989 on compte 237 menaces et 64 actions (dont 188 et 44 contre des Maghrébins). Les menaces antisémites, en régression depuis 1980, passent de 57 en 1987 à 149 en 1989, et les actions de 2 à 18.

3. Le 6 mars, le fils d'un harki, Saad Saoudi, est abattu par un policier au cours de son transfert de La Ciotat au palais de justice de Marseille. Le 9 mars, le cuisinier d'une crêperie de Saint-Florentin tire en direction d'un groupe de jeunes après une altercation. Saïd Mhanni, Marocain, est mortellement touché. Le 13 mars, à Roanne, un automobiliste ivre fonce sur un groupe d'adolescents, écrasant un adolescent français d'origine marocaine, Majid Labdaoui.

4. Cf. le sondage Louis Harris effectué pour *L'Événement du jeudi* (échantillon national de 992 personnes, représentatif des Français en âge de voter) avec le rappel des enquêtes antérieures (1947, 1966, 1977): *L'Événement du jeudi*, 15-21 octobre 1987.

mariages mixtes, de l'égalité de traitement en matière de logement, d'emploi, d'impôts, etc.[5].

Mais chaque époque suscite de nouveaux enjeux. Les clivages se reforment sur d'autres questions, le droit de vote des immigrés par exemple, auquel une large majorité de Français est hostile[6], ou la mémoire de l'Holocauste, dont un Français sur cinq estime « qu'on parle trop[7] ». Il n'y a donc pas une évolution linéaire, à la hausse ou à la baisse, du racisme et de l'antisémitisme. Ce sont des notions relatives, leur contenu, leurs formes d'expression varient dans le temps. Les frontières symboliques qui isolent les minorités au sein de la communauté nationale montent, descendent ou changent de place selon la conjoncture, mais elles demeurent.

Une enquête effectuée après le second tour de l'élection présidentielle de 1988 permet de préciser la relation entre ces deux phénomènes à partir des questions suivantes[8]:

| Voici une liste de phrases. Pouvez-vous me dire si vous êtes tout à fait d'accord (+ +), plutôt d'accord (+), plutôt pas d'accord (−) ou pas d'accord du tout (− −)? | | | | | |
|---|---|---|---|---|---|
| En % | + + | + | − | − − | SR |
| Les juifs ont trop de pouvoir en France | 9 | 12 | 19 | 33 | 27 |
| Il serait normal que les musulmans vivant en France aient des mosquées pour y pratiquer leur religion | 18 | 33 | 14 | 24 | 10 |
| Maintenant on ne se sent plus chez soi comme avant | 27 | 23 | 24 | 23 | 3 |
| Il y a trop d'immigrés en France | 35 | 30 | 16 | 13 | 6 |

---

5. Alain GIRARD et *al.*, « Attitudes des Français à l'égard de l'immigration étrangère », *Population*, 5, 1971, p. 827-863; et « Attitudes des Français à l'égard de l'immigration étrangère. Nouvelle enquête d'opinion », *Population*, 6, 1974, p. 1015-1067.
6. L'enquête INED de novembre 1973-janvier 1974 est la première à poser la question : « Est-ce que vous seriez d'accord ou pas d'accord pour qu'on donne aux étrangers résidant en France le droit de vote aux élections municipales ? Aux élections législatives ? Aux élections présidentielles ? » Les proportions de « pas d'accord » s'élèvent à 60 %, 70 % et 72 %.
7. « Selon vous, depuis la fin de la Seconde Guerre mondiale, parle-t-on trop (19 %), pas assez (34 %), ni l'un ni l'autre (44 %), de l'extermination des juifs par les nazis ? » (sondage Louis Harris, *L'Événement du jeudi*, art. cité).
8. Enquête du Centre d'étude de la vie politique française, administrée par la SOFRES en mai 1988, auprès d'un échantillon national représentatif de la population française en âge de voter. Les résultats sont publiés dans CEVIPOF, *L'Électeur français en questions*, Presses de la Fondation nationale des sciences politiques, Paris, 1990.

Les techniques de l'analyse hiérarchique permettent de vérifier si ces opinions relèvent d'une même attitude sous-jacente et d'en mesurer l'intensité. Les réponses à ces quatre questions sont effectivement fortement corrélées. Les préjugés antisémites comme les préjugés anti-Maghrébins relèvent bien d'une même attitude raciste ou pour le moins « ethnocentriste », terme forgé par les anthropologues pour désigner « ce même frisson, cette même répulsion en présence de manières de vivre, de croire et de penser qui nous sont étrangères [9] ».

S'il n'y a pas de différence de nature entre ces opinions, il y a toutefois une différence de degré. Elles forment une échelle d'attitude. Le sentiment que les immigrés sont trop nombreux est largement majoritaire. Il représente la forme la plus courante et la plus atténuée de l'ethnocentrisme. Ceux qui donnent cette réponse ne sont pas pour autant antisémites, ou opposés à ce que les musulmans aient des lieux de culte. En revanche, moins d'un enquêté sur dix est « tout à fait d'accord » avec l'idée que « les juifs ont trop de pouvoir en France ». Mais ceux-là trouvent également qu'on ne se sent plus chez soi comme avant, qu'il ne faut pas construire de mosquée pour les musulmans et que les immigrés sont trop nombreux. Ils ont sur l'échelle la note la plus élevée. *L'antisémitisme est le degré supérieur de l'ethnocentrisme.*

## Un Français sur deux ethnocentriste

Avec cette échelle, on dispose d'un instrument de mesure de l'ethnocentrisme variant de 0 (aucune réponse ethnocentriste) à 4 (réponse ethnocentriste aux quatre questions) [10]. Un Français sur cinq en est totalement dépourvu. Un peu plus d'un Français sur deux est ethnocentriste (note égale ou supérieure à 2). Un sur cinq très ethnocentriste (notes 3, 4). On a là une mesure de l'ethnocentrisme ordinaire, quand le

---

9. Cl. Lévi-Strauss, *Race et histoire* (1952), Gonthier, Paris, 1961, p. 20.
10. Sur les principes de construction de l'échelle (technique de Loevinger), voir chap. 1 sur « Ethnocentrisme, racisme et intolérance » et annexe 2 dans le livre précité. Les réponses « ethnocentristes » sont en gras dans le tableau.

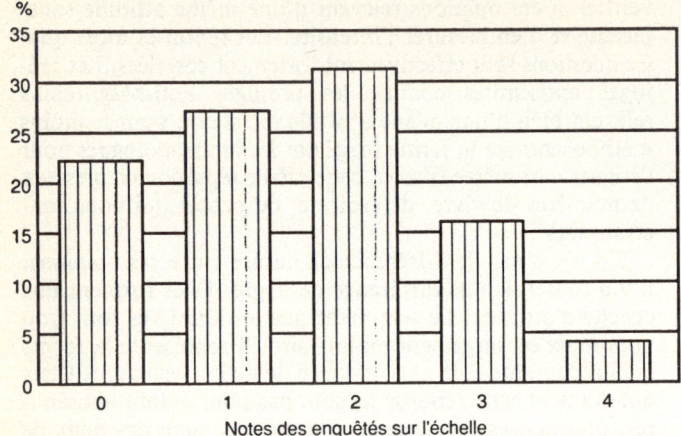

GRAPHIQUE 1. — ÉCHELLE D'ETHNOCENTRISME

Notes des enquêtés sur l'échelle

racisme et l'antisémitisme n'étaient pas encore sous les feux de l'actualité.

L'ethnocentrisme caractérise *surtout les catégories socialement et culturellement défavorisées*, les enquêtés qui gagnent moins de 5 000 francs par mois, ceux qui ont arrêté leurs études avant le baccalauréat, ceux qui exercent un travail manuel. Chez les ouvriers, les agriculteurs, les petits commerçants et artisans, la proportion d'ethnocentristes tels que nous les avons définis dépasse 60 %.

La psychologie fournit une première explication. La dureté et la précarité de leurs conditions d'existence déclencheraient les mécanismes classiques de frustration/agression, déplacement de l'hostilité sur des boucs émissaires [11]. Une seconde explication privilégie la dimension cognitive de l'ethnocentrisme. C'est l'ignorance, liée à l'isolement social et culturel, qui conduirait les milieux les plus déshérités à accepter ce genre de stéréotype. *A contrario*, la fréquentation de l'école et de l'Université, l'ouverture sur le monde grâce à la lecture, l'exposition aux médias et la vie associative seraient le meilleur rempart contre l'ethnocentrisme.

---

11. Cf. les travaux de S.M. LIPSET sur l'autoritarisme de la classe ouvrière, in *L'Homme et la politique*, Le Seuil, Paris, 1960, p. 110-146.

*racismes et discriminations*

Revenu, profession, instruction, chacun de ces facteurs influence le niveau d'ethnocentrisme. Mais l'effet du niveau d'études est supérieur à celui de toutes les autres variables. Et c'est chez les enseignants que le niveau d'ethnocentrisme est le plus bas (15 %).

## Le Front national vecteur de l'ethnocentrisme

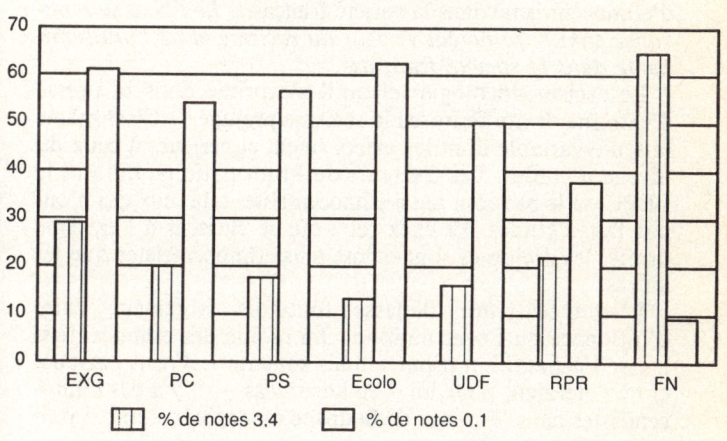

GRAPHIQUE 2. — ETHNOCENTRISME ET PROXIMITÉ PARTISANE

Quel que soit l'indicateur utilisé (vote, préférence partisane, position sur l'échelle gauche-droite), les enquêtés de droite sont plus ethnocentristes que les autres. Les valeurs universalistes et égalitaires que défend la gauche font barrage contre le racisme, et la proportion des antiracistes (note 0, 1) décroît régulièrement quand on passe de l'extrême gauche à l'extrême droite.

Mais le clivage principal oppose la droite extrême au reste de l'échiquier politique. 21 % seulement des enquêtés ont une note élevée sur l'échelle d'ethnocentrisme. Cette proportion atteint 36 % chez ceux qui n'excluent pas de voter un jour pour le Front national, 50 % chez ceux qui ont voté Le Pen au premier tour de l'élection présidentielle de 1988, 64 % chez les proches du FN, 68 % chez ceux qui se situent politiquement à l'extrême droite (septième case sur l'échelle gauche-droite), 71 % chez ceux qui, depuis qu'ils sont électeurs, ont voté « souvent » pour un candidat du FN ou de l'extrême droite. Elle dépasse 80 % chez ceux qui cumulent les trois derniers critères.

Plus que les pesanteurs socio-culturelles, c'est le contexte politique actuel, la présence d'un parti qui se vante de dire tout haut ce que les autres pensent tout bas, hier à propos des immigrés, aujourd'hui des juifs, qui commande le niveau d'ethnocentrisme dans la société française. *Le FN et sa mouvance sont le principal vecteur du racisme et de l'antisémitisme dans la société française.*

Le racisme-idéologie tel qu'il s'exprime dans la presse d'extrême droite renforce le racisme-préjugé [12]. C'est même la seule variable dont les effets soient supérieurs à ceux du niveau d'études. Les électeurs du Front national qui ont le BEPC ou le bac sont aussi ethnocentristes que ceux qui n'ont pas fait d'études. Et chez ceux qui se classent à l'extrême droite, les diplômés sont même plus ethnocentristes que les autres.

L'ethnocentrisme dépasse toutefois largement l'aire d'influence du Front national. La moitié des ethnocentristes de l'échantillon n'ont jamais soutenu le Front national et ne voteraient pour lui « en aucun cas ». Il y a des ethnocentristes dans les rangs de la droite modérée, comme il y en a à gauche.

Parce qu'il y a une interaction entre facteurs politiques et socio-culturels, parce que les électeurs de gauche sont plus souvent issus de milieux défavorisés perméables au racisme et à l'antisémitisme, ils se montrent même parfois plus ethnocentristes que la droite aisée et cultivée. Après le Front national, c'est l'extrême gauche qui a les scores les plus élevés sur l'échelle d'ethnocentrisme (29 % de notes 3 ou 4). Et les proches de l'UDF sont moins ethnocentristes que les socialistes et les communistes.

Les moins de 40 ans sont moins ethnocentristes que leurs

---

12. Distinction reprise de l'article de P.-A. TAGUIEFF, « Réflexions sur la théorie du racisme et la nouvelle question antiraciste », in *Albert Memmi écrivain et sociologue*, L'Harmattan, Paris, 1990, p. 99-137. (Voir aussi *supra*, p. 14-15.)

aînés. Ils ont bénéficié des progrès de l'instruction réalisés au cours des « trente glorieuses ». Ils ont eu une vie plus aisée que les générations de la crise et de l'Occupation. Leur éducation a été plus permissive. Autant de facteurs qui, on l'a vu, incitent à la tolérance. La « génération Mitterrand », arrivée à maturité politique dans les années soixante-dix, en pleine période d'expansion de la gauche et des valeurs du « libéralisme culturel », se montre la plus tolérante de toutes.

Face à des phénomènes aussi complexes que le racisme et l'antisémitisme, les limites des sondages sont évidentes. Ils ne recensent que des opinions déclarées, et il y a loin de la parole à l'acte comme en témoigne l'expérience de R.T. La Piere [13].

Ils mesurent l'opinion dans l'instant. A un autre moment la même question recueillera des réponses différentes. Ainsi, au lendemain de la profanation du cimetière de Carpentras, l'opinion selon laquelle « les juifs ont trop de pouvoir en France » est plus fréquemment rejetée (69 au lieu de 52 %) [14].

Ils agrègent des opinions individuelles indépendamment des contextes dans lesquels ceux qui les expriment sont insérés. Et on sait l'importance des contacts sociaux, professionnels, résidentiels, dans la genèse des préjugés ethniques [15].

Malgré ces limites, l'enquête montre que le racisme anti-immigrés et l'antisémitisme sont des préjugés de même nature, qui prennent naissance dans les mêmes milieux, sont portés par les mêmes courants politiques. La différence est

---

[13]. Voyageant avec un couple de Chinois à travers les États-Unis, le sociologue s'arrêta dans 66 hôtels et 184 restaurants. Un seul établissement refusa de les servir. Puis il envoya un questionnaire à tous les établissements visités, en leur demandant s'ils accepteraient de recevoir des clients chinois. 92 % des hôteliers, 93 % des restaurateurs répondirent par la négative. *Social Forces*, 13, 1934, p. 230-237.
[14]. Sondage CSA/*Le Parisien*/France-Inter, échantillon national représentatif des Français en âge de voter de 803 personnes, *Le Parisien*, 17 mai 1990.
[15]. Là encore la relation n'est pas simple. Les contacts avec les minorités peuvent dissiper mais parfois aussi renforcer les préjugés à leur égard selon les circonstances dans lesquelles ils s'effectuent. Cf. G. ALLPORT, *The Nature of Prejudice* (1954), Garden City, N.Y., Doubleday Anchor Books, 1958, chap. 16. Et des préjugés peuvent se former indépendamment de tout contact avec la minorité en question, comme en témoigne l'essor d'un antisémitisme sans juifs dans les pays de l'Est, ou en France un racisme anti-Maghrébins là où ils sont absents, ainsi que le soulignait la Commission nationale consultative des droits de l'homme dans son rapport.

que le rejet des Arabes, des musulmans et des immigrés est beaucoup plus répandu que celui des juifs. Moins nombreux, moins visibles, mieux intégrés, ces derniers offrent moins prise à la discrimination [16]. Et la mémoire des millions de juifs exterminés au nom de la « solution finale » fait encore, mais pour combien de temps, peser un tabou sur l'antisémitisme.

---

16. On estime entre 500 000 et 700 000 le nombre de juifs en France, et entre 2,5 et 3 millions le nombre de musulmans. Cf. Z. DJIDER, M. MARPSAT, « La vie religieuse : chiffres et enquêtes », *Données sociales 1990*, INSEE, Paris, p. 376-384.

# 3

# L'expansion du racisme populaire

*par Michel Wieviorka*

Il fut un temps où la critique de l'antiracisme constituait une démarche originale et productive, mettant à juste titre l'accent sur le caractère stigmatisant et contre-productif de discours et de pratiques mus par une idéologie qu'il était effectivement nécessaire de signaler comme telle. Cette critique [1] mérite assurément d'être approfondie ou perpétuée, et exerce des effets salutaires sur tous ceux que le racisme révulse et qui entendent bien s'y opposer activement, et intelligemment. Mais elle tend aussi, chez certains esprits qui la transforment à leur tour en idéologie, à tenir lieu d'analyse du racisme, et à désigner sans nuances les nouveaux racistes que seraient les militants antiracistes. L'apport considérable de Taguieff a été de construire l'image d'un couple racisme-antiracisme, et de maintenir le projet d'une action sachant reconnaître les lieux de production et de diffusion de la haine raciale ; la perversion des idées qu'il a su le mieux élaborer est dans l'attitude de ceux qui brisent cette image, et s'engagent, contrairement à lui, dans la dénonciation forcenée du seul antiracisme. C'est pourquoi, dans ce texte,

---

1. Voir Pierre-André TAGUIEFF, *La Force du préjugé. Essai sur le racisme et ses doubles*, La Découverte, Paris, 1988.

nous résisterons à un certain air du temps et, sans contester l'importance d'une critique raisonnée de l'antiracisme, nous mettrons l'accent sur le racisme lui-même, et sur les réponses qu'à nos yeux le phénomène appelle aujourd'hui.

## La connaissance du racisme

Les scores du Front national constituent pour beaucoup le principal indicateur d'une poussée du racisme. Mais au-delà de ces chiffres, que savons-nous du phénomène, concrètement, de ses manifestations, de ses forces, de son identité ?

En réalité, nous manquons cruellement de connaissances précises, et même de données statistiques. S'il s'agit des opinions racistes, nous disposons de sondages, dont l'évolution dans le temps apporte un éclairage intéressant. Mais la méthode des sondages appelle discussion, et nous savons qu'aussi bien ses principes que leur application, le fait de poser certaines questions, leur formulation, aussi réfléchie qu'elle soit, façonnent des résultats et construisent une représentation de l'opinion publique qui est, pour une part au moins, un véritable artefact, dont l'impact médiatique mérite certainement réflexion.

Le racisme n'est pas fait seulement d'opinions ; il est aussi actif, et revêt alors des formes diversifiées. Et là aussi, nous manquons de données. Que savons-nous de la discrimination, en dehors de connaissances éclatées sur les pratiques de ceux qui contrôlent le marché du logement dans le secteur privé, ou qui gèrent le logement social public ? Que savons-nous de la ségrégation de fait qui s'instaure çà et là dans l'école ? On pourrait penser que des statistiques précises existent quant aux actes de violence, à la délinquance ou à la criminalité d'inspiration raciale : les chiffres disponibles, là aussi, sont bien insuffisants, et très contestables, ne serait-ce que parce qu'ils enregistrent non pas tous les faits, mais uniquement ceux qui sont portés à la connaissance des pouvoirs publics, ou des organisations antiracistes. Ils nous en apprennent peut-être plus sur l'intérêt que portent les institutions aux actes racistes, ou sur la confiance de ceux qui en sont victimes vis-à-vis des mêmes institutions, que sur le phénomène lui-même.

Mais connaître le racisme, ce n'est évidemment pas seulement se doter d'instruments de mesure, aujourd'hui déficients ou contestables. C'est aussi en analyser la production. Et là, on ne peut qu'être surpris du peu d'intérêt, dans les milieux dont c'est pourtant la vocation, pour l'étude concrète des processus sociaux de formation et d'extension du racisme. En dehors de quelques travaux de sociologie politique et de psychologie sociale, les chercheurs en sciences sociales sont bien peu nombreux à se mobiliser sur ce terrain et à plonger dans les situations, pourtant nombreuses, où se profile, sur fond de mutation économique et de crise urbaine, la montée du racisme. Comment ne pas le regretter ?

## Les conditions sociales et culturelles du racisme populaire

Nous savons bien, surtout depuis le travail pionnier de Colette Guillaumin [2], qu'il y a dans le racisme une structure qui en fait une construction imaginaire, à partir de laquelle des individus interprètent le monde dans un sens qui se polarise sur des boucs émissaires, sur un Autre qu'il s'agit de tenir à l'écart, de mieux exploiter, ou d'éliminer.

Cette construction, beaucoup pensent, à la suite d'Adorno et de sa célèbre étude sur la personnalité autoritaire, qu'elle doit tout à la petite enfance, à l'éducation, à la famille. Mais quelle que soit sa source, l'important, nous semble-t-il, est que la pensée raciste n'est pas totalement déconnectée, dans son fonctionnement, de l'environnement réel de ceux qui la portent. Elle constitue un mode d'accès au monde, elle est aussi informée par les changements de ce monde. Disons-le autrement : on n'explique pas le racisme par des causes « objectives », par des évolutions dans la société où se déploie l'expérience vécue du raciste ; mais ces évolutions constituent des conditions favorables, ou non, à l'expansion du racisme, dans la mesure où elles alimentent sa structure imaginaire et où elles apportent des éléments sur lesquels il peut plus ou moins facilement se fixer.

Ces conditions sont de deux ordres. D'une part, elles renvoient directement à l'expérience personnelle ou collective du

---

2. Colette Guillaumin, *L'Idéologie raciste. Genèse et langage actuel*, Mouton et Cie, La Haye, 1972.

raciste, aux apports sociaux dont il participe, ou dont il est exclu. D'autre part, nous le verrons plus loin, elles concernent la possibilité qu'offre, ou non, le système institutionnel au déploiement de conduites et de discours racistes. Ces deux types de conditions posent des problèmes très différents.

Dans le premier cas, on ne peut qu'être frappé, en France, par la diversité des sources auxquelles s'alimente le racisme contemporain, et nous nous contenterons ici d'évoquer le racisme populaire.

Celui-ci est d'abord massivement lié aux grandes mutations de la France industrielle et urbaine. La déstructuration de la société industrielle, l'épuisement des conflits enracinés dans la production et le travail, et qui définissent la principale division sociale, se sont soldés non pas seulement par le vide social et l'individualisme, mais aussi par la formation d'anti-mouvements sociaux. Ceux dont les repères classiques étaient organisés par l'image d'un conflit de classe, ceux qui habitaient dans des quartiers, des villes, des banlieues animés par toutes sortes d'acteurs structurant la vie sociale, culturelle, politique, et agissant en fonction du lieu de sens qu'apportait l'existence d'un mouvement ouvrier, ont vu ce lieu de sens s'effondrer, et les débats intellectuels et politiques, aussi bien que les conflits sociaux, s'appauvrir, se décomposer, perdre toute capacité d'informer leur propre pratique. Ils ont en même temps vu, ou cru voir, dans l'immigration, une capacité de s'organiser, de se doter d'une forte identité, notamment religieuse — l'islam —, et un mécanisme s'est déployé, dans lequel le sentiment d'une perte de sens était exacerbé par la construction, largement mythique, d'une image de l'Autre, l'immigré, le Noir, l'Arabe, le musulman, qui serait adossé, lui, sur des communautés, des réseaux, une identité religieuse, des formes de solidarité. Dès lors, beaucoup se sont installés sur les repères nouveaux, ou renouvelés, que leur offre un nationalisme sombre, lui-même associé à l'appel à un ordre susceptible d'arrêter les barbares, d'endiguer l'envahissement, d'enrayer la déstructuration du sens imputée avant tout aux immigrés. Ce mécanisme a pu d'autant mieux se déployer qu'une certaine dualisation s'est mise en place, au sein des couches populaires et moyennes de la population française « de souche », entre ceux qui pouvaient déserter les quartiers trop peuplés d'immigrés à leur goût, inscrire leurs enfants dans des écoles privées ou obtenir des dérogations pour qu'ils sortent des « mauvaises » écoles, et ceux qui ne l'ont pas pu, ou n'ont pas su l'envisager. S'est ainsi renforcée une dissociation dans laquelle des couches moyennes, ou en tout cas trop démunies, ont pu, avec une bonne conscience à toute épreuve, s'engager dans une ségrégation de fait, tandis que d'autres acquéraient une mentalité de « petits Blancs », vivaient un sentiment de chute et d'abandon se projetant sur l'immigration, et dénonçaient l'État au service de cette immigration.

Ce mécanisme n'a pas besoin d'une présence concrète de l'Autre pour se déployer. Il est même d'autant plus puissant qu'il se construit à une certaine distance de l'Autre, là où celui-ci est représenté en tant que menace qui progresse, bien plus que perçu comme une partie intégrante de l'expérience vécue. Les tensions qu'alimente la cohabitation pluriethnique ou pluriculturelle ne sont pas du même ordre que la peur de l'envahissement et le sentiment d'insécurité, même si les unes et les autres se renforcent mutuellement.

Le racisme se construit, dans ce type de mécanisme, en imputant au groupe racisé une forte identité, une capacité de mobiliser des ressources plus ou moins occultes, une aptitude à s'appuyer sur des réseaux plus ou moins mystérieux, à s'identifier à un principe unificateur lui-même maléfique — l'islam fanatique, la conspiration juive internationale, etc. De ce point de vue, deux logiques, pourtant totalement contradictoires, jouent un rôle central. La première est celle qui repose sur la visibilité du groupe désigné comme victime : les juifs, les Arabes, les Noirs, etc., sont d'autant plus attaqués qu'ils constituent une présence bien réelle, des communautés apparentes, structurées, unies, capables à la limite de former des groupes de pression politique. Et ici, il faut bien insister sur un phénomène important : depuis une vingtaine d'années, on a vu en France, dans toutes sortes de milieux, se renforcer les tendances au communautarisme, qu'il s'agisse de la religion ou de la culture. Le monde du travail immigré est devenu, en partie au moins, celui de l'islam, et si l'on considère les juifs, ils n'ont cessé, depuis une vingtaine d'années, de s'affirmer comme tels, souvent au détriment de références à l'universalisme des Lumières, et de mettre en avant leur spécificité religieuse, culturelle, leur attachement, pour beaucoup, à Israël. La référence à la Shoah, au lieu d'être vécue par eux comme un problème à la fois juif et universel, comme un phénomène antisémite et antihumaniste, est de moins en moins présentée sur ce double registre — ce qui apporte de l'eau au moulin de l'antisémitisme larvé qui se nourrit de la critique du « Shoah business ».

À l'inverse, le racisme s'alimente aussi — car il n'est jamais gêné par ses contradictions internes — d'une seconde logique, qui est celle de l'intégration, et donc de la perte de visibilité du groupe racisé. Les Maghrébins, en particulier, ne sont pas seulement perçus comme une menace structurée, mettant en cause l'identité nationale, la culture française. Ils constituent aussi une population qui se dissout dans le creuset français, qui s'intègre, et dont l'invisibilité croissante génère le fantasme d'un danger encore plus grand.

## Les conditions politiques de l'expansion du racisme

Mais, si le racisme constitue aujourd'hui une préoccupation majeure, ce n'est pas tant à partir de ses sources sociales qu'il convient de s'interroger. La question décisive, en effet, n'est pas celle de la multiplication des processus sociaux à partir desquels se fixent la haine de l'autre, processus nombreux, mais éclatés, sans unité autre que la structure imaginaire, à partir desquels le racisme trouve ses objets ou ses cibles. Elle est, bien davantage, celle des conditions politiques qui apportent une autre unité au phénomène, en l'organisant idéologiquement, en lui donnant des lieux d'expression institutionnelle.

Ces conditions relèvent pour l'essentiel de l'état du système politique, et de la situation dans laquelle se trouve aujourd'hui l'État. Du côté du système politique, il n'est peut-être pas nécessaire de s'appesantir ici trop lourdement, tant la déstructuration est patente, reconnue par tous les observateurs, et jour après jour commentée dans la presse. Les partis politiques, à gauche comme à droite, à l'exception du Front national, sont aujourd'hui à mi-chemin entre l'épuisement et la décomposition. Le déclin historique du parti communiste, la crise du parti socialiste, l'éclatement sans cesse plus vraisemblable des forces de droite, sont d'autant plus spectaculaires que le Front national progresse et s'affirme, seul capable, apparemment, de proposer un traitement politique des frustrations sociales et des aspirations identitaires d'une large partie de la population.

Du côté de l'État, la situation n'est pas beaucoup plus encourageante. De toute part, le modèle français de l'État-nation jacobin et centralisateur se défait, et se révèle de plus en plus incapable d'autoriser l'identification de la nation française et de l'universel.

L'époque où, à l'intérieur, l'État central broyait les particularismes, laminait les cultures régionales par l'école républicaine et la conscription, l'époque, aussi, de la colonisation, du message de progrès et d'universalité que la France pensait apporter aux peuples du monde entier, cette époque est derrière nous. Affaire après affaire, l'État français, qui a voulu se décentraliser, est secoué par des crises qui témoignent de son affaiblissement structurel, qu'il s'agisse du foulard islamique, de la corruption de hauts personnages, du malaise de la justice, ou même des lenteurs d'une police qui a attendu la publication d'articles dans la grande presse pour commencer à s'intéresser activement à la prolifération d'écrits antisémites, et qui est peut-être plus pénétrée par l'extrême droite que l'inverse.

L'appel à l'ordre, à une nation plus forte, va de pair avec la poussée des identités dans toutes sortes de secteurs, et avec la perte de crédibilité des principes de progrès et d'humanisme dont le modèle français républicain s'est toujours voulu porteur. La conception de la nation française comme universel cède le pas à un populisme et à un nationalisme sombre, tenté par le racisme et l'antisémitisme.

Et dans cette conjoncture, les médias, dont le comportement est plus subordonné à l'état politique du pays qu'autonome et dicté par de strictes règles professionnelles, jouent un rôle non pas de production du racisme, mais d'amplification de la crise et d'accélération des tendances lourdes du système.

## Que faire ?

Peut-on déduire des analyses qui viennent d'être esquissées quelques suggestions susceptibles de contribuer à enrayer la dégradation qui s'est accélérée ces dernières années ?

Un premier point nous semble clair : s'il faut souhaiter des mesures concrètes, nombreuses, pour redresser la barre sur le plan social, en matière d'éducation et d'habitat notamment, il faut savoir aussi qu'elles ne pourront pas endiguer directement et à court terme le phénomène raciste. Celui-ci s'est souvent déployé sur fond de problèmes sociaux, mais n'a aucune raison de se résorber avec le traitement de ces problèmes. De même, ce n'est pas une politique de l'immigration qui modifiera fortement les effets ou les tentations racistes : si cette politique est progressiste, sensible aux difficultés réelles des immigrés, elle ne peut que conforter l'exacerbation nationaliste et le racisme ; et si elle semble se placer davantage dans la perspective dessinée par l'extrême droite, elle conforte tous ceux qui l'ont appelée de leurs vœux, peuvent y voir le triomphe de leurs idées et l'échec des forces politiques qui les ont refusées. Sur ce plan, la voie est donc étroite et difficile.

Un deuxième point nous semble non moins clair : ce n'est pas du système politique lui-même qu'on peut attendre un redressement, supposant l'aptitude à se dégager de la spirale de la crise dans laquelle il s'enfonce. Et ce n'est pas en se livrant à une critique directe des médias qu'on exercera une forte influence sur leur mode de fonctionnement et leurs effets amplificateurs de la crise politique.

Pourtant, nous ne sommes pas condamnés à la passivité ou au désespoir, et la dramatisation serait ici une erreur. Il existe bien des choses à faire, bien des pistes qui méritent d'être explorées : citons-en quelques-unes.

Un premier ensemble concerne les populations les plus directement menacées, juives, arabes, musulmanes. Celles-ci, on l'a dit, tendent souvent à se définir par leur identité, à se constituer en communautés plus ou moins solidaires : il serait absurde et injuste de leur demander de rompre avec leurs identités, ou même d'accepter de les subordonner à d'autres principes. Mais il est urgent de plaider pour qu'en permanence elles acceptent de penser leur action en des termes qui articulent leur spécificité à des valeurs universelles, et qu'elles résistent aux forces qui, en leur sein, poussent vers l'intégrisme ou le simple enfermement dans le particularisme. Cela a une conséquence pratique. Il est normal que la menace raciste entraîne des conduites de défense communautaire, et peu réaliste de penser à un front des minorités face au racisme — le terme lui-même de minorités est bien peu adéquat pour la France. On l'a vu après Carpentras, le monde arabe ou musulman se sent peu concerné par le danger antisémite, et, symétriquement, le monde juif ne se mobilise pas en masse lorsqu'on apprend l'assassinat raciste d'un Arabe ou d'un « Beur ». En revanche, il me semble plus réaliste de plaider pour que toute pression antiraciste, ou toute réaction à un événement raciste, se déploie non pas sur la seule base d'une défense communautaire, mais aussi de telle sorte qu'elle fasse également sens pour ceux qui ne sont pas personnellement ou collectivement visés, et donc avec une grande vigilance à l'égard de ceux qui voudraient en faire une affaire strictement communautaire.

Un deuxième point concerne toutes les professions qui, par leur comportement, pèsent dans un sens ou dans un autre sur l'expansion du racisme, dans le journalisme, bien sûr, mais aussi dans les instituts de sondage, le travail social, l'éducation, l'enseignement supérieur, la police, la justice, etc. Comment traiter l'information, surtout à chaud, comment utiliser les sondages, que faire lorsqu'un dossier social, s'il est traité convenablement, une expulsion d'immigrés par exemple, contribue par ailleurs à renforcer la ségrégation ou à renforcer le sentiment d'abandon que vivent les « petits Blancs », quelle attitude adopter dans l'Université face aux collègues « révisionnistes », quels programmes, quelle formation pour les maîtres ? Etc. Les questions sont innombrables, qui appellent non pas tant une critique de l'extérieur, souvent trop facile et démagogique, mais une réflexion de l'intérieur, par les professionnels eux-mêmes, des débats, une autoanalyse qui devrait s'engager avec le souci, avant de prétendre peser dans les jeux politiques et médiatiques, d'infléchir dans un sens positif la pratique dans son secteur propre.

Un troisième point a trait au traitement local des dossiers chauds, des épisodes qui témoignent, ici ou là, d'une tendance à l'exaspération et à la crispation : l'expérience montre que là où des acteurs se mobilisent et, surtout, créent ou recréent la communication, la négociation, le conflit même, la situation s'améliore, alors qu'elle se détériore si le contact n'est pas instauré, si la rupture est entérinée, la non-communication acceptée plus ou moins totalement. Enseignants, travailleurs sociaux, responsables associatifs, élus municipaux, policiers, etc., ne cherchent pas toujours à remplacer la rupture par le débat, la crise par le conflit, la montée aux extrêmes par la négociation : il suffit pourtant souvent de bien peu, d'une poignée d'individus décidés, pour déplacer des équilibres dans un sens plutôt que dans l'autre.

Enfin, un dernier point renvoie au principal lieu de fédération, d'organisation et de stimulation de la poussée populiste et raciste : le Front national. Sans lui, le racisme est éclaté, multiple, sans principe d'unité, sans capacité d'élaboration idéologique et stratégique[3]. Avec lui, tout change. Le Front national porte bien d'autres significations que celles du racisme, et il existe bien des modalités du racisme qui n'ont rien à voir avec lui. Mais son populisme en fait l'opérateur d'une montée de l'antisémitisme et de la haine raciale auxquels il apporte des conditions favorables, bien au-delà de sa seule action. Dès lors, le problème qui mérite d'être posé, malgré les réticences de la classe politique, est celui de son interdiction. Cette idée peut entraîner bien des objections, pratiques ou de fond. Mais elle appelle examen et débat.

---

3. Voir Nonna MAYER, *supra*, p. 69-70.

# 4

## Le Front national: du désert à l'enracinement [1]

*par Pascal Perrineau*

Depuis l'implantation du suffrage universel, le paysage politique français a été à plusieurs reprises secoué par de fortes poussées électorales d'extrême droite. Sous la III<sup>e</sup> République, le général Boulanger vole de succès électoraux partiels en succès électoraux partiels pour échouer aux élections législatives de l'automne 1889. D'autres « poussées de fièvre » secouent la IV<sup>e</sup> République et les dix premières années de la V<sup>e</sup> République. En 1956, un violent mouvement de résistance au fisc, le mouvement Poujade, capte 11,6 % des suffrages exprimés et amène plus de cinquante députés à l'Assemblée nationale. Mais cet emportement poujadiste, qui a saisi une France essentiellement rurale et rétive devant une modernisation économique et sociale accélérée, disparaît dès 1958 (tableau I). Quelques années plus tard, un autre combat passéiste — le refus de l'indépendance de l'Algérie — mobilise, au référendum du 8 avril 1962, 9,2 % des suffrages expri-

---

[1]. Pour une analyse détaillée du Front national, de son implantation militante et électorale, de son discours et de son personnel, on se reportera à Nonna MAYER, Pascal PERRINEAU (dir.), *Le Front national à découvert*, Presses de la FNSP, Paris, 1989. L'essentiel de cette analyse électorale a été publiée sous le titre: « Le Front national, d'une élection l'autre », *Regards sur l'actualité*, La Documentation française, Paris, n° 161, mai 1990.

més. Trois ans plus tard, l'éternel avocat de l'Algérie française, Jean-Louis Tixier-Vignancour, n'attire plus que 5,2 % des suffrages exprimés lors du premier tour de l'élection présidentielle. L'extrême droite semble avoir connu son dernier soubresaut. La poussée régulière de la gauche des années soixante-dix et les craintes d'une « France rouge » ne nourrissent pas davantage un courant politique qui, dans l'indifférence générale, s'est dotée, en 1972, d'un nouveau parti : le Front national.

TABLEAU I. — TABLEAU GÉNÉRAL DES SUFFRAGES D'EXTRÊME-DROITE SOUS LA V<sup>e</sup> RÉPUBLIQUE

| | Élections | Suffrages extrême droite | % inscrits | % exprimés |
|---|---|---|---|---|
| 1958 | Législatives (1<sup>er</sup> tour) | 526 644 | 1,9 | 2,6 |
| 1962 | Référendum (accords d'Évian) | 1 809 074 | 6,6 | 9,2 |
| 1962 | Législatives (1<sup>er</sup> tour) | 139 200 | 0,5 | 0,8 |
| 1965 | Présidentielle (1<sup>er</sup> tour) | 1 260 208 | 4,4 | 5,2 |
| 1967 | Législatives (1<sup>er</sup> tour) | 124 862 | 0,4 | 0,6 |
| 1968 | Législatives (1<sup>er</sup> tour) | 18 933 | 0,1 | 0,1 |
| 1973 | Législatives (1<sup>er</sup> tour) | 122 498 | 0,4 | 0,5 |
| 1974 | Présidentielle (1<sup>er</sup> tour) | 190 921 | 0,6 | 0,8 |
| 1978 | Législatives (1<sup>er</sup> tour) | 210 761 | 0,6 | 0,8 |
| 1979 | Européennes | 265 911 | 0,8 | 1,3 |
| 1981 | Législatives (1<sup>er</sup> tour) | 90 422 | 0,2 | 0,4 |
| 1984 | Européennes | 2 210 334 | 6,0 | 11,0 |
| 1986 | Législatives (1<sup>er</sup> tour) | 2 760 880 | 7,4 | 9,9 |
| 1988 | Présidentielle (1<sup>er</sup> tour) | 4 375 894 | 11,5 | 14,4 |
| 1988 | Législatives (1<sup>er</sup> tour) | 2 391 973 | 6,3 | 9,8 |
| 1989 | Européennes | 2 121 836 | 5,6 | 11,8 |

## Le désert électoral de l'extrême droite (1972-1981)

Lorsque le FN est créé, le 5 octobre 1972, l'un des objectifs essentiels est de fédérer plusieurs groupuscules d'extrême droite afin de peser électoralement. L'ambition des fondateurs est grande : ils veulent présenter 400 candidats aux élections législatives de 1973. Le 4 mars 1973, l'extrême droite (tous courants confondus) ne parvient à présenter que 115 candidats et ne rassemble que 0,5 % des suffrages exprimés.

Le 5 mai 1974, Jean-Marie Le Pen ne recueille qu'à peine 0,8 % des suffrages exprimés.

Aux élections européennes du 10 juin 1979, le FN est « doublé » par le « frère ennemi », le Parti des forces nouvelles, qui présente *in extremis* la liste de l'Union française pour l'Eurodroite dirigée par Jean-Louis Tixier-Vignancour. Bien que légèrement supérieur au score de J.-M. Le Pen, le résultat enregistré par la liste d'Eurodroite (1,3 % des suffrages exprimés) reste extrêmement modique.

En 1981, ni le président du FN, Jean-Marie Le Pen, ni l'animateur du Parti des forces nouvelles, P. Gauchon, ne peuvent recueillir les 500 signatures d'élus indispensables pour pouvoir se présenter à l'élection présidentielle. En pleine embellie socialiste des élections législatives du 14 juin 1981, l'extrême droite n'attire que 0,4 % des suffrages exprimés. L'arrivée de la gauche au pouvoir ne déclenche aucune poussée de l'extrême droite dans le corps électoral. Et pourtant, trois ans plus tard, plus de 2 000 000 d'électeurs apportent leur soutien à la liste du Front d'opposition nationale pour l'Europe des patries, emmenée par Jean-Marie Le Pen.

## Les prodromes de la percée du FN (1982-1983)

L'érosion de la gauche aux élections cantonales des 14 et 21 mars 1982 bénéficie essentiellement au RPR et à l'UDF. Dans un scrutin local, où elle n'a jamais été à l'aise, l'extrême droite ne parvient à présenter que 65 candidats (pour un nombre total de 7 491 candidats dans 1 945 cantons) et ne recueille que 25 273 voix, soit 0,20 % des suffrages exprimés. Ce mauvais résultat national cache cependant, ici ou là, quelques bonnes performances électorales : Dreux-Ouest 12,62 %, Dreux-Est 9,58 %, Pont-de-Cherruy 10,34 %, Grande-Synthe 13,30 %. Tous ces cantons sont situés en zone urbaine ou périurbaine.

Un an plus tard, lors des élections municipales des 6 et 13 mars 1983 qui voient la crise de confiance vis-à-vis de la gauche s'accentuer, l'extrême droite a du mal à occuper le terrain des 36 890 communes de métropole. Dans certaines grandes villes, elle parvient cependant à présenter des listes ou à figurer sur des listes de droite traditionnelle. Très imparfaitement représentée, l'extrême droite ne recueille que

27 970 suffrages (soit 0,1 % des suffrages exprimés) et 211 des 501 278 sièges de conseillers municipaux. Ces médiocres performances nationales ne doivent pas cacher les 11,3 % recueillis par la liste du FN dirigée par Jean-Marie Le Pen dans le vingtième secteur de Paris. En ce début d'année 1983, on a l'impression que certains terrains urbains peuvent faire sortir l'extrême droite de son isolement électoral.

Cependant, dans l'immense majorité des cas, le mécontentement politique et sociétaire profite à l'opposition de droite traditionnelle. L'extrême droite n'a pas encore acquis la « visibilité » politique qui lui permettrait de capitaliser son électorat potentiel. Les élections partielles de la fin de l'année 1983 vont le lui permettre. Dans deux élections municipales partielles (Dreux, Aulnay-sous-Bois) et dans une élection législative partielle (deuxième circonscription du Morbihan), le FN s'impose comme un partenaire électoral de poids.

Le 4 septembre 1983, à Dreux, sur un terrain « travaillé » depuis plusieurs années par les époux Stirbois, la liste du FN emmenée par Jean-Pierre Stirbois rassemble 16,7 % des suffrages exprimés. La liste RPR-UDF dirigée par J. Hieaux choisit, pour battre la liste sortante de la gauche, de fusionner entre les deux tours avec la liste du FN. Cette alliance locale de la droite traditionnelle avec l'extrême droite est avalisée, sauf quelques voix isolées, par les directions nationales de l'UDF et du RPR. Au second tour, la liste RPR-UDF-FN l'emporte largement sur la liste de gauche : plus de 55 % des électeurs de Dreux approuvent l'alliance avec l'extrême droite permettant de battre la gauche. Un mois plus tard, à Aulnay-sous-Bois, une liste du FN attire 9,3 % des suffrages exprimés. En meilleure position qu'à Dreux, la liste d'opposition dirigée par le RPR refuse l'alliance avec le FN pour le second tour. Enfin, le 11 décembre 1983, le leader du FN rassemble 12 % des suffrages exprimés dans la deuxième circonscription du Morbihan. La « victoire » de Dreux a libéré un espace politique pour l'extrême droite.

## L'explosion électorale : les élections européennes du 17 juin 1984

Au soir du 17 juin, le résultat de la liste dirigée par J.-M. Le Pen est retenu comme étant le trait le plus significatif et important du scrutin : avec 11,0 % (suffrages exprimés) et plus de 2 millions d'électeurs, la liste du FN se rapproche du niveau atteint par les listes poujadistes et d'extrême droite aux élections législatives du 2 janvier 1956 (12,8 % des suffrages exprimés).

Cependant, malgré la ressemblance des niveaux et la filiation poujadiste du leader du FN, l'électorat d'extrême droite a une structure d'implantation géographique très largement différente de celle du poujadisme. En 1956, le vote Poujade était enraciné surtout dans des régions rurales : Maine, Vendée, Poitou, Berry, Bourbonnais, Quercy, Rouergue et Cévennes. En 1984, dans la plupart des bastions du poujadisme, le FN réalise des scores médiocres : Maine-et-Loire 7,2 %, Mayenne 6,2 %, Charente-Maritime 7,9 %, Deux-Sèvres 5,3 %, Gers 7,7 %. En 1984, largement émancipé des anciennes terres poujadistes, le FN pousse son avantage dans la France urbaine du Sud-Est, de l'Est et du Nord (cf. *infra*, carte 1). Le vote d'extrême droite ne traduit plus la plainte d'une France du passé, comme en 1956, 1962 et 1965, mais exprime plutôt le mal de vivre d'une France urbaine et moderne, touchée par la crise. La géographie de l'implantation du FN échappe, pour une bonne part, à l'implantation traditionnelle de l'extrême droite. Elle recouvre à la fois des terres de gauche (Languedoc, Provence) et des terres de droite (Est, Alpes du Nord). La logique de l'implantation du FN semble être plus sociale que politique. De forts liens apparaissent entre certaines caractéristiques sociales (urbanisation, taux de population immigrée) et implantation du vote FN. Les zones de force du FN appartiennent à la France des grandes métropoles urbaines et des importantes concentrations de population immigrée. Sans être parfaite, la corrélation entre le pourcentage de population étrangère (ou maghrébine) et le niveau du vote FN est forte au niveau départemental (coefficient : 0,89) [2].

---

2. Il faut noter que cette corrélation forte au niveau départemental a tendance à disparaître dès que l'on passe à un niveau plus fin. Par exemple, dans une enquête sur la relation entre le pourcentage d'étrangers et le vote en faveur du FN dans les 532 communes du département de l'Isère, le coefficient de corrélation entre ces deux variables est de 0,09 en 1984, 0,11 en 1986 et 0,05 en 1988 (cf. IVALDI Gilles, *Le Front national dans le département de l'Isère*, mémoire de diplôme, IEP de Grenoble, 1988). La liaison statistique entre les deux variables, forte au plan départemental et inexistante au plan communal, traduit le fait que la présence d'étrangers et d'immigrés ne structure que très indirectement le vote en faveur du FN.

On aurait pu imaginer que ce succès, recueilli dans une élection européenne sans enjeu clair et mobilisateur (56,8 % seulement de participation électorale), ne connaisse aucun lendemain et que l'électorat du FN se reclasse à l'occasion des élections cantonales de mars 1985 sur les candidats de la droite traditionnelle. Tel n'a pas été le cas.

## La confirmation locale : les élections cantonales des 10 et 17 mars 1985 [3]

Avant de trouver des voix, l'extrême droite a trouvé des candidats : 1 521 candidats en mars 1985 contre 65 candidats en mars 1982. Ces candidats attirent 8,8 % des suffrages exprimés (5,7 % des inscrits) : un record pour l'extrême droite dans des élections locales. Ce score laisse supposer que le FN est aux environs de 10 % des suffrages exprimés en termes d'influence nationale. En effet, il n'a pu recenser ses soutiens électoraux dans un quart environ des cantons où il est absent. Là où il est présent, il tient bien son électorat et progresse souvent en zone urbaine.

Pour la première fois, l'extrême droite semble avoir réussi à « fixer » son électorat dans une élection qui, *a priori*, ne lui était pas favorable (élection locale, à forte dimension notabiliaire). Le FN s'installe en milieu urbain. En revanche, les départements ruraux restent souvent pour lui de véritables « terres de mission ». Au second tour, on ne retrouve plus que 50 candidats du FN. Un seul est élu : J. Roussel dans le canton de Marseille 2. Lorsque le FN défend seul les couleurs de la droite au second tour, les reports de la droite traditionnelle sur le candidat d'extrême droite sont défectueux. En revanche, dans les nombreux cantons où l'électorat FN est en position clef pour faire élire un candidat de la droite classique au second tour, il semble qu'il se reporte, en général, assez bien sur celui-ci.

Avec ces élections cantonales de mars 1985, le FN montre qu'il faut compter avec lui, même dans une élection locale, mais que son pouvoir est plus un pouvoir d'empêcher

---

3. Perrineau Pascal, « Le Front national : un électorat autoritaire », *Revue politique et parlementaire*, 918, juillet-août 1985, p. 24-31.

ou de favoriser l'élection des candidats de la droite traditionnelle que de permettre l'élection de ses propres candidats. Le scrutin majoritaire à deux tours ne permet au FN que de jouer les « supplétifs ». La représentation proportionnelle prévue pour élections législatives et régionales du 16 mars 1986 lui laisse espérer un changement de rôle.

## La confirmation nationale : les élections législatives du 16 mars 1986

A la veille des élections législatives du 16 mars, on peut constater que l'extrême droite enregistre depuis deux ans de bons résultats, mais cela uniquement dans des élections intermédiaires sans enjeu national ni sanction. Tel n'est pas le cas le 16 mars 1986. Les élections législatives vont dégager une nouvelle majorité parlementaire et le FN risque de pâtir d'un « vote utile » à droite. Ce phénomène de « vote utile » entame l'électorat d'extrême droite : les sondages « sortie des urnes » évaluent à environ un tiers le pourcentage d'électeurs de J.-M. Le Pen de 1984 qui rejoignent, en 1986, la droite classique. Malgré cette perte, le FN se maintient aux alentours de 10 % des suffrages exprimés, car les « brebis égarées de la droite traditionnelle » sont remplacées, en 1986, par de nouveaux électeurs moins politisés et en provenance (dans la proportion d'un sur deux) de l'abstention ou de la non-inscription [4]. Ce chassé-croisé d'électeurs permet aux listes législatives du FN de rassembler 2 760 880 électeurs (soient 9,9 % des suffrages exprimés) et d'envoyer 35 des siens siéger au Palais-Bourbon. Aux élections régionales, le FN attire 9,6 % des suffrages exprimés (7,1 % inscrits), fait rentrer dans 21 des 22 conseils régionaux métropolitains plus de 130 conseillers régionaux et assure la victoire du candidat de la droite classique à la présidence régionale dans six régions (Haute-Normandie, Picardie, Franche-Comté, Aquitaine, Languedoc-Roussillon, Midi-Pyrénées). En Provence-Alpes-Côte d'Azur, bien que la droite classique dispose de la majorité relative, une alliance est passée entre celle-ci et

---

4. PERRINEAU Pascal, « Le Front national : un électorat de la crainte », *CFDT-Aujourd'hui*, 88, février 1988, p. 22-32.

le FN. Ces soutiens ou accords sont récompensés par l'entrée du FN dans plusieurs exécutifs régionaux : une vice-présidence dans trois régions (Haute-Normandie, Picardie, Languedoc-Roussillon) et deux en Provence-Alpes-Côte d'Azur. Cette implantation électorale renforcée a les mêmes assises géographiques qu'en 1984 et 1985. La polarisation entre la France située à l'est d'une ligne Le Havre-Valence-Toulouse et la France située à l'ouest s'est même renforcée. De 1984 à 1986, le FN se renforce dans certains de ses bastions et s'affaiblit dans ses « terres de mission ». Le terrain de l'urbanisation et de l'immigration alimente continûment l'électorat du FN. C'est sur un terrain urbain populaire que le FN résiste le mieux électoralement. Cet enracinement du FN dans les villes populaires atteste la prolétarisation de son électorat. L'évolution du vote FN correspond toujours plus à une logique sociale qu'à une logique politique. L'électorat du FN est un nouvel électorat qui ne s'inscrit véritablement dans aucune tradition politique préexistante. Comme tout électorat protestataire, il s'est formé à partir de multiples courants.

## La marée lepéniste : l'élection présidentielle du 24 avril 1988 [5]

L'élection présidentielle est d'habitude peu propice à l'expression électorale des candidats extrémistes. Or, le 24 avril, avec 4 367 269 voix, soit 14,4 % des suffrages exprimés, Jean-Marie Le Pen établit le record historique d'implantation électorale de l'extrême droite en France. L'enjeu présidentiel élevé et la piètre image présidentielle du candidat n'ont pas empêché plus de quatre millions d'électeurs de déposer dans l'urne un bulletin au nom de Jean-Marie Le Pen. Cette exceptionnelle poussée lepéniste s'est faite selon certaines lignes de force géographiques et sociales.

L'extrême droite s'est partout renforcée, mais la poussée reste inégalitairement répartie dans l'espace national. La pro-

---

5. PERRINEAU Pascal, « Les ressorts du vote Le Pen », dans HABERT Philippe, YSMAL Colette (éd.), *L'Élection présidentielle 1988*, Paris, *Le Figaro/Études politiques*, 1988.

TABLEAU II. — LES MOTIVATIONS DE VOTE (%)

*Au moment de voter, quels sont les problèmes qui ont le plus compté pour vous ?*
(Plusieurs réponses possibles.)

| Électorats | J.-M. Le Pen | J. Chirac | R. Barre | F. Mitterrand | A. Lajoinie | Total |
|---|---|---|---|---|---|---|
| Immigrés | 59 | 21 | 17 | 13 | 12 | 22 |
| Violence, insécurité | 55 | 44 | 31 | 21 | 18 | 31 |
| Chômage | 41 | 41 | 41 | 47 | 59 | 45 |
| Impôts | 24 | 20 | 18 | 20 | 27 | 20 |
| Sécurité sociale | 21 | 20 | 16 | 28 | 41 | 24 |
| Compétitivité de l'économie française | 21 | 35 | 35 | 16 | 12 | 23 |
| Éducation, formation | 20 | 26 | 33 | 31 | 33 | 29 |
| Inégalités sociales | 18 | 17 | 18 | 43 | 50 | 31 |
| Rôle de la France dans le monde | 16 | 32 | 30 | 17 | 9 | 21 |
| Construction de l'Europe | 15 | 28 | 31 | 20 | 7 | 21 |
| Hausse des prix | 13 | 11 | 12 | 17 | 34 | 15 |
| Privatisations | 7 | 11 | 5 | 6 | 18 | 8 |
| Environnement, écologie | 6 | 5 | 8 | 9 | 16 | 11 |

Sondage « sortie des urnes » CSA réalisé le 24 avril 1988 auprès d'un échantillon de 5 424 électeurs.

gression est forte en Picardie, dans l'Est, en Rhône-Alpes, dans les Hautes-Alpes et dans le Var. Ces régions et départements sont des zones d'implantation traditionnelle du FN depuis 1984 et appartiennent tous à cette France située à l'est de la ligne Le Havre-Valence-Perpignan. L'extrême droite se renforce essentiellement, comme en 1986, dans ses zones de force. L'extrême droite puise sa substance électorale auprès de tous les courants politiques. Cette « vampirisation » des divers électorats traditionnels est également sensible au niveau sociologique. Contrairement au poujadisme de 1956, enfermé dans son bastion de petits travailleurs indépendants, ou du tixiérisme de 1965 replié sur un électorat de « Pieds-Noirs » et de quelques métropolitains nostalgiques de la France coloniale, le lepénisme de 1988 plonge ses racines dans tous les milieux sociaux. Cependant, il atteint et dépasse même les 20 % dans deux mondes : celui de la boutique et celui de l'atelier. En 1988, Jean-Marie Le Pen a réalisé la synthèse du poujadisme d'antan et de la protestation ouvrière. En 1984, il avait surtout attiré le monde de la boutique et celui des cols blancs. En 1986, tout en gardant les premiers, il avait perdu nombre des seconds et les avait remplacés par une plèbe en colère. En 1988, la fusion politique de ces diverses clientèles est en cours. Cette fusion s'opère autour d'une protestation commune. On retrouve, en 1988, les préoccupations qui taraudent l'électorat d'extrême droite depuis quatre ans : immigration et insécurité (tableau II). Ces inquiétudes urbaines permettent de comprendre les très hauts niveaux atteints par J.-M. Le Pen dans des départements comme les Bouches-du-Rhône (26,40 %) des suffrages exprimés), le Gard (20,59 %), la Moselle (19,91 %), la Seine-Saint-Denis (19,81 %) ou encore le Rhône (18,03 %). Mais elles ne permettent pas d'épuiser la réalité du vote lepéniste dans des départements comme le Bas-Rhin (21,94 %), le Haut-Rhin (21,71 %), les Alpes-de-Haute-Provence (16,72 %), l'Ain (16,09 %), l'Yonne (15,73 %) ou encore le Lot-et-Garonne (15,42 %). Dans certains de ces départements, comme l'Ain et le Lot-et-Garonne, où les couches sociales moyennes traditionnelles sont encore nombreuses, la thématique antifiscale et anti-étatique du leader du FN a séduit un électorat de type poujadiste. On retrouve des traces de cette motivation poujadiste dans la bonne place réservée au problème des impôts dans les motivations de l'électorat lepéniste (tableau II). En revanche, parmi les thèmes peu privilégiés par cet électorat figure celui de la construction de l'Europe. Ce thème, dont les vertus et les charmes ont été vantés par les trois grands candidats, n'a pas fait recette à l'extrême droite. Cette réticence vis-à-vis de l'Europe traduit non seulement une inquiétude à l'égard de l'échéance du grand marché unique de 1993 mais aussi la pérennité, ici et là, d'une vieille tradition nationaliste. Dans nombre de départements de l'Est (Meuse, Vosges, Moselle, Bas-Rhin, Haut-Rhin) où un nationalisme cocardier a connu quelques succès historiques (en 1919, les listes du Bloc national battaient des records dans ces départements), J.-M. Le Pen a récupéré une partie de l'héritage. Ce nationalisme, dans une tradition toute barrésienne, est un nationalisme de rétraction, recroquevillé sur l'hexagone : la faible importance que les électeurs lepénistes accordent au rôle de la France dans le monde est, à cet égard, très significative (tableau II). La récupération de cet héritage nationaliste s'est faite d'autant plus facilement que l'évolution libérale et européenne du mouvement gaulliste depuis sept ans le laissait en déshérence.

Les motivations qui amènent au vote Le Pen sont donc plurielles et attestent l'hétérogénéité politique des électeurs lepénistes. Celle-ci s'est exprimée dans la diversité des choix de second tour des électeurs de J.-M. Le Pen ainsi que dans leurs reclassements à l'occasion des législatives. Dans le sondage « sortie des urnes » réalisé le 24 avril par l'institut CSA, seuls 54 % des électeurs lepénistes déclarent avoir l'intention de voter pour Jacques Chirac le 8 mai[6]. 29 % choisissent l'abstention au second tour, alors que 17 % affirment avoir l'intention de voter pour François Mitterrand. D'origines sociales très diversifiées, venus au vote Le Pen à partir de motivations diverses, les électeurs lepénistes font preuve d'une grande dispersion politique quand Jean-Marie Le Pen n'est plus présent dans la compétition électorale. Ce caractère composite est également décelable dans les intentions de vote des électeurs lepénistes dans la perspective d'élections législatives anticipées.

## Le reflux législatif : les élections législatives des 5 et 12 juin 1988 [7]

Un mois et demi avant les élections législatives, 57 % seulement des électeurs lepénistes prévoient de voter pour un candidat du FN aux législatives, 20 % affirment leur intention de revenir vers un candidat de droite modérée, 7 % vers un candidat de gauche et 14 % ne donnent pas de précision ou déclarent une intention d'abstention ou de vote blanc ou nul [8]. Ces électeurs sont remplacés pour une part par des électeurs qui n'avaient pas choisi J.-M. Le Pen le 24 avril : 3 % des électeurs d'Arlette Laguiller, 1 % des électeurs d'Albert Lajoinie, 2 % des électeurs d'Antoine Waechter, 2 % des électeurs de Raymond Barre et 1 % des électeurs de

---

6. Sondage « sortie des urnes » CSA, réalisé le 24 avril 1988 auprès de 5 424 électeurs.
7. PERRINEAU Pascal, « Front national : la drôle de défaite », art. cité, p. 30-31, dans HABERT Philippe, YSMAL Colette (dir.), *Élections législatives 1988*, Paris, *Le Figaro/Études politiques*, 1988.
8. Sondage « sortie des urnes » CSA, 24 avril 1988.

Jacques Chirac ont l'intention de voter pour un candidat du FN aux législatives. Au terme de ce chassé-croisé d'électeurs, l'extrême droite se retrouve avec 9,5 % d'intentions de vote, soit un score très proche de celui des législatives de 1986 (9,9 %). Le 5 juin, elle rassemble 9,8 % des suffrages exprimés. Le reflux n'a rien d'une déroute et ramène l'extrême droite sur ses positions des années 1984-1986. Ce reflux est dû à une démobilisation des électeurs de J.-M. Le Pen, à une offre politique très partisane, à la prégnance de la logique notabiliaire dans le cadre du scrutin majoritaire à deux tours et à la stratégie de candidature unique adoptée par l'URC*. La stratégie d'union retenue par la droite classique rend ainsi quasi impossible l'arrivée d'un candidat du FN en tête de la droite. Cette perspective ne peut que nourrir le « vote utile » de nombreux électeurs d'extrême droite en faveur du candidat de l'URC. En effet, au soir du 5 juin, le FN n'est en tête de la droite que dans 9 circonscriptions (8 dans les Bouches-du-Rhône, 1 dans le Var). Après avoir menacé le RPR et l'UDF de « faire élire dans chaque circonscription le candidat socialiste », J.-M. Le Pen change de discours d'autant plus facilement que la droite classique oublie ses engagements de ne passer aucun accord avec le FN. L'accord de désistement conclu entre Jean-Claude Gaudin et Jean-Marie Le Pen amène le retrait des candidats de l'URC au profit des candidats du FN dans 8 des 16 circonscriptions des Bouches-du-Rhône alors que celui-ci retire ses candidats dans les 8 autres circonscriptions au profit de l'URC. Cet accord fait des émules dans certaines circonscriptions du Var, des Alpes-Maritimes ou encore du Gard. La menace de maintien n'est mise à exécution que dans 4 circonscriptions (deuxième des Pyrénées-Orientales, cinquième du Haut-Rhin, treizième du Rhône et cinquième du Var). Cette reconnaissance des candidats d'extrême droite comme seuls et uniques représentants de la droite au second tour est une véritable victoire politique pour le FN qui n'avait jusqu'alors réussi à séduire que quelques maires en difficulté dans le cadre d'élections partielles. L'accord des Bouches-du-Rhône marque l'intégration provisoire de l'extrême droite dans la famille de l'union de la droite. Cependant, dans l'immédiat, l'accord a toutes les allures d'un marché de dupes dans la mesure où il sert davan-

---

* Union du Rassemblement et du Centre, regroupant RPR et UDF.

tage à sauver des candidats de l'URC en difficulté qu'à faire élire des candidats du FN. Représentant unique de la droite au second tour dans 9 circonscriptions, le FN ne l'emporte que dans la troisième circonscription du Var où Yann Piat obtient 53,7 % des suffrages exprimés. Cet échec à emmener la droite à la victoire est dû à la fois à la mobilisation de la gauche et d'une partie des abstentionnistes du premier tour mais aussi à la défection d'une partie des électeurs de la droite classique. Dans l'ensemble des 9 circonscriptions où il affrontait seul la gauche, le FN perd, au second tour, 1,98 % des électeurs inscrits par rapport au total des voix de droite du premier tour[9]. De majoritaire au premier tour (52,2 % des suffrages exprimés), la droite devient minoritaire au second tour (46 %). Cet échec ne doit pas cacher le fait que les candidats du FN ont amélioré de 13,49 % des électeurs inscrits leur score du premier tour. Cette poussée très sensible n'a pu se faire que grâce au report d'une large majorité des électeurs de la droite classique « libérés » et « décomplexés » par des leaders de l'URC leur expliquant que le FN était une droite comme les autres[10]. Dans les nombreuses circonscriptions où l'URC a besoin des voix des électeurs du FN pour battre la gauche, les reports sur le candidat de droite classique sont très bons : selon le sondage « sortie des urnes » CSA réalisé le 12 juin, 91 % des électeurs du FN qui sont allés voter au second tour ont choisi le candidat de la droite classique[11]. Lors du second tour de l'élection présidentielle, 78 % seulement des électeurs de Jean-Marie Le Pen avaient choisi Jacques Chirac. La discipline des électeurs d'extrême droite s'est sensiblement améliorée et l'accord Gaudin n'y a pas peu contribué.

Ce processus d'homogénéisation des droites classique et extrême pose deux problèmes. D'une part, il accélère les tendances centrifuges qui traversent les diverses composantes de l'URC et renforce la volonté d'autonomie politique de certains centristes. D'autre part, il érige l'extrême droite en

---

9. Perrineau Pascal, « Front national : la drôle de défaite », art. cit.
10. En considérant que tous les électeurs de gauche du premier tour se reportent sur le candidat de gauche au second, que tous les électeurs d'extrême droite se reportent sur le candidat du FN, que 55 % des électeurs abstentionnistes du premier tour et ayant été voter au second se portent sur le candidat de gauche, que tous les électeurs du premier tour sont allés voter au second, on peut estimer que 69 % des électeurs de la droite classique se sont reportés sur le FN.
11. Sondage « sortie des urnes » CSA, le 12 juin 1988, auprès de 3 895 électeurs.

« cheval de Troie » de la droite classique. A ce premier élément de « décomposition politique » de la droite, il faut en ajouter un second : la « libéralisation » et l'« européanisation » à marche forcée du courant gaulliste ont libéré un espace politique pour l'extrême droite. La droite populaire et nationaliste, longtemps représentée et canalisée par le mouvement gaulliste, semble souvent se regrouper sous la bannière de Jean-Marie Le Pen. Un des défis majeurs lancés à la droite classique est la reconquête de cet espace nationaliste et populaire. Enfin, dernier défi — de nature sociologique celui-là —, celui de la « vampirisation » de la base populaire de la droite classique par l'extrême droite. En effet, Jean-Marie Le Pen a attiré l'essentiel de la clientèle populaire de la droite ainsi qu'une part importante de ces nouveaux électeurs auprès desquels les vieilles forces politiques se revivifient. Le candidat du FN rassemble sur son nom, le 24 avril, 20 % des ouvriers, alors que Jacques Chirac et Raymond Barre en rassemblent péniblement à eux deux 16 %. Chez les jeunes de dix-huit/vingt-quatre ans, Jean-Marie Le Pen obtient un pourcentage de 17 % nettement supérieur à la moyenne nationale, alors que Jacques Chirac, avec 12 %, est très nettement sous-représenté, et Raymond Barre, avec 17 %, légèrement sur-représenté. Le 5 juin, les candidats du FN obtiennent 19 % des suffrages ouvriers et 15 % des suffrages des jeunes [12]. Ce dynamisme social et démographique de l'extrême droite pose de redoutables problèmes à une droite classique à la recherche d'un souffle nouveau. Plus que celui-ci, la droite traditionnelle trouve un ballon d'oxygène provisoire dans le mode de scrutin majoritaire à deux tours. Aux élections législatives de juin 1988, grâce à ce mode de scrutin, le nombre des députés du FN est ramené de trente-cinq à un et la formation d'extrême droite perd ainsi une bonne part de sa « visibilité » politique. Aux élections cantonales du 25 septembre 1988, l'effet répété du mode de scrutin majoritaire et l'enjeu très localisé provoquent une érosion de l'influence électorale du FN. Avec 5,2 % des suffrages exprimés (soit environ 7 % au plan national, si l'on tient compte du fait que le FN n'a pas de candidats dans un quart des cantons renouvelables), le FN enregistre sa plus mauvaise

---

12. Cf. sondage « sortie des urnes » CSA, 24 avril 1988, et sondage post-électoral SOFRES réalisé pour la presse de province auprès d'un échantillon national de 1 000 électeurs interrogés du 14 au 16 juin 1988.

performance depuis quatre ans. A la fin de l'année 1988, de nombreux éléments semblent favoriser l'érosion du FN : la succession d'élections au scrutin majoritaire où les bulletins de vote en faveur du FN ne débouchent pas sur des élus, la nouvelle — et tardive — attitude de fermeté du RPR et de l'UDF qui tentent d'isoler le FN, la faiblesse et les divisions internes de l'appareil du FN qui a du mal à dégager des candidats ayant une certaine notabilité et, enfin, la crispation du parti et de son leader sur des thèmes et des attitudes de l'extrême droite de toujours. Cependant, la logique sociale (la crise économique et son cortège d'effets sociaux) qui sous-tend l'implantation électorale du FN et la crise de la représentation politique, qui voit la capacité d'intégration des électorats par les grands partis classiques diminuer, sont deux éléments durables qui permettent de dire qu'on reparlera encore du FN.

## Une minorité de blocage. Les élections municipales des 12 et 19 mars 1989 [13]

Avec 608 976 voix (soit 2,5 % des suffrages exprimés), les listes du Front national sont apparemment loin des scores enregistrés de 1984 à 1988 aux élections européennes, législatives, présidentielles et cantonales (entre 5 % et 15 % des suffrages exprimés). Cependant, ce niveau de 2,5 % des suffrages exprimés ne représente pas l'influence réelle de l'extrême droite en mars 1989. En effet, celle-ci était absente dans l'immense majorité des 36 736 communes de France. Ne disposant que de forces limitées dans un type d'élections requérant la sélection de centaines de milliers de candidats, le FN a décidé d'investir avant tout le terrain urbain et ne s'est donc pas compté dans l'immense majorité des communes petites et moyennes.

Même en milieu urbain, sa présence n'a été que partielle. Environ deux tiers des communes de plus de 9 000 habitants n'ont pas eu de listes du Front national aux municipales. Le maillage politique du territoire n'était serré que dans les villes

---

13. PERRINEAU Pascal, « Le Front national : une minorité de blocage », p. 21-28 dans HABERT Philippe, YSMAL Colette (dir.), *Élections municipales 1989*, Paris, *Le Figaro/Études Politiques*.

de plus de 20 000 habitants (214 listes sur 390 villes) et surtout dans les villes de plus de 30 000 habitants, où le Front national dirigeait des listes dans 143 communes sur 219. Notre analyse concernera uniquement ce terrain.

Dans cet ensemble de communes, les listes frontistes ont rassemblé 10,1 % des suffrages exprimés (au lieu de 13,5 % en juin 1988 et 17,3 % en avril). Étant donné que le Front national était, lors des élections de 1988, dans ces villes à environ 3 points au-dessus de sa moyenne nationale, on peut supposer raisonnablement que le niveau réel d'influence nationale du FN lors de ces municipales se situe autour de 7 % des suffrages exprimés. Il est en érosion par rapport à 1988, mais on ne peut parler d'irrémédiable déclin. Par rapport à 1983, la poussée municipale est imposante (+9,6 %) mais reflète la quasi-absence de candidatures aux précédentes municipales. En 1989, la réussite électorale est particulièrement évidente dans les villes situées à l'est d'une ligne Rouen-Perpignan. On retrouve ici les contours de la France lepéniste des grandes conurbations marquées par l'anomie urbaine et l'activation des intolérances entre communautés diverses. Dans sept communes où Jean-Marie Le Pen dépassait déjà les 20 % des suffrages exprimés, les listes du Front national renouvellent la performance : Dreux, Sevran, Mulhouse, Perpignan, Toulon, Antibes et Cagnes-sur-Mer. Au soir du premier tour des municipales, le FN est une véritable épée de Damoclès suspendue au-dessus de la tête de nombreux candidats de la droite traditionnelle.

Le 12 mars, le Front national est au-dessus de 5 % des suffrages exprimés dans 126 villes et 35 secteurs de Paris-Lyon-Marseille. Il atteint 10 % et plus dans 60 villes et 16 secteurs. Il n'est en dessous de 5 % que dans 14 villes et 2 secteurs. Mais seuls 75 des 140 villes et 21 des 37 secteurs où il était présent au premier tour sont en ballottage. Sur cet ensemble de 96 cas, le Front national peut se maintenir dans 45 (30 villes et 15 secteurs de Paris-Lyon-Marseille). Et sa capacité de blocage — ou du moins de perturbation — n'est pas négligeable. Fort de celle-ci, le Front national tonne et, le 15 mars, devant l'irréductibilité de l'UDF et du RPR, Jean-Marie Le Pen constate : « Les alliances que j'ai préconisées au RPR et à l'UDF ont été repoussées et les électeurs du Front national ont été méprisés. » La consigne pour le second tour est frappée au coin de la vengeance : « S'ils vous méprisent, méprisez-les ! » Le Front national décide donc de se maintenir partout où il atteint la barre des 10 % et d'appliquer ailleurs la stratégie du mépris électoral, c'est-à-dire l'abstention. Le mot d'ordre est suivi, sauf à Sarcelles où la liste FN se retire et laisse le champ libre au maire sortant RPR menacé par un candidat socialiste. Du côté de la droite classique, le refus de l'alliance est appliqué à deux exceptions près (Béziers et Mantes-la-Jolie). Le Front national va donc au combat du second tour dans 43 villes ou secteurs de villes de plus de 30 000 habitants. L'extrême droite joue gros en entrant pour la première fois en conflit ouvert et généralisé avec la droite classique.

Si l'on s'en tient aux vingt-neuf cas de triangulaires gauche-droite classique-Front national, en écartant les quadrangulaires, les listes frontistes connaissent une érosion (−2,2 % des suffrages exprimés), mais se maintiennent globalement à un niveau élevé (12,9 %) qui casse la dynamique de la droite classique (+1 %) coincée entre une gauche en forte croissance (+6,5 %) et une extrême droite peu touchée par le phénomène du « vote utile ». Ici et là, le Front national connaît même un renforcement de son influence : +4,4 à Perpignan, +3,9 à Toulon, +3,1 à Sevran, +1,4 à Nice, +13,6 à Cagnes-sur-mer (où la liste FN a fusionné avec des listes divers droite). Dans de nombreuses villes, le maintien du Front national contribue à l'échec des maires sortants de la droite classique : c'est le cas à Avignon, Strasbourg, Salon-de-Provence, Tourcoing et Maubeuge. Et dans les deux seuls cas où la fusion avec des listes RPR-UDF était censée assurer la victoire de celles-ci, il a régulièrement fait passer une droite majoritaire au premier tour (52,9 % à Béziers, 51,1 % à Mantes-la-Jolie) en dessous de la barre des 50 % au second tour (respectivement 47,6 % et 48,4 %).

Seule, la formation extrémiste ne peut avoir de vocation majoritaire ; alliée, elle effraie suffisamment d'électeurs de droite modérée pour faire perdre celle-ci. Tel est le dilemme peu exaltant dans lequel est enfermée l'extrême droite, et avec elle toute une partie de la droite classique. Seule une situation de quadrangulaire où le Front national arrive nettement en tête et où la gauche est incapable de s'unir au second tour permet, dans une petite ville du Gard (Saint-Gilles), à l'un de ses notables, Charles de Chambrun, d'être élu. Partout ailleurs, c'est l'échec en termes de débouchés de pouvoir, mais une réussite quant à la pression opérée sur la droite traditionnelle, soit par le maintien au second tour, soit par des reports souvent défectueux des électeurs d'extrême droite sur le candidat de droite classique du second tour (Metz, Dunkerque, Beauvais).

Ces élections de mars 1989 montrent que la réduction électorale de l'extrême droite reste un impératif pour la droite classique, mais que, pour l'instant, le chemin de la reconquête n'est qu'à peine dessiné.

## L'enracinement du Front national. Les élections européennes du 18 juin 1989

Cinq ans après sa première percée électorale, le Front national, avec 11,8 % des suffrages exprimés, retrouve peu ou prou son niveau de 1984 (11 % des suffrages exprimés). Cette identité des niveaux recouvre une identité des structures qui témoigne de l'implantation profonde du phénomène lepéniste (cf. cartes 1 et 2). Bastions et zones de faiblesse de 1984 se retrouvent en 1989. Cependant, on assiste à l'ébauche d'un mouvement de nationalisation de l'implantation géographique du Front national. L'essentiel des départements où il augmente sensiblement ses scores par rapport à 1984 sont situés en Midi-Pyrénées, en Aquitaine et en Limousin. Ainsi l'écart existant entre ses zones de force et ses terres de mission a tendance à diminuer. Ce léger mouvement de nationalisation géographique s'accompagne d'une relative homogénéisation sociologique de l'électorat lepéniste. Certaines clientèles favorites (les 18-34 ans, les ouvriers, les catholiques non pratiquants) comptent plus chichement leur soutien. En revanche, certaines catégories jusqu'alors réticentes (les femmes, les personnes âgées, les catholiques pratiquants irréguliers) font davantage taire leurs préventions. La structure de l'électorat lepéniste, ainsi remaniée, est une structure nettement plus conservatrice qu'en 1988. On peut raisonnablement penser qu'une partie sensible des électeurs jeunes et ouvriers, ayant voté pour Jean-Marie Le Pen à l'élection présidentielle, ait choisi l'abstention le 18 juin 1989.

En retrait par rapport aux espérances de son leader qui espérait dépasser son score présidentiel (14,4 % des suffrages

*racismes et discriminations*

## CARTE 1. — ÉLECTIONS EUROPÉENNES 1984. LISTE FRONT NATIONAL

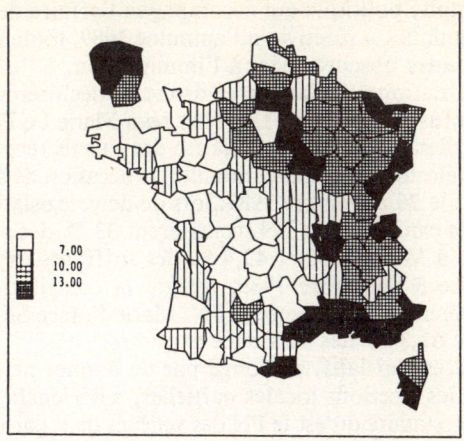

## CARTE 2. — ÉLECTIONS EUROPÉENES 1989. LISTE FRONT NATIONAL

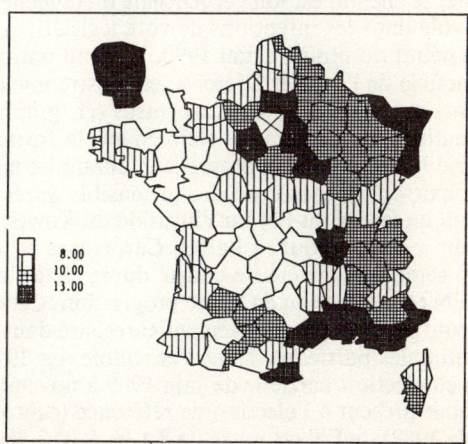

Les cartes ci-dessus ont été réalisées au Centre d'informatisation des données socio-politiques (Grenoble) sous la direction de Bernard BOUHET. Pour chaque scrutin, nous avons classé les départements par ordre décroissant des valeurs (% des suffrages exprimés) obtenues par les candidats d'extrême droite, puis découpé cette distribution en quartiles.

exprimés), le Front national, certes ancré dans la vie politique française, pouvait avoir l'impression de stagner.

Le tumulte politique qui accompagna l'affaire des « foulards islamiques » réactiva, à l'automne 1989, toute une série d'inquiétudes obscures liées à l'immigration, à l'islam et à l'identité nationale. Gauche et droite se déchirèrent en un débat confus et véhément. Le FN et Jean-Marie Le Pen firent presque silence, sachant qu'à la fin des fins ils récolteraient les fruits électoraux d'un tel tumulte. L'occasion ne se fit pas attendre : le 26 novembre 1989, lors de deux législatives partielles, les candidats du FN recueillirent 33 % des suffrages exprimés à Marseille 2 et 42,4 % des suffrages exprimés à Dreux. Le 3 décembre 1989, malgré la constitution d'un « front républicain » contre le FN, Marie-France Stirbois est élue avec 61,3 % des suffrages exprimés.

Ce succès législatif, prolongé par de bonnes performances dans les élections locales partielles, a déclenché dans ce parti protestataire qu'est le FN des velléités de « parti de pouvoir ». C'est autour de ce thème que s'est tenu le huitième congrès du FN à Nice (30 mars-1er avril 1990). Mais du désir à la réalité, le chemin est long et parsemé d'embûches. Après s'être envolé dans les intentions de vote législatives jusqu'à 18 % au début du mois de mai 1990, le Front national, qui avait bénéficié de l'« effet Dreux », enregistre une chute de cinq points après l'affaire de Carpentras (cf. graphique 1). Le traumatisme de Carpentras s'éloignant, la formation de Jean-Marie Le Pen reprit sa progression durant les mois d'été pour connaître à nouveau un déclin sensible après la prise de position du leader du FN sur l'invasion du Koweït. Cependant, tout comme pour « l'effet Carpentras », « l'effet Koweït » semble avoir été de courte durée et, à l'automne 1990, le FN est à nouveau en légère progression. Celle-ci semble être confirmée par le mouvement enregistré dans les élections cantonales partielles. Dans l'ensemble des 39 cantons où il y a eu élection partielle de juin 1989 à novembre 1990 et où il était présent à l'élection de référence (cantonales de 1985 et de 1988), le FN est passé de 8,1 % à 10,3 % des suffrages exprimés. Avec les écologistes qui connaissent une progression encore plus forte, le FN est la seule formation politique à la hausse. Cependant le FN reste un petit parti, fédérateur de mécontentements hétéroclites, nettement iden-

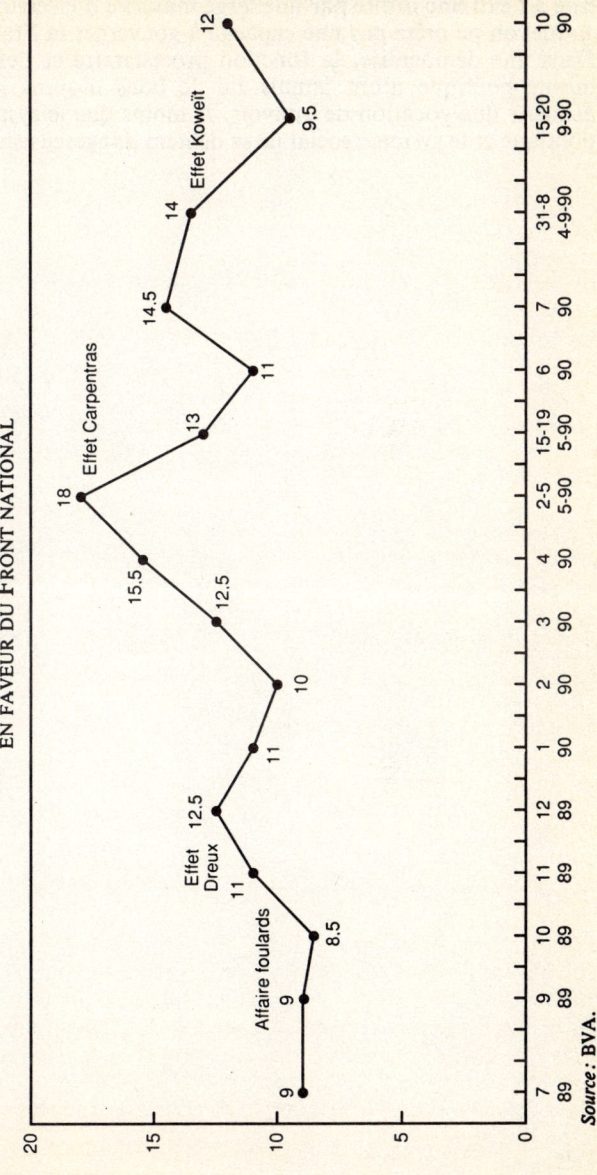

GRAPHIQUE 1. — INTENTIONS DE VOTE LÉGISLATIVES EN FAVEUR DU FRONT NATIONAL

Source : BVA.

tifié à l'extrême droite par une large majorité d'électeurs et auquel on ne prête pas une capacité à gouverner la France. Dans une démocratie, la fonction protestataire et l'extrémisme politique n'ont jamais été de bons moyens pour acquérir une vocation de pouvoir. A moins que le système politique et le système social ne se délitent dangereusement.

# 5

## Des lois contre le racisme*

*par Jacqueline Costa-Lascoux*

La loi contre le racisme est devenue le recours ultime des États démocratiques pour endiguer le flot montant des injures, des violences, des refus de service discriminatoires. L'« hétérophobie »[1] envahit l'actualité dans de nombreux pays européens, qu'elle vise l'immigration dans son ensemble ou certaines catégories d'immigrés, qu'elle fasse resurgir les vieux démons de l'antisémitisme ou qu'elle tente de se parer d'une légitimité religieuse. Mais quelle est la réalité objective du phénomène ? Quelle est la part des progrès de notre conscience, de notre vigilance prompte à corriger de telles dérives ? Il est vrai que les discriminations sont dénoncées là où elles sont condamnées : le racisme, le sexisme ne font l'objet d'une comptabilisation que là où ils sont poursuivis et sanctionnés. Dans les cultures, les régimes politiques, où la discrimination est une valeur fondatrice, les expressions

---

* Ce texte s'inspire de deux rapports remis au Conseil de l'Europe : *La Loi contre les discriminations : Belgique, France, Pays-Bas*, janvier 1990 ; *Égalité et non-discrimination : minorités ethniques et lutte contre des discriminations*, 7e Colloque international sur la Convention européenne des droits de l'homme, juin 1990 (en cours de publication).

1. Cf. Pierre-André Taguieff, *La Force du préjugé. Essai sur le racisme et ses doubles*, La Découverte, Paris, 1988.

en sont banalisées. A l'inverse, dans la plupart des États démocratiques, la loi définit les propos, les actes ou les refus discriminatoires comme des délits. La question des définitions est donc essentielle : celles-ci donnent la mesure de la réprobation du phénomène. Cela suffit-il, cependant, à combattre le racisme dans la diversité de ses expressions ?

Les enquêtes dans l'opinion publique et le témoignage des associations montrent une complexité croissante des discriminations. Les signes physiques de différenciation (couleur de la peau, par exemple) ne semblent plus aussi déterminants que par le passé, notamment dans la société française. Les conflits culturels et normatifs, en revanche, passent au premier plan. Il y a eu « déplacement de la race vers la culture [2] ». L'affrontement « Nord-Sud » s'observe, désormais, au sein de l'Europe. La différence n'est plus le problème, c'est le décalage, voire l'anachronisme, qui est jugé intolérable : des coutumes, des modes de vie, des droits revendiqués par certains sont ceux que les sociétés européennes ont connus dans leur histoire, et qui ont été combattus au prix de révolutions ou de réformes. La résurgence des intégrismes religieux inquiète. La situation internationale n'est pas prête d'apaiser les peurs.

La revendication des différences, d'un « droit à la différence », a, par ailleurs, accentué les antagonismes. Dès le début des années quatre-vingt, quelques-uns annonçaient que les affirmations identitaires conduiraient à une ethnicisation des relations sociales ; ils n'ont pas été entendus. Plus récemment, les intégrismes militants ont justifié l'intolérance, les interdits, les ostracismes, en se parant de la légitimité d'une tradition. Enfin, un racisme intercommunautaire s'est développé. Des affaires apparaissent en justice, dans lesquelles les auteurs de discrimination sont eux-mêmes victimes de discriminations ; des plaintes sont déposées pour des actes de « racisme anti-européen » ou « anti-français » ; des conflits ethniques surgissent dans les banlieues, là même où se construisaient des solidarités.

Dans ce « jeu de miroir » où chacun se renvoie le racisme de l'autre, que peut faire le droit contre les discriminations ? En examinant l'expérience des États européens, on voit apparaître quelques lignes de convergences et des divergences

---

2. *Ibid.*

encore nombreuses. Aujourd'hui, les politiques contre les discriminations diffèrent entre elles autant que les politiques de la nationalité : la notion de discrimination est l'antonyme de celle d'intégration, l'une et l'autre étant dépendantes de la conception de la communauté nationale. Mais quels sont les indicateurs de la volonté des pouvoirs publics de lutter contre les discriminations : l'égalité des droits, l'accès à la nationalité ou à la citoyenneté locale, l'ampleur de la législation et la sévérité des sanctions contre les discriminations, la garantie de conditions socio-économiques décentes ? L'intégration se mesure-t-elle au nombre de mariages mixtes et d'acquisitions de nationalité ou au nombre d'élus et de leaders des « minorités » ? Est-on moins l'objet de discrimination dans l'emploi ou le logement en étant franco-algérien en France, *black citizen* en Grande-Bretagne ou résident turc en Allemagne ? Le droit est une grille de lecture des paradoxes et des contradictions de nos discours antiracistes face aux réalités quotidiennes.

Le combat antiraciste peut lui-même s'enfermer dans la logique différentialiste par excès de paternalisme ou de conservatisme des identités collectives. Or, la loi ne risque-t-elle pas, à son tour, deux effets pervers : participer à la stigmatisation des victimes du racisme, par le jeu de la « victimisation »[3] ; inciter les auteurs à plus de subtilité dans la discrimination pour échapper à la sanction ? Ces questions, ouvertement débattues dans plusieurs pays européens, sont essentielles. N'y a-t-il pas, en effet, un danger d'utopie antiraciste abstraite, qui finirait de conforter les privilèges de ceux qui n'ont nul besoin de se définir par le truchement d'une identité collective, identité des pauvres ? Comment concilier le discours sur les minorités avec l'extension des droits de la personne, une personne déliée des appartenances imposées et des rôles prescrits, une personne mobile et autonome, qui changera de statuts en vertu de son libre arbitre ? Les législations contre les discriminations, empreintes des histoires nationales, donnent à lire ces choix fondamentaux de société entre l'égalité de droit des individus et le droit des « minorités ».

---

3. Ce terme, utilisé couramment par les criminologues, rejoint la notion de « revendication du stigmate » analysée par le sociologue américain E. Goffman : la victime finit par se revendiquer comme telle pour exister.

Trois pays européens ont une législation contre les discriminations qui repose essentiellement sur le principe de l'égalité des citoyens : la RFA, la Belgique et la France. En revanche, la lutte contre les discriminations s'accompagne, dans certains pays, d'une reconnaissance des minorités, ethniques ou religieuses, en tant que telles : les Pays-Bas et la Grande-Bretagne. Les logiques institutionnelles s'opposent : une logique d'égalité de traitement et de lutte contre les discriminations sans reconnaissance institutionnelle des minorités ; une politique de représentation et d'émancipation des minorités alliant discriminations positives et lutte contre le racisme. Les années à venir poseront clairement l'alternative. Le droit contre le racisme ne soulève donc pas seulement des interrogations sur la rigueur de la loi et de son application, mais une question fondamentale de philosophie politique.

## RFA et Belgique : des législations de principe peu appliquées

### La Constitution et le Code allemands

La Loi fondamentale de la RFA prévoit que « nul ne doit être ni désavantagé, ni favorisé en raison de son sexe, de son origine, de sa croyance et de ses conceptions religieuses ou politiques ». En vertu de ce principe constitutionnel, le droit allemand prévoit des dispositions pénales qui répondent à deux critères d'incrimination : celui de l'ordre public et celui de l'atteinte à la dignité humaine.

L'article 130 du Code pénal allemand punit de trois à cinq ans d'emprisonnement, l'incitation du peuple à la haine ; l'article 133 punit l'apologie de la violence et de la haine raciale, qu'il s'agisse d'écrits, d'affiches, d'annonces ou d'émissions de radio. Cependant, « lorsque l'acte sert à la relation d'événements de l'actualité ou de l'histoire », la condamnation ne peut être prononcée. Le problème du révisionnisme est ici posé, avec d'autant plus d'acuité que les écrits niant l'holocauste ont atteint une certaine diffusion en Allemagne. Contrairement au législateur français du 13 juillet 1990, les autorités allemandes ont craint d'incriminer un « délit d'opinion » et n'ont cessé d'affirmer « la liberté de l'interprétation historique ». En revanche, le Code pénal allemand (art. 220) a institué le crime de génocide : « Celui qui, dans l'intention de détruire un groupe national, ethnique, racial ou religieux en tant que tel, cause à des membres du groupe des préjudices physiques et moraux... soumet le groupe à des conditions d'existence propres à entraîner sa destruction physique, totale ou partielle, inflige des mesures tendant à empêcher les naissances au sein du groupe, transfère par la violence des enfants dans un autre groupe, est puni d'une peine privative de liberté à perpétuité. » Enfin, les infractions relatives à la religion ou à la conception du monde, les offenses (injures, diffamation, insultes), les coups et blessures permettent d'incriminer des infractions répondant à un motif raciste, sans qu'il y ait référence explicite à la notion de délit raciste. La législation allemande respecte donc les grands principes de la Convention internationale contre les discriminations et de la Convention européenne des droits de l'homme, mais, en réalité, les textes restent peu appliqués et la jurisprudence fort discrète.

## Une législation spécifique en Belgique

La Convention internationale du 7 mars 1966 a été approuvée par la loi belge du 9 juillet 1975[4], mais ce n'est qu'après six années de discussion que la loi du 30 juillet 1981[5] visant à réprimer le racisme et la xénophobie fut promulguée. Sur le modèle de la loi française, le droit belge réprime, d'une part, des propos, d'autre part, des actes discriminatoires.

*L'incitation ou la provocation à la discrimination.* — La loi sanctionne l'incitation ou la provocation à la discrimination, à la ségrégation, à la haine ou à la violence, à l'encontre de certaines personnes et de certains groupes et communautés, lorsqu'ils s'accomplissent dans certaines conditions de publicité, s'ils sont motivés par des causes particulières : la race, la couleur, l'ascendance, l'origine nationale ou ethnique. Mais une fois les principes posés, les obstacles à leur mise en œuvre apparaissent.

---

4. Pour un historique et un commentaire approfondis de la loi, cf. Bernard RENSON, « Le racisme, la loi et l'opinion publique », *Revue du droit des étrangers*, 1985, p. 1-22.
5. *Moniteur belge*, 11 décembre 1975.

La limite essentielle à l'application de la loi est la qualification des comportements condamnés. Le législateur belge a incriminé l'« intention » caractérisée, afin d'éviter le « délit d'opinion » et n'a retenu ni la discrimination religieuse ni celle de la langue. Cette position a été vivement critiquée : « Tout affichage interdisant une entrée aux "musulmans et à tous ceux qui parlent arabe" serait-il hors atteinte des poursuites ? » Il fut répondu qu'au-delà de l'artifice des mots, il ressort clairement qu'il s'agit, en fait, d'une discrimination raciale [6]. L'argument est peu convaincant. L'intolérance religieuse n'est pas nécessairement raciale. En réalité, le Parlement belge ne désirait pas aggraver les conflits internes entre la Wallonie et la Flandre. Une seconde difficulté réside dans les conditions de publicité imposées et les sanctions : un emprisonnement de huit jours à six mois et d'une amende de 26 F à 500 F. En comparaison de la loi française, ces peines sont peu sévères. Le choix a été justifié par « le refus d'une législation à la quaker qui ne ferait qu'encourager les maux qu'elle veut combattre, par crainte qu'une intransigeance excessive décourage les parquets à poursuivre [7] ». C'est l'inverse qui s'est produit. Enfin, la loi n'a pas retenu les peines d'affichage ou de publication dans les journaux et elle reste muette sur la possibilité de procédure de saisie ou de référé pour faire cesser rapidement une campagne raciste.

*La discrimination en actes*. — La loi du 30 juillet 1981 punit « quiconque, fournissant ou offrant un bien ou un service dans un lieu accessible au public, commet un acte discriminatoire à l'égard d'une personne, ou d'un ensemble de personnes ». Ce texte est de portée plus restreinte que la loi française, car il ne permet pas de poursuivre le refus de location d'un logement ni la discrimination à l'embauche. Deux arguments ont été avancés : la preuve de l'intention raciste serait difficile à rapporter ; il convenait d'éviter de donner l'impression que les étrangers soient « mieux protégés que les Belges, dans la course de l'emploi » ! Or les enquêtes montrent l'ampleur du refus de logement en Belgique à

---

6. Ann. Parl. Chambre, séance du 10 février 1981, p. 1210 ; Doc. Parl., Sénat, *J.O.*, 1980-1981, n. 594/2.
7. Cf. B. RENSON, art. cité, p. 15.

l'encontre de certains étrangers, notamment les Marocains[8], et de la discrimination à l'embauche.

Cependant, c'est la polémique sur le droit des associations de se constituer partie civile qui fut la plus vive et, aujourd'hui encore, une certaine méfiance subsiste, malgré le vote déjà ancien de la loi. De nombreux parlementaires avaient affirmé que l'action en justice en matière de libertés constitutionnelles était de la seule compétence du ministère public. L'argument factuel selon lequel le ministère public, surchargé d'affaires, serait peu enclin à poursuivre, fut alors évoqué et renforcé par un argument de procédure : les associations seraient recevables avec le consentement exprès de la victime.

Face au développement d'un « droit du guichet », la loi belge comme la loi française a voulu accorder des garanties contre l'arbitraire des pratiques administratives : elle punit de quinze jours à un an d'emprisonnement les fonctionnaires, officiers publics, qui en raison de la race, la couleur, l'ascendance ou l'origine nationale ou ethnique d'une personne, lui refusent arbitrairement l'exercice d'un droit ou d'une liberté. Des autorités communales ont été assignées en justice, dès 1982, lorsqu'elles retardaient la transmission de dossiers pour des raisons xénophobes. Cet aspect positif du droit belge est à souligner, mais il n'atteint que quelques agissements locaux.

*Une loi « affiche » ?* — Le vote de la loi du 30 juillet 1981, quinze ans après le dépôt d'une première proposition de la loi par M. Glinne, avait soulevé les passions. Une fois promulguée, elle n'eut pas l'application escomptée et on note la réticence de certains juges à qualifier les faits de racisme. Ainsi, l'expression « bougnouls s'abstenir » a donné lieu à une ordonnance de non-lieu, la chambre du conseil auprès du tribunal correctionnel de Bruxelles estimant que le mot « bougnoul » ne se trouvait pas dans le dictionnaire et que le sens qu'on pouvait en dégager était « mal habillé ». La chambre des mises en accusation confirma la décision esti-

---

8. Cf. A. BASTENIER, in *Les Politiques sociales à l'égard des immigrés. Effets discriminatoires ou intégration. Étude comparative. (Belgique, France, Pays-Bas)*, en collaboration avec J. COSTA-LASCOUX, B. VERDONK, UNESCO, Paris, 1988, 399 p.

mant que le terme « bougnoul » n'était pas nécessairement injurieux.

La loi belge est l'exemple topique d'un texte de principe, promulgué après un large débat public, mais de peu d'efficacité. Les limites posées dans les incriminations et les procédures, la timidité des sanctions en sont certainement la cause. Mais n'est-ce pas, aussi, le fait d'une société elle-même très partagée, qui craint d'aviver ses antagonismes nationaux, sa « bipartition » ? Le droit français, à l'inverse, a recouru à tous les moyens du droit pour élargir la prévention et la sanction du racisme.

### Le droit français : un arsenal diversifié

Le droit français prévoit un important dispositif de lutte contre le racisme et les discriminations. Il se réfère à la Convention des Nations unies du 7 mars 1966, entrée en vigueur le 27 août 1971, dont il a adopté les définitions, en les complétant. Sur la base de la loi du 1er juillet 1972[9], un ensemble législatif a ainsi été élaboré. La loi du 2 août 1989 relative aux conditions de séjour et d'entrée des étrangers en France (dite loi « Joxe ») l'a consacré par une déclaration solennelle à l'article 1er : « La République française a, dès sa proclamation, affirmé ses principes d'hospitalité et de tolérance. En conséquence, elle interdit et condamne, sur tous les territoires où elle a autorité, le racisme, l'antisémitisme et la xénophobie. » Suit la liste des agissements discriminatoires qui peuvent être poursuivis et condamnés. Plus récemment, sur proposition de loi communiste, la loi du 13 juillet 1990 tendant à réprimer tout acte raciste, antisémite ou xénophobe est allée plus loin encore, certains ont pensé « trop loin », dans le combat contre le racisme [10]. Passé presque inaperçu dans le grand public, à la fin de la session parlementaire, le texte soulève des problèmes de fond sur les limi-

---

9. Loi n. 72-546 du 1er juillet relative à la lutte contre le racisme ; loi n° 75-625 du 11 juillet 1975 ; loi n° 77-574 du 7 juin 1977 ; loi n° 83-635 du 13 juillet 1983 ; loi n° 83-10 du 3 janvier 1985 ; loi n° 85-772 du 25 juillet 1985 ; loi n° 87-588 du 30 juillet 1987 ; loi n° 87-1157 du 31 décembre 1987 ; loi n° 90-615 du 13 juillet 1990.

10. Cf. Panorama de la presse, 26 juin-2 juillet 1990, ADRI, Paris, avec la controverse sur le « débat d'opinion », notamment l'article de F. TERRE dans *Le Figaro* du 11 juin 1990 et celui d'A. GROSSER dans *Le Monde* du 13 septembre 1990.

tes du droit pénal, sa fonction symbolique et son efficacité sociologique. La loi du 13 juillet 1990 ne déclare-t-elle pas d'emblée, telle une charte révolutionnaire, le principe de l'interdiction du racisme, de l'antisémitisme et de la xénophobie, donnant au verbe de la loi la force d'un catéchisme d'airain ? Au-delà de l'expression, l'interrogation se précise sur les frontières d'un déploiement répressif au risque que l'arme se transforme en boomerang.

## Les propos et les écrits discriminatoires

En droit français, la diffamation (allégation ou imputation d'un fait précis qui porte atteinte à l'honneur ou à la considération) et l'injure (expression outrageante, termes de mépris ou invective qui ne renferme l'imputation d'aucun fait) sont des délits réprimés plus sévèrement, lorsqu'ils ont un caractère discriminatoire : un mois à un an d'emprisonnement et une amende. Mais la loi du 2 juillet 1990 a introduit une peine, elle aussi très controversée : l'inéligibilité, pendant cinq ans maximum, à l'encontre des personnes coupables de discrimination. Cette sanction ne peut s'étendre ni aux directeurs de publication, ni aux journalistes. Les associations ont, par ailleurs, un droit de réponse. La peine de l'inégibilité est dans la logique de la condamnation d'une atteinte aux droits fondamentaux et de l'homme. En cela, elle se justifie. Mais elle suppose un respect scrupuleux des règles démocratiques, pour éviter la tentation d'une utilisation politicienne de cette sanction redoutable.

La loi sur la presse punit des mêmes peines « celui qui, soit par des discours, cris ou menaces proférés dans des lieux ou réunions publics, soit par des écrits, imprimés, dessins, gravures, peintures, emblèmes, images, ou tout autre support de l'écrit, de la parole, ou de l'image vendus ou distribués, mis en vente ou exposés dans les lieux ou réunions publics, soit par des placards ou des affiches exposés au regard du public, soit par tout moyen de communication audiovisuelle, auront directement provoqué à la discrimination, à la haine ou à la violence ». Elle condamne également l'apologie de crimes de guerre et de crimes contre l'humanité, dont les motivations seraient racistes, comme, par exemple, la justification du génocide juif durant la Seconde Guerre mondiale. Mais la loi du 13 juillet 1990 est allée au-delà en créant un

« délit de révisionnisme »[11] et en autorisant la diffusion des procès relatifs aux crimes contre l'humanité avant l'expiration des délais prévus par la loi de juillet 1985. Certains commentateurs ont déploré que la falsification de l'histoire pour discréditer tout un peuple et porter atteinte à sa dignité soit ainsi envisagée pour le seul génocide juif ; d'autres ont crié au « délit d'opinion ». Le débat reste ouvert : la sagesse des juges sera de déterminer les éléments caractérisés d'une propagande raciste ou xénophobe.

Les associations qui, par leurs statuts, ont pour objet de lutter contre le racisme peuvent déclencher les poursuites. La Ligue contre le racisme et l'antisémitisme (LICRA), le Mouvement contre le racisme et pour l'amitié entre les peuples (MRAP), la Ligue des droits de l'homme ont engagé des poursuites contre des journaux ou des auteurs de tracts, de caricatures, d'injures ou diffamations. La loi du 13 juillet 1990 est venue étendre le rôle des associations en prévoyant non seulement le droit de réponse des associations dans la presse et le secteur de l'audiovisuel, la diffusion ou la reproduction des procès relatifs aux crimes contre l'humanité immédiatement après la décision définitive, mais aussi en élargissant la liste des associations autorisées à celles défendant les intérêts moraux et l'honneur de la Résistance ou des déportés. Le rôle des tribunaux a acquis une importance de principe considérable et la jurisprudence fournit un corpus socialement très significatif[12]. A l'inverse, un certain nombre de relaxes, prononcées pour des raisons de preuve ou de procédure, ont mis l'accent sur un effet pervers de l'application de la loi : les auteurs rendent leurs propos plus subtils. De même, il a été jugé que des écrits et dessins qui seraient intolérables s'ils émanaient d'un journal investi d'une mission normale d'information, ne peuvent être pris au sérieux par les lecteurs d'un hebdomadaire *(Charlie Hebdo)*, dont ils connaissent le style satirique (TGI, Paris, 26 novembre 1977). La polémique ou le débat idéologique forcent

---

11. Thèse visant à nier à l'existence du génocide juif pendant la Seconde Guerre mondiale.
12. Cf. J. COSTA-LASCOUX, « La loi du 1er juillet 1972 et la protection pénale des immigrés contre la discrimination », *Droit social*, n° 5, mai 1976 ; « Le racisme quotidien devant la loi », in *Les Immigrés dans la commune. Correspondance municipale*, n° 240, janv. 1980 ; *Chronique du flagrant racisme*, La Découverte, Paris, 1984 ; G. PAU-LANGEVIN, « La loi contre le racisme », *Actes*, n° spécial « Discriminations », n° 51, septembre 1985 ; *Encyclopédie Dalloz*, Pénal. « Diffamation ».

toujours le trait. Par ailleurs, la revendication des identités culturelles n'entre-t-elle pas, elle-même, dans une logique d'accentuation des différences ? A trop prêcher les particularismes, on favorise leur visibilité et leur stigmatisation.

## *Le racisme au quotidien*

Quatre incriminations d'actions ou d'omissions discriminatoires sont prévues dans le Code pénal français : les refus de bien ou de service, le licenciement ou le refus d'embauche, le boycott économique, punis d'un emprisonnement jusqu'à un an : le refus de reconnaître un droit, « commis par tout dépositaire de l'autorité publique ou citoyen chargé d'un ministère de service public qui, à raison de l'origine d'une personne, de son sexe, de sa situation de famille, ou de son appartenance ou de sa non-appartenance [...] lui aura refusé sciemment le bénéfice d'un droit auquel elle pouvait prétendre ». La loi a récemment précisé qu'il n'est désormais plus possible de s'exonérer de sa responsabilité pénale en invoquant un « motif légitime », motif qui avait été si souvent mis en avant.

Les victimes de ces actes discriminatoires hésitent souvent à porter plainte, par un sentiment de honte ou par crainte. L'assistance des associations est donc primordiale : leurs actions en justice ont donné lieu à une jurisprudence hautement révélatrice du racisme « de tous les jours ». De nombreuses actions ont été intentées pour les discriminations dans les lieux publics, dans le logement ou dans l'emploi. Les faits reprochés sont généralement simples et ne soulèvent pas de controverses juridiques, comme en matière de presse. L'obstacle essentiel réside dans la preuve. A la difficulté de réunir des témoins au moment voulu ou des personnes acceptant de témoigner, s'ajoute, parfois, celle de faire enregistrer sa plainte. Il ne suffit pas que le Code sanctionne les offres d'emploi discriminatoires : compte tenu du chômage, les demandeurs d'emploi sont nombreux et l'employeur évitera simplement d'indiquer une motivation raciste pour ne pas être poursuivi en justice. Ainsi, des plaintes ont été déposées contre des ANPE, mais des non-lieux ont été prononcés au motif que les circonstances dans lesquelles avaient été enregistrées les offres d'emploi n'ont pu être précisées. Selon un arrêt de la Cour de cassation : « Rien ne permet d'affirmer que les offres d'emploi ne sont pas uniquement motivées par des raisons économiques et sociales. » Or, récemment encore, l'ANPE utilisait le code « 01 » permettant de repérer des candidats « français métropolitains ». Les actions du MRAP et de la CFDT ont, depuis, fait reculer ces pratiques.

Le domaine dans lequel les discriminations semblent les plus graves est celui du logement. L'article 416 du Code pénal a permis de faire condamner plusieurs responsables d'agences immobilières et propriétaires privés [13] : « C'est précisément en matière de logement que l'esprit de discrimination raciale trouve une occasion fréquente de se manifester », lit-on dans un arrêt du 12 novembre 1974 de la cour d'appel de Paris. L'arrêt précisait que l'intervention d'un « provocateur », en l'occurrence le président d'un comité français-immigrés, n'avait « en rien altéré la spontanéité du délit, lequel sans ce concours n'en eût pas moins été commis, mais selon toute vraisemblance aurait échappé à la répression ». A l'inverse, la situation semble bloquée lorsqu'il s'agit des organismes publics et des offices d'HLM, qui invoquent l'argument du seuil de tolérance. La poursuite en justice se heurte à des obstacles matériels, la pénurie de logements, et à des motifs d'ordre public, la volonté d'éviter les troubles de voisinage [14]. Or comment lutter contre les discriminations lorsqu'on tolère la pratique des quotas dans l'attribution des logements ?

La décentralisation, en conférant plus de pouvoirs aux autorités locales, a favorisé inévitablement certaines pratiques discriminatoires motivées par « les troubles à l'ordre public causés par des immigrés ». Les justifications sont celles que l'on retrouve dans l'*Adresse des maires de France au gouvernement* sur l'immigration, de juillet 1990, et dont *Le Figaro Magazine* s'est fait l'écho : ce n'est pas la volonté discriminatoire qui est affirmée mais la difficulté de pallier une situation explosive. Le juge ne disposera pas toujours des instruments qui permettent de démêler l'écheveau des motifs et des mobiles, des intentions et des actes.

Les Gardes des Sceaux successifs ont pris plusieurs circu-

---

13. Cf. *Chronique du flagrant racisme, op. cit.*, chap. 2 ; et J. COSTA-LASCOUX, *De l'immigré au citoyen*, La Documentation française, Paris, 1989, chap. 4.
14. Mais on sait que le président de la République a utilisé l'expression « le seuil de tolérance est dépassé », expression sur laquelle il est revenu.

laires d'application de la loi du 1er juillet 1972. La plus récente et la plus ferme fut celle du 11 mai 1987, adressée aux parquets : « Je vous demande de redoubler de vigilance [...] J'insiste sur la nécessité pour les parquets de mettre eux-mêmes en mouvement l'action publique [...] de m'informer systématiquement de l'exercice et du résultat des poursuites [...] de faire preuve d'une particulière fermeté dans vos réquisitions. » Cependant, malgré les circulaires de la Chancellerie [15], l'effectivité de la loi reste relative.

## *L'effectivité relative de la loi pénale*

Il est impossible d'indiquer précisément le nombre de poursuites en matière de racisme depuis la mise en vigueur de la loi du 1er juillet 1972. Les seules données disponibles sont : plus de 160 affaires signalées à la Chancellerie entre les années 1975 et 1984. En outre, grâce à l'informatisation récente du casier judiciaire, on connaît le nombre total de condamnations prononcées depuis 1984. Ces statistiques comptabilisent le nombre de personnes condamnées à titre principal pour des infractions liées au racisme : 95 en 1984 ; 89 en 1985 ; 82 en 1986 ; 63 en 1987 ; 66 en 1988. Ces statistiques ne prennent en compte, lorsqu'il y a condamnation pour plusieurs infractions, que l'infraction principale (définie comme étant celle pour laquelle la peine encourue est la plus grave). Le nombre réel des condamnations pour discrimination est donc vraisemblablement très supérieur aux chiffres précités, les cumuls d'infractions étant fréquents. Les statistiques criminelles ne sont en ce domaine qu'un reflet très imparfait de l'activité des tribunaux contre les discriminations.

Un point reste controversé, celui des violences racistes. Les associations dénoncent l'accroissement du nombre des agressions inspirées par le racisme. Or le Code pénal français ne les incrimine pas à ce titre mais comme toute atteinte aux personnes ou aux biens. C'est un principe fondamental du droit pénal français que de ne pas incriminer le mobile d'un acte. Toutefois, les propos ou injures racistes caractérisés constituent des délits spécifiques, qui peuvent se cumuler avec des violences. Les associations peuvent alors se constituer par-

---

15. 3 avril 1975, 27 janvier 1981, 8 février 1984, 30 janvier 1985 et 11 mai 1987.

tie civile. Enfin, l'appel à la violence contre un groupe de personnes peut donner lieu à poursuite pour « association de malfaiteurs »[16] et la récente loi du 2 juillet 1990 permet aux associations d'exercer un droit de réponse pour toute provocation à la violence raciale.

## L'action civile et l'intervention administrative

L'arsenal juridique contre les discriminations n'est pas seulement répressif. Le tribunal de grande instance peut prononcer la dissolution d'une association, ordonner la fermeture de ses locaux et l'interdiction de toute réunion de ses membres. La nullité de l'objet d'une association et la dissolution judiciaire sont des ripostes efficaces. Parallèlement à l'action civile, l'autorité administrative peut dissoudre tout groupement ou association qui provoquerait à la discrimination. Par ailleurs, la loi du 16 juillet 1949 sur les publications destinées à la jeunesse prévoit, depuis la réforme de 1987, que le ministre de l'Intérieur peut interdire à la vente aux mineurs, à l'affichage ou à la publicité, les publications présentant un danger pour la jeunesse en raison de la place faite à la discrimination ou à la haine raciale[17]. Dans le même sens, la loi du 2 août 1989 relative aux conditions de séjour et d'entrée des étrangers en France, déclare: « Les programmes scolaires comportent [...] à tous les stades de la scolarité des enseignements destinés à faire connaître la diversité et la richesse des cultures représentées en France. L'école, notamment grâce à des cours d'instruction civique[18], doit inculquer aux élèves le respect de l'individu, de ses origines et de ses différences. » L'enseignement de l'éducation civique, remarquable dans son principe, s'est cependant développée inégalement dans les écoles françaises.

Plus généralement, la juridiction administrative permet d'annuler toute mesure visant à exclure les étrangers ou certains d'entre eux du bénéfice d'allocations ou autres aides

---

16. Ainsi, le Parti nationaliste français et européen a été l'occasion de poursuites judiciaires au cours de l'année 1989.
17. Michel Hannoun, dans son Rapport de 1987, avait proposé d'étendre l'interdiction prévue à la loi de 1949 ; cette proposition (n° 20) a été votée par le Parlement lorsqu'il a modifié l'article 14 de la loi 87-1157 du 31 décembre 1987.
18. Il est regrettable, cependant, qu'une erreur se soit glissée dans l'expression : il s'agit d'« éducation civique » et non pas d'« instruction civique ».

sociales : « S'il est normal de n'aider que certaines familles, un tel choix ne doit pas instaurer une discrimination illégitime entre les bénéficiaires se trouvant dans une situation identique (par exemple, famille de trois enfants). La nationalité ne constitue pas une cause légitime de différenciation [19]. » En janvier 1990, le maire de Montfermeil (banlieue de Paris) fut inculpé de discrimination pour refus d'inscription d'élèves étrangers dans des maternelles [20].

Notons que la loi du 6 janvier 1978 relative à l'informatique et aux libertés interdit de mettre en mémoire dans des fichiers, sauf accord exprès de l'intéressé, des données faisant apparaître les origines raciales ethniques ou religieuses des personnes, sous peine d'un à cinq ans d'emprisonnement et de 20 000 à 2 000 000 francs d'amende.

La réflexion sur « ordre public et droits fondamentaux » est devenue centrale dans la lutte contre les discriminations. Par une lettre aux préfets, du 11 juillet 1988 [21], le ministre de l'Intérieur et le directeur général de la Police nationale attiraient l'attention sur des « groupes d'individus se réclamant des skinheads » qui avaient commis des violences contre des étrangers : « De tels agissements, relevant de la xénophobie et du racisme, ne sauraient être tolérés. Les dispositions appropriées pour les prévenir, et, le cas échéant, les réprimer, doivent être mises en œuvre en liaison avec l'autorité judiciaire [22]. »

Le problème de la coordination des actions s'est alors posé [23]. Afin de prévenir et non pas seulement de réprimer, de promouvoir la médiation et les actions d'éducation, une Commission consultative des droits de l'homme a été créée. Par arrêté du secrétaire d'État auprès du Premier ministre,

---

19. Cf. Guy AURENCHE, « La logique de la discrimination », in *Les Enjeux des droits de l'homme*, Larousse, Paris, 1988, p. 125.
20. Une circulaire du ministre de l'Éducation nationale (n° 84-246 du 16 juillet 1984) indique clairement que le titre de séjour des parents n'a pas à être exigé pour l'inscription scolaire, mais, il est vrai, dans le cadre de l'enseignement obligatoire.
21. Relative aux « troubles à l'ordre public et manifestations violentes ».
22. Le 19 avril 1989, le tribunal correctionnel de Versailles condamnait (à dix-huit mois d'emprisonnement dont neuf avec sursis et à 25 000 F de dommages et intérêts) deux jeunes gens pour délit de coups et blessures volontaires accompagnés d'injures à caractère raciste : en tenue de « skinheads », ceux-ci et trois camarades mineurs avaient conduit ce qu'ils appelaient une « expédition » pour « casser de l'Arabe ».
23. Il est à noter que la loi du 1er juillet 1972 est affichée dans les commissariats de police et dans de nombreuses administrations.

chargé des droits de l'homme, en date du 31 décembre 1986[24]. Cette Commission a remis au Premier ministre un *Rapport sur le racisme*[25] présenté par Me Paul Bouchet, fin mars 1990, et une réunion « majorité-opposition » s'est tenue à Matignon, sous la présidence du Premier ministre, le 3 avril 1990. La prise de conscience de la gravité de certains crimes racistes[26] a créé une mobilisation de la classe politique, mais a-t-elle permis une analyse en profondeur des nouvelles intolérances ?

Le droit français, en recourant largement aux moyens du droit, arrive à réprimer les idéologies, certains actes ou omissions discriminatoires caractérisés, mais il se heurte à la difficulté de combattre les inégalités et les intolérances de la vie quotidienne. Pourtant, ce sont les plus nombreuses, les plus vivement ressenties, celles qui dégénèrent parfois en violences. La question des discriminations positives est dès lors soulevée : faut-il aller au-delà pour compenser les inégalités, introduire des quotas ou des « actions positives » en faveur des plus défavorisés ? L'exemple hollandais et la tradition britannique sont particulièrement éclairants.

## Royaume-Uni et Pays-Bas : la logique des minorités

Les pays européens de tradition protestante ont une histoire qui a été marquée par la prise en compte des spécificités linguistiques ou religieuses des minorités. Cette inscription du pluralisme dans les institutions, corollaire d'une certaine décentralisation, entre dans le jeu démocratique, même si cela n'a pas toujours évité les conflits violents. Les populations immigrées, originaires des anciennes colonies, sont naturellement entrées dans cette logique des groupes que l'on définit comme minoritaires. La Grande-Bretagne s'est vue ainsi confrontée à une mosaïque de « minorités

---

24. *JO* du 6 janvier 1987.
25. Signalons que la loi du 13 juillet 1990 prévoit, à l'article 2, que « le 21 mars de chaque année, date retenue par l'ONU pour la Journée internationale pour l'élimination de toutes les formes de discrimination raciale, la Commission nationale consultative des droits de l'homme remet au gouvernement un rapport sur la lutte contre le racisme. Ce rapport est immédiatement rendu public ».
26. Cf. « Immigration et relations interculturelles », *Panorama de la presse*, 13 mars-19 mars, ADRI, Paris, 1990, p. 26-74.

ethniques », tandis que les Pays-Bas entreprenaient une politique d'« émancipation des minorités », notamment en faveur des Moluquois et des personnes originaires du Surinam. Le principe d'une reconnaissance des appartenances collectives est similaire dans les deux cas, mais les modalités d'expression et de représentation restent très différentes : la Grande-Bretagne pousse à l'extrême la logique des groupes ethniques, des relations interethniques ou interraciales ; les Pays-Bas mobilisent tous les moyens du droit pour tenter de diminuer les inégalités et favoriser la participation à la vie de la cité.

## *Le Royaume-Uni et les minorités ethniques*

Le Royaume-Uni est fréquemment cité pour l'importance de son dispositif institutionnel et associatif contre le racisme et les discriminations. Deux grandes lois fondamentales ont été votées, quelques années après la loi française du 1er juillet 1972 qui avait ouvert la voie. Mais la signification de la lutte contre les discriminations prend une valeur originale au Royaume-Uni, qui se reconnaît comme une « société pluriethnique » et dont les institutions font référence aux notions d'*Ethnic minorities* et de *race relations* : « Nous devons reconnaître les réussites des minorités ethniques et souligner la façon dont tant de domaines de notre vie sont aujourd'hui enrichis par la participation de personnes de différentes races... Nous ne pourrons pas réussir une société multiethnique tant que tous les groupes ne seront pas reconnus dans leur dignité [27]. »

Deux grandes lois répriment le racisme au Royaume-Uni :
*1)* la loi de 1976 sur les relations raciales (*Race Relations Act*, 1976, non applicable à l'Irlande du Nord) s'attaque à la discrimination raciale dans un certain nombre de domaines : emploi, éducation, fourniture de services... Elle a institué une Commission pour l'égalité raciale *(Commission for Racial Equality)*. Elle a inséré dans la loi de 1936 sur l'ordre public (*Public Order Act*, 1936), un nouvel alinéa qualifiant de crime ou délit la « publication ou la distribution de documents écrits et l'usage dans des lieux ou réunion

---

[27]. Commission for Racial Equality, *Annual Report*, 1988, « Chairman's Introduction », p. 7.

publics de paroles à caractère menaçant, offensant ou injurieux dans des circonstances propres à inciter à la haine raciale » ;

*2)* la loi de 1986 sur l'ordre public (*Public Order Act*, 1986), dans sa troisième partie, est venue préciser le concept de haine raciale et compléter la liste des actes constitutifs du délit (paroles, comportements, écrits, représentations théâtrales ou audiovisuelles, émissions radiotélévisées). Les peines prévues sont l'amende et/ou l'emprisonnement pour une durée ne pouvant excéder deux ans. Notons que ces peines sont nettement moins sévères qu'en droit français, alors que la liste des faits reprochés est tout aussi détaillée.

Dans le rapport de 1985 sur la loi relative aux relations raciales, des amendements avaient été proposés pour renforcer la répression contre le racisme [28]. En 1987, le gouvernement avait laissé entendre qu'il en serait tenu compte. Depuis, une série de réformes ont été introduites, mais avec un succès limité. Ces réformes touchent notamment aux domaines cruciaux de l'éducation (*Education Reform Act*, 1988 ; *Children Bill*, 1988), du logement (*Housing Act*, 1988), de l'emploi (*Employment Bill*, 1988 ; *Fair Employment* [Norther Ireland] *Bill*, 1988).

Une littérature abondante commente l'évolution législative et ses limites, dans le domaine de la lutte contre les discriminations [29]. Mais il faut souligner l'originalité de la conception britannique : le concept de communauté ou de minorité ethnique et celui de race sont légitimés, institutionnalisés, comme si leurs définitions allaient de soi. Citons l'exemple du *Children Bill* de 1988, tel que la Commission pour l'égalité raciale en fait l'analyse : « La Commission se félicite de la loi. Cependant, il y a deux domaines dans lesquels nous avons décidé de présenter des amendements : d'abord pour obliger les autorités locales à assurer que le développement des carrières soit le reflet de la composition ethnique de l'environnement ; ensuite, pour qu'un enfant qui reçoit des soins... bénéficie, pour une meilleure protection,

---

28. *Review of the Race Relations Act : Proposals for Change* (CRE, 1985) ; cf. également Michaël MALONE, *A Practical Guide to Discrimination*, Grant Mc Intyre LTD, Londres, 1980.
29. Cf. notamment l'imposante bibliographie de la Commission pour l'égalité raciale et celles des associations comme le Ruynemed Trust.

de la prise en compte non seulement de son origine raciale et de son niveau culturel mais aussi de sa langue [30]. »

Le danger d'une racialisation ou d'une ethnicisation des relations sociales et des cultures est manifeste. Le commentateur habitué à la logique de l'égalité individuelle des citoyens, quelles que soient leur origine, leur appartenance ou leur conviction, et qui sait le peu de valeur scientifique de la notion de race ou la relativité de celle d'ethnie, en vient à penser au « racisme institutionnel », qu'Ann Dummett a si remarquablement analysé et dénoncé [31]. Les valeurs identitaires britanniques qui unissent les sujets de Sa Majesté éclatent, aujourd'hui, sous la pression d'une segmentation socio-économique et culturelle de la société multiethnique. Là encore, la volonté affichée des pouvoirs publics de maîtriser le phénomène finit par ébranler les principes démocratiques. Le développement séparé de populations vivant parfois dans des ghettos sur le sol de la Grande-Bretagne introduit la contradiction dans un système démocratique dont la base était la *Common Law*. Doit-on se réjouir que des écoles de Birmingham soient totalement « musulmanes » ou « pakistanaises », que des jeunes filles ne puissent bénéficier d'un enseignement dans certaines disciplines scientifiques ou qu'elles aient des horaires réservés dans les piscines, pour se baigner habillées et dans une eau « non souillée »... tout cela au nom de la lutte contre les discriminations ?

### *Les Pays-Bas et l'émancipation des minorités*

Le droit néerlandais n'a pas de loi spécifique contre la discrimination raciale comparable au *British Race Relations Act* ou aux législations belge et française. Un projet de loi relatif à toutes les formes de discrimination est en discussion au Parlement. Mais, actuellement, c'est par le double jeu de l'application du droit commun et des « actions positives » en faveur des minorités que les autorités organisent la lutte contre les discriminations. Les Pays-Bas ont ouvert largement l'éventail des politiques sociales en direction des populations les plus défavorisées, tout en introduisant, dès 1985, un droit de participation des résidents étrangers aux élections muni-

---

30. Rapport 1988, précité, p. 18.
31. Rapport pour le Conseil de l'Europe, 1989.

cipales. Cette citoyenneté locale a été conçue à la fois comme le corollaire et la garantie de l'action sociale, bien au-delà de la répression pénale contre le racisme.

La Constitution néerlandaise (art. 1), pose, comme dans tout État démocratique, les principes de l'égalité de traitement et de la non-discrimination : « Aux Pays-Bas, dans des circonstances similaires, toute personne recevra le même traitement. La discrimination est interdite pour des motifs de religion, de croyance, d'opinion publique, de race, de sexe ou de toute autre nature. » En application de ce principe constitutionnel, le Code pénal, le Code civil et des règlements particuliers permettent de lutter contre les discriminations. Mais, parallèlement, les autorités néerlandaises ont élaboré une politique d'« émancipation des minorités » en prenant des mesures spécifiques et en édictant des « quotas positifs », dans la fonction publique, par exemple. Les deux objectifs sont-ils compatibles ? Peut-on, d'un côté, combattre les discriminations et, de l'autre, prôner des mesures discriminatoires ?

*La voie répressive.* — Le Code pénal néerlandais condamne les injures raciales, les incitations à la haine, la publication ou la diffusion de notions discriminatoires. Les personnes ne respectant pas ces interdictions sont passibles d'un peine d'emprisonnement d'un an ou d'une amende et les éditeurs ou distributeurs d'œuvres à caractère discriminatoire peuvent se voir interdire l'exercice de leur profession en cas de double récidive dans les cinq ans. Par ailleurs, l'action de participer à des activités racistes ou d'aider financièrement, ou par d'autres moyens, de telles activités est considérée comme un délit. Les actions visant à supprimer les inégalités de fait par une discrimination positive envers des minorités ethniques ou culturelles sont également condamnables, en dehors des mesures légales. Enfin, la discrimination raciale dans l'exercice d'une profession ou d'une activité commerciale est punie d'un emprisonnement maximal de deux mois ou d'une amende. Le Code pénal néerlandais permet donc, avec cependant des peines relativement légères, de poursuivre les discriminations les plus caractéristiques.

*L'action civile*. — Toute organisation revendiquant des activités discriminatoires est considérée comme illégale. A la demande du ministère public, le tribunal peut prononcer la dissolution (art. 15 et 16 du Code civil) pour atteinte à l'ordre public et à la moralité. Par ailleurs, en vertu de l'article 1401 du Code civil, toute personne ayant commis des actes illégaux peut être contrainte à réparer tout dommage provoqué par ses actes. Cette disposition s'est révélée efficace en matière de discrimination, mais il s'agit d'un texte de portée générale sur la responsabilité. Notons qu'une même personne peut être condamnée à réparer au civil et condamnée pénalement pour violation de la loi. Cette double action a permis de poursuivre des propriétaires privés et des employeurs pour refus de service ou prestation discriminatoire [32].

Les magistrats néerlandais, comme leurs homologues français, recourent à divers moyens juridiques pour rendre leur intervention plus dissuasive : ainsi, la méthode du « test » — en France, on parle de « provocateurs » — qui fait appel à des « témoins *ad hoc* » accompagnant la victime de la discrimination ou se présentant à sa place pour faciliter la preuve ; les peines pécuniaires et les peines infamantes sont prononcées cumulativement ou alternativement, selon les cas, les sanctions étant plus sévères et plus diversifiées en France ; la réparation, sous la forme de fourniture d'un bien ou d'un service ; compensation du préjudice causé par la discrimination (fournir un logement adéquat au plaignant, par exemple), et la réintégration du plaignant dans ses droits, dans son emploi notamment, sont parfois plus efficaces et plus pédagogiques qu'une peine de prison avec sursis.

Les moyens du droit positif néerlandais pour poursuivre et sanctionner les discriminations sont donc classiques. En revanche, le recours aux techniques de l'affichage et de la publicité des décisions n'est pas utilisé comme dans la loi française, notamment depuis la réforme du 13 juillet 1990.

Une jurisprudence significative pourrait être citée, mais plus illustrative que calquée sur l'ampleur sociologique des faits.

Dans son rapport au Conseil de l'Europe, Thomas Hessel

---

32. Cf. Thomas HESSEL, « Discrimination raciale aux Pays-Bas », *Rapport pour le Conseil de l'Europe*, 3 novembre 1987.

résumait parfaitement les limites du « droit jurisprudentiel ». Jusqu'à la fin des années soixante-dix, les poursuites judiciaires étaient rarement engagées pour trois raisons principales : réaction insuffisante des forces de police lors des dépôts de plainte ; mauvaise connaissance des procédures juridiques ; manque d'expérience des magistrats. « Entre 1981 et 1984, 140 dossiers de discrimination ont été présentés au ministère public (46 concernaient la discrimination dans l'exercice d'une profession ou d'une activité commerciale...). Dans 63 cas, le ministère public prit la décision de ne pas engager des poursuites. Le règlement des 77 autres dossiers reste confus. On constate que très peu de poursuites sont engagées dans le secteur de la distribution des logements et des emplois alors que les exemples de discrimination raciale y sont très nombreux. » Ces critiques justifièrent la lettre du 26 septembre 1985 adressée au Parlement par le ministre de la Justice. Elle comportait des propositions voisines des dispositions de la loi française : condamnation de l'envoi de tracts racistes ; interdiction de la dissolution des organisations racistes ; sanction aggravée des comportements discriminatoires commis par des fonctionnaires.

Il convient, toutefois, de signaler le rôle essentiel du médiateur national néerlandais. L'importance de la prévention du racisme par la médiation est soulignée. C'est un exemple qu'il conviendrait d'analyser comparativement à ce qui se passe en Suède, par exemple, et au relatif échec du système de médiation en Grande-Bretagne. Le rapport du député français Philippe Marchand sur l'immigration et le rapport de Paul Bouchet sur le racisme ont insisté sur la place croissante que devait prendre la médiation. Mais il ne suffit pas de créer une fonction ; encore faut-il que l'esprit de médiation soit entré dans les mœurs !

La volonté des autorités néerlandaises de favoriser la coordination des actions contre les discriminations a conduit à la création d'un Bureau national contre le racisme, en avril 1985. Organisation indépendante, subventionnée par l'État, le Bureau national réunit les principales organisations représentatives des minorités, un comité d'avocats, des fédérations syndicalistes nationales et le Synode des Pays-Bas. Cette institution est dans la tradition d'un pays qui favorise au maximum les diverses formes de la représentation démocratique.

Les Pays-Bas ont donc mené une double action contre les

discriminations : l'application du droit commun de la réparation et de la répression ; le recours au médiateur et aux moyens administratifs. Mais, parallèlement, une politique d'actions positives et de quotas était développée. Or ce deuxième volet en faveur de l'émancipation des minorités semble [33] avoir partiellement échoué : les chiffres du chômage, les difficultés de logement, les échecs scolaires sont malheureusement éloquents sur la condition des « minorités ». Un problème de fond est dès lors posé : peut-on conduire une politique contre toutes les formes de discrimination en prônant, par ailleurs, des actions spécifiques pour des « catégories à part » de population définies (et par qui?) selon leur appartenance ou leur origine ? Peut-on créer des discriminations positives sans renforcer les discriminations négatives ? C'est la logique « différencialiste » qui est en cause, non les mesures elles-mêmes qui pourraient répondre à des besoins sociaux, quelles que soient les appartenances. En des termes finalement proches de la législation britannique, engagée dans la logique des « minorités ethniques », le droit néerlandais se voit désormais confronté à certains effets pervers de l'ethnicisation des relations sociales.

Les législations contre les discrimination ont leurs limites ; chaque modèle institutionnel a ses échecs. Aucun État européen ne peut se vanter d'avoir fait reculer notablement le racisme sociologique, par la seule vertu de la sanction judiciaire. En réprimant les discriminations les plus manifestes, la loi pénale participe à la prise de conscience et à l'évolution des mentalités, mais elle n'est pas un moyen massif d'intervention contre un fait social. Cependant, les enseignements des différentes expériences nationales permettent de préciser les frontières de la répression et les enjeux de l'alternative qui se posera de plus en plus aux États dans le choix de leur politique : droit des minorités ou égalité des citoyens sans reconnaissance institutionnelle de groupes ethniques ou raciaux.

---

33. Selon un rapport officiel de juin 1989.

### Les frontières de la répression

Avec des traditions juridiques dissemblables, les législateurs ont mis en place des dispositifs contre les discriminations qui, tous, soulignent la spécificité des instruments du droit pénal. La condamnation à des « peines afflictives et infamantes » est, certes, nécessaire parce que la loi pénale a valeur normative, parce qu'elle joue un rôle pédagogique et dissuasif. Toutefois, la répression ne saurait porter atteinte aux droits fondamentaux : elle ne peut, dans un pays démocratique, conduire à une action « de masse » ni risquer la dérive vers le délit d'opinion ; elle doit rester conforme aux règles de preuve et de procédure, qui constituent les garanties des libertés individuelles. Faut-il rappeler que l'origine nationale ou ethnique de la victime ne peut à elle seule caractériser la nature raciste d'un acte, en dehors de tout propos, écrit ou fait qualifiant la discrimination ? A prôner les différences, certains ne voient plus que le masque des apparences et des appartenances ; à trop vouloir condamner, certains ont dramatisé l'appel à la répression.

La demande de droit exprimée par les victimes du racisme est d'abord une revendication de dignité et d'égalité, une requête en légitimité. Dans les cas les plus odieux, infliger une sanction s'impose, mais lorsque l'auteur de la discrimination est accessible à la conscience et à la réparation de son acte, le prononcé d'une peine peut contrarier le message éthique de l'antiracisme, celui d'une affirmation de la fraternité humaine. La confusion fréquente entre l'efficacité de l'action et le nombre ou la sévérité des sanctions risque d'aboutir au même résultat pervers que l'emprunt de la logique différencialiste pour lutter contre les discriminations. Lorsqu'une affiche présentait deux visages, l'un passé au cirage, l'autre au blanc d'Espagne, pour affirmer qu'« une noire vaut une blanche », la surface des apparences occultait la vérité des regards.

Au-delà de la pénalisation, il convient d'ouvrir largement l'éventail des moyens juridiques, notamment en recourant à la réparation civile et à la médiation, que celle-ci intervienne au plan local ou au plan national. De même, toutes les ressources du droit administratif en liaison avec les politiques sociales, emportent une force d'adhésion, qui dépasse l'action traumatisante et casuelle du droit pénal. Mais, surtout, c'est l'éducation des citoyens [34], qui dessine les perspectives d'une société plus harmonieuse. Le droit est une branche de la pédagogie, lorsqu'il structure l'éducation civique, non pour réprimer mais pour enseigner. Or, là encore, la démocratie ne peut recourir à la loi que de façon exemplaire et sans partage. Il est notable que l'éducation civique, en France, ait été l'occasion d'un renouvellement des méthodes pédagogiques, d'une participation accrue des élèves — « elle délie les langues des enfants, qui restent silencieux dans les disciplines académiques, notamment les enfants étrangers ». Mais, dans le même temps, l'éducation aux droits de l'homme est subversive à l'encontre des traditions : on ne peut enseigner la tolérance, l'égalité des sexes, la liberté de conscience, les droits de l'enfant... sans heurter des modes de vie ou de pensée qui y contreviennent.

Enfin, l'attention doit porter sur les discriminations introduites par le droit lui-même : comment condamner des propos ou des attitudes discriminatoires, lorsque le droit exclut certaines catégories de personnes du bénéfice de droits fondamentaux ? Or, quels sont ces droits fondamentaux et leurs garanties d'exercice ? La définition de la citoyenneté est contenue dans ce jeu des définitions et des critères qui assurent une base commune à tous les sujets de droit. Par là même, la notion de discrimination, sans autre qualificatif, ne saurait être confondue avec le racisme. L'extension de l'idée d'égalité ne signifie pas la disparition de toute distinction de catégories juridiques. La naïveté avec laquelle on a parfois déploré la frontière entre le national et l'étranger, dans des domaines où s'exerce la souveraineté de l'État-nation, finit par nier le droit lui-même. En revanche, la référence aux définitions des conventions internationales ouvre un champ nouveau à la reconnaissance de droits et à un contrôle possible par la Cour européenne de justice. La construction d'un espace européen est une formidable opportunité pour déverrouiller certaines catégories juridiques, par le jeu des équivalences, de l'harmonisation des législations et *in fine* d'une charte sociale moins discriminatoire. Mais l'Europe des citoyens verra-t-elle surgir un droit des minorités ?

---

34. Cf. Antonio PEROTTI, *La Lutte contre l'intolérance et la xénophobie*, Conseil de la coopération culturelle du Conseil de l'Europe, 1969-1989, Strasbourg, 1989.

### Europe des citoyens ou des minorités ?

La conjoncture internationale oblige désormais à penser la lutte contre les discriminations comme un enjeu fondamental des démocraties européennes. Le développement de la régionalisation et des collectivités locales, les revendications minoritaires, l'affirmation d'identités religieuses ou linguistiques, le renouveau des nationalismes et des nationalités peut conduire à un éclatement de l'Europe en une multiplicité de groupes et de territoires. De « nouveaux tribalismes » surgissent ; l'esprit de clan et les sectarismes s'expriment... tous au nom de la non-discrimination. Or, comment la lutte contre le racisme arriverait-elle à endiguer la montée des idéologies et des comportements d'exclusion, si la logique des appartenances collectives l'emporte sur les libertés individuelles ?

Un défi est lancé aux juristes : trouver un équilibre entre le respect des droits des individus et les modes d'expression collective, sans que ceux-ci annihilent les premiers[35]. La « racialisation » des relations sociales au Royaume-Uni et les déboires de la politique d'émancipation des minorités aux Pays-Bas confortaient les tenants de la doctrine de l'égalité dans leur certitude. Mais les manifestations identitaires ont atteint une telle ampleur et, parfois, une telle violence, que certains d'entre eux envisagent, à leur tour, de reconnaître des « sections de peuple », pour reprendre les termes de la Constitution française de 1945. La polémique qui s'est engagée, en France, autour du projet de loi sur la Corse[36], faisant expressément référence au « peuple corse », est à l'image du trouble qui saisit la classe politique. L'Europe connaîtra-t-elle une phase d'« ethnodéveloppement » séparé, comme quelques ethnologues l'avaient imaginé en faisant le recensement des ethnies qui, en Europe, auraient bénéficié d'un statut particulier, de territoires, et de discriminations positives ? On y trouvait précisément les Corses, les Tziganes, les

---

35. Voir notamment, Michel HANNOUN, *L'Homme est l'espérance de l'homme*, Rapport sur le racisme et les discriminations en France au secrétaire d'État auprès du Premier ministre chargé des Droits de l'homme, La Documentation française, Paris, novembre 1987, 218 p. ; Paul BOUCHET, *Rapport au Premier ministre sur la lutte contre le racisme et la xénophobie. 1989*, Commission nationale consultative des droits de l'homme, Paris, février 1990, 401 p.

36. Projet de statut de la Corse, présenté par le ministre de l'Intérieur, Pierre Joxe, le 21 novembre 1990, à l'Assemblée nationale.

Bretons, les Basques, certaines catégories d'immigrés, les Souabes, les Gallois... Une jeune lycéenne née en Corse, et élève dans la banlieue parisienne, remarquait, non sans ironie, qu'elle pourrait bientôt se prévaloir d'être, à l'image de la tête de Maure ornant le drapeau corse, une « *black citizen* à la française ».

Au-delà du débat sur le statut d'une île méditerranéenne, l'alternative se précise entre une Europe des citoyens et une Europe des minorités. Une fois en place, la logique différencialiste obligerait les États européens à repenser certaines définitions de la lutte contre les discriminations. Mais, alors, faudra-t-il se souvenir de l'expérience des pays où il est de coutume de se définir comme *white or black*, selon sa religion, ses appartenances régionales ? Ce n'est plus seulement un problème de droit, mais de choix politique. Lorsqu'on répond à certaines revendications identitaires ou lorsqu'on cède à la pression des appartenances collectives, cela signifie le silence imposé aux individus en marge, hors norme, mis au ban de leur communauté, ou tout simplement à ceux qui désirent exercer leur libre arbitre à l'encontre des identités prescrites.

Novembre 1990.

# II
## *Immigration et intégration*

# 6

# Les politiques de l'immigration en France depuis la Seconde Guerre mondiale

*par Patrick Weil*

Dans l'histoire de la politique française d'immigration, l'après-Seconde Guerre mondiale est un tournant fondamental : pour la première fois, cette politique soumise jusqu'alors aux retournements de l'opinion publique et aux variations des intérêts des entreprises va être dotée d'une structuration juridique et d'une logique d'action publique apparemment cohérente. Pour comprendre l'enjeu du débat de l'époque, il faut d'abord différencier immigration politique et immigration économique. L'immigration politique bénéficia d'un traitement particulier et relativement cohérent tout au long de la IIIe République. Les décisions prises dans ce domaine ne vinrent jamais démentir le principe qu'affirmait Édouard Herriot : « Le droit d'asile constitue un des éléments essentiels de la doctrine républicaine[1]. » Certes, la mise en œuvre de ce principe s'accompagna souvent de pratiques contestables : ainsi, avant la guerre de 1939-1945, les réfugiés d'Europe de l'Est ou d'Espagne furent accueillis dans des conditions souvent indignes ou inhumaines. Mais ils furent accueillis ; seul le régime de Vichy renversera ce prin-

---

1. Ralph SCHOR, *L'Opinion française et les étrangers, 1919-1939*, Publications de la Sorbonne, Paris, 1985, p. 591.

cipe en livrant des réfugiés politiques aux autorités allemandes, italiennes ou espagnoles[2]. Après 1945, la logique d'avant-guerre est reprise et renforcée. La garantie du droit d'asile pour les demandes individuelles est accentuée. Aujourd'hui encore, malgré la politisation des débats sur ce sujet, le principe du droit d'asile n'a jamais été mis en cause...

On ne trouve pas une telle clarté dans les principes de l'action publique conduite en direction de l'immigration démo-économique...

Cette immigration n'apparaît en France qu'au milieu du XIXe siècle quand, sous l'effet de l'industrialisation du pays, les industriels des mines de charbon ou de l'acier font appel à de la main-d'œuvre immigrée; quand, sous l'effet des carences démographiques, on songe aussi à peupler la France avec des étrangers. Jusque-là, l'étranger résidant en France se voyait appliquer de façon spécifique la législation relative à l'expulsion et à la nationalité. Il n'était pas français, n'avait pas le droit de vote, mais — sauf s'il portait atteinte à l'ordre public — il bénéficiait de la plupart des droits civils des Français.

A partir du dernier quart du XIXe siècle se développent des législations spécifiques[3]. L'étranger qui s'installe durablement, l'immigré, se voit contraint de déclarer son séjour, qui est ainsi contrôlé; et, lorsque les premières législations sociales apparaissent, l'étranger a, selon le cas, droit ou pas droit aux mêmes protections que le Français.

Les besoins en main-d'œuvre s'intensifiant, les premiers accords de main-d'œuvre privés sont passés au début du XXe siècle avec des États d'émigration. Pendant la Première Guerre mondiale, l'État français organise lui-même le transfert d'une main-d'œuvre étrangère et coloniale amenée à remplacer sur les lieux de travail les Français mobilisés sur les champs de bataille. Après la guerre, c'est une société privée, la Société générale d'immigration (SGI) qui, dans le cadre de conventions internationales signées avec les États d'origine, prend en charge ces transferts. Mais ceux-ci se produisent en période de croissance économique. En période de récession, au cours des années

---

2. Sur le sort des réfugiés, voir Louis STEIN, *Par-delà l'exil et la mort, les républicains espagnols en France*, Mazarine, Paris, 1981.
3. Voir Patrick WEIL, *L'Analyse d'une politique publique: la politique française d'immigration, 1974-1988*, thèse de doctorat de l'IEP de Paris, mention science politique, 1988, dactyl., chap. I.

trente, les immigrés subissent les réflexes xénophobes de l'opinion publique. L'immigration est stoppée et des retours forcés sont organisés. Ceux-ci peuvent se comprendre dans une perspective purement économique : en période de besoin, on fait venir de la main-d'œuvre ; en période de crise, on la contrôle et on cherche à la faire repartir... Mais ils sont, pour le démographe, absurdes : la politique économiste ou utilitariste est en contradiction avec une logique qui considère que l'immigration est durablement nécessaire pour fournir à la France l'apport de population qui lui manque. En 1938, Philippe Serre, éphémère sous-secrétaire d'État en charge des problèmes de l'immigration, tente en vain de résoudre ces contradictions en s'inspirant du travail pionnier et des propositions de Georges Mauco[4].

Cette contradiction entre logique démographique et logique économique ne sera résolue qu'après la Seconde Guerre mondiale.

Dès 1945, il apparaît prioritaire au général de Gaulle qu'une politique cohérente d'immigration soit mise en place. A cet effet il nomme Georges Mauco secrétaire général d'un Haut-Comité de la population, organisme auquel il demande de préparer un projet d'ordonnance. Le texte que propose Mauco à la délibération du gouvernement opère une synthèse entre logique démographique et économique.

Lui, le démographe, s'attache à faire venir en France des étrangers qu'il considère comme assimilables. Un projet d'instruction qui doit servir de guide d'action aux services compétents est diffusé ; il prévoit de recruter des étrangers selon un ordre de désirabilité ethnique : la nouvelle immigration devrait comprendre 50 % d'Européens du Nord (principalement des Allemands), 30 % de Latins (du nord de chacun des États latins : Espagne, Italie, Portugal), enfin 20 % de Slaves. Seuls les éléments exceptionnels des autres ethnies pourraient être admis à résider en France[5]. Ces étrangers auront droit à une installation durable, et non au seul séjour provisoire qui aurait découlé d'une logique économique : il est prévu d'accorder à ces étrangers désirés des titres de séjour et de travail d'une validité de plus en plus

---

4. Georges MAUCO est l'auteur d'une thèse pionnière : *Les Étrangers en France : leur rôle dans l'activité économique*, Armand Colin, Paris, 1932, 600 p.
5. Patrick WEIL, *op. cit.*, chap. I, p. 114-115.

étendue au fur et à mesure que leur séjour se prolonge et que l'assimilation est censée se produire. A la frontière du démographique et de l'économique, le souci se manifeste d'installer ces étrangers dans des lieux et des métiers où la concurrence avec les Français soit la moins forte. Mais l'objectif démographique d'assimilation rejoint l'objectif économique : le nombre d'étrangers à recruter doit correspondre aux besoins des entreprises tels qu'ils sont alors évalués par le commissariat au Plan [6].

A cette conception va s'en opposer une autre, « libérale et égalitaire »... Elle est défendue par les deux principaux ministres en charge de la politique d'immigration, le ministre du Travail, le gaulliste Alexandre Parodi, et le ministre de l'Intérieur, le socialiste Adrien Tixier. Ceux-ci défendent l'idée qu'au sortir de cette guerre la défense d'une conception contrôlée, et sélective sur le plan ethnique, de la population immigrée est impossible éthiquement : elle serait contraire aux idéaux de la Libération [7].

C'est leur point de vue qui l'emporte : l'ordonnance du 2 novembre 1945 entérine le système progressif de délivrance des titres prévus par Georges Mauco, mais elle ne comporte ni indication de préférence ethnique ni moyens pour l'État de mettre en place cette sélectivité. Certes, l'État reprend, avec la création de l'Office national d'immigration, le monopole de l'introduction de la main-d'œuvre étrangère, mais ce monopole est vite battu en brèche : d'une part, la main-d'œuvre désirée, par exemple italienne, se dirige plutôt vers d'autres pays ; d'autre part, les délais d'introduction sont trop longs pour les entreprises ; enfin, la délivrance de la citoyenneté française aux musulmans d'Algérie permet à ceux-ci de circuler librement dans la métropole et les départements algériens.

Malgré les contraintes politiques et celles du marché international de la main-d'œuvre, les pouvoirs publics n'oublieront pas les objectifs démographiques et ethnico-culturels qui resteront sous-jacents : ils chercheront à favoriser, dans les années soixante, l'immigration portugaise, voire marocaine ou tunisienne, afin de freiner l'immigration algérienne.

---

6. Cf. Georges TAPINOS, *L'Immigration étrangère en France, 1946-1973*, PUF, Paris, 1975.
7. Archives nationales, ministère du Travail, cote PPM 216.

A ce moment, plusieurs millions de travailleurs immigrés viennent travailler en France à l'appel de grandes entreprises des secteurs de l'automobile, de la sidérurgie ou du bâtiment et des travaux publics. Et les banlieues des grandes villes se couvrent de bidonvilles où les immigrés vivent par nationalités.

Lorsque, en 1974, les économies européennes subissent le choc de la hausse des coûts de l'énergie, l'immigration de nouveaux travailleurs est stoppée provisoirement, puis définitivement. En France, le problème de l'immigration est alors rapidement politisé. Les partis politiques l'utilisent à des fins électorales d'autant plus facilement que, l'ordonnance de 1945 ayant peu traité du contrôle de l'immigration irrégulière, la nécessité de légiférer s'impose comme une des conséquences de l'arrêt de l'immigration. Si l'on considère les trois problèmes qui se posent alors aux décideurs de la politique d'immigration — que faire par rapport aux demandes d'entrée sur le territoire qui subsistent ? Quels droits et ressources accorder aux immigrés qui sont déjà là depuis longtemps ? Quelles mesures prendre sur le problème du retour ? le tableau ci-dessous dégage les alternatives de politiques publiques et montre bien les variations de stratégies qui vont s'ensuivre :

### ALTERNATIVES DE POLITIQUES PUBLIQUES

A / *A l'égard des étrangers irréguliers qui souhaitent devenir réguliers*
    A.1 — rouvrir l'accès à la catégorie « réguliers »
    A.2 — régulariser ceux des irréguliers qui se trouvent sur le territoire national
    A.3 — empêcher le passage d'une catégorie à l'autre

B / *A l'égard des réguliers dans leur rapport avec l'État français*
    B.1 — augmenter les ressources et les droits
    B.2 — les maintenir
    B.3 — les diminuer

C / *A l'égard des flux de retours de réguliers*
    C.1 — laisser jouer les flux naturels
    C.2 — favoriser les retours volontaires
    C.3 — provoquer des retours forcés

Le tableau ci-dessous montre quels ont été les effets des variations de stratégies sur le contenu des politiques suivies :

POLITIQUE DE L'IMMIGRATION : LES VARIATIONS DE STRATÉGIES

| Phases | Problème | | | Motif de l'abandon |
|---|---|---|---|---|
| | A | B | C | |
| Juin/ juillet 1974 | A3 | B1 | Pas de mesure dans ce domaine | Arbitrage de politique publique défavorable en raison du coût financier |
| Juillet 1974-mars 1977 | A3 | B1 | C2 | Pas de profit politique suffisant |
| Mars 1977-mai 1981 | A3 | B2 3 | C3 | Coût de politique intérieure et internationale trop élevé. Mise en cause des valeurs de la communauté nationale |
| Mai 1981-mars 1983 | A2 | B1 | C1 | Coût politique trop élevé. Mise en cause des valeurs de la communauté nationale |
| Mars 1983-mars 1986 | A3 | B1 | C2 | Profit politique insuffisant |
| Mars 1986-mai 1988 | A3 | B2 3 | C2 | Profit politique insuffisant |
| Mai 1988 | A3 | B1 | C2 | |

*Source :* Patrick WEIL, « La politique française d'immigration : au-delà du désordre », *Regards sur l'actualité*, n° 158, juin 1990, p. 14 et 15.

Deux d'entre elles (phases 2 et 5) ont été remises en cause parce qu'elles ne rapportaient pas assez politiquement, mais deux autres ont été particulièrement radicales : elles ont été remises en cause parce qu'elles mettaient en cause les valeurs de la communauté nationale. A son arrivée au pouvoir, la gauche procède à la régularisation de 130 000 étrangers en situation irrégulière, supprime toute aide au retour et limite les pouvoirs d'expulsion [8] du ministre de l'Intérieur. L'émergence du Front national en 1983 et l'importance prise dans le débat politique par les questions de sécurité et d'immigration vont cependant vite faire percevoir à une gauche généreuse l'existence de nécessités d'ordre

---

8. L'expulsion ne peut concerner que l'étranger en situation régulière qui porte atteinte à l'ordre public. L'expulsion a pour conséquence l'interdiction du territoire pour une durée de quelques années.

public. Mais cette gauche-là avait pris le contre-pied d'une politique dont on a souvent oublié aujourd'hui les objectifs réels. En effet, lorsque, en 1977, Lionel Stoléru succède à Paul Dijoud au secrétariat d'État en charge de l'immigration, le président Valéry Giscard d'Estaing le charge de mettre en place une politique de « retours ». D'abord est créée une « aide » au retour volontaire de 10 000 francs, qui ne concerne cependant que les travailleurs immigrés désireux de rentrer dans leur pays d'origine. Le peu de succès remporté par cette mesure et surtout le fait que ce sont principalement des travailleurs espagnols et portugais qui ont choisi d'en bénéficier alors que l'objectif du gouvernement était de faire repartir des travailleurs maghrébins, vont faire franchir un nouveau pas aux pouvoirs publics.

Il ne va plus s'agir de retours volontaires mais de retours forcés. Lionel Stoléru part à Alger en septembre 1978 pour négocier le retour de 500 000 Algériens en cinq ans [9]. Parallèlement, deux projets de lois sont préparés afin d'être présentés devant le Parlement : le premier vise à permettre à l'autorité publique d'expulser les étrangers en situation irrégulière que l'on va prendre la mauvaise habitude de dénommer « clandestins » [10] ; le second doit permettre aux pouvoirs publics de ne pas renouveler les titres de travail et de séjour d'étrangers présents depuis longtemps sur le territoire national, de les forcer ainsi à quitter définitivement la France de gré ou, si le premier texte de loi est adopté, de force. Ce sont les mêmes immigrés maghrébins qui sont visés par ces mesures de retours forcés ; la négociation est menée avec l'Algérie, et les quotas départementaux de renouvellement prévus par le deuxième texte permettraient de moduler les contingents de renouvellement selon la répartition des étrangers par nationalité et par département [11].

Cette conception ethnique de la politique d'immigration va être combattue et défaite : certes par toutes les forces de gauche et d'extrême gauche qui, depuis 1968, s'opposaient

---

9. Archives, ministère des Affaires étrangères.
10. Cf. Pierre-André TAGUIEFF et Patrick WEIL, « Immigration, fait national et citoyenneté », *Esprit*, mai 1990, p. 87-102. Sur les projets de loi et leur interprétation, voir Jacqueline COSTA-LASCOUX, « Une législation pour une nouvelle politique d'immigration », *Pluriel*, n° 22, 1980, p. 9-32.
11. Cf. Jacques MAYER et André LEBON, *Mesure de la présence étrangère en France, mai 1979*, La Documentation française, Paris.

à la politique d'immigration des différents gouvernements; mais également par les Églises et par une partie de la majorité présidentielle de l'époque. De plus, de façon décisive, le Conseil d'État, au nom des valeurs républicaines et des intérêts internationaux de la France, va presque jusqu'à refuser de délibérer sur le deuxième projet du gouvernement, lorsque celui-ci lui est soumis pour avis. Il ne fait finalement que le vider de sa substance la plus négative. Son avis négatif influence fortement la position du Parlement; le Sénat n'accepte de voter le premier texte qu'en échange du retrait du second texte. Plus tard, après l'expérience radicale de 1981-1983, la gauche traditionnelle et la droite républicaine marquent en 1984 leur convergence sur le « faisable » en matière de politique de flux : le titre unique stabilise la situation des immigrés qui résident depuis longtemps en France, l'aide au retour volontaire est acceptée par tous, et toute régularisation massive définitivement exclue.

Seuls les réfugiés politiques, les familles, les étudiants et quelques étrangers en situation exceptionnelle peuvent désormais séjourner en France. L'État de droit aura donc progressé entre les années trente et les années soixante-dix, puisque pendant les années trente des retours forcés, par exemple de ressortissants polonais, avaient été organisés, et que la France aura éliminé à deux moments déterminants de l'après-guerre — d'une part à la Libération, d'autre part depuis 1974 — toute référence à une hiérarchie des ethnies ou des cultures qui avait été, comme nous l'avons vu, une tentation.

Reste à se pencher sur les politiques visant à l'intégration [12] des immigrés durablement installés. Entre 1945 et 1968, les politiques sociales en direction des immigrés ont été presque inexistantes. Ce n'est qu'à partir de 1974 que des actions se sont développées, souvent comme contreparties offertes aux États d'origine à leur collaboration dans le contrôle des flux. Certes, les conditions de logement des étrangers s'améliorent entre 1974 et 1982, mais c'est parce que

---

12. Pour des définitions comparatives du concept d'« intégration », voir Jacqueline COSTA-LASCOUX, *De l'immigré au citoyen*, La Documentation française, Paris, 1989, p. 8-12; Gilles KEPEL, *Les Banlieues de l'islam*, Le Seuil, Paris, 1987, p. 281-282; Stéphane BEAUD et Gérard NOIRIEL, « Penser l'intégration des immigrés », *Hommes et migrations*, n° 1133, juin 1990, p. 43-54 (repris dans le présent ouvrage); Pierre-André TAGUIEFF et Patrick WEIL, art. cité.

*immigration et intégration*

l'action spécifiquement menée dans ce domaine rencontre sur le marché du logement locatif une situation favorable. Dans ces années surtout, l'enseignement des langues d'origine se développe et le gouvernement français accepte que l'islam bénéficie d'un statut particulier : lieux de culte dans l'entreprise et désignation des chefs religieux par des États étrangers [13]. Dans les années quatre-vingt, ces pratiques n'ont pas été remises en cause ; dans le domaine du logement, la situation s'est aggravée : la localisation-territorialisation des politiques sociales et l'action qualitative (action de développement social des quartiers) ont souvent masqué un retrait financier de l'État et son incapacité à agir pour la construction quantitative de logements sociaux. Depuis quinze ans, la politique d'immigration a rarement été, parmi les politiques sectorielles de l'État, une priorité des pouvoirs publics. Les autorités publiques ne s'en sont saisies que lorsqu'elle est devenue un enjeu public et politique.

Finalement, les progrès que l'État de droit a su effectuer sont d'autant plus remarquables qu'ils se sont accomplis dans une période où le courant xénophobe montait en puissance dans l'opinion publique ; mais ils en sont d'autant plus fragiles. Par un travail d'apprentissage de dix ans, entre 1974 et 1984, l'État « juriste » a divisé les assujettis à la politique d'immigration, incluant les uns et excluant les autres en leur appliquant des principes différents : aux uns, parce qu'ils étaient en situation régulière, il a appliqué le principe d'égalité des droits ; aux autres, en situation irrégulière, il a appliqué celui de l'ordre public. Que l'État « acteur » échoue ensuite à intégrer ceux qu'il a autorisé à s'installer, et laisse s'installer ceux qui n'y sont plus autorisés, et les principes républicains qui ont jusque-là prévalu risquent d'être remis en cause. Et l'exclusion sur critère racial ou pseudo-racial (« culturel ») devenir une revendication, hélas, de plus en plus largement partagée.

---

13. Cf. Gilles KEPEL, *op. cit.*

# 7

## « Immigrés », « immigration ».
## De quoi parler ?

*par Simone Bonnafous*

Comment devient-on « immigré » en France ? Par « migration » d'un pays d'origine à un pays dit « d'accueil », bien sûr. Mais aussi par naissance, pour les « immigrés de seconde génération », ou même de « troisième ».

Quand cesse-t-on d'être « immigré »[1] ? Jamais, diront certains, car tous les prolétaires aux cheveux crépus sont définitivement des « immigrés » ; pour d'autres, les Antillais le demeurent aussi. Question de représentation, éminemment fluctuante.

Peut-on discuter sérieusement et gérer la cité avec de pareils « concepts » ou plutôt de pareils « non-sens » ? La sagesse et la raison voudraient que non et pourtant ce sont bien des catégories aussi floues et aussi indéfinissables qui sont brassées à longueur de discours et de colonnes par les hommes politiques et les médias.

C'est cette inconsistance des fondements de l'expression

---

1. « Immigré » étant un participe passé qui exprime un état autant que le résultat d'une action, on peut comprendre — grammaticalement parlant — comment une personne « ayant immigré » peut d'une certaine façon « demeurer immigrée » toute sa vie. Pour ses enfants, le terme d'« immigré » devient totalement illogique.

— et donc de la pensée — politique et médiatique sur les questions d'immigration et d'« immigrés » que je voudrais ici illustrer, en m'appuyant d'abord sur une recherche intitulée : *Immigrés et immigration dans la presse politique française de 1974 à 1984. Analyse de discours*[2].

Ce travail porte sur onze années de parution de dix journaux qui représentent l'ensemble des courants d'opinion politique français : *Militant, Le National* (organe du Front national relayé par *RLP-Hebdo*, suivi en 1984 de *National-Hebdo*), *Minute* pour l'extrême droite, *Le Figaro* et *Le Quotidien* pour la droite et le centre-droit, *Libération, Le Nouvel Observateur, L'Unité, L'Humanité-Dimanche* et *Lutte ouvrière* pour la gauche et l'extrême gauche. De cette étude, je retiendrai trois idées majeures que je prolongerai par des considérations sur des textes plus récents.

## Définir le Soi qui parle de l'Autre : un impératif peu respecté

A la question fondamentale de l'identité consciemment assumée du groupe dominant, l'extrême droite et l'extrême gauche répondent sans hésiter, l'une par l'affirmation racisante, l'autre par l'affirmation classiste.

« Sous prétexte de remettre en cause Yalta — et il n'est même pas sûr que ce soit le bon moyen — doit-on transformer Paris, Londres et Munich en villes afro-asiatiques ?... Dans cette revue, *nous* avons toujours estimé parfaitement anormal que *notre continent* soit transformé en un condominium soviéto-américain depuis 1945, mais... ce n'est pas en préconisant de soi-disant remèdes qui en fait *nous* donneraient de nouvelles maladies sans *nous* débarrasser le moins du monde de celles dont *nous* sommes déjà atteints. » (*Militant*, « Tiers-Mondisation de la France et de l'Europe », mars 1980.)

Le vocabulaire de la maladie et de la contamination, si

---

[2]. Thèse d'État soutenue en 1990 à l'université de Paris-IV. Cet article en reprend certains passages. Voir aussi : *L'Immigration prise aux mots. Les immigrés dans la presse au tournant des années quatre-vingt* (aux Éditions Kimé).

souvent usité dans les textes racistes[3], révèle par le négatif à quelle Europe nous avons ici affaire : une Europe « blanche », menacée par l'invasion des peuples de couleur. On remarquera au passage comment, dans la dernière phrase citée, NOUS peut renvoyer successivement à la rédaction de *Militant*, à la famille de pensée nationaliste et aux pays européens. Le passage de l'un à l'autre se fait en douceur, entraînant subrepticement le lecteur à reconnaître au locuteur initial de la phrase (le NOUS « rédactionnel ») une fonction de représentation des derniers NOUS (les NOUS « européens »).

On est très loin ici d'une approche institutionnelle de l'Europe, au sens de la communauté européenne par exemple, et d'ailleurs toute définition est inutile, puisque, au fond, qu'on le dise explicitement *(Militant)*, ou qu'on le laisse seulement entendre *(Le National)*, c'est de « race » qu'il s'agit, et point de papiers, de traités, de constitutions ou de frontière. Le NOUS de l'extrême droite est génétique, même quand il prend les formes du « national » : « Affaiblis par la dénatalité et l'immigration et risquant de devenir une minorité dans *notre propre pays*, vendus aux pétro-dollars, ruinés par la hausse des matières premières et de l'énergie, que nous devons acheter, à l'étranger, *les Français* n'ont pas seulement le droit de faire respecter leurs intérêts légitimes, ils en ont le devoir sacré à l'égard des générations futures. » (*Le National*, « L'autre racisme », mai-juin 1979.)

Qui sont ces Français auxquels le locuteur s'identifie ? *Le National* envisage-t-il sérieusement que la France compte un jour plus d'étrangers que de citoyens français ? Cette phrase ne peut être comprise que si l'on veut bien admettre (et l'allusion aux pétrodollars et aux matières premières va dans ce sens) que « notre pays » ne sera jamais celui des Arabes, même naturalisés, et qu'un Français se reconnaît à sa peau.

---

3. Dans sa thèse sur *L'Opinion française et les étrangers, 1919-1939*, Paris, 1985, p. 675, Ralph SCHOR montre comment, dans les années vingt, constats médicaux et fantasmes de contagion se croisent et s'entremêlent dans les revues scientifiques, dans la grande presse et dans la littérature. « Les docteurs Jeanselme et Burnier, après avoir fait une enquête minutieuse à Paris et dans les grands ports, Marseille, Le Havre, Rouen, Bordeaux, concluaient : "Il est donc de toute évidence que les indigènes et les étrangers contribuent, pour une part qui est loin d'être négligeable, à entretenir et à propager la syphilis en France » (*Bulletin de l'Académie de médecine*, tome XCV, n° 10, 9 mars 1926, p. 231)... Un médecin de roman s'écriait : « La France est devenue le champ d'épandage de la pourriture du monde » (Jean DAMAZE, *Sidi de banlieue*, Paris, 1937, p. 111).

*immigration et intégration*

La « loi Pleven » du 1er juillet 1972 obligeant à la prudence, les termes nationaux les plus courants sont bien pratiques qui permettent de dire sans vraiment dire. « La France », « les Français », « le pays », « le peuple » sont ainsi réquisitionnés au service d'une stratégie d'affirmation raciale qui ne peut dire son nom, et laisse l'usage des mots à risques à des revues confidentielles ou à des propos privés.

A l'autre bout de l'éventail politique, l'extrême gauche développe une vision du monde diamétralement opposée qui soutient la présence d'un NOUS classiste : « Voilà qui permet de juger ce que valent les discours et les déclarations des Giscard et des Barre sur l'Europe. Ils ne veulent pas l'abolition des frontières. Car ces frontières permettent de préserver les intérêts des capitalistes. Et ils voudraient *nous* faire croire que, s'ils agissent ainsi, c'est dans l'intérêt des travailleurs français. Mais c'est une duperie grossière !...

« [...] Ils voudraient *nous* persuader qu'une partie des travailleurs ont des intérêts communs avec les capitalistes français, parce qu'ils ont une carte d'identité du même pays dans leur portefeuille...

« Tous ceux qui *nous* disent que *nous* avons des intérêts communs, patrons et ouvriers confondus, voudraient *nous* entraîner dans cette guerre-là contre d'autres travailleurs... » (« Non au renforcement de l'arbitraire contre les travailleurs immigrés », Arlette LAGUILLER, *Lutte ouvrière*, 21 avril 1979.)

Critères « raciaux » ou « ethniques » (par euphémisation) d'un côté, critères sociaux de l'autre. Entre les deux, les journaux de la gauche et de la droite parlementaire classique n'offrent guère de représentation communautaire de Soi. Les « nous » nationaux sont beaucoup moins fréquents à droite qu'à l'extrême droite et encore moins au centre et à gauche qu'à droite. L'essentiel des NOUS de *L'Humanité* sont des NOUS partisans référant au parti communiste ; quant à *L'Unité, Le Quotidien, Le Nouvel Observateur* et *Libération*, ils délèguent la majorité de leurs NOUS à des personnes dont ils rapportent les propos au style direct : membres du gouvernement, personnalités politiques, représentants de l'administration, ambassadeurs étrangers, immigrés eux-mêmes. Le sujet parlant qui discourt sur les immigrés et leur donne parfois la parole se pose alors implicitement comme « non-immigré », mais sans proposer de fondement explicite à son identité, si ce n'est le fondement rédactionnel, tout à fait banal pour un journal.

La question de l'identité du sujet énonciateur s'est posée avec acuité au moment de l'affaire dite des « foulards » à l'automne 1989. *Présent*, le quotidien intégriste prolepéniste, sait de quel point de vue il parle : le 27 octobre 1989, il se moque des dissensions au sein du « camp laïque » et tourne en dérision le « combat burlesque d'aveugles conduits par des aveugles dans le tunnel fermé du laïcisme, quelle que soit sa forme. La question de fond est évidemment celle de l'immigration-invasion et de l'identité nationale et chrétienne de la France. Le laïcisme, voilà l'ennemi » (p. 2).

*Témoignage chrétien*, hebdomadaire de la gauche chrétienne, n'a pas non plus d'hésitation. Critiquant la droite et rappelant les manifestations pour l'école libre de 1984, il se déclare « d'accord avec Lionel Jospin : le voile plutôt que l'exclusion » (30 octobre 1989, p. 1), au nom d'une « laïcité d'apaisement » et d'un christianisme d'accueil (cf. le dossier, p. 15 à 17 du numéro du 30 octobre au 5 novembre).

Mais partout ailleurs, à droite comme à gauche, et encore plus à gauche qu'à droite, l'accord n'arrive pas à se faire sur une définition de la laïcité républicaine au nom de quoi tous prétendent pourtant s'exprimer. D'un homme politique à un autre, d'un courant ou d'un sous-courant à l'autre, les divergences s'affirment face à trois porteuses de foulards qui, elles, ne cessent de répéter très fermement au nom de quelle loi elles agissent. Le pire est qu'au bout de plusieurs semaines d'une discussion de café du commerce étendue à la société tout entière, c'est la chute du mur de Berlin qui vient clore le débat public et non point l'établissement d'un consensus quelconque. L'opinion publique est appelée à contempler d'autres événements et la résolution pratique, au cas par cas, des problèmes de « foulard » n'est plus signalée que dans les entrefilets des journaux, loin des « unes » et des passions. Si, pour une raison ou pour une autre, la question était à nouveau aujourd'hui à l'affiche des médias, la controverse reprendrait sans doute dans les mêmes termes.

## Une constante : l'« extranéisation » de l'« immigré »

Dans certains contextes, l'emploi du qualificatif « français » a un fondement juridique et renvoie au gouvernement, aux autorités, et à la législation de la France comme entité nationale dotée d'une autorité souveraine et reconnue ; c'est le cas avec des expressions comme « lois françaises », « Institut français de coopération », « ministre français des Affaires étrangères », etc.

Mais le plus souvent, « français » fonctionne en couple avec « immigrés » dans une relation d'opposition et de contraste, où l'adjectif national prend un sens à la fois plus confus et plus restreint que le sens juridique strict. Que signifie exactement « français » dans certaines attestations des expressions « familles françaises », « population française », « société française », « enfants français », « travailleurs français » ? Pour prendre l'exemple le plus anodin possible, et dont l'auteur est sans aucun doute animé des meilleures intentions antiracistes, comment interpréter un énoncé comme celui-ci, extrait du journal *Libération* : « Au milieu : un camp, des tentes. Autour, des HLM et des sous-HLM, des *familles immigrées et françaises* » (« Place du 22 juin 1979 », n° 1753, 29 et 30 septembre 1979, p. 4) ? Quel moyen le journaliste signataire a-t-il de distinguer sur un terrain vague un immigré d'un Français, et quelles images sont mobilisées dans la tête du lecteur de cette phrase ? Le seul moyen, et le plus contraire à notre définition « en droit » de l'appartenance à la communauté des citoyens français, c'est évidemment le recours au « faciès ».

C'est ainsi que tous les propos tenus sur les « enfants immigrés » au sein du système scolaire français ethnicisent ces enfants, en contradiction totale avec toute la tradition universaliste de l'école républicaine française. Étudiant la circulaire ministérielle du 25 juillet 1978, intitulée « Scolarisation des enfants immigrés », Françoise Henry-Lorcerie a ainsi montré comment le glissement d'« enfants d'immigrés » à « enfants immigrés » et même à « enfants étrangers » pour désigner les mêmes individus « assigne aux enfants d'immigrés une altérité ethnique/juridique en partie fictive [... et] projette dans l'école les frontières que les parents ont franchies [4] ».

Au terme de ce processus, un député du RPR affirme en

---

[4]. Voir « L'universalisme en cause ? Les équivoques d'une circulaire sur la scolarisation des enfants immigrés », *Mots*, n° 18, Presses de la Fondation nationale des sciences politiques, mars 1989, p. 38-56.

mars 1990 dans un numéro d'*Objectifs 92*, journal distribué à 60 000 exemplaires sur les villes de Clichy et Levallois : « Une école avec 70 à 90 % d'immigrés est intolérable sur le plan pédagogique. » Et quelques pages plus loin, son député suppléant commente les registres de l'état civil de la ville de Clichy en titrant : « Les immigrés naissent, les Français meurent... ». Suit, « sans commentaire », comme le dit « l'article », la liste des naissances, où une grande partie des noms ont une consonance étrangère, et la liste des décès où la plupart des noms ont au contraire une consonance classiquement « française ». Reproduite et commentée par *Libération*, cette page fit quelques remous, puis fut oubliée. Et pourtant elle n'est que l'aboutissement logique de cette discrimination au nom et au physique qui fonctionne encore si efficacement pour apprécier les fameuses proportions d'« immigrés » que tout un chacun cherche à évaluer, qui à l'entrée des écoles, qui dans un immeuble d'habitation, qui dans un quartier.

Tant qu'on n'en aura pas fini avec une pareille hypocrisie terminologique, et que sous couvert de mots « bienséants », pourront continuer à courir et à s'exprimer tous les sentiments racistes, il ne faudra pas s'étonner que de temps en temps un jeune un peu frisé se fasse abattre, ou qu'un maire se mette à tenir des propos tels que son parti doive le « démissionner ». M. André Deschamps, maire PCF de Clichy-sous-Bois, déclarait ainsi à *Valeurs actuelles*, à propos de M. Bernard, le maire de Montfermeil qui refuse d'inscrire les enfants d'immigrés dans les écoles primaires : « M. Bernard a, comme dans les établissements scolaires de ma municipalité, qui jouxte la sienne, des classes sans un seul élève français. » Et plus loin : « L'intégration, ce n'est pas le voile islamique, la gandoura ou le boubou. Mais que tous ces Arabes, ces Noirs et ces Asiatiques soient en costume-cravate, ou en jeans. C'est comme ça que j'ai envie de les voir dans les rues [5]. »

D'une phrase à l'autre, on passe ainsi d'un apparent constat sur l'appartenance nationale (dont il faudrait aller voir ce qu'il recouvre réellement tant il paraît excessif si on le prend dans sa littéralité) à un vœu sur la tenue vestimentaire des personnes. Peut-on exprimer plus clairement le souhait

---

5. *Valeurs actuelles*, 30 octobre 1989, p. 33.

*immigration et intégration*

d'homogénéité physique qui sous-tend la référence au « nombre » des immigrés ?

Les responsables politiques qui veulent sincèrement arrêter la montée du Front national et les poussées de racisme que nous subissons aujourd'hui doivent cesser de jouer avec le feu et oser combattre les impensés. Pour cela ils doivent eux-mêmes être clairs et de surcroît pédagogues, pour rappeler que scientifiquement la notion de « race »[6] n'a pas de sens, que la peau ou les cheveux ne sont qu'un des innombrables caractères génétiques de l'espèce humaine et qu'un « Noir » et un « Blanc » peuvent être plus proches l'un de l'autre par le groupe sanguin (ou l'histocompatibilité) que chacun d'entre eux avec ses propres enfants. Ils doivent le dire et le répéter de façon que cesse cette éternelle suspicion à la couleur dont sont toujours victimes de nombreux Français. Il faut alors « parler juste » et ne plus jouer de cette catégorie mi-chèvre, mi-chou qu'est l'« immigré ». Un Français est un Français, quels que soient le nombre de ses ancêtres en France, son propre lieu de naissance, son nom et son apparence. Un immigré non naturalisé est « un étranger », mais un Français d'origine immigrée est d'abord français, avec tous les droits et les devoirs que cela implique. De même un Européen est-il un ressortissant d'un des pays européens, et non pas un « Blanc ».

« Parler juste » c'est aussi refuser l'esquive.

---

[6]. Citons à ce propos les articles de Bernard HERZBERG intitulés « Le spectre de Big Brother » (*Le Monde* du 31 mars 1990) et « Le législateur au piège des mots » (*Libération* du 21 mai 1990). Il y dénonce fort à propos le présupposé de l'existence des races qui est logé au sein même de la Déclaration universelle des droits de l'homme. En proclamant dans l'article 2 que « chacun peut se prévaloir de tous les droits et de toutes les libertés proclamés dans la présente Déclaration, sans distinction aucune, notamment de race, de couleur, de sexe, de langue, de religion, d'opinion politique ou de toute autre opinion... », l'Assemblée générale de l'Organisation des Nations unies fait comme si la « race » était une donnée au même titre que la couleur ou le sexe, alors qu'il s'agit d'une représentation. « Si "chez l'homme les races n'existent pas" (Ruffié), conclut B. Herzberg, laissons désormais le monopole de l'usage de cette terminologie aux sélectionneurs en espèces animales destinées à l'élevage et à la qualification des animaux de compagnie, reproduits endogamiquement pour leurs caractéristiques ou leur aspect, et bien entendu à ceux qui font profession d'opinions racistes. » (*Le Monde*, 31 mars 1990, p. 2.)

### Savoir parler de l'« immigration »

L'étude systématique des contextes d'emploi du mot « immigration » dans les dix journaux mentionnés au début de cet article m'a conduite à distinguer deux régimes de discours diamétralement opposés :
— celui de l'extrême droite marqué par la claire affirmation des opinions du locuteur sur le fait migratoire. Le mot « immigration » occupe souvent la position de sujet ou de thème, dans des énoncés injonctifs, performatifs ou déclaratifs, formulés à la première personne du pluriel : « Dénatalité et immigration : deux problèmes liés... Non à l'immigration » (*Le National*, mai-juin 1979, p. 15) ; « Nous le disons sans ambages, il est au plan humain des formes d'immigration bénéfiques et d'autres qui, au contraire, mettent en danger la spécificité même de notre peuple »... (*Militant*, « Non à l'africanisation de la France », janvier-février 1979, p. 3 et 4) ;
— celui de *Lutte ouvrière*, du *Quotidien*, de *Libération*, du *Nouvel Observateur* et de *L'Unité* où « immigration » apparaît surtout en citation, profondément enchâssé dans des phrases descriptives, déterminé en « amont » et en « aval ». Il y est question de « textes sur l'immigration », de « politiques de l'immigration », de « projet de décret sur l'immigration », des « propos de X ou de Y sur l'immigration », de « terre d'immigration », de « poursuite de l'immigration », mais de « l'immigration » directement, pour ainsi dire jamais. « Immigration » recule dans les lointains de la phrase, à l'écart de l'enchaînement discursif, comme dans ce passage, exemplaire de ce point de vue : « La loi Bonnet, d'ailleurs, paraît d'autant plus inacceptable que l'administration ne semblait pas manquer jusqu'à ce jour de moyens pour contenir l'immigration » (« Immigration : le projet 922 », *Le Nouvel Observateur*, 2 juin 1979, p. 51) ;
— quant à *L'Humanité-Dimanche* et au *Figaro*, ils n'abordent le phénomène migratoire de front qu'à partir des années quatre-vingt : « L'immigration, souffrances et profits. — L'immigration n'est pas un phénomène fortuit, accidentel. Ni non plus une sorte de produit naturel de l'évolution de l'humanité à l'heure des transports planétaires... Pour ceux qui en sont l'objet, l'immigration est surtout déracinement,

séparation, discrimination, vulnérabilité »... (*L'Humanité-Dimanche*, 22 mai 1983, p. 5).

Là se situe l'enjeu pour les années à venir : ne pas laisser le champ libre à l'extrême droite ou à des personnes qui s'en inspirent. Si J.-M. Le Pen et ses partisans sont seuls à traiter réellement de l'immigration, leur vérité s'imposera faute de combattants. Et leur vérité, c'est celle du « chacun pour soi » et de la forteresse européenne assiégée par les hordes vociférantes de l'Afrique et du Maghreb. Invoquer des politiques et des décrets ne suffit plus face à ces énoncés. Il faut « oser dire... que la migration du Sud vers le Nord est un phénomène inéluctable et que la prétention à faire de l'Europe un bunker est un rêve dangereux [7] », dans l'état actuel de l'économie internationale. Parler d'immigration aujourd'hui, c'est obligatoirement aborder les questions d'équilibres — ou plutôt de déséquilibres — internationaux et des termes de l'échange. Ces questions sont sans doute délicates et désagréables, voire impopulaires. Mais c'est la seule voie raisonnable.

Cessons de parler flou et de viser bas ; à ce jeu ce sont toujours les démagogues qui l'emportent : il faut peut-être du courage aux hommes politiques pour reconnaître que l'école a des difficultés avec les enfants dits « immigrés » parce que ces « immigrés » appartiennent aux couches sociales qu'elle n'arrive pas à promouvoir [8], et que c'est le problème de la faillite du système éducatif comme moyen de promotion sociale qui est alors posé. Il faut peut-être du courage pour dire que l'immigration continuera tant que nourriture et liberté feront défaut à des populations entières. Il faut peut-être du courage pour dire une bonne fois pour toutes qu'un Français ne peut se définir que par sa nationalité. Il n'y a pas de biais possible.

---

7. André LEGOUY, « La mythologie des clandestins », *Le Monde*, 3 juillet 1990.
8. Toutes les études sociologiques montrent qu'à milieu équivalent, les enfants nés en France de parents étrangers et de parents français ont les mêmes chances de réussite et d'échec.

# 8

« Seuil de tolérance »
et cohabitation pluriethnique

*par Véronique de Rudder*

C'est au cours des années soixante qu'est apparue, en France, l'idée qu'au-delà d'une certaine proportion d'étrangers (ou d'immigrés) au sein d'une population nationale (ou « de souche ») des tensions ou conflits apparaissent : dégradation de la sociabilité, antagonismes ethniques, heurts de cohabitation, problèmes et désordres sociaux liés aux modes de vie, à l'école, aux équipements sociaux... C'est ce que l'on a appelé le « seuil de tolérance aux étrangers », dont la conclusion logique est qu'il est possible (et que l'on se doit) d'éviter ces difficultés en veillant à maintenir la proportion des étrangers en deçà de cette limite.

En 1969, un rapport du Conseil économique et social donne le « seuil de tolérance » pour scientifiquement établi, précisant que « le niveau en varie suivant l'origine ethnique », de 20 % pour les nationalités européennes à 15 % environ pour les « autres nationalités ». L'année suivante, le directeur des Populations et des Migrations du ministère du Travail affirme que « les seuils à partir desquels une population se ferme à la population étrangère [...] ont pu faire l'objet de mesures empiriques ». En 1981, le tribunal de Versailles s'y réfère pour motiver un jugement : « Le souci de prévenir des manifestations de racisme qu'un quota trop élevé d'étrangers dans un quartier ou une commune ne manque pas d'entraîner de l'avis unanime des sociologues [1] ... ».

Objet de critiques venues de divers horizons, la notion avait subi, au cours des années quatre-vingt, une certaine dévalorisation intellectuelle. C'était avec un peu plus de précaution que médias et hommes politiques s'y référaient ; et ils préféraient souvent l'éviter. Si les références explicites diminuaient, l'idée, elle, était restée omniprésente. Elle n'a jamais cessé de traverser les discours, et plus encore les pratiques, à l'égard des immigrés. Elle a resurgi, dans une position d'une extrême ambiguïté, au détour d'une conférence de presse du président de la République en 1990.

C'est par l'association de trois caractéristiques, se confortant les unes les autres, qu'est attestée la véracité, sinon l'exactitude, d'un tel « seuil » : son caractère scientifique, sa démonstration empirique, et son évidence intuitive.

### Des origines d'un « seuil »

Les tentatives de quantification, dans l'analyse des phénomènes sociaux, sont nombreuses et anciennes. Pour être scientifiquement valides, elles doivent satisfaire à un certain nombre de critères théoriques et méthodologiques, sur lesquels nous ne pouvons nous étendre, mais qui supposent en premier lieu que les calculs soient effectués en vue de vérifier une hypothèse construite, fondée sur une problématique et une théorie ; que ce qui est mesuré soit très précisément défini et catégorisé ; et que le champ d'application et d'extrapolation des résultats soit délimité.

Dans le domaine des relations sociales et interethniques, qui nous intéresse ici, l'un des exemples les plus connus de quantification est l'échelle de distance sociale que son inventeur, le psychosociologue Bogardus [1925]*, a lui-même appliquée aux relations interethniques. Cette échelle ordonne une typologie des attitudes des groupes les uns par rapport aux autres, à partir d'un classement selon les degrés d'intimité refusés ou acceptés. On demande à des individus d'un groupe déterminé s'ils accepteraient d'épouser, d'avoir pour

---

1. Cité par *Libération*, 10 janvier 1981.
* Les références entre crochets renvoient à la bibliographie en fin d'article.

ami, pour collègue ou voisin un individu quelconque appartenant à tel ou tel autre groupe social ou ethnique ou si, au contraire, ils préféreraient n'avoir avec lui que des relations superficielles, n'avoir aucune relation, le voir habiter loin de leur quartier, de leur ville, ou même de leur pays... Selon les moyennes obtenues sur cette échelle, on peut conclure qu'un groupe exprime tel ou tel degré de distance sociale à l'égard d'un ou de plusieurs autres. Il s'agit donc de mesurer objectivement des attitudes subjectives. D'ailleurs, la position des groupes les uns vis-à-vis des autres est loin d'être toujours réciproque. Le groupe A peut marquer une plus grande distance à l'égard du groupe B que le groupe B à l'égard du groupe A. On peut critiquer l'approche des relations interethniques en termes de distance, notamment parce que celle-ci suppose l'existence de groupes bien définis, et un continuum dans les attitudes ; mais plus encore parce qu'elle ne tient compte ni des rapports établis historiquement entre ces groupes, ni des conditions dans lesquelles s'effectue le contact entre eux, et qu'elle ne fait donc qu'en enregistrer les effets. Bogardus, cependant, n'a pas cherché à délimiter un « seuil » objectif de tolérance ou d'intolérance. Son échelle est au contraire explicitement un *instrument empirique*, destiné, dans une perspective interactionniste, à tester des hypothèses sur les rapports entre attitudes individuelles et relations interpersonnelles.

Avec les obstacles à la réalisation du *melting pot*, mythe fondateur des États-Unis, on a tenté de comprendre la formation et même le renforcement des ghettos ethniques, et de comparer les degrés de ségrégation urbaine des divers groupes. S'intéressant aux « tendances lourdes » qui orientent les comportements résidentiels, des chercheurs se sont interrogés sur l'importance des facteurs numériques dans le regroupement ou la diffusion. Parmi les nombreux résultats issus de ces travaux, il en est un qui repère l'existence d'un « seuil critique » *(tipping point)* dans la marge de liberté d'installation des Noirs. Grodzins [1957] remarque en effet que tant que les Noirs ne forment pas plus de 10 % de la population totale d'un secteur urbain déterminé, ceux-ci peuvent se disperser dans la ville, tandis qu'au-delà la concentration s'accroît et un ghetto se constitue, les Noirs n'ayant plus la possibilité de choisir leur lieu d'habitation. O. et B. Duncan publient la même année les résultats d'une étude sur l'évolution de 131 secteurs urbains de Chicago entre 1920 et 1950. Tous ceux qui, en 1920, comprenaient plus de 10 % de Noirs ont vu cette concentration s'accroître. Au contraire, dans 92 % des quartiers où la proportion des Noirs était inférieure à 10 %, ce taux a diminué. Pour ses auteurs, la notion de *tipping point* n'avait rien d'un instrument conceptuel pour l'analyse des relations interethniques, il ne s'agissait que d'un *résultat empirique*, délimité dans le temps et dans l'espace. L'hyperempirisme est d'ailleurs le reproche le plus fréquemment adressé à ce type de recherches qui laissent de côté les questions théoriques relatives aux relations interethniques et au racisme.

Il semble qu'on puisse voir dans ces deux approches l'origine de la notion de « seuil de tolérance aux étrangers ». Mais c'est aussitôt pour constater que la traversée de l'Atlantique en a considérablement modifié le contenu.

## Chercher scientifiquement le « seuil de tolérance » ?

En effet, il n'est plus question de distance sociale subjective, ni de marge de liberté résidentielle des groupes minoritaires, mais seulement des réactions du groupe majoritaire. On tente en fait de définir quantitativement les conditions dans lesquelles une réalité qualitative — les rapports sociaux — se modifie au point de s'inverser, de la paix au conflit. La notion s'autorise de l'empirisme jusqu'à satiété. Mais, il faut le dire d'emblée, il n'y a pas de constat empirique de quoi que ce soit qui ressemble à ce que l'on nomme « seuil de tolérance ». La corrélation statistique entre la proportion des étrangers ou des immigrés — ce qui n'est pas la même chose [2] — et les tensions et conflits interethniques n'a jamais été établie.

Deux enquêtes d'opinion menées par l'Institut national d'études démographiques sous la direction d'Alain Girard, en 1971 et 1974, ont cherché à savoir à partir de quelle proportion d'étrangers les Français interrogés considéraient

---

2. On nomme aujourd'hui « immigrés » des étrangers et des Français, des gens qui ont effectivement migré et des gens qui sont nés en France. Ici, comme presque toujours, le terme « immigré » revient à désigner sous une forme euphémisée ceux qui sont mal « tolérés », à savoir, en France, les Maghrébins, et plus particulièrement les Algériens.

qu'ils étaient « trop nombreux » dans un ensemble de logements, qu'ils gêneraient ou retarderaient une classe. Elles ont même cherché à savoir quel serait le taux à partir duquel les Français retireraient leur enfant de l'école, etc., et ont comparé les moyennes obtenues en fonction de la proportion d'étrangers dans la région et la commune. C'est dire combien les auteurs étaient convaincus qu'un tel seuil pouvait être repérable. Or, leurs conclusions sont sans ambiguïté : « Les attitudes ne sont pas fondamentalement différentes selon la proportion locale d'étrangers » [Girard, 1971] ; « la proportion d'étrangers dans la commune de résidence n'agit pas sur le jugement global porté sur la présence étrangère en France. Un examen attentif des réponses à toutes les autres questions révèle que cette variable n'exerce à peu près aucune influence sur les attitudes » [Girard, Charbit, Lamy, 1974]. Or, en fait, ce qu'empiriquement on constate de façon réitérée, c'est l'inverse : c'est là où les immigrés sont en proportion significativement supérieure à la moyenne nationale que les opinions ouvertes sont les plus fréquentes, ce que montrent systématiquement les sondages d'opinion, pour peu que le croisement ait été effectué [De Rudder, 1985]. On peut même aller plus loin : c'est traditionnellement dans les régions où les étrangers sont peu nombreux, là où les probabilités de contact sont les plus faibles, que les attitudes sont, tendanciellement, les plus réservées. On sait aussi, et depuis longtemps, que la présence des minoritaires n'est pas nécessaire au rejet (on parle en Pologne d'« antisémitisme sans juifs »). Mais laissons là l'empirisme, sans essayer de lui faire dire plus qu'il ne peut.

Car c'est sur le plan scientifique, qui suppose quelque tentative d'élucidation, de théorisation, que la recherche du seuil se révèle vaine et inutile. Quelle théorie du social, en effet, se satisferait de réduire toutes les dimensions de la coexistence entre les groupes ethniques à des problèmes de quantités ? Ces relations dépendent forcément des groupes en présence, de leurs images réciproques avant même qu'ils entrent en contact, des conditions dans lesquelles cette coexistence se produit : conquête, occupation, immigration, rapatriement... et des représentations qui, nécessairement, en découlent. Elles dépendent des caractéristiques socio-économiques des populations autochtones comme étrangères, de l'abondance ou de la pénurie d'emplois, de logements, d'équipements, du rythme d'implantation de la population « arrivante », des problèmes sociaux et des éventuels conflits qui préexistaient à cette implantation. Tous ces facteurs, et d'autres, ont une influence directe sur la cohabitation pluriethnique et peuvent faire l'objet d'hypothèses empiriquement vérifiables, quelles que soient les difficultés méthodologiques de cette opération.

Le souci de quantifier n'est pas en soi illégitime, mais il suppose des conditions d'application. Toutes les sciences, aujourd'hui, passent par la *vérification empirique*. Si elles se contentaient de l'affirmation ou de *l'intuition empirique*, on croirait encore que la terre est plate, et que le soleil tourne autour d'elle. Mais la vérification n'est ni exclusivement ni nécessairement quantitative. On ne peut en tout cas pas se contenter d'affirmer *a posteriori* que telles tensions ou tel conflit apparus en tel endroit sont fonction du rapport quantitatif entre deux populations d'origines différentes. Ne serait-ce que parce que ce rapport quantitatif est, par lui-même, le fruit de processus sociaux qui sont peut-être plus importants, et ne sont pas résumés par lui. Le recours à la quantification ne peut pas dispenser d'une analyse qui justifie qu'on mette en rapport des séries de phénomènes hétérogènes, en les rapportant à une logique unique. Or, le recours au seuil de tolérance introduit, au contraire, une discontinuité logique. En réduisant l'interaction à un pur effet numérique, on ne comprend plus rien de ce qui s'y passe, ni comment cela se passe, ni pourquoi.

La quantification est-elle d'ailleurs le meilleur moyen d'appréhender les faits dont il s'agit ? On parle de « tolérance » et d'« intolérance ». Ces notions sont qualitatives, fluides, discontinues, *a fortiori* quand on tente de les saisir dans les relations collectives. Dans la réalité sociale, les relations entre autochtones et immigrés n'oscillent pas entre deux pôles et deux pôles seulement, qui seraient l'acceptation ou le rejet. Il y a non seulement des degrés dans l'un comme dans l'autre, mais des ruptures, des ambivalences, des contradictions. Tous les autochtones ne sont pas semblables et n'ont pas les mêmes comportements, tous les immigrés non plus. Les situations de coexistence, à l'intérieur d'un même contexte historique et macro-social dont on ne peut en aucun cas s'abstraire, sont qualitativement différentes, et en fait, au sens propre, incommensurables.

Dans l'affirmation de l'existence d'un « seuil de tolérance », en tout cas, tout fonctionne scientifiquement à l'envers : on prétend établie une corrélation statistique qui ne l'est pas ; puis on en infère une corrélation sociale, ce qui ne pourrait se faire qu'à la condition expresse de disposer d'un corps d'hypothèses cohérent qui justifie qu'on rapporte les manifestations d'intolérance aux proportions respectives des populations en présence ; enfin, on mue cet édifice en « théorie » explicative.

La notion de « seuil de tolérance » ne se nourrit en définitive que d'une évidence aveuglante, qui est en fait une tautologie : c'est là où vivent ensemble des autochtones et des immigrés que des difficultés relationnelles peuvent se produire entre eux. Il faut des « étrangers » pour pouvoir leur manifester *de facto* de l'intolérance. Encore des « étrangers » peuvent-ils même être imaginaires...

Alors on peut dire une chose : « le "seuil de tolérance aux étrangers" oscille entre 0 % et 100 % » [Cordeiro, 1990].

## Contenus idéologiques et usages pratiques

Introuvable, le « seuil de tolérance » reste pourtant une idée reçue, et même appliquée : dans le logement social, le « souci de prévenir des conflits » a conduit les gestionnaires à adopter des quotas qui limitent la proportion d'immigrés — du moins de certains immigrés — parmi les habitants [3]. L'évidence sociale du seuil est donc à trouver dans son usage social et dans son efficacité. Ceux-ci se situent à deux niveaux articulés entre eux : celui de l'idéologie et des représentations, et celui de la pratique.

L'idée de seuil indique une limite, une frontière, entre deux univers situés de part et d'autre. Ainsi sont affirmés les contours d'une population et d'une société françaises unifiées, homogènes, bien séparées des « autres » qui, eux, leur sont hétérogènes, extérieurs. Ainsi les immigrés — rappelons que nombre d'entre eux sont de nationalité française — sont

---

[3]. Bien que ces pratiques soient le plus souvent officieuses, on trouve quelques textes les prônant explicitement. C'est le cas de la circulaire n° 72-60 datée du 5 octobre 1973 de la direction de la Construction du ministère de l'Équipement et du Logement, qui conseille « d'éviter, autant que possible », une proportion supérieure à 15 % de familles étrangères dans les HLM.

maintenus symboliquement hors de cette société dont ils font objectivement partie, puisqu'ils y vivent, parfois depuis toujours, le plus souvent depuis plus de vingt ans. Les groupes sociaux — nationaux, religieux, ethniques ou autres — sont considérés comme des choses; ils sont substantifiés, alors qu'ils sont des produits historiques et sociaux, qui font l'objet de catégorisations qui sont elles-mêmes historiques et sociales. La frontière entre « eux » et « nous » est instable et non définitive, quelle que soit sa durée. Sinon, comment expliquer que les « autres » d'hier aient pu devenir partie intégrante du « nous » ?

Cette « extériorisation » des immigrés est renforcée par le fait que le « seuil de tolérance » renvoie à une analyse naturaliste des faits sociaux. Tel un organisme vivant — ce qu'indique assez bien la notion de « corps social » —, la société développerait des réactions de « rejet » contre les greffes ou implants venant d'autres corps sociaux [4]. Assimilée à une réaction biologique saine et inévitable, « l'intolérance » reçoit ainsi une double légitimation scientifique. Présentés comme naturels, les faits sociaux et culturels sont traduits dans un langage déterministe : ils font partie de la « nature des choses » contre laquelle on ne peut rien. Ainsi les acteurs sont-ils privés de tout pouvoir sur leur action, et s'en trouvent déculpabilisés. Comme par surcroît les sciences naturelles, et surtout la biologie, ont connu un développement et des succès considérables depuis quelques décennies, elles servent de caution scientifique par excellence à la notion de « seuil de tolérance » dont elles ont fourni le concept et le modèle, renforçant ainsi l'illusion scientifique du nombre.

Mais le recours à l'idée de « tolérance » est aussi une imposture morale. En présentant l'émergence de l'intolérance comme une réaction mécanique ou biologique à une certaine quantité d'étrangers, la notion de tolérance perd tout contenu éthique. Il ne s'agit plus de respecter la liberté de penser et d'agir d'autrui, par quoi se définit l'attitude morale empreinte de tolérance; il s'agit d'éviter que l'intolérance ne s'exprime en supprimant ou en diminuant son objet. C'est donc l'intolérance qui est normale, puisque sa victime en est

---

4. Une grande partie des termes qui désignent les rapports entre les immigrés et la nation d'accueil renvoient au rapport intérieur/extérieur propre au corps humain : introduction, expulsion, adaptation, assimilation, rejet, et... naturalisation.

la cause. On retrouve ici le processus de désignation d'un « bouc émissaire », par transfert vers des causes exogènes des problèmes dont la source est endogène. La tolérance se présente alors comme l'acceptation d'une exception à la loi, à la norme (comme c'est le cas des maisons de tolérance, interdites mais tolérées), celle d'un désagrément ou d'une souffrance, etc. La tolérance, selon cette connotation juridique, est le privilège du dominant, et il ne tient qu'à lui de cesser de tolérer, donc d'appliquer la loi dans toute sa rigueur. La tolérance n'est plus qu'une faveur que l'on accorde et que l'on peut retirer.

Ainsi peut-on comprendre que la notion de « seuil de tolérance » réussisse à concilier l'inconciliable, et, en particulier, à autoriser et à interdire, simultanément, le racisme. Elle l'autorise en l'assimilant à un phénomène inévitable, naturel, normal, et elle l'interdit en lui fixant une borne inférieure, en deçà de laquelle il convient de supporter, bon gré mal gré, les immigrés.

Par ce double mouvement de légitimation et de proscription, la gestion est facilitée. Car même l'évitement de la notion de « seuil de tolérance » n'est qu'un abandon formel. Les politiques de (re-)logement des immigrés sont loin d'être sorties de cette problématique « quantophrénique », alors qu'on s'interroge sur les avantages et les inconvénients respectifs de leur regroupement et de leur dispersion, de leur « répartition équitable », ou des quotas les meilleurs. En revanche, on le remarquera, aucun « concept » opératoire, ou prétendu tel, ne porte sur la marge de liberté résidentielle des groupes discriminés, ni sur la discrimination elle-même.

### Les relations interethniques en situation de cohabitation

Les relations interethniques, en France, ne forment qu'un domaine marginal de la recherche. A l'inverse d'autres pays, notamment les États-Unis, aucun grand nom des sciences sociales n'a bâti sa carrière en s'y attachant. Et, si les travaux sur la cohabitation pluriethnique se sont multipliés depuis une quinzaine d'années, beaucoup restent dans les limites d'une description des populations et des « problèmes », ne débordant guère les frontières d'une démarche strictement empiriste.

On oublie généralement que toutes les situations résidentielles sont des situations de cohabitation. Classes, fractions de classes, catégories professionnelles, groupes d'âges et de sexes, pratiques culturelles, aspirations et projets individuels et collectifs diffèrent, voire divergent, dans des espaces que la ségrégation ne rend ni totalement homogènes ni parfaitement étanches. Partout surgissent des désaccords, des tensions ou des conflits, la plupart du temps jugés banals, normaux, ordinaires. Ils forment la trame même de la vie sociale, tout autant que les échanges, les coopérations, les solidarités qui, eux aussi, surgissent dans la cohabitation.

Il n'y a pas de raison de faire de la cohabitation pluriethnique une exception *a priori*. La dimension ethnique des relations de coexistence n'est d'ailleurs souvent pas la plus importante. Celles-ci sont d'abord sociales, économiques, culturelles ou politiques. Et c'est d'abord en tant que telles qu'elles doivent être analysées, ne serait-ce que parce qu'elles sont les médiations concrètes des relations interethniques, que celles-ci soient, ou non, vécues ou perçues comme telles. L'identification des protagonistes en termes ethniques — c'est-à-dire tour à tour nationaux, culturels, religieux ou « raciaux » — concurrence les autres identifications possibles. Être locataire ou propriétaire, commerçant ou client, jeune chômeur, usager, parent d'élève, membre d'une association, etc., mobilise, selon les lieux et les circonstances, des registres et des rôles différents qui font tous partie de l'identité des personnes. Le conflit interethnique, lui-même, n'est pas toujours « ethnique ». Lorsque deux familles s'opposent, le fait qu'elles soient d'origines différentes peut n'avoir aucune importance. Pour qu'un conflit soit désigné comme ethnique, il faut qu'on puisse observer une *ethnicisation* de la relation, c'est-à-dire un processus par lequel la référence à l'origine ethnique est considérée comme pertinente dans la relation, au point de susciter préjugé, préférence, inquiétude *a priori* ou rejet.

L'étude de la cohabitation pluriethnique ne peut être livrée à l'observation « désarmée », laquelle ne saurait qu'être soumise aux intuitions pratiques dont on a vu les écueils. Elle suppose un corpus théorique de référence qui concerne le champ des relations interethniques.

On peut, de ce point de vue, suggérer quatre niveaux

d'analyse distincts, mais liés, et dont l'articulation particulière définit, en chaque cas, des situations spécifiques :
— *le niveau des rapports sociaux interethniques* : ceux-ci relèvent de la structure globale sur les plans économique, social, institutionnel et politique, et s'enracinent dans la division internationale du travail, les rapports entre peuples et nations. Transcrits dans l'espace social de l'État national, ils définissent des positions et des statuts hiérarchiques, dont fait partie la hiérarchie ethnique. Ces rapports outrepassent largement l'interaction individuelle, mais ils s'y inscrivent par les positions, individuelles et collectives, de supériorité/infériorité, de domination/subordination... ;
— *le niveau des relations sociales interethniques* : elles supposent le contact dans lequel elles réalisent et formalisent les rapports interethniques. Elles n'en forment pas néanmoins le simple reflet, tant les configurations sociales (les catégories socio-professionnelles, les espaces urbains, les politiques locales, les circonstances de rencontre...) sont diverses. Elles permettent de déplacer ou de renforcer les frontières assignées et accordent à la dimension des appartenances ou des imputations ethniques des statuts différents, parfois centraux, parfois secondaires, notamment en fonction des enjeux de la coexistence et des interactions ;
— *le niveau des représentations réciproques des groupes* : elles se constituent à travers les idéologies qui accompagnent les rapports entre peuples — tels que les guerres, les rivalités économiques et territoriales, la colonisation, les concurrences sociales, les alliances... — et forment des images et des stéréotypes. Dans les relations interethniques, ces représentations constituent souvent un enjeu crucial, sur le plan idéologique, bien sûr, mais plus concrètement dans les contacts quotidiens où elles suscitent des identifications de soi et des autres, où elles assignent des frontières sociales, où elles entraînent méfiance, évitement, affirmation, déni ;
— *le niveau des représentations de la coexistence elle-même* : les images de soi et des autres, qui constituent le niveau précédent, conditionnent en partie l'épreuve du contact. La cohabitation avec des groupes très stigmatisés, comme le sont les immigrés du tiers monde en France, et notamment ceux qui sont originaires des anciennes colonies, peut être redoutée par crainte de la dégradation de l'habitat, de l'insécurité, de l'« envahissement » qui signifierait perte de maîtrise sur

l'environnement, mais plus encore déclassement personnel et dévalorisation statutaire.

La stigmatisation de ces groupes peut s'étendre aux espaces urbains et périurbains qui leur sont accessibles, le plus souvent parce qu'ils sont délaissés par les autochtones qui en ont les moyens. Deux fois dévalorisés, socialement et ethniquement, ces secteurs font l'objet de « stéréotypes spatiaux » [Benayoun et *al.*, 1987] qui les classent à la fois dans une échelle de valeur économique (les prix des terrains et des logements) et dans une échelle de valeur symbolique.

Dans un cadre théorique défini, dont celui-ci n'est que l'esquisse [pour plus de détail, voir De Rudder, 1990], les moyens empiriques d'observation des pratiques de cohabitation, et les relevés des discours qui la concernent, trouvent une cohérence, par laquelle chaque niveau est articulé aux autres. Loin du « seuil de tolérance », seul un tel cadre pourrait permettre — à condition d'être développé, affiné et testé — d'éclairer les conditions propices à la « tolérance » ou à l'« intolérance », à la paix ou au conflit ethniques.

## Bibliographie

BENAYOUN C., MANTOVANI et SAINT-RAYMOND O. (1987), *Situations interethniques. Rapports de voisinage dans quatre quartiers toulousains*, Toulouse, Cahiers du Centre de recherches sociologiques, n° 7.
BOGARDUS E.S. (1925), « Measuring Social Distance », *Sociology and Social Change*, n° 9. — (1928), *Immigration and Race Attitudes*, D.C. Heath, Boston.
CALVEZ C. (1969), *Le Problème des travailleurs étrangers*, Rapport au Conseil économique et social, Paris.
CORDEIRO A. (1990), « Seuil de tolérance ». A paraître dans un ouvrage collectif (C. LIAUZU éd.).
DE RUDDER V. (1985), « Insertion des immigrés : l'opinion des Français », *Vivre en France avec nos différences*, Éd. Différences, Paris. — (1990), « La cohabitation pluriethnique et ses enjeux », *Migrants-Formation*, n° 80, mars. — (1987), en coll. avec M. GUILLON, *Autochtones et immigrés en quartier populaire*, L'Harmattan, Paris.
DUCHAC R. (1974), *La Sociologie des migrations aux États-Unis*, Mouton, Paris-La Haye.
DUNCAN O. et B. (1957), *The Negro Population of Chicago: A Study of Residential Succession*, University of Chicago Press, Chicago.
GIRARD A. (1971), « Attitudes des Français à l'égard de l'immigration étrangère. Enquête d'opinion publique », *Population*, n° 5.

GIRARD A., CHARBIT Y. et LAMY M.L. (1974), « Attitudes des Français à l'égard de l'immigration étrangère », *Population*, n° 6.
GRODZINS N. (1957), « Metropolitan Segregation », *The Scientific American*, octobre.
GUILLON M. et TABOADA-LEONETTI I. (1987), *Le Triangle de Choisy. Un quartier chinois à Paris*, L'Harmattan, Paris.
MASSENET M., discours cité dans *Hommes et Migrations-Documents*, n° 793, 1er juillet 1970. — *Le « seuil de tolérance aux étrangers »* (1975), compte rendu du Colloque du Centre interuniversitaire de documentation sur les migrations, *Sociologie du Sud-Est*, n° spécial 5-6.
TABOADA-LEONETTI I., en coll. avec M. GUILLON (1988), *Les Immigrés des beaux quartiers. La communauté espagnole dans le XVIe*, L'Harmattan, Paris.
TAEUBER K. et A. (1965), *Negroes in City. Residential and Neighborhood Change*, Aldine Publ., Chicago. — (1965), « Negro Residential Segregation. Trends and Measurement », *Social Problem*, n° 1, 1964.

# 9

## Relations interethniques et formes d'intégration

*par Riva Kastoryano*

L'évolution de la présence des immigrés en France a conduit les spécialistes français en sciences sociales à faire appel à de nouveaux concepts. Nombreux sont ceux qui, parmi eux, s'inspirent des travaux américains relevant de ce que l'on appelle l'analyse des « relations interethniques ». Cependant, la transposition de concepts originellement utilisés dans un cadre spécifique nécessite une mise au point quant à leur validité et leur limite dans un contexte différent. D'autant plus que le concept de « relations interethniques » comme ceux d'« ethnicité » d'« identité ethnique » sont ambigus malgré leur force d'évidence. Il s'agit de concepts mal délimités, qui ont pourtant vocation à délimiter.

Dans la sociologie américaine, le concept de relations interethniques est utilisé comme une sous-catégorie des relations sociales : entre individus, entre individus et groupes, entre groupes. Le terme « ethnique » intervient pour exprimer une (ou des) spécificité(s) identitaire(s), réelle(s) ou élaborée(s), autour de laquelle/desquelles les individus s'organisent en « communauté ethnique » ou en groupe. Ces formes d'organisation entraînent parfois une mobilisation, mais, surtout, par un jeu complexe de compétition et de conflit dans différents domaines d'interaction, permettent aux groupes de se situer les uns par rapport aux autres.

Aux États-Unis, les études sur les relations interethniques adoptent essentiellement deux approches :
— celle de l'organisation informelle et spontanée des communautés locales qui cherchent à maintenir et perpétuer une culture, une langue, des traditions. Cette réalité de la société américaine a orienté la pensée sociologique depuis la naissance de l'école de Chicago, qui a fait de l'observation de ces communautés et de leurs relations avec l'environnement sa préoccupation majeure. Ces recherches aboutissent dans l'ensemble à une analyse de l'intégration sociale fondée sur la cohésion interne de la « communauté » et de la « société » ;
— celle d'une prise de conscience de la différence et d'une mobilisation pour sa reconnaissance publique. Cette approche, guidée par une analyse wébérienne de la formation de groupe à partir d'un sentiment d'appartenance, met en évidence une action pour la représentation de l'identité collective et pour son intégration dans la communauté politique.

L'histoire du peuplement du Nouveau Monde justifie l'importance de ces études. Aux États-Unis, pays d'immigration dès sa constitution, la diversité culturelle a conduit à une organisation de type communautaire des populations qui, installées sur le territoire national, partagent certaines expériences et des références au passé. La structuration des groupes autour des identités construites en fonction des intérêts collectifs aboutit à la structuration de groupes de pression dans les domaines économique, social et politique.

En France, le terme de « relations interethniques » fait son chemin depuis les années soixante-dix. Il se réfère surtout à « l'espace habité », au logement des populations immigrées. Le regroupement (volontaire ou non) des populations immigrées a conduit à des concentrations urbaines qui favorisent la constitution de « communautés de fait ». En France, les recherches sur la ville comme « laboratoire social » se sont inspirées des travaux de l'école de Chicago — qui était partie du même constat dans la grande métropole de Middle West au début du siècle — et aboutissent à des analyses sur la nature et les degrés d'intégration des populations immigrées. Cette approche renvoie, de fait, au concept de « relations interethniques » comme à un outil d'analyse.

*immigration et intégration*

Mais son utilisation, dans le contexte français, se rapporte aux relations entre immigrés et Français, et très rarement aux relations entre différentes populations qui partagent le même espace public : travail, logement, école. De fait, elle met en évidence les relations entre les « étrangers » et la France.

Deux démarches peuvent expliquer cette approche :
— la première est la tradition sociologique en France, qui, depuis Durkheim, privilégie les institutions et non les groupes. La « solidarité mécanique » est remplacée par la « solidarité organique » qui attribue la fonction de la socialisation des individus aux institutions nationales et non aux « communautés ». Les intérêts collectifs sont, par conséquent, représentés par des instances intermédiaires qui assurent ce qu'on a longtemps appelé « l'assimilation » des étrangers : partis politiques, syndicats, associations ;
— la seconde est la prédominance de l'analyse marxiste dans la « sociologie de l'immigration ». L'idéologie internationaliste qui sous-tend cette analyse conduit à réunir les différentes cultures en classes sociales, considérées comme la seule division dans les sociétés industrielles.

Or, les migrations économiques entraînent inévitablement un changement dans la composition culturelle des classes sociales. L'appartenance nationale des migrants joue en effet un rôle important dans les solidarités « ethniques » sur le lieu de travail, tout comme dans le domaine du logement. Cela entraîne, à la longue, une différenciation où apparaissent des intérêts collectifs distincts. Les clivages qui en résultent remettent en cause l'idéologie de classe en tant que telle. D'où le recours à de nouveaux outils pour analyser les nouveaux enjeux...

Ces deux approches aboutissent à une analyse des modes d'intégration dans la société française à travers les institutions. Toute expression d'une identité spécifique est réservée à la sphère privée de la famille ou de l'individu. L'ambiguïté dans l'usage du concept de « relations interethniques » en France provient des tentatives d'expression des identités collectives dans la sphère publique avec un souci de représentation politique — la revendication d'une reconnaissance religieuse des musulmans, par exemple. Cette nouvelle donne de l'immigration en France nécessite une redéfinition du concept de « relations interethniques » dans le contexte français.

Ainsi, à considérer l'usage qui en est fait, le terme de

« relations interethniques » renvoie tantôt au privé, tantôt au public, tantôt à l'individuel, tantôt au collectif, en fonction des terrains d'études et des contextes historiques.

## Socialisation et relations interethniques

Comme toutes les relations sociales, les « relations interethniques » situent l'individu ou le groupe face à l'autre : l'autre — l'inconnu, le différent, l'étranger qui travaille à côté, qui habite en face [voir Simmel]*. La socialisation se fait grâce aux interactions qui se traduisent parfois par des compétitions et des conflits, et établissent *de facto* une hiérarchie entre différentes populations immigrées (ou non immigrées) sur le lieu de travail ou dans le domaine du logement, mais jouent, néanmoins, un rôle important dans l'intégration sociale.

### *Intérêts de classe (ou de groupe) ou intérêts individuels*

Considérons tout d'abord le travail, premier lieu de socialisation du travailleur immigré, lieu de « socialisation à la classe d'accueil » [Tripier]. M. Tripier constate que « l'entreprise est le lieu où les rapports sont les moins ethnicisés ». De fait, les efforts des syndicats et des militants ont été de forger une « identité de classe » transcendant les identités culturelles, religieuses et nationales, comme pour compenser le déclin du prolétariat français. Mais une hiérarchie de fait se crée sur le lieu de travail entre les nouveaux et les anciens arrivés, et produit des clivages entre nationalités.

Malgré les relations instrumentales que les migrants entretiennent avec le travail, outil de mobilité sociale, cette hiérarchisation entraîne des formes de mobilisation qui varient en fonction des contextes sociaux et politiques. Dans les années soixante-dix, les intérêts collectifs autour des conditions de travail constituaient la source principale de mobilisation. Alors qu'une recherche dans les usines Renault dans les années quatre-vingt met en évidence une mobilisation autour de l'islam. Preuve de l'installation permanente de la dernière vague d'immigrés, majoritairement musulmane, leur

---

* Les références entre crochets renvoient à la bibliographie en fin d'article.

revendication porte sur la reconnaissance de leur identité religieuse comme signe de respect et de dignité de leur statut de travailleur étranger. Même si cette reconnaissance s'avère d'ordre symbolique, car l'expression de l'identité sur le lieu de travail n'entrave pas les normes de production, elle remet en question le rôle unificateur du travail.

De plus, le travail n'est pas une instance de socialisation pour les jeunes issus de l'immigration. Le refus du statut de travailleur, qui sous-entend une continuité avec la situation du père et par conséquent l'échec de l'immigration, pousse certains à acquérir une qualification professionnelle. Cela renforce le caractère individuel de l'intégration économique et sociale.

## Vous avez dit « ghetto » ?

Dans l'espace habité, en revanche, il est plus difficile de déterminer la frontière entre l'identité privée et ses représentations publiques. Limiter les « relations interethniques », dans les quartiers à forte concentration de populations immigrées, aux interactions entre autochtones et étrangers, cela suppose que les populations immigrées constituent un bloc homogène. Or, l'existence des « ghettos » est contestée justement du fait de l'hétérogénéité nationale et culturelle de ses habitants dans un espace donné [de Rudder]. Qu'en est-il alors des relations entre les différentes cultures ? La plupart des recherches soulignent l'importance de l'influence des représentations sociales dans les relations (ou le manque de relations) dans un espace donné. Ces représentations sont nourries de stéréotypes et de préjugés renvoyant à des faits historiques et politiques, et qui réapparaissent à la faveur de certaines situations économiques et sociales. L'absence de référence à des identités culturelles et nationales est révélatrice : elle renvoie toute expression de l'identité à la famille et à la « communauté » constituée par la proximité spatiale.

La concentration des immigrés dans des quartiers s'accompagne d'un pourcentage élevé d'enfants « étrangers » dans des écoles. Surgit alors une contradiction dans l'utilisation du mot « ghetto ». La plupart des travaux sur la scolarisation des enfants d'immigrés mettent l'accent sur le nombre de nationalités dans une seule classe appelée « classe-ghetto », alors que c'est cette hétérogénéité qui permet d'affirmer l'absence de « ghetto » dans le logement en France. S'agit-il d'une remise en question de la fonction d'« assimilation » de l'école ? De sa capacité de gérer les relations interculturelles entre les groupes d'âge dans un espace public ? Pourtant celles-ci sont loin d'être conflictuelles !

En réalité, certains quartiers de grandes villes et certaines cités de banlieue « présentent des traits sociaux et culturels assez homogènes pour que les autres groupes les reconnaissent » [Dubet, 1989]. La représentation collective des quartiers se fait en fonction de l'image qu'ils reflètent et à laquelle réagissent les individus : par identification, par acceptation ou par refus. L'identification conduit à des regroupements volontaires et à un repli de type communautaire qui accroît la visibilité de la population en question. Quant au refus et, dans une certaine mesure, à la tolérance, ils entraînent l'éloignement des autres. Dans les deux cas, se dessinent des frontières flexibles des groupes. Puisque l'identité est dynamique, elle se construit et se redéfinit en fonction des situations et des interactions avec l'autre ; les diverses réactions qui surgissent de la coexistence de plusieurs cultures contribuent à la formation des groupes.

La flexibilité de ces frontières apparaît dans deux stratégies différentes, mais coexistantes, de développement des quartiers. Il s'agit, d'une part, de l'importance accrue de l'*ethnic business*. Cela accentue la représentation collective d'un quartier en faisant apparaître les solidarités communautaires dans le tissu urbain. Les relations interethniques se rapportent moins à une compétition qu'à une relation entre commerçants et clients. D'autre part, le développement des associations locales qui font porter leurs efforts sur la formation d'une identité de quartier plutôt que sur celle d'une identité de groupe défini. Ces associations déclarent un objectif d'intégration sociale en mettant davantage l'accent sur l'« interculturel », pour éviter l'émergence des « groupes ethniques ». Les relations sociales dans les quartiers se trouvent ainsi institutionnalisées grâce aux instances intermédiaires que constituent les associations, en l'occurrence, les associations de quartier.

## *Associations d'immigrés ou émergence de « groupes ethniques »*

Les actions des associations ne se limitent pas aux quartiers. La France des années quatre-vingt témoigne d'une prolifération d'associations d'immigrés. Celles-ci, autorisées par la loi de 1981, sont, bien entendu, à la fois cause et conséquence d'une prise de conscience des intérêts collectifs. Mais, à la différence du mouvement associatif traditionnel auquel participaient des militants immigrés et qui portait sur les droits et les conditions de présence en France, les associations dites d'immigrés définissent leur intérêts collectifs en termes d'identité : son institutionnalisation rendrait légitime sa représentation politique. Ainsi se trouvent redéfinies les identités de l'espace privé du logement. De fait, avec ces organisations, relais des solidarités « ethniques », les spécificités identitaires, jusque-là réservées au cercle familial et « communautaire », commencent à être exprimées publiquement. Les associations élaborent dès lors des tactiques qui évoluent en fonction des situations locales (le racisme quotidien) et nationales (la revendication des droits politiques), et définissent des stratégies d'action et de réaction. Les négociations, qui en résultent, avec les autorités locales ou même avec l'État, portent sur les besoins d'une « communauté » qui désire perpétuer ses traditions culturelles et religieuses par la création de lieux de culte, par exemple. Cette exigence d'une reconnaissance conduit les nouveaux acteurs à négocier les modes d'intégration des populations immigrées.

Ainsi, le mouvement associatif reflète des tendances ambiguës, qui semblent même contradictoires : d'une part, une affirmation et une revendication publique du particularisme identitaire ; d'autre part, une volonté d'intégration individuelle ou parfois collective. En réalité, elles sont complémentaires.

La participation politique à travers une organisation associative, qui favorise la constitution de groupes de pression, privilégie un mode d'intégration qu'on pourrait qualifier de communautaire [Leveau, 1989]. Il s'agirait là d'un phénomène nouveau qui émerge avec l'installation de la dernière vague d'immigration des années soixante provenant du Maghreb. Une partie de cette vague migratoire revendique une reconnaissance publique de son identité culturelle avec ses caractéristiques politico-religieuses [Kepel, 1987]. Soit qu'un sentiment d'appartenance à une identité commune exprimée, dans ce cas par l'islam, se trouve à l'origine du désir de former un groupe de pression, soit, en sens inverse, qu'un groupe de pression fasse appel à une identité collective justifiée par la religion, élément identitaire commun à la grande majorité de migrants, l'action collective repose sur une mobilisation des ressources ; ressources à la fois humaines et financières, pour la survie de l'association. Dès lors, les relations entre différents groupes ainsi structurés se traduisent par une « compétition interethnique » qui consiste, d'une part, à utiliser des réseaux de relations pour renforcer l'action, et, d'autre part, à sensibiliser l'État-providence qui, à travers des organismes comme le FAS (Fonds d'action sociale), soutient les formes d'organisation autour de l'identité. La « réussite » de certaines associations sert d'exemple à d'autres populations installées en France qui construisent, à leur tour, des « identités d'action ».

La « compétition interethnique » repose aussi et surtout sur la capacité du dirigeant à négocier des intérêts collectifs avec les pouvoirs publics et l'État-providence. En effet, les associations permettent à leurs militants d'élaborer des réseaux de relations, aussi bien à l'intérieur du groupe qu'à l'extérieur de lui. Le dirigeant devient le porte-parole du groupe, qui est considéré par l'État comme le seul interlocuteur. La manipulation du symbolique, de l'instrumental et de l'affectif lui confère un rôle d'intermédiaire qui assure sa propre promotion économique et lui permet de compléter son intégration sociale par le politique. Ainsi se confirme son intégration individuelle, même si elle repose sur une représentation collective.

En dépit des différences idéologiques dans l'utilisation du concept de « relations interethniques » des deux côtés de l'Atlantique, les réalités semblent se rapprocher. En France, les discours élaborés successivement sur l'« assimilation des étrangers », l'« insertion des immigrés », l'« intégration des populations issues de l'immigration », ces discours mettent en évidence le rôle de l'État dans la gestion des expressions identitaires. En légalisant les regroupements volontaires des populations immigrées, le pouvoir central et ses institutions participent à la formation d'une élite parmi les jeunes issus de l'immigration qui, socialisés en France, pourraient servir d'interlocuteurs.

La nouvelle dynamique née du mouvement associatif des immigrés montre certes une continuité avec la tradition politique républicaine (malgré les limites de celle-ci), autour des trois figures : l'individu, le représentant du groupe et l'État. Mais la représentation collective qui pèse sur le nouveau citoyen se réfère à des dimensions multiples : un sentiment de loyauté vis-à-vis du pays d'origine, l'identification au groupe reconstitué dans le pays d'installation et l'intériorisation des règles du jeu politique français. L'analyse des « relations interethniques », dans le contexte français, nécessite la prise en considération de ces enjeux multiples.

Par ailleurs, réfléchir sur les différentes formes de relations interethniques invite à s'interroger sur le pluralisme des sociétés modernes. La diversité culturelle due à des mouvements de populations, dans la plupart des cas pour des raisons économiques, à l'intérieur d'un pays, d'un pays à l'autre, d'un niveau de développement à l'autre, est caractéristique des sociétés industrielles. Mais la modernisation fondée sur une rationalité économique se trouve confrontée à la modernisation politique, qui avait défini l'État-nation à partir d'une idéologie d'homogénéité culturelle où les frontières culturelles et politiques sont confondues : « un peuple, un État » [Walzer, 1980].

La pluralité interne des sociétés n'est pas contestée ; c'est sa reconnaissance politique qui suscite des réactions. De fait, le pluralisme culturel émerge spontanément des modes d'organisation informelle des familles immigrées ; mais il ne peut survivre, d'après M. Walzer, que lorsque les groupes « ethniques » et les individus partagent les intérêts de la nation, et lorsque les « communautés » sont incorporées dans la communauté politique [Walzer, 1980]. Mais toute manifestation politique de la diversité culturelle occasionne des débats qui mettent en cause la constitution et l'idéologie de l'État-nation. L'impossibilité de concevoir des « nations embryonnaires » dues aux mouvements de revendications identitaires de différents groupes au sein même de l'État-nation conduit ce dernier à réduire la nation sociologique (la diversité interne des peuples en son sein) à l'unité juridique.

La diversité culturelle a joué un rôle important dans la formation des États-nations ; aujourd'hui, c'est la diversité des nations qui construit la Communauté européenne. Cette « communauté de destin », économique au départ, implique une nouvelle structure de relations entre les États-nations, impliquant de nouveaux intérêts collectifs transnationaux, partant de nouveaux groupes de pression. Les organisations de type communautaire s'inscrivent dans ce cadre de développement. Les associations d'immigrés, qui ont proliféré dans plusieurs pays européens pendant les dix dernières années, peuvent être considérées dès lors comme des formes d'organisation transitoires qui permettent l'élaboration de réseaux de solidarité à une échelle supranationale. C'est ce qui se manifeste déjà par des solidarités « ethniques » et nationales des populations non communautaires qui cherchent une représentativité dans des institutions européennes. Mais une telle représentativité des migrants non européens repose aussi bien sur la reconnaissance d'un statut de « minorité » que sur celle des pays d'origine.

Ainsi, ces nouvelles formes d'expression identitaires, nationales ou/et communautaires dans un espace politique en construction, nécessitent-elles une redéfinition du pluralisme et des relations « interethniques » à partir d'un nouvel équilibre entre cultures et politiques.

## Bibliographie

Ballis Lal B., « The Chicago School of American Sociology, Symbolic Interactionism and Race Relations Theory », in Rex J., Mason D., *Theories on Race and Ethnic Relations*, Cambridge University Press, New York, 1989.

Barth F., *Ethnic Groups and Boundaries*, Little Brown and Cie, Boston, 1969, p. 9-39.

Bell D., « Ethnicity and Social Change », in Glazer N. et Moynihan D. (eds), *Ethnicity and Social Change*, Harvard University Press, Cambridge, 1981, 5e éd., p. 141-177.

Birnbaum P., « Citoyenneté et particularisme », in Taguieff P.-A. (éd.), *Face au racisme*, La Découverte, Paris, 1991, t. II.

Cashmore E. (ed.), « Race Relations », in *Dictionnary of Race and Ethnic Relations*, Routledge, Londres, 1989, 2e éd., p. 239-245.

DE RUDDER V., « La cohabitation interethnique et ses enjeux », *Migrants Formation*, mars 1990, p. 68-91. — « Logement et intégration des populations immigrées en France », communication présentée à la table ronde sur *Les politiques d'immigration en Europe et aux États-Unis*, au Centre d'études et de recherches internationales (FNSP), Paris, avril 1988. — « La tolérance s'arrête au seuil », *Pluriel*, n° 21, 1980.

DUBET F., *Immigrations : qu'en savons-nous ?*, La Documentation française, Paris, 1989.

GLAZER N. et MOYNIHAN D. (éds), *Beyond the Melting Pot*, Harvard University Press, Cambridge, 1984, 9e éd.

GRAFMEYER Y., JOSEPH I., *L'École de Chicago. Naissance de l'écologie urbaine*, Ed. du Champ urbain, Paris, 1979 (Aubier, Paris, 1984).

GUILLON M., TABOADA-LEONETTI I., *Le Triangle de Choisy*, CIEMI, L'Harmattan, Paris, 1987.

HOROWITZ D., *Ethnic Groups and Conflict*, University of California Press, Berkeley, 1985.

KASTORYANO R., « La double stratégie des Beurs », *Le Journal des élections*, avril 1990. — « Définition des frontières de l'identité : Turcs musulmans », *Revue française de science politique*, décembre 1987, p. 833-854.

KEPEL G., *Les Banlieues de l'Islam*, Le Seuil, Paris, 1987.

LECA J., « Individualisme et citoyenneté », *in* BIRNBAUM P. et LECA J. (éd.), *Sur l'individualisme*, Presses de la FNSP, Paris, 1986, p. 159-209.

LEGER A., TRIPIER M., *Fuir ou construire l'école populaire ?*, Méridiens-Klincksieck, Paris, 1986.

LEVEAU R., « Les partis et l'intégration des Beurs », *in* MÉNY Y. (éd.), *Idéologies, partis politiques et groupes sociaux*, Presses de la FNSP, Paris, 1989, p. 247-261.

SIMMEL G., « The Stranger », in *On Individuality an Social Forms*, D.N. LEVINE (ed.), University of Chicago Press, Chicago, 1971, p. 143-150.

STONE J., *Racial Conflict in Contemporary Societies*, Harvard University Press, Cambridge, 1985.

TRIPIER M., *L'Immigration dans la classe ouvrière en France*, CIEMI, L'Harmattan, Paris, 1990.

WALZER M., « Pluralism : A Political Perspective », *in* THRESTORM S. (ed.), *Harvard Encyclopedia of American Ethnic Groups*, Harvard University Press, Cambridge, 1980, p. 781-787.

WEBER M., *Economy and Society*, California University Press, Berkeley, 1974.

WIHTOL DE WENDEN C., « L'émergence d'une force politique ? Les conflits des immigrés musulmans dans l'entreprise », *Esprit*, juin 1985, p. 222-231.

# 10

## Le logement des travailleurs immigrés : détournements et impasses d'une politique

*par Patrick Weil*

La politique de logement des immigrés est dans une impasse ; des incidents sociaux rappellent régulièrement le caractère explosif d'une situation que ne peuvent maîtriser les « pompiers » des politiques locales.

Longtemps, entre 1945 et 1975, cette politique fut absente des priorités politiques des différents gouvernements. Alors qu'en 1975 un nombre important de logements sociaux aurait permis de mettre en œuvre une logique de dispersion, on a favorisé la formation des ghettos. A partir de 1981, pour détruire ces ghettos, on a appliqué des quotas alors que la diminution de la construction de logements sociaux ne permettrait pas de reloger les immigrés que l'on voulait faire partir des ghettos. Les sommes affectées spécifiquement au logement social des immigrés ont été ainsi soit détournées, soit mises au service des foyers de travailleurs immigrés. Les politiques locales qualitatives ne peuvent masquer le désengagement de l'État sur le terrain du logement social, et l'aggravation de la situation macro-sociale. Le mécanisme spécifique du 0,1 % était devenu si inutile en tant que tel que son autonomie a été supprimée en décembre 1987 et sa gestion intégrée dans une Agence nationale pour la participation des employeurs à l'effort de construction. C'est l'histoire rapide de cet échec que nous voudrions conter.

L'affectation d'une partie (20 %, puis 10 %, puis 6,4 %) de la taxe parafiscale de 1 %[1] au logement des immigrés répondait en 1975 au souci d'améliorer une situation scandaleuse : logement dans des bidonvilles, des cités de transit, dans des immeubles en voie de démolition ou chez des « marchands de sommeil ». Augmenter le nombre de logements de qualité occupés par des immigrés devenait enfin une priorité.

Entre le 1er janvier 1975 et le 31 décembre 1988, ce sont 10,917 milliards de francs qui, au titre du 1 %, ont été consacrés au logement affecté aux immigrés. La croissance de la masse salariale a permis de maintenir la collecte annuelle autour du milliard de francs.

Comment furent-ils utilisés entre 1976 et 1980 ?

## Le détournement du 0,1 %[2] entre 1976 et 1980

### *Les foyers*

Une importante part du 0,1 % fut affectée aux foyers ; les conditions de vie s'y améliorèrent un peu, mais déjà se produisait un phénomène qui allait s'aggraver par la suite : la mainmise des associations gestionnaires de foyers sur la plupart des aides au logement.

Les foyers accueillent alors plus de 150 000 étrangers célibataires, de façon en principe provisoire. Ils sont pour beaucoup vétustes et en état de suroccupation. Il faut donc construire et rénover.

Pour la construction de foyers, l'État dispose encore du pouvoir de préemption de terrains et d'autorisation des permis de construire. Le FAS assure un financement complémentaire et aide au premier équipement mobilier. Le 0,1 % permet d'apporter les sommes complémentaires. La création de 35 000 lits par an et la restauration de 5 000 autres étaient

---

[1]. 1 % de la masse salariale de l'entreprise, affecté au logement des salariés.
[2]. Nous désignons conventionnellement par « 0,1 % » la part variable (de 0,2 % à 0,06 % aujourd'hui) du 1 %, affectée au logement des travailleurs immigrés et de leur famille.

projetées. Entre 1975 et 1976, 15 725 lits sont créés, en 1977, 10 000.

Mais la longue et dure grève des loyers dans les foyers (1975-1980), qui fut un échec relatif sur le plan des revendications, eut des conséquences financières importantes. Progressivement, entre le début et la fin de la grève, le financement des logements de travailleurs célibataires devint la part prédominante des dépenses du Fonds d'action sociale pour les travailleurs migrants. Les recettes du FAS furent affectées à la prise en charge du déficit des foyers (212 millions de francs en 1980), provoqué notamment par le non-paiement des loyers par les grévistes.

Ensuite, le souci d'éviter à tout prix, à l'avenir, la reproduction des grèves provoqua dès la fin du conflit de nombreuses initiatives. Les gestionnaires des foyers de la région parisienne procédèrent au « desserrement » des chambres et obtinrent pour cela du FAS une compensation pour le manque à gagner sur le plan des redevances qui représentait 33 millions de francs en 1980. Ces gestionnaires purent aussi bénéficier de l'aide personnalisée au logement (APL), instaurée par la loi du 3 janvier 1977. Elle permettait d'accorder au propriétaire, louant un ou plusieurs logements, en fonction des ressources et de la situation familiale du locataire, une aide financière mensuelle. En échange, l'engagement conventionnel devait fixer des critères obligatoires d'amélioration de l'habitat et donc de travaux, d'évolution des loyers de l'immeuble concerné. Les organismes gestionnaires de foyers d'immigrés signèrent, à partir de 1979, et de façon systématique, des conventions de ce type. L'organisme se voyait ainsi assuré de percevoir une partie de la redevance due par le résident, ce dernier obtenait une garantie d'amélioration de son habitat. L'APL permit surtout d'augmenter de façon sensible les réserves de financement des organismes gestionnaires et d'enchérir le tarif de la résidence. Une aide transitoire au logement (ATL) fut en outre créée pour venir en aide aux foyers dans l'attente de leur conventionnement à l'APL (16 millions de francs en 1980). Enfin, les gestionnaires reçurent du FAS une aide à la gestion (créée en 1978) qui varie en fonction du nombre de lits, de la surface des chambres, et du type de foyers.

## *Le logement des familles*

Qu'en fut-il du logement des familles? L'alternative dans ce domaine fut, dès le milieu des années soixante, entre une politique de dispersion de la population immigrée et une politique de concentration. Les pouvoirs publics choisirent très vite la dispersion, qui impliquait sinon l'idée d'un seuil de tolérance, du moins celle d'un seuil d'intégration.

En France, la dispersion des immigrés dans les logements sociaux, le non-dépassement d'un certain seuil de présence de familles culturellement étrangères dans chaque immeuble vont être les fondements de la politique nationale du logement des immigrés et cela dès le début des années soixante. Le choix paraît logique : entre les quotas et les ghettos, on choisit les quotas. Mais c'est à partir de 1975, avec le 0,1 %, que l'on va pouvoir mobiliser au service de cette option les organismes de construction et de gestion de logements sociaux.

Ses concepteurs prévoient, comme moyen d'action principal, non pas la construction nouvelle d'immeubles ou de cités (que les crédits 0,1 % auraient pu aisément financer), mais la réservation de logements pour les étrangers, dans des immeubles construits par des organismes HLM. En contrepartie d'une contribution financière à des opérations immobilières effectuées par l'organisme, celui-ci s'engage à attribuer durablement à des immigrés un certain nombre de logements de son patrimoine. L'accord peut aussi prévoir des déconcentrations dans les ensembles immobiliers où se trouve déjà une forte densité d'immigrés. L'État a mis d'importants moyens financiers au service de cette politique : environ 500 millions de francs par an, soit, dans les cinq premières années de son fonctionnement, environ 3 milliards de francs, qui vont être détournés de leur objectif.

Car au moment où l'État s'engage dans cette politique, le parc HLM des années soixante est déjà dégradé ; les classes moyennes, qui l'occupent, le quittent : la progression rapide de leur revenu leur permet souvent de s'installer dans des habitations plus spacieuses et plus modernes. Ces deux phénomènes, dégradation du parc et départ des classes moyennes, contribuent à l'obsolescence rapide des grands ensembles. Pour les organismes chargés de les gérer au sein d'un parc de logements plus vaste, les 500 millions de francs annuels du 0,1 % vont représenter une aubaine : en échange de cet argent, on leur demande de s'engager à respecter des quotas, contrat qu'ils signent sans réserve. L'office peut présenter aux pouvoirs publics un bilan global positif : il s'était promis de loger en capacité supplémentaire X étrangers ; ils l'ont été. Les organismes gestionnaires s'étaient engagés à ne pas en loger plus de 10 % ou 20 % : globalement, en considération de la totalité de leur parc, l'engagement a été tenu. Mais par immeuble, par cité, voire par quartier, ce n'est pas tout à fait le cas. Au contraire du projet initial, on va remplir les appartements vides des grands ensembles avec des familles immigrées, sans considération de la concentration des étrangers dans les immeubles.

Ainsi, les logements attribués aux immigrés ne sont pas ceux que le 0,1 % a permis de construire ou d'améliorer. Grâce au financement accordé, des immeubles neufs sont bâtis ou réhabilités, et proposés à d'autres candidats à la location. Souvent le 0,1 % finance aussi « un droit de suite », c'est-à-dire le simple remplacement de familles immigrées déjà logées par d'autres familles immigrées : car les conventions signées ne permettent pas toujours aux pouvoirs publics de mesurer exactement la capacité de logements supplémentaire. En outre, la durée des réservations n'ayant pas toujours non plus été précisée, le financement de la location d'un logement à la même famille étrangère peut être renouvelé chaque année, le coût de chaque réservation étant de 20 000 à 50 000 francs.

Tous ces financements supplémentaires contribuent à diminuer les difficultés financières des organismes HLM, mais au prix d'un véritable détournement de fonds publics, avec pour conséquence le résultat inverse de celui qui était initialement recherché : la concentration des immigrés.

Paradoxalement, entre 1975 et 1981, la situation du logement des immigrés s'est améliorée : relativement à leur situation précédente, les logements libérés par des familles françaises, dans des zones éloignées des centres urbains, ont permis à de nombreuses familles étrangères d'améliorer le confort de leur habitat.

Cette « amélioration » est parfaitement enregistrée par les informations fournies par l'INSEE à l'occasion du recensement de 1982. D'abord en région parisienne, où résident la majeure partie des immigrés : 43,3 % des ménages sont logés en HLM. L'INSEE relève que « le surpeuplement s'est légèrement résorbé pour les ménages étrangers (43 % en 1982 contre 48,5 % en 1975) ». L'INSEE note l'amélioration importante du confort, parallèle à une amélioration générale. Les logements sans eau ont pratiquement disparu. Les WC intérieurs sont présents dans 76 % des logements (62,5 % en 1975) et les installations sanitaires dans 77 % (58,5 % en 1975 et 85,5 % dans le cas des Français).

Mais au total, nous le comprenons maintenant, la situation de cette population immigrée relativement mieux logée, mais concentrée dans des cités HLM dégradées, va générer des explosions locales, qui vont mobiliser l'attention publique.

## Depuis 1981 : la territorialisation de l'action

En 1981, le tournant qui se produit dans l'action de l'État paraît s'imposer : puisque la population immigrée est concentrée dans certains lieux, la priorité de l'action publique doit s'y concentrer pour rétablir la paix sociale. C'est souvent sous l'effet d'incidents sociaux et par crainte du Front national que l'on réagit. L'action locale, hésitante quant à sa logique d'action sociale, va prendre le pas sur l'action nationale. A l'État acteur va se substituer l'État contractant.

L'État va intervenir sur les problèmes spécifiques des populations ou des quartiers les plus défavorisés en créant des structures spécialisées. Le point commun entre les ZEP (école), la CNDSQ (Commission nationale du développement social des quartiers) et la commission des maires sur la sécurité, c'est de tenter d'associer des acteurs (ministères différents, collectivités locales) qui n'ont pas l'habitude de travailler ensemble. Le moyen d'action principal de l'État dans le logement reste le 0,1 %.

### *Où est allée la manne du 0,1 % ?*

Plus du tiers des fonds du 0,1 % (certaines années, la moitié) est allé aux foyers, alors que seul un immigré sur cinq vit en célibataire. Les organismes gestionnaires ont su tirer parti de l'abondance de la ressource et du relatif désintérêt des organismes HLM à l'égard du 0,1 %. Ces fonds ne servent plus à la construction de nouveaux foyers car celle-ci est bloquée par les maires, qui ne délivrent plus de permis de construire. Ils servent le plus souvent à des travaux d'entretien ou de réparation. Les associations gestionnaires de foyers continuent de bénéficier d'une aide à la gestion calculée forfaitairement et représentant 400 millions de francs annuels. De plus, les organismes gestionnaires, notamment la *SONACOTRA* ont poursuivi la politique de conventionnement à l'Aide personnalisée au logement. Sur 140 000 personnes vivant en foyers en France, 55 % sont dans des foyers conventionnés par l'APL et 20 % à 25 % sont dans des foyers conventionnés à l'Aide transitoire au logement (ATL) versée par le FAS aux gestionnaires de foyers pour le compte des bénéficiaires. Cette aide « transitoire » est en augmentation constante depuis 1978 et représentait 120,5 millions de francs en 1988. Il n'existe aujourd'hui que 170 000 lits dans 740 foyers pour des travailleurs célibataires dont le nombre est estimé approximativement à 800 000. Cela laisse présager qu'un très grand nombre de travailleurs isolés vivent encore en habitat insalubre et que quelques-uns d'entre eux, de 25 000 à 40 000, sont dans des logements de chantiers.

Pour le reste, le 0,1 % a pour une grande part servi au financement des opérations visant les quartiers dégradés sans que cette part ait été d'ailleurs comptabilisée dans le coût total des opérations. Par exemple, en 1985, dans le Nord-Pas-de-Calais, 61,5 % du 0,1 % ont été affectés aux opérations de réhabilitation du parc social alors que 7,5 % l'ont été à des constructions neuves ou à des acquisitions de logements familiaux. Dans l'agglomération marseillaise, le 0,1 % logement permet de loger... 30 familles supplémentaires par an...

Même pour en terminer avec la résorption des cités de transit qui avait débuté en 1970, l'État s'est assoupi. Il ne s'est réactivé que lorsque des incidents dramatiques ont attiré l'attention publique, et contraint l'État et les élus locaux à agir. Ainsi l'incendie intervenu dans la cité de Nanterre, en 1984, provoqua sa résorption en quelques mois. Le préfet procéda à l'achat de pavillons privés, sur les fonds du 0,1 % logement. Le blocage des maires et des offices d'HLM était tel qu'il avait empêché le relogement en logements sociaux.

## La situation générale s'est dégradée

Des situations locales se sont peut-être améliorées, mais la situation générale semble cependant moins réjouissante, pour plusieurs raisons. D'abord, le comportement des maires a évolué : entre 1975 et 1980, les offices d'HLM avaient eu la liberté d'affecter aux familles immigrées ces logements dégradés qui mobilisent, à partir de 1981, l'attention de l'opinion publique et les projets de financement. Les maires veulent bien alors les réhabiliter, mais ils vont veiller à ce que ces situations de concentration ne se reproduisent plus.

Les lois de décentralisation vont leur permettre dorénavant, au travers de la maîtrise du permis de construire, de s'opposer à la construction de logements sociaux où pourraient être installées des familles étrangères. Le maire passe alors un accord avec l'OPHLM pour que des quotas soient pratiqués. Lorsqu'une entreprise employant des travailleurs immigrés essaie de leur trouver un « logement » en intervenant auprès du CIL à qui elle verse le 0,1 %, elle obtient dorénavant un refus. Le système du quota par immeuble, par quartier, est devenu explicitement la règle. Les maires affectent parfois, dans le cadre de ces quotas, les quelques logements qui leur restent aux étrangers déjà logés sur la commune. Le comportement général est : « Je garde les miens mais je n'en veux plus d'autres », et la priorité est souvent donnée aux jeunes demandeurs dont les parents habitent la commune depuis longtemps.

La dégradation de la situation générale tient à des raisons macro-économiques ou démographiques qu'il était possible de prévoir dès 1981. La diminution de la construction de logements sociaux s'est produite au moment où la « seconde génération » cherchait à s'installer. Les mal-logés étaient encore en nombre important dans le recensement de 1982 : 11,9 % des étrangers (contre 1,8 % de Français) vivaient alors dans des logements en état de surpeuplement accentué (30,9 % contre 12,2 % de Français en état de surpeuplement modéré). Dans la seule région parisienne, où la proportion d'étrangers s'était accrue entre 1975 et 1982, 20 % à 22 % des ménages étaient logés dans le parc ancien très vétuste (pas de WC intérieurs).

Enfin, la réhabilitation de certains quartiers a eu parfois des effets imprévus : « réhabiliter » certains quartiers en cherchant à y faire revenir des Français des classes moyennes a eu pour conséquence logique de provoquer le départ d'étrangers qui jusqu'à présent y résidaient. Ainsi a-t-on souvent assisté au transfert de populations, d'une commune réhabilitée à une autre commune en voie de réhabilitation.

*De ce fait, la dégradation des conditions de logement des immigrés se vérifie à partir d'indicateurs précis.*

## *Premier indice : les fichiers de mal-logés*

Dans la banlieue parisienne, la proportion d'étrangers dans les fichiers des mal-logés est deux fois plus importante que leur part dans la population de la région (12 % à 15 %). En 1990, à Paris, en Seine-Saint-Denis, la proportion d'étrangers dans le fichier départemental des personnes prioritaires pour leur logement est de l'ordre de 30 % à 40 %. Sur 2 500 étrangers reçus, au cours de l'année 1986, dans une préfecture de la région parisienne, 32 seulement ont obtenu satisfaction (grâce au contingent préfectoral). De nombreuses demandes de regroupement familial (20 % à 30 %) effectuées par des étrangers, souvent en France depuis plus de dix ans, ne peuvent aboutir.

## *Deuxième indice : la surpopulation*

Appliquée dans une période de progression de la construction de logements sociaux, cette « loi des quotas » eût peut-être favorisé l'intégration, mais comme la construction de logements sociaux régresse depuis 1982, elle ne permet plus du tout de répondre aux besoins des familles immigrées. Celles-ci se concentrent alors dans des logements de plus en plus suroccupés ou déménagent dans les logements vétustes d'autres communes qui, ensuite, en appellent à l'aide de l'État. Le foyer reste un pôle d'attraction très important du fait des tarifs pratiqués, de la pénurie de logements, des difficultés financières provoquées par le chômage, des modes de vie communautaire des résidents d'origine africaine par exemple, et parfois de l'irrégularité des séjours de certains membres de famille. Comme les pouvoirs publics ont plus que jamais le souci d'éviter des incidents, une surpopulation des foyers se développe. Elle est désormais admise par les statistiques officielles, même si elle est vraisemblablement minorée. Ainsi, dans la région parisienne, l'étude précédemment citée faisait état, pour l'année 1984, de 70 000 résidents officiellement déclarés pour 62 000 places.

## *Troisième indice : les impayés*

Jusqu'à une période récente, les impayés étaient en nombre négligeable dans les familles étrangères alors même qu'elles connaissaient, étant principalement ouvrières, le poids de la crise économique. Les travailleurs immigrés, souvent dans l'incertitude quant à leurs droits, ne se permettaient aucun écart. En effet, la quittance de loyer était souvent une condition *sine qua non* de l'obtention ou du renouvellement des cartes de séjour. Depuis peu, chômage et problèmes de logement se mêlent : les impayés se multiplient dans des zones et des familles particulièrement touchées par la crise. Les comportements tendent à s'inverser, même si le nombre d'impayés par les ménages étrangers reste moins élevé que pour les ménages français.

## *Quatrième indice : le retour vers l'habitat insalubre*

Enfin, de plus en plus d'immigrés logent dans des hôtels meublés, dans des logements anciens en voie de démolition ou de réhabilitation, sans possibilité d'être relogés. A Paris, dans le 11e, 24 % des hôtels meublés sont en péril, 30 % dans le 18e. Dans le Var ou les Alpes-Maritimes existent encore des bidonvilles. Les conséquences de cette absence d'action nationale sont la suroccupation des logements sociaux et l'installation de populations immigrées dans des zones dégradées ou insalubres. Alors que les conditions de logement des familles s'étaient améliorées entre 1975 et 1982, elles semblent s'être, depuis, dégradées.

## **Conclusion**

La concentration de l'action sur les points chauds des quartiers dégradés, qui avaient fait la une de l'actualité et que les médias suivaient avec attention, n'aurait pas dû faire oublier que le problème global du logement des immigrés continuait de se poser. La logique suivie dans la politique du logement a donc été, depuis 1981, une logique de complément de financement plutôt qu'une logique d'appréciation des besoins de logement. La localisation de l'action publique, au lieu de venir en complément d'une action nationale, s'y sera substituée : l'État s'est désengagé sur les communes de ses responsabilités financières. La diminution du nombre de logements sociaux construits chaque année depuis 1981 a aujourd'hui des conséquences désastreuses pour le logement des immigrés. Il semble que les pouvoirs publics prennent conscience des effets pervers des lois de décentralisation..., mais comme toujours avec retard, en courant à la recherche du temps perdu. Le développement des demandes d'aide des communes (600 sites) ne peut s'expliquer par le seul fait que le bénéfice d'une opération « DSQ » est devenue quasi l'unique moyen pour des maires d'obtenir une subvention de l'État : c'est qu'en réalité le nombre de communes concernées par des problèmes d'immigration ne peut, en l'état actuel des politiques suivies, qu'augmenter.

## Bibliographie

BACHMANN Ch., HERROU M., LE GUENNEC N., *Les Sursauts de l'équité*, Rapport pour le Plan urbain.

BAROU J., « Immigration et enjeux urbains », *Pluriel*, n° 24, 1980, p. 3-20.

DE RUDDER V., « La tolérance s'arrête au seuil », *Pluriel*, n° 21, 1980, p. 3-13.

TOUBON J.-Cl., « Politiques urbaines locales et logement des immigrés », communication au colloque *Gestion municipale, immigration et formation des personnels commerciaux*, organisé par l'ADRI et la ville de Marseille.

TRICART J.-P., *Le 0,1 % dans le Nord-Pas-de-Calais*, OMINOR, 1984.

# 11

## La délinquance des étrangers

*par Jacqueline Costa-Lascoux*

La classe politique et les médias brandissent périodiquement les statistiques criminelles pour parler de la « délinquance des immigrés ». L'insécurité des banlieues alimente les discours, tandis que certains dénoncent un racisme qui attribuerait abusivement aux immigrés l'accroissement de la criminalité. Qu'en est-il ?

Les statistiques criminelles sont produites par les institutions répressives à partir de faits signalés, poursuivis, condamnés. Elles appréhendent la qualité des auteurs à travers les rubriques de l'état civil et de la nationalité. Elles ne comptabilisent donc pas le « chiffre noir » de la délinquance. Ainsi, échappent au repérage statistique les faits pour lesquels les victimes n'ont pas déposé plainte, faute de temps, de témoignages ou de preuves, par désespoir d'obtenir une décision rapide de justice ou une indemnisation, par volonté de ne pas dénoncer à la police française une délinquance intracommunautaire ou, à l'inverse, par crainte de représailles. Par ailleurs, les actes délictueux commis par des Français, quelle que soit leur origine, sont portés au titre de la délinquance nationale. Seul est enregistré le critère de la nationalité des auteurs. Contrairement à ce qui s'observe dans d'autres pays étrangers, en France, on ne saurait donc se livrer à des interprétations culturalistes sur les origines de la délinquance au-delà du critère juridique retenu par la comptabilité statistique.

Une fois ces précisions apportées, il convient de relativiser les statistiques ainsi élaborées. Les sources — policières, judiciaires, pénitentiaires — sont lacunaires et dispersées, les rubriques mal définies et variables d'une institution répressive à l'autre. Ce sont les statistiques de la police et celles de l'administration pénitentiaire qui sont les plus précises. Cependant, là encore, on observe plusieurs biais dans la saisie des données : les statistiques criminelles reproduisent, le plus souvent, les données déclaratives de la personne interpellée lors du premier interrogatoire de police : l'intéressé ne connaît pas toujours sa nationalité ou en a plusieurs ; il veut parfois éviter les vérifications au casier judiciaire, la reconduite à la frontière, l'exécution de la peine au pays d'origine, ou bénéficier de la justice des mineurs en se rajeunissant. Les déclarations fantaisistes, les papiers d'identité déchirés ou jetés au moment de l'interpellation, la pratique des « alias » ne sont pas rares. Lorsqu'on soupçonne un délit à la police des étrangers, des vérifications sur la nationalité et la situation administrative sont faites, mais pas systématiquement pour toutes les infractions. Que peut-on déduire des données disponibles ?

## Les statistiques de la police et de la gendarmerie

Depuis 1972, le ministère de l'Intérieur publie un rapport annuel sur « la criminalité et la délinquance constatées par les services de police et de gendarmerie ». Sont ainsi comptabilisés : les « faits constatés », les « faits élucidés » et les « personnes mises en cause ».

Pour l'année 1986[1], sur les 809 059 « mis en cause », on recense 130 597 étrangers, soit une proportion de 16,1 %, alors que les étrangers représentent un peu moins de 7 % de la population totale. La différence s'explique notamment par

---

[1]. Les chiffres ici présentés sont empruntés à P. TOURNIER et Ph. ROBERT, « Migrations et délinquances : les étrangers dans les statistiques pénales », *REMI*, volume 5, n° 3, 1989 ; et : « Les étrangers dans les statistiques pénales. Constitution d'un corpus et analyse critique des données », CESDIP, Paris, 1989, *Déviance et contrôle social*, n° 49.

le nombre des infractions à l'ordre public et à la réglementation (29 % chez les étrangers contre 6 % chez les Français) et, dans 75 % des cas, il s'agit d'un délit à la police des étrangers.

POURCENTAGE D'ÉTRANGERS MIS EN CAUSE
SELON LE TYPE D'INFRACTION EN 1986

| | |
|---|---|
| Délits à la police des étrangers | 96,5 % |
| Trafics de stupéfiants | 43,7 % |
| Vols à l'étalage | 20,0 % |
| Recels | 19,8 % |
| Vols avec violence | 19,2 % |
| Coups et blessures volontaires | 17,5 % |
| Vols à la roulotte | 15,5 % |
| Toxicomanie | 14,3 % |
| Cambriolages | 13,4 % |
| Outrage et violence à dépositaire de l'autorité | 13,3 % |
| Utilisation de chèques volés et escroquerie | 11,8 % |
| Vols d'auto et de deux roues | 11,7 % |
| Abus de confiance et détournement de gage | 7,5 % |
| Enfant et famille | 6,8 % |
| Chèque sans provision | 4,7 % |

Le poids des infractions à la police des étrangers est très sensible et, dans une moindre mesure, celui des trafics de stupéfiants, puis des vols. En revanche, le taux des chèques sans provision est faible. Notons, cependant, que les délits à la réglementation peuvent s'accompagner d'autres délits qui ne sont pas indiqués. Lorsqu'il y a cumul d'infractions, en effet, c'est l'infraction passible des peines les plus lourdes qui sera retenue, celle aussi qui est la plus facile à prouver et qui est susceptible d'entraîner une reconduite à la frontière, donc l'infraction pour séjour irrégulier. Une part importante de la délinquance étrangère apparaît ainsi sous la rubrique des délits à la police des étrangers, celle-ci désignant une seule et unique infraction ou la qualification retenue à titre principal en cas de pluralité de délits.

Depuis 1972, en excluant les infractions au séjour, qui ont doublé du fait de la politique de lutte contre l'immigration clandestine, la proportion d'étrangers mis en cause a crû de

1973 à 1976 pour atteindre les 14 %, alors que s'observait une décroissance de l'ensemble des « mis en cause ». On observe donc un taux de mis en cause supérieur à la représentation des étrangers dans la population totale et une tendance à son accentuation.

### Les statistiques pénitentiaires

Au 1er janvier 1987, la population carcérale métropolitaine comprenait 27,6 % d'étrangers. Après avoir oscillé entre 14 % et 16 % de 1968 à 1974, ce taux n'a cessé d'augmenter jusqu'en janvier 1986 pour atteindre 28,0 %. Le taux d'étrangers dans la population féminine a connu une évolution encore plus marquée : 7,8 % en 1968, 27 % en 1987.

De 1974 à 1987, le nombre des détenus étrangers a été multiplié par 3,2 contre 1,5 pour les Français. Cette évolution diffère selon les nationalités. Le poids des Européens a diminué de 13 points, celui des Africains a augmenté de 8 points. Dans ce dernier groupe, le pourcentage des Algériens a pratiquement diminué de moitié, ceux des Marocains, des Tunisiens et des autres Africains ont été multipliés respectivement par 1,6, 1,8 et 5,5. Pour ce qui est des Algériens, les obtentions de la nationalité française peuvent avoir joué : les enfants d'Algériens nés en France, après 1962, sont français dès la naissance et ceux arrivés en France pendant leur minorité deviennent français à 18 ans. Les Beurs sont français.

Ainsi, non seulement le terme immigré est inadéquat, rapporté à des statistiques criminelles fondées sur le critère juridique de la nationalité, mais la qualité même d'étranger recouvre des populations diversement représentées : les Portugais, qui constituent la première communauté étrangère en France, ne représentent que 4,7 % des détenus étrangers ! Toute présentation globale de la « criminalité étrangère » masque donc des réalités très dissemblables. Il est d'ailleurs remarquable que l'opinion publique, obnubilée par des images négatives de l'immigration, ne rende jamais hommage à la « sous-criminalité » des Portugais et de quelques autres communautés étrangères, telle que, du moins, les chiffres semblent l'attester.

*immigration et intégration*

### RÉPARTITION PAR NATIONALITÉ DES DÉTENUS ÉTRANGERS (EN %)

| | | | |
|---|---|---|---|
| Europe | 20,2 | Afrique | 68,0 |
| Belgique | 0,9 | Algérie | 24,1 |
| Espagne | 2,9 | Maroc | 13,6 |
| Italie | 3,5 | Tunisie | 11,0 |
| Pologne | 0,2 | Autres Afrique | 19,3 |
| Portugal | 4,7 | | |
| RFA | 1,2 | Amérique | 2,6 |
| Yougoslavie | 2,7 | Asie | 8,8 |
| Autres Europe | 4,1 | Océanie | 0,1 |
| | | Nationalité non définie | 0,3 |
| | | Ensemble étranger | 100,0 |

*Nota :* Il faut lire ce tableau de répartition en ayant présents à l'esprit les divers profils démographiques et le poids relatif des différentes nationalités dans la présence étrangère en France.

## Du signalement à la détention, le rôle déterminant des garanties de représentation

La surreprésentation de certaines catégories d'étrangers en détention provisoire est révélatrice des mécanismes institutionnels. En 1987, sur le total des personnes incarcérées, 79 % étaient en détention provisoire (chiffre considérable au regard d'autres pays étrangers !) : 90 % pour les étrangers contre 75 % pour les nationaux et 43 % des étrangers avaient été incarcérés dans le cadre d'une saisine directe (procédure autrefois appelée « flagrant délit »), contre 25 % des nationaux. Comment expliquer ces différences ?

Certains concluent à une attitude discriminatoire des instances répressives, à une tendance au « deux poids, deux mesures » qui serait défavorable aux Maghrébins et aux Africains ; d'autres y voient la preuve de leur surdélinquance. La réalité est plus complexe. Les caractéristiques d'âge, de niveau scolaire, de catégorie socio-professionnelle des personnes incarcérées correspondent à des milieux jeunes et socialement défavorisés qui sont plus représentés dans certaines « communautés immigrées » : les étrangers en détention ne forment-ils pas le tiers des moins de 18 ans et des 25-39 ans, contre seulement le cinquième des plus de 50 ans ?

Mais, surtout, la visibilité des délits commis, tels les vols à l'étalage ou à l'arraché, la fréquence des contrôles policiers dans certains lieux publics, le signalement aux autorités, souvent préféré au recours à la conciliation, conduisent à une intervention des institutions répressives. Or, beaucoup d'étrangers n'auront pas les garanties de représentation qui éviteraient la détention provisoire.

Les garanties de représentation (domicile fixe, travail déclaré, attaches familiales stables) sont rarement réunies. Qu'il s'agisse des conditions de vie précaires de l'interpellé ou de la crainte d'indiquer un domicile où la police pourrait perquisitionner, ou encore de sa volonté de « jouer au plus malin » avec les autorités, tout concourt à motiver une décision de mise en détention provisoire pour défaut de garanties de représentation[2] : « On ne met pas en détention, avant jugement, une personne que l'on sait où trouver et qui répondra aux convocations du juge. » Par la suite, en prison, les milieux criminels organisés prendront contact avec le détenu et auront des arguments parfois plus convaincants que les mesures de « réinsertion ». La spirale de l'entrée dans la délinquance se dessine fréquemment à partir d'un séjour en détention. La faiblesse numérique et le manque de moyens des associations, qui pourraient se porter garant pour des personnes mises en cause ou susceptibles de bénéficier d'une liberté sous contrôle judiciaire, sont patents en France, contrairement à d'autres pays étrangers.

Avant toute interprétation étiologique de la délinquance enregistrée, il convient donc de s'interroger sur les mécanismes institutionnels qui favorisent l'interpellation par la police, la poursuite par le parquet, la mise en détention provisoire, la condamnation à des peines privatives de liberté à l'encontre de certains jeunes. On y découvrirait notamment le rôle essentiel de l'absence de garanties de représentations qui, du début à la fin de la chaîne répressive, va indure une logique de contrôle et d'incarcération.

Lorsque les médias ou la classe politique évoquent la « délinquance des immigrés », ils renvoient en fait à une question de société, qui dépasse la statistique fournie par les institutions répressives. Or, c'est le décalage entre la mesure

---

2. Cf. J. COSTA-LASCOUX, « A propos de la délinquance des immigrés », in *Rapport pour le Commissariat général du plan. Immigrations : le devoir d'insertion*, La Documentation française, Paris, 1988, volume 2, p. 443-469.

officielle, nécessairement limitée, et ce qui est vécu quotidiennement par les victimes d'infraction, quelle que soit leur nationalité ou la nationalité des auteurs, qui explique l'irritation grandissante de l'opinion publique. Celle-ci cède alors à l'interprétation « ethniciste » des causes d'insécurité, encouragée par des discours réitérés sur les « différences ». A ne voir que l'appartenance attestée ou supposée des auteurs d'infraction, on dérive facilement vers l'image stéréotypée de l'agresseur étranger contre le national. En réalité, la délinquance frappe, selon l'occasion, aussi bien les immigrés que les nationaux, les uns et les autres rencontrant les mêmes difficultés à réunir des preuves et se heurtant aux mêmes lenteurs des procédures. Et surtout, n'y a-t-il pas un transfert de responsabilité par attribution aux seuls auteurs d'infractions d'un malaise plus profond ? La violence est autant, si ce n'est plus, le produit d'une politique d'urbanisation, l'échec du système éducatif, que le fruit d'une origine culturelle ou nationale. La détérioration des relations avec les institutions, avec la police notamment, montre l'absurdité qu'il y aurait, d'un côté, à minimiser la « galère » de certains jeunes et, d'un autre, à en dramatiser les expressions visibles. Mais il est vrai que la « délinquance en col blanc », celle qui est le fait de nationaux bien intégrés, celle qui, pourtant, coûte le plus cher au contribuable, n'est pas ressentie comme une agression.

Les statistiques criminelles donnent la mesure de l'activité des services, illustrent les modes de signalement, de saisine, de poursuite dans leur logique fonctionnelle plus qu'elles ne fournissent une radiographie de la délinquance réelle. L'« intifada des banlieues », la montée des intolérances mériteraient une autre attention que la comptabilité statistique. Reconnaître les limites de notre savoir permettrait alors de saisir la complexité et l'évolution de situations qui, telle la formation de bandes ethniques, sont autant l'expression d'une marginalité socio-culturelle que d'un appel symbolique et désespéré à une autre communication avec la société civile. La négation de la violence et de l'insécurité comme sa théâtralisation sont des conjurations dérisoires de la « malvie des banlieues », des inégalités et des humiliations qui engendrent toutes les formes de révolte. Combien de jeunes, quelles que soient leurs origines, campent au milieu de notre société sans en faire véritablement partie, tandis que la une des journaux affiche des scandales financiers ?

# 12

## Les cahots de la prévention

*par Christian Bachmann*

Du début des années cinquante à la fin des années soixante-dix, la France s'est dotée d'un épais tissu administratif et technique, chargé d'une tâche aussi énorme que floue : « prévenir la délinquance ». Citons, en vrac, les services spécialisés de la justice (la justice des mineurs, les CPAL, etc.), les associations, établissements et services spécialisés animés par des bataillons de professionnels divers — éducateurs, assistants de services sociaux, animateurs, psychologues et sociologues... —, les institutions locales et les divers organismes interministériels.

Une croissance rapide, certes. Mais une croissance sans illusion et toujours réticente. Les doutes n'ont cessé de planer quant à la pertinence et l'efficacité de ce dispositif. Ni la gauche ni la droite n'en ont été pleinement satisfaites. La gauche l'a longtemps refusé, au nom d'un refus du « contrôle social ». Pour la droite la plus radicale, il s'agissait à l'inverse d'une coûteuse utopie éducative, déployée aux dépens d'un système de sanctions claires, justes et rapides.

Pourquoi ce refus latent ? A l'origine, sans doute, la brume qui entoure toujours ce qu'on baptise « prévention ». Si on laisse de côté les théories héréditaristes d'antan, deux doctrines se partagent tour à tour le terrain. L'une met en avant les aspects moraux et psychologiques de la délinquance ; pour la prévenir, il faut faire porter ses efforts sur la modification des comportements criminels, par la détection précoce de ceux qui sont susceptibles de nuire, leur isolement dans des centres fermés et leur indispensable « rééducation » ; il faut insister aussi sur l'exemplarité de la peine et la publicité du châtiment. Dans la symbolique sociale, le criminel endurci — étranger de préférence... — incarne aisément le Méchant.

Quant à l'autre doctrine, c'est la société qu'elle accuse. Enrayer la délinquance, c'est travailler sur l'environnement et sur les systèmes d'insertion et d'éducation, c'est réhabiliter ceux qui se sont provisoirement mis à l'écart des normes sociales. Entre les deux analyses, le fossé est infranchissable, et, au fil du temps, les mesures se succèdent et s'empilent, peu ou prou héritières soit de l'une, soit de l'autre.

Avant 1981, c'est la prévention compréhensive et éducative qui est au pilori. Le Garde des Sceaux, Alain Peyrefitte, avait réuni un comité d'experts, auteur d'un épais rapport, avec huit volumes d'annexes [1]. Sous les auspices d'une « science de la violence », il y était préconisé « une approche béhaviouriste et une éthique libérale [2] ». Un Comité national de prévention de la violence et de la criminalité (CNPVC) avait été créé, par décret du 28 février 1978, esquissant une refonte fort contestée du système pénal.

## Bricolages et replâtrages

La France rosit soudain en 1981 et, presque immédiatement, une colère imprévue des banlieues redouble les angoisses sécuritaires et médiatiques. Plus que jamais, le traitement de l'insécurité est à l'ordre du jour. Contre Peyrefitte, la gauche se doit de donner un second souffle à la prévention « éducative ». De cette volonté sortiront les « opérations prévention-été », telle la célèbre « colo Trigano-Deferre », qui réunit CRS et énarques autour des loubards de la ban-

---

1. *Réponses à la violence*, rapport du comité d'études présidé par Alain Peyrefitte, La Documentation française, Paris, 1977.
2. *Enquête sur la nouvelle politique de prévention*, par J. DONZELOT et T. OBLET, CEPS, 1985.

lieue lyonnaise. La dominante est plus sportive que franchement culturelle. Mais la recette semble réussir. Sortir les jeunes de leur quartier, en un moment où les équipements s'endorment, et les faire profiter d'un minimum d'activités estivales devient une opération désormais routinière.

Encore faut-il dépasser une logique du « coup » médiatique... A un moment où explosent les Minguettes, il ne peut être question de mettre à mal le « comité Peyrefitte » sans s'exposer aux foudres de l'opposition. Dans un bilan des missions interministérielles existantes, une note de Michel Delebarre au Premier ministre précise que, sur ce terrain, « seule une bataille de mots peut s'envisager [3] ». Delebarre propose donc de réactiver le CNPVC, ce lourd héritage de Peyrefitte, mais en le réaménageant avec soin. Investir d'objectifs de gauche une nouvelle commission, infléchir la stratégie, renverser l'idéologie sécuritaire.

A Matignon, entre Mauroy, Delebarre et Joinet, une doctrine de prévention s'esquisse. Elle a son outil. Le 28 mai 1982 est installée, par le Premier ministre, une Commission des maires pour la sécurité dans la ville. Le 17 juin, elle élit son président, Gilbert Bonnemaison, maire socialiste d'Épinay-sur-Seine, et quatre vice-présidents, politiquement contrastés, le maire PS de Dreux, celui, UDF, de Toulon, celui, communiste, de Fontenay-sous-Bois, et enfin, celui RPR, de Quimper. Ce dernier, Marc Becam, remplacera d'ailleurs pendant un temps Gilbert Bonnemaison en 1986. Cette structure est l'ancêtre du Conseil national de prévention de la délinquance (CNPD) rattaché aujourd'hui à la Délégation à la ville (DIV).

La personnalité même de Gilbert Bonnemaison se veut emblématique d'une rupture. Un maire de banlieue, proche de sa commune, remplace un grand bourgeois, normalien, énarque et agrégé. « La délinquance ne fut jamais pour moi, écrit Bonnemaison dans un livre-manifeste, le monde des autres, le monde de l'étranger. Ils étaient mes amis, celui avec qui j'ai partagé les mêmes amours, celui avec qui je me suis battu. Pourquoi lui, pourquoi pas moi [4] ? »

Tous les courants de pensée qui avaient modelé une

---

3. Entretien de J. Donzelot avec Louis Joinet, du cabinet de Pierre Mauroy, in *Enquête sur la nouvelle politique de prévention, op. cit.*
4. Gilbert BONNEMAISON, *La Sécurité en libertés*, Syros, Paris, 1987.

culture d'opposition se retrouvent dans les diverses opérations transversales créées entre 1981 et 1983. On connaît celui du dispositif Schwartz : une confiance dans les potentialités des jeunes les plus démunis, et dans les initiatives des acteurs de terrain. Dans les zones d'éducation prioritaires, c'est l'ouverture de l'école, thème classique des mouvements pédagogiques. La Commission nationale pour le développement social des quartiers s'inspirait d'une pratique militante des années soixante-dix, des luttes urbaines de l'Alma-Gare aux ambitions populistes de « participation des habitants ». Banlieues 89 affichera un républicanisme radical et qui ne refuse pas l'esthétique. La Commission des maires sur la sécurité, elle, rallie une tradition laïque de respect du service public et d'implication des citoyens. Ce dont témoigne avec éclat la proposition 24 de son rapport — « enseigner aux familles les droits et les devoirs de l'homme » — ainsi que la proposition 27 — « mettre en œuvre une éducation civique adaptée au monde contemporain ».

La lutte contre la délinquance, dans cette perspective nouvelle, n'est pas l'apanage de la police. Il faut revenir aux origines du républicanisme, et rappeler leur mission à tous les services publics. Mais « la sécurité, c'est l'affaire de tous ». Assumée par l'ensemble du corps social, elle doit mobiliser chaque citoyen : on ne réduira le sentiment d'insécurité qu'en s'appuyant sur une « socialité vigoureuse » et en restaurant l'esprit civique. Une mobilisation locale doit s'ancrer sur la vie des quartiers. « La réponse aux préjugés sécuritaires ? Une cité plus solidaire, ouvrant la voie à une communauté pacifique », dit Gilbert Bonnemaison.

Combattre l'insécurité en faisant revivre une morale de la cité ? Laborieuse entreprise, au moment où tous les sondages, en France comme en Europe, font état d'un individualisme et d'un narcissisme galopants, et où semble s'imposer l'affirmation rampante d'une « ère du vide » dans la politique. Il n'était pas évident que cette tradition laïque, qui eut certes son heure de gloire, pût encore rencontrer de profonds échos au sein de populations au scepticisme croissant.

Au-delà de l'idéologie républicaine, la problématique est également gestionnaire : « Une "bonne" gestion urbaine, qui associe pleinement les citoyens, permettra de juguler et de réguler les angoisses sociales. » L'exigence d'insertion est placée au centre de trois axes de travail, mentionnés dans le titre du rapport de la Commission, *Face à la délinquance : prévention, répression, solidarité.* L'ordre des trois termes est signifiant. Œuvrer pour la sécurité, c'est promouvoir des initiatives de prévention et de formation ; c'est affiner les mesures de répression et de sécurité, associant sans exclusive tous les professionnels du lieu ; enfin, c'est, sur le long terme, renforcer les solidarités quotidiennes.

L'analyse proprement organisationnelle est la suivante. La segmentation des services est à l'origine de multiples dysfonctionnements. Ce diagnostic d'échec des grands appareils verticaux est d'ailleurs partagé par l'ensemble de la haute administration. Mais on ne saurait refondre au sommet, réunifier la gestion des personnels et globaliser des budgets aussi hétérogènes que ceux de la Police et de l'Éducation, pour prendre des exemples extrêmes... Il faut œuvrer en douceur. Décider en interministériel, multiplier les concertations et les réglementations communes, faire travailler ensemble des personnels qui s'ignorent superbement. Il faut tisser lentement des réseaux d'interdépendance, qui modifieront peu à peu les habitudes et les mentalités. Du moins, on l'espère. Le dossier piétinera.

Enfin, plus que l'appel au civisme et que l'incantation interpartenariale, c'est un autre aspect de cette doctrine qui perdurera : le souci porté aux petits détails quotidiens, et aux victimes. La délinquance, dit-on, commence au moment où l'on traverse la rue, où l'on franchit les murs de sa cité, où l'on referme sa porte. La sécurité, c'est pouvoir traverser la rue tranquillement, ou se promener en paix dans des rues bien éclairées. La sécurité, c'est enfin offrir aux victimes une aide d'urgence : des numéros d'appel, des services locaux qui viennent dans l'instant réparer les portes, réconforter ceux qui viennent d'être agressés. Les bureaux d'aide aux victimes, les cellules de sécurité routière ou la pose de portes palières feront désormais partie de l'appareil préventif local. Une autre mesure est introduite : le travail d'intérêt général, qui tente d'introduire la notion de peine de substitution et de « réparation » locale dans l'appareil judiciaire. Sans grand succès.

## La place des élus locaux

Des difficultés majeures apparaîtront, dès la mise en œuvre. A ce jour, les discussions sur la prévention ne portent jamais sur les grandes ambitions doctrinaires. Elles mettent en cause l'organisation, toujours délicate dans un paysage hautement bureaucratique : qui doit piloter les politiques ? Et selon quelles modalités de financement et de gestion ? Ces débats institutionnels occupent désormais le devant de la scène, Vaulx-en-Velin inclus.

Au début du premier septennat socialiste, on croit tenir la réponse. Les maires sont envoyés au charbon. Pour lutter contre la crise, l'État emploie les communes. Ces dernières, d'abord attentistes, multiplient bientôt les initiatives : l'aide aux créations d'emplois, l'économie sociale, les stages destinés aux jeunes, ou même la création de minimums de ressources, avant le RMI... Cette utilisation des communes comme amortisseurs est le point d'aboutissement visible d'une lente montée en charge, dans les années soixante-dix, dont le maire de Grenoble, Hubert Dubedout, reste le symbole. C'est à elles qu'il revient, dit le rapport de la Commission, de « créer les structures de coordination regroupant les services locaux ».

Plutôt que sur les experts, Bonnemaison s'appuie en effet sur l'expérience des élus, entreprenant une vaste consultation. Il envoie des questionnaires détaillés à 800 maires des villes de plus de 9 000 habitants. 500 répondent. A ce moment, la sécurité au quotidien n'est pas encore partisane : « Quand on regardait les réponses au questionnaire, on prenait une lettre, on la lisait, on l'identifiait d'après le style et le contenu, et on se trompait deux fois sur trois ! Telle lettre prise pour celle d'un RPR était en fait celle d'un communiste, et vice versa. C'est véritablement la plus grande surprise que j'aie eue[5]. » Les élus estiment les forces de police mal employées, et l'action des travailleurs sociaux mal articulée avec celle des municipalités : ce sont là deux empires difficiles à pénétrer... La justice n'est pas épargnée : on déplore la lenteur dans l'application des sanctions, et l'absence de peines adaptées à la petite délinquance.

---

5. Entretien de J. Donzelot avec Gilbert Bonnemaison, in *Enquête sur la nouvelle politique de prévention, op. cit.*

Mais, devant l'interventionnisme communal, les administrations centrales restent perplexes. A certains égards, elles l'encouragent. Mais elles en sont aussi les « observateurs sourcilleux et inquiets », dit Donzelot. Et si les élus locaux s'arrogeaient des prérogatives indues ? L'objectif est double, voir « duplice » : trouver des remèdes pragmatiques aux petits désastres sociaux qui accompagnent la crise et casser la logique assistancielle dans laquelle s'enferment, dit-on, les élus locaux. Il faut les impliquer et les responsabiliser. Comment le faire sans accroître leur pouvoir ?

Cette attitude ambiguë est une constante des années quatre-vingt. Dans un pays où la noblesse d'État renaît sans cesse, enfantée par les grands corps, indépendamment des idéologies, l'élu local est regardé d'un œil torve. Les administrations tendent à s'en méfier. D'origine populaire, on lui reproche son incompétence administrative, son attitude démagogique, sa dépendance perpétuelle envers l'État. Il est *a priori* suspect de clientélisme et d'obscurantisme. A l'inverse, s'il cumule les responsabilités et les mandats, et s'il prend une certaine envergure, on tremble qu'il ne fasse renaître une féodalité opaque, un groupe de pression puissant, un pouvoir périphérique qui vassaliserait l'administration.

Leur responsabilisation ascendante pousse d'ailleurs certaines communes à élargir leur marge de manœuvre. Par exemple, à contrôler l'action des associations et des professionnels du social, ou à prendre directement en main l'action de terrain. Or, la loi de décentralisation n'accorde aux communes qu'une portion congrue. Dans le domaine social, l'État place fort haut ses corps départementaux. La place centrale, dans l'action sociale, est donc revenue aux conseils généraux et aux préfets. En définitive, qu'attend-on des communes ? Qu'elles promeuvent une simple concertation locale et qu'elles aident à la coordination des micro-programmes de développement.

## Le débat organisationnel

Un autre débat se superpose au premier. Il surgit avec l'inévitable question du parcours des moyens. Il peut sembler technique et secondaire ; il est politique et fondamental. Comment mettre en œuvre financièrement les options du

*immigration et intégration*

Conseil ? En 1982, ce dernier souhaite que les projets des communes soient agréés et financés par un organisme doté de pouvoirs et de moyens propres : un établissement public, doté d'un budget important, et géré de façon autonome. Un outil financier est esquissé : un « Fonds d'action sociale anti-délinquants et d'aide aux victimes », le FASAD, qu'alimenteraient des fonds publics, des ressources provenant de branches industrielles dont la croissance est liée à celle de la délinquance, et des taxes diverses. Ces financements passeraient par une succession d'établissements publics nationaux, régionaux, départementaux et communaux [6].

Encore une fois, les administrations centrales froncent les sourcils. N'est-ce pas « une DATAR de la prévention » qui se profile à l'horizon ? Et voilà prononcé le terme redouté... On fait surgir le fantôme haï des administrations de mission. Un établissement public de prévention serait le cauchemar des administrations « classiques ». L'État se trouverait pris en tenaille, par une alliance des techniciens centraux, qui auraient la haute main sur d'importants budgets, et des élus locaux, contrôlant au plus près l'action de terrain. Les administrations seraient dépouillées de leurs prérogatives, et les différents budgets ministériels seraient ponctionnés. Matignon et le Budget s'inquiètent. Comment, se demande Louis Joinet, à Matignon, peut-on à la fois retirer de l'argent au secteur associatif et aux différents ministères concernés, et en même temps espérer les mobiliser ?

Pour couronner le tout, il est un argument-massue : en 1982, la décentralisation est en marche. Dans ce cadre, on souhaite globaliser les aides financières de l'État aux collectivités locales. Constituer concurremment des établissements publics autonomes équivaudrait à vider la loi Deferre de sa signification. L'argument est de poids. « La loi de décentralisation sert de bouclier aux prétentions ''technocratiques'' des protagonistes du CNPD », remarque Jacques Donzelot.

Le Conseil se rabat donc sur un dispositif réduit au minimum, qui « anime » plutôt qu'il ne dirige, qui « implique » les personnels de terrain plutôt qu'il ne les gère. On multiplie le recours aux procédures incitatives, comme les démarches contractuelles — par le biais, par exemple, de CAP, les

---

6. Toute la troisième partie du rapport Bonnemaison — « Les structures permanentes de la prévention de la délinquance » — traite longuement ce problème.

contrats d'action prévention dont la procédure est instaurée en 1985. Les chargés de mission ne protestent pas : certains acceptent même joyeusement ces limites au nom d'une idéologie *small is beautiful*. Leur refus du bureaucratisme les porte même parfois à une méfiance de toute structuration permanente.

Les dents rognées, sans personnalité juridique et ne disposant que de peu d'argent, le CNPD entame une longue marche. Pour tout viatique, du papier à lettre, une forte crédibilité politique, un gros carnet d'adresse, le soutien du Premier ministre et du président de la République. Dans ce contexte, ses quelques chargés de mission se condamnent au surmenage, voire à l'activisme. Ils vont tourner sur tout le territoire, accumuler les effets médiatiques, répondre aux difficultés de terrain, multiplier les rencontres, dialogues, congrès et colloques. Se muer en pédagogues, ériger en exemple des « sites-pilotes », développer les nouveaux savoir-faire, etc.

Comme pour les autres dispositifs du même type, les budgets du CNPD sont empruntés aux diverses administrations. Les personnels recrutés ne feront pas carrière au sein des CCPD. Embauchés pour une mission précise, ils ont un statut de contractuel. Ou bien encore ils sont mis à la disposition du conseil par la municipalité, ou leur administration d'origine. Cette souplesse est parfois utile : les plus habiles jonglent entre leur ancrage institutionnel et la nouvelle structure qu'ils animent. Chacun en profite, y compris eux-mêmes. Les moins heureux sont déchirés entre les élus locaux et leur administration d'origine, qui continue à gérer leur carrière. Un *turn-over* important sera souvent le tribut qu'il faut payer à cette précarité statutaire.

Est-il possible de tirer aujourd'hui un quelconque bilan de huit ans d'activité ? Il est sûr que le dispositif joue son rôle. Il est visible, bien au-delà des moyens qui lui sont accordés. Il travaille son image et investit dans la valorisation médiatique de son action. Sa croissance est demeurée financièrement modérée. En dépit de l'extension continue des CCPD, le budget est demeuré modeste. En 1985, on dénombrait sur l'ensemble du territoire métropolitain 320 CCPD, 116 CAP avaient été signés, et les crédits affectés étaient de 47,7 millions de francs. Quatre ans plus tard, en 1989, cette somme n'a guère varié bien que le nombre des CCPD et des CAP ait considérablement augmenté. Les CCPD sont désormais 570, et 295 CAP ont été signés. Le budget, lui n'est que de 49,5 millions de francs. 1990 étend certes ces moyens, et de façon notable, mais sans marquer de réelle inflation.

|  | 1985 | 1989 | Croissance 1985-1989 |
|---|---|---|---|
| Nombre de CCPD | 320 | 570 | 78 % |
| Nombre de CAP | 116 | 295 | 154 % |
| Budget (en millions) | 47,7 | 49,5 | 4,2 % |

L'opération, c'est le moins qu'on puisse dire, n'a pas connu récemment de développement financier impétueux. Mais le fonds de commerce politique et organisationnel a abondamment fructifié : une conception exigeante du citoyen, une volonté pédagogique, et une volonté de structuration démocratique. Le conseil ne pouvait ni cristalliser de nouveaux espaces professionnels, ni déployer des moyens financiers importants. Un mode d'action resté essentiellement incitatif et interpartenarial. Ne pas opposer « prévention » et « répression », moderniser la police, faire valoir le point de vue de la victime : ces idées, qui étaient dès les origines celles de la « commission Bonnemaison », ont fait leur chemin.

C'est pour surmonter d'invraisemblables difficultés gestionnaires (les multiples sources de financement, par exemple) et d'organisation qu'il a été procédé à une tentative de globalisation de l'ensemble des dispositifs devant servir au réinvestissement urbain. Après le temps des maires est arrivé celui des techniciens recentralisateurs. Qu'est-ce que la Délégation à la ville, sinon une administration de mission honteuse de l'être ? Le pari de l'efficacité n'est pas pour autant gagné.

### Le retour des cow-boys

Mais il faudrait pousser plus loin cette analyse. La France, comme l'ensemble des pays occidentaux, a subi de grandes transformations qu'elle maîtrise mal. Elle s'est trouvée, dès le début des années quatre-vingt, submergée par un flot de préoccupations sociales qu'on attribuait à « la crise » : un chômage persistant, une dérive de grands ensembles cumulant l'obsolescence du bâti et les impasses sociales, une montée de la précarité et de la pauvreté, des interrogations sur l'échec scolaire et l'insuffisante qualification des jeunes, enfin une augmentation de la petite délinquance accompagnée d'une inflation d'angoisses sécuritaires...

Avec le recul, il est devenu évident que ce déploiement de problèmes sociaux n'était pas un simple accident de parcours. On cite en général les transformations du travail : le secteur secondaire qui recule au profit de l'emploi tertiaire ; la concurrence internationale, les nouvelles technologies qui modifient l'exercice des métiers... Il est d'autres transformations encore, moins visibles et plus profondes : un infléchissement démographique, une évolution sensible de la nuptialité et de la divortialité, la croissance des situations d'isolement. Bref, nombre de cassures quotidiennes qui ont mis à l'ordre du jour les interrogations sur ce qu'il en était du lien social dans nos sociétés.

Et par-dessus tout, la lente dérive des sociétés occidentales vers une bipolarisation sociale durable. Le déclin de l'État-providence casse les mécanismes homogénéisateurs d'antan. Ce qui apparaît, ce sont les « trois cercles », décrits par les économistes allemands : celui des entrepreneurs, les héros de l'économie en prise sur les évolutions actuelles de l'emploi et des modes de vie ; celui de la petite professionnalité publique, qui ressent durement la stagnation de son niveau de vie, et qui exprime son mécontentement en dehors des appareils syndicaux et politiques d'antan ; enfin, celui des précaires et des exclus — phénomène corrélatif de la sous-traitance et de la flexibilité croissante de l'emploi —, dont l'accès au marché du travail « classique » semble définitivement barré.

Une transformation de société aussi importante aurait imposé que les interventions publiques fussent immédiatement adaptées et profondément transformées. Or, les phénomènes de délinquance qui émergent au début des années quatre-vingt n'ont été ni analysés ni maîtrisés. L'impressionnant édifice de lois, de réglementations, d'équipements et de professionnels hérité des années de développement s'est peu à peu fissuré. La prévention de la délinquance s'est inscrite sur ce dilemme : comment utiliser au mieux les acquis publics, désormais peu crédibles ?

Il n'est pas évident que ce qui a été appelé, avec un rien d'optimisme, « l'école française de prévention de la délinquance » ait les moyens de ses ambitions. Les capacités organisatrices de la DIV restent à prouver. Elle veut promouvoir une approche techniciste, avec des observatoires locaux de la délinquance que nul ne sait réellement confectionner, et des actions clairement transversales. Mais l'intendance organisationnelle renâcle. La justice est mal en point, l'école aussi, le travail social peine à se renouveler. La modernisation de la fonction publique et la redéfinition du rôle des régions et des préfets est sans aucun doute une longue marche bureaucratique...

Or, le temps presse. Aujourd'hui, de nouveaux héros prennent le relais. Il serait inquiétant que des territoires comme Montfermeil leur servent de laboratoires : un maire moralisateur, qui penche vers la droite la plus extrême, une intervention musclée, aux techniques inspirées de Starsky et Hutch, autour de l'ancien commissaire d'Andréa, et pour couronner le tout, un capitalisme « social » qui se profile à l'horizon, avec la figure emblématique de Bernard Tapie...

Comme corollaire, il serait désastreux que la prévention de la délinquance évolue désormais à l'américaine : vers une politique de *containment* social rodée dans les ghettos ethniques, qui consiste à occuper et contenir les futurs délinquants. Des dérivatifs culturels comme le rap et les tags, nouveau *must* des banlieues, en guise d'emplois ; comme idéologie, un mélange ingénu de morale et de brutalité, de culte du corps et de culte de l'entreprise, d'incantations pleurardes (la drogue, les familles...) et de démonstrations de force. En deux mots, un renouveau des mesures contraignantes, quelques emplois précaires, et le retour d'une tradition morale aussi naïve qu'étouffante. Nous voilà aux antipodes d'un service public redynamisé, d'une éthique laïque et républicaine, et des grands espoirs de mobilisation communautaire.

# 13

## Les mouvements de « réislamisation » de la société*

*par Gilles Kepel*

Depuis le milieu des années soixante-dix, de multiples mouvements qui œuvrent pour la réislamisation de la société ont pris naissance partout ou vivent des musulmans, de l'Indonésie au Caucase, du Nigéria à la Chine et aux banlieues d'Europe occidentale, sans oublier le Moyen-Orient et le sous-continent indien, où se rencontrent les plus grosses concentrations de populations islamiques.

Le succès remporté aux élections de juin 1989 en Algérie par le Front islamique de salut lors de la première consultation démocratique organisée depuis l'indépendance a montré que ce phénomène pouvait toucher massivement un pays de la proximité immédiate de l'Europe — avec lequel des relations intimes tissées depuis un siècle et demi semblaient indissociables d'une acculturation aux modèles occidentaux de la modernité.

Analyser ces mouvements, comprendre leur gestation et leurs objectifs, reconnaître leur base sociale s'impose comme une nécessité pour notre fin de siècle. Pourtant, cette analyse a généralement été occultée au profit d'une curieuse transposition de notions qui voulait simplement voir, dans les

---

* Article paru dans *Liber* (Revue européenne des livres), n° 5, octobre 1990.

multiples facettes de la réislamisation, une variation sur quelques thèmes de l'histoire religieuse occidentale. Sur la base de similitudes d'apparence, on s'est représenté un « intégrisme » musulman depuis Paris, un « *integralismo* » *islamico* depuis Rome ou un *islamic* « *fundamentalism* » depuis Londres ou New York, en confondant la confection d'une figure de pensée avec l'élaboration d'un concept.

Cette facilité a permis de faire l'économie d'une réflexion critique sur les mouvements concernés, laissant ainsi le champ libre à des jugements de valeur, positifs ou négatifs, qui ont d'ordinaire en commun la méconnaissance du sujet. Or, depuis quelques années, une nouvelle génération de spécialistes du monde musulman a entrepris d'observer et de décrire ces phénomènes, accumulant des données et des enquêtes qui devraient aujourd'hui permettre de dépasser les idées reçues et de mesurer les enjeux des mouvements de réislamisation de manière globale.

Ces travaux ont pourtant eu du mal à s'imposer dans le public cultivé : en effet, l'étude des sociétés et des populations musulmanes contemporaines a connu une crise très grave qui date de la fin des empires coloniaux. La connaissance des langues des pays de l'aire islamique s'était vue délaissée par la plupart des sociologues et politistes spécialistes de ces régions, qui ont pensé que la modernisation se ferait selon les schémas en vogue dans le socialisme ou le capitalisme des années soixante, et par la médiation d'élites anglophones ou francophones. Ils se sont retrouvés fort dépourvus lorsque, en terre d'islam, la dénonciation de l'ordre social a été formulée dans le vocabulaire conceptuel coranique en arabe, turc ou ourdou, par de nouveaux groupes contestataires dont les idéologues n'avaient jamais mis les pieds au quartier Latin ni à Berkeley.

Pour l'essentiel, ce sont les anthropologues, connaissant les langues et les dialectes, qui ont gardé le contact le plus fécond avec la société civile et qui ont été les plus sensibles à la persistance et aux mutations de la variable islamique. Pourtant, au long des années soixante-dix, les recherches sur l'anthropologie musulmane suscitaient l'incrédulité des grandes fondations de recherche américaines — comme le relève l'anthropologue Dale F. Eickelman, à qui l'on reprochait de s'intéresser à des « vieillards mourant sans postérité » et non aux forces vives telles qu'on se les représentait à l'époque.

### La filiation des Frères musulmans

A la même époque, quelques arabisants qui lisaient ce qui se publiait dans cette langue remarquèrent les efforts des États pour légitimer au nom de l'islam l'ordre social issu des indépendances, ainsi que les pamphlets qui préconisaient, au nom de ce même islam, la subversion des pouvoirs établis. Olivier Carré, dès la seconde moitié des années soixante-dix, à travers une analyse du contenu des manuels scolaires égyptiens, syriens et irakiens, met au jour les mécanismes de la « légitimation islamique des socialismes arabes ».

Percevant le contrôle du discours de l'islam comme un enjeu politique de première importance, il prête attention aux sermons du vendredi à la mosquée, un espace d'expression politique relativement peu contrôlé alors par la censure des diverses dictatures militaires ou civiles qui se partagent le monde musulman. Il s'intéresse à la filiation contemporaine des Frères musulmans — une association créée à la fin des années vingt en Égypte pour édifier, après l'indépendance, non pas un État démocratique, mais un État islamique fondé sur la *charia*. Carré commente en particulier l'œuvre du principal penseur de cette mouvance, Sayyid Qutb (ou Kotb), pendu par Nasser en 1966 après avoir passé dix ans dans les camps de concentration égyptiens.

Au début des années quatre-vingt, de jeunes chercheurs qui sont formés à la fois aux sciences sociales et — fait nouveau — aux langues de l'aire islamique, commencent à entreprendre des enquêtes sur le terrain. Ils observent notamment l'articulation entre la pratique politique des mouvements qui contestent l'ordre établi au nom de l'islam et l'idéologie de Qutb. Pour ce dernier, le monde contemporain est divisé en deux univers antinomiques : l'islam d'une part et la *jahiliya* de l'autre. Ce terme coranique (mot à mot : « ignorance » — de Dieu) fustige dans les faits la « barbarie » supposée des sociétés non islamiques où, selon Qutb, l'homme adore un autre homme, le despote, à la place de Dieu. Dans le même temps, ce despote usurpe la souveraineté, qui devrait revenir en islam à Dieu seul et qui n'est délégué qu'à ceux qui appliquent les injonctions du Coran sur la terre.

Au sens de Qutb, il n'existe pas, au lendemain de la décolonisation, de société véritablement « islamique » : dans les États indépendants du monde musulman, des autocrates occidentalisés se réclament d'une forme moderne d'« idolâtrie » socialiste ou capitaliste. Dans son libelle *Signes de piste (Ma'alim fi-l tariq)*, tenu pour le *Que faire?* du mouvement islamiste, Qutb indique la voie pour abattre la *jahiliya* et instaurer l'État islamique : comme le prophète Mahomet fuyant La Mecque idolâtre pour se réfugier à Médine, il faut rompre avec les logiques et les mœurs de la société ambiante, construire un prototype de la société islamique future avec les « vrais croyants » puis, au moment opportun, engager le combat contre la *jahiliya*. Tel le prophète, là encore, rentrant à La Mecque pour y renverser les idoles et proclamer un islam qui s'étendra à l'ensemble du monde.

Le schéma que Qutb inspire la quasi-totalité des groupes qui militent pour instaurer un État islamique. Les jeunes arabisants français les nommeront « militants islamistes » — mettant l'accent, par ce néologisme, sur la spécificité de leurs références idéologiques et l'originalité de leur pratique sociopolitique, par rapport aux appellations englobantes de *fundamentalism* ou « intégrisme ».

La référence à Qutb, explicitée ou non, est mise en œuvre de manière fort diverse. Dès les lendemains de la pendaison du maître à penser, ses compagnons et ses disciples disputent pour savoir si la « rupture » avec la société ambiante n'est que mentale, ou s'il faut aller au désert pour y édifier la contre-société qui réplique le paradigme médinois. Les groupes qui s'inscrivent dans cette dernière mouvance, en Égypte notamment, encourent très vite une violente répression policière qui les anéantit. C'est dans les périphéries sous-intégrées des mégalopoles du monde musulman, implosant sous l'effet conjugué de l'exode rural et de la croissance démographique, que ces mouvements font leur percée la plus significative. Ils y recrutent dans la première génération massivement alphabétisée et urbanisée née avec l'indépendance, pour laquelle les perspectives de bien-être sont maigres, et qui reste insensible à la rhétorique anticolonialiste maniée à l'infini par les élites en place pour légitimer leur monopole du pouvoir. C'est dans la confrontation avec les projets politiques des États indépendants, la frustration devant leur despotisme et leur faillite socio-économique, que les mouvements islamistes prennent leur essor.

Michel Seurat en a été l'un des observateurs les plus scrupuleux, en Syrie comme au Liban. Dans son étude sur le quartier de Bab-lebbané, à Tripoli-du-Liban, il a montré comment un quartier défavorisé en lutte contre l'occupation par l'armée syrienne utilisait le langage conceptuel islamiste pour mobiliser ses troupes. Dans ses travaux sur la Syrie, il a fait des mouvements islamistes les révélateurs de la « tyrannie » au pouvoir à Damas. Les livres publiés sur ces mouvements pendant la première moitié des années quatre-vingt mettent principalement en relief leur dimension politique, que la révolution iranienne a soulignée pour sa part.

En l'absence d'espace politique démocratique, les islamistes investissent un champ religieux tombé dans une relative déshérence. Dans le monde sunnite au moins, les docteurs de la loi — ou oulémas —, sur lesquels l'État avait assis son contrôle, se contentaient d'ordinaire de justifier au nom de Dieu le système social en vigueur, sans oser morigéner le prince pour le rappeler, au nom de Dieu, à la justice envers les couches défavorisées, comme l'aurait voulu leur fonction traditionnelle. Cette « trahison des clercs » est mise à profit par les militants islamistes qui, pour attaquer le pouvoir, utilisent des catégories intellectuelles « indigènes » puisées dans le vocabulaire coranique, qui « parle » bien plus directement aux populations que les termes importés et traduits de « socialisme » ou de « démocratie » qui ont la faveur de l'*intelligentsia* laïque. Les islamistes joueront ce rôle avec d'autant plus d'aisance qu'ils sont éduqués et peuvent lire le Coran dans le texte, ce qui était autrefois le monopole des oulémas. Et ils le font en privilégiant les interprétations les plus révolutionnaires, se riant des gloses savantes et de leurs prudences sociales.

## Les groupes piétistes

A partir du milieu des années quatre-vingt, les recherches sur les mouvements de réislamisation connaissent un tournant avec la prise en considération des groupes « piétistes » qui investissent l'essentiel de leurs activités dans la resocialisation de leurs adeptes, à la base, au long d'une démarche qui prétend se désintéresser explicitement du politique. C'est à l'occasion des enquêtes menées sur l'islam en Europe, dans la foulée de la sédentarisation des immigrés, que cette ouverture du spectre de la recherche a été rendue possible — grâce à la liberté dont bénéficient les travaux sur le terrain en pays démocratique. En effet, les conditions d'enquête dans les pays musulmans deviennent de plus en plus difficiles : à l'hostilité des États, qui s'efforcent de bannir tout regard de science sociale sur des thèmes jugés sensibles, s'ajoute la méfiance de groupes qui cultivent largement la xénopobie anti-occidentale. La mort ignominieuse de Michel Seurat, accusé d'espionnage par ses bourreaux pour travestir leur crime, en a été l'expression la plus cruelle. Et les recherches menées avec beaucoup de courage dans certaines régions du Moyen-Orient aujourd'hui n'en restent pas moins tributaires d'un accès aux sources et aux acteurs sociaux que la quasi-clandestinité de la démarche rend très fragmentaire et incomplet. Dans ces conditions, les groupes islamistes, qui multiplient les tracts, les coups de main, passent en procès, etc., conquièrent une visibilité qui rend leur connaissance paradoxalement plus aisée que celle des mouvements qui fuient l'arène politique.

Or, la réislamisation rampante que ces derniers préconisent dans la vie quotidienne remporte des succès plus significatifs que la réislamisation prônée par les groupes islamistes révolutionnaires, dont l'activisme s'est épuisé avec les déconvenues de l'Iran khomeiniste et la capacité des autres États à utiliser toute la palette de la violence politique pour les contrer. En revanche, les mouvements piétistes, qui prônent la « réislamisation par le bas » et évitent toute situation d'affrontement, n'ont pas eu à pâtir de la répression. Pour eux, la rupture avec la société « impie » ambiante s'effectue par un « décrochage » psychique, relationnel, intellectuel, qui les conduit à réorganiser totalement l'existence des adeptes autour d'une stricte observance des préceptes religieux. Pour cela, ils modèlent leur comportement sur celui du Prophète, tel qu'il a été consigné par les textes sacrés de l'islam, l'imitant à la lettre — dans son vêtement, sa manière de manger ou de dormir, son comportement sexuel, ses habitudes et interdits alimentaires, sa piété, etc.

Ce faisant, ils revivent au présent un « âge d'or » fondateur de l'islam en ses premières années, telles que l'apologétique musulmane les représente rétrospectivement. Cette mouvance piétiste, dont la branche principale, née en Inde à la fin des années vingt, est la *jama'at al tabligh* (Société pour la propagation de l'islam), a pu être observée en

Europe. Elle y a effectué une percée très significative parmi les populations immigrées en voie de sédentarisation dans un environnement social difficile, pour lesquelles le repli sur des structures à caractère communautaire fermé permettait une restructuration de l'identité.

Le débat, aujourd'hui, se situe entre les deux pôles de la réislamisation « par le haut » (islamistes) ou « par le bas » (piétistes). Si ces deux tendances partagent le même objectif final, la réislamisation totale des sociétés musulmanes, prélude à l'islamisation du monde entier, elles divergent sur les moyens pour y aboutir : les islamistes favorisent l'activisme politique, la pression sur les États ou leur conquête, tandis que les piétistes s'emploient au quadrillage de la société par des réseaux de services caritatifs, éducatifs, d'entraide, etc., qui leur permettent de créer une nouvelle forme de sociabilité sur une base qui se veut purement islamique.

Les dernières années ont été marquées par une progression considérable de cette réislamisation par le bas et la constitution de réseaux correspondants dans des pays où l'État avait une forte volonté laïcisante, comme la Turquie ou la Tunisie, mais aussi là où il souhaite monopoliser l'expression de l'islam, comme au Maroc. En Algérie, les succès électoraux du FIS viennent après une décennie de travail à la base et dans les quartiers par les militants des divers mouvements de réislamisation, à partir des milliers de petites mosquées qui ont été construites, souvent « à la barbe » de l'État, durant cette période, comme le montre Ahmed Rouadjia, l'auteur de la seule enquête de terrain publiée à ce jour sur le phénomène en Algérie.

Dans les rapports avec le monde occidental, l'activisme révolutionnaire islamiste a connu son sommet avec les opérations terroristes et les prises d'otages, téléguidées pour la plupart depuis Téhéran, entre 1985 et 1988. Depuis la mort de Khomeiny, l'heure n'est plus à une confrontation violente de même intensité, mais l'opposition des groupes piétistes à tout ce qui vient du dehors de l'islam est plus radicale encore. Tant que la liberté et l'accès au bien-être resteront un vain mot dans la plupart des pays musulmans, la contestation dont les mouvements de réislamisation sont les vecteurs n'a pas de raison de décroître, et elle est grosse de turbulences.

## Bibliographie

BURGAT François, *L'Islamisme au Maghreb*, La Voix du Sud, Paris, Karthala, 1988. Pour les aspects idéologiques du mouvement islamiste en Algérie.

CARRE Olivier, *Mystique et politique/Lecture révolutionnaire du Coran par Sayyid Qutb, Frère musulman radical*, Cerf/Presses de la FNSP, Paris, 1984.

DASSETO Felice, *Le Tabligh en Belgique*, Sybidi Papers, Louvain, 1988; *Europa, nuova frontiera del Islam*, Lavoro, Rome, 1988.

EICKELMAN Dale F., *Moroccan Islam*, Princeton UP, Princeton, 1986. Pour une perspective globale sur l'apport de l'anthropologie, lire surtout, *The Middle East, an Anthropological Approach*, Prentice-Hall, 1989 (2e édition).

GOLE Nilüfer, « Ingénieurs musulmans et étudiantes voilées en Turquie », *in* Gilles KEPEL et Yann RICHARD (éds), *Intellectuels et militants de l'islam contemporain*, Le Seuil, 1990, Paris, 1990.

KEPEL Gilles, *Le Prophète et Pharaon/Les mouvements islamistes dans l'Égypte contemporaine*, La Découverte, Paris, 1984 (*The Prophet and Pharaoh*, Al Saqi Books, Londres, 1985; *Faraon y el Profeta*, Muchnik Editores, Barcelone, 1988). — *Les Banlieues de l'islam/Naissance d'une religion en France*, Le Seuil, Paris, 1987.

ROUADJIA Ahmed, *Les Frères et la mosquée/Enquête sur le mouvement islamiste en Algérie*, Karthala, Paris, 1990.

ROY Olivier, *L'Afghanistan, islam et modernité politique*, Le Seuil, Paris, 1985 (*Islam and Resistance in Afghanistan*, Cambridge UP, Cambridge, 1986).

SEURAT Michel, *L'État de barbarie*, Le Seuil, Paris, 1989.

SIVAN Emmanuel, *Radical Islam/Medieva Theology and Modern Politics*, Yale UP, Yale, 1985.

TOZY Mohammed, « La restructuration du champ religieux au Maroc », *in* Gilles KEPEL et Yann RICHARD (éds), *Intellectuels et militants de l'islam contemporain*, Le Seuil, Paris, 1990.

# 14

# L'intégrisme islamique en France : entre fantasmes et réalités

*par Benjamin Stora*

## Une histoire des invasions qui se répète toujours...

Un spectre, pas vraiment nouveau, hante le continent européen. Ce n'est plus le communisme, mais « l'invasion musulmane ». Le péril venant du Sud s'est substitué à la menace froide de l'Est. L'absence d'ennemis produisant un insupportable vide, un scénario de guerre se dessine : la construction d'un mur méditerranéen s'impose, pour se protéger des nouveaux « barbares » qui se pressent aux frontières.

Ce grand air de l'invasion, conduisant inexorablement à la « décadence » par suite de métissage, n'est pas vraiment original. En 1895, déjà, Gustave Le Bon expliquait dans sa *Psychologie des foules*, que « la civilisation n'a plus aucune fixité et tombe à la merci de tous les hasards. La plèbe est reine, et les barbares avancent ». On connaît le cri de Drumont, auteur du tristement célèbre *La France juive :* « Jamais la France n'a été dans une situation plus critique », rejoignant Barrès dans l'immobilité de l'enracinement, celui de la terre et des morts.

Un siècle après, l'étranger qui vampirise et gangrène l'éternelle France n'a plus pour seul visage celui du « juif, adorateur du veau d'or ». Le sémite, démoniaque, c'est aussi le musulman fanatique. Depuis quelques années, porté essentiellement par les idéologues du Front national, un éventail de représentations négatives du monde arabo-musulman se met en place.

Même quand elles se présentent en désordre, les analyses « historiques » de Jean-Marie Le Pen procèdent toujours explicitement d'une conception cohérente et invariable. « L'identité française », trésor enfoui dans les profondeurs du temps, s'est trouvée sans cesse menacée tout au long de son histoire par des invasions étrangères. Mais pas par n'importe quelle invasion : « A deux mille ans de distance, ce sont pratiquement les mêmes peuples qui nous font courir les mêmes dangers. N'est-il pas vrai que les moudjahidines iraniens sont les descendants de ces Perses qui furent vaincus à Marathon ; que le monde islamique, qui vient battre les frontières de l'Europe et la pénètre lentement, est composé des fils des Turcs qui vinrent jusqu'à Vienne, et de ces Arabes que Charles Martel vainquit à Poitiers ? » (*Le Monde*, 4 avril 1987).

Toujours très dramatisées par des images terrifiantes, les invasions sont invariablement associées aux mots « barbares » et « orient » : « Oui, je crois que les travailleurs immigrés sont l'avant-garde des barbares à l'assaut de l'Occident. » (*Le Monde*, 17 décembre 1980.)

Les télescopages volontaires d'époques profondément différentes et les anachronismes outranciers remplissent en fait une fonction. A « deux mille ans de distance », les mêmes causes produisent les mêmes effets, la guerre est inévitable : « Il n'y a pas de guerre si on ouvre les portes, si on entrouvre les serrures. » (*Le Monde*, 17 décembre 1980.) « Oui, ce que j'engage c'est une guerre contre le renoncement. » (*Valeurs actuelles*, mai 1987.) « Une patrie est et restera une proie, et qui ne vivra que tant qu'il y aura des hommes et des femmes prêts à se battre pour elle, et à répondre à ce cri si souvent lancé : la patrie est en danger ! » (*La Croix*, 11 avril 1987.) Pour Jean-Marie Le Pen, la France se trouve en état de guerre, contre l'immigré devenu synonyme de musulman : « Nous assistons à une vague déferlante et omniprésente, dont on peut mesurer matériellement la progression. Un jour, c'est un commerce qui tombe, un autre jour, c'est un immeuble. » (*Le Monde*, 24 septembre 1985.)

La liturgie d'une France enracinée dans la pureté d'une

identité mythique sans cesse menacée, voilà ce qui légitime d'avance toutes les mesures de possibles violences, de « guerre » pour se défendre des « envahisseurs ». Pour l'heure, officiellement, un seul remède : le renforcement des frontières, l'édification de remparts. Armés de la rhétorique des « racines », les théoriciens de la nouvelle droite ralliés — explicitement ou pas — à Le Pen, peuvent ainsi adresser à l'étranger la terrible sommation : l'assimilation radicale (dans la limite des places disponibles), ou le départ rapide.

Cette logique implacable de guerre, « France contre islam », prend aujourd'hui le masque d'une lutte contre l'intégrisme islamique. Les dénonciations et stigmatisations de l'islamisme politique envahissent tout le champ du discours produit sur l'islam. On verra comment les islamistes eux-mêmes, en particulier au Maghreb et dans certains milieux de l'immigration en France, tirent un énorme profit de cette conception. En attendant, peut-on considérer comme « envahisseurs » ceux qui, nés sur le sol français, possèdent la nationalité française et revendiquent une filiation avec l'islam ? Ceux qui, immigrés en France depuis vingt ou trente ans, se vivent comme musulmans, et ne sont plus disposés, pour la grande majorité, à retourner dans leurs pays d'origine ? Les multiples réflexions et peurs suscitées par le fanatisme véhiculé par les groupes politiques de l'islamisme dissimulent la question essentielle : peut-on être français et musulman à part entière ?

### Le retour d'une mémoire coloniale

L'immigration maghrébine serait inassimilable, parce que profondément différente des autres vagues migratoires. Cette différence s'expliquerait par la religion musulmane. Une population, par ses croyances, se serait exclue d'elle-même, volontairement, des valeurs établies par la société française. Cette hypothèse, qui invoque le principe de l'incompatibilité entre deux univers, s'appuie sur le cours de l'histoire coloniale, particulièrement algérienne. Ainsi, tirant un douteux profit de son « expérience » (il fut gouverneur de l'Algérie treize mois), Jacques Soustelle n'hésitait pas à écrire, dans le *Figaro-Magazine* du 14 mars 1990 : « Sans doute il n'est nullement impossible que l'assimilation soit réalisable dans des cas individuels, mais précisément pas dans des groupements massifs soumis à l'influence de leaders politico-religieux. L'islam, en effet, n'est pas seulement une religion, une métaphysique et une morale, mais un cadre déterminant et contraignant de tous les aspects de la vie, un phénomène totalitaire [...]. Dès lors, parler d'intégration, c'est-à-dire d'assimilation, est une dangereuse utopie. On ne peut assimiler que ce qui est assimilable. »

La situation imposée aux Algériens au temps de la colonisation française était la suivante : devenir citoyen français, c'est renier son appartenance religieuse. Les « indigènes » ne pouvaient accéder aux droits de la citoyenneté qu'en renonçant à leur « statut personnel » de musulman. Un « Code de l'indigénat », en 1881, soustrait l'indigène musulman au droit commun pour le soumettre à un régime spécial « non prévu par la loi française ». Dans un territoire pourtant conçu comme un prolongement de la France, les Algériens relèvent d'un droit parallèle, d'un moindre droit, qui les place en porte à faux du cadre fixé par la République.

Des petites élites algériennes, y compris les oulémas (docteurs de la foi), réclameront longtemps l'accession à la pleine citoyenneté, l'entrée réelle dans la République française. Cette revendication sera constamment repoussée. L'argument étant que les aspirants à l'intégration devaient préserver leur « identité islamique ». L'islam était déjà censé être incompatible avec la laïcité. Les autorités exhortent les musulmans à s'immobiliser dans leur statut traditionnel. La construction de la Grande Mosquée de Paris, dans les années vingt, s'inscrit dans cette préoccupation.

Ce refus de citoyenneté, cette application d'un *faux modèle de la République* dans les colonies, provoque l'essor d'un mouvement indépendantiste, à base religieuse et ethnique.

Trente ans après la décolonisation, les questions soulevées dans la période coloniale resurgissent : la religion musulmane est-elle compatible avec les principes de la République française ? Doit-on accorder le droit de vote aux immigrés, les confiner dans un « deuxième collège », à part, comme ce fut le cas en 1947 pour l'Algérie ? Faut-il mettre en œuvre un processus d'assimilation par abandon d'un « statut personnel », admettre la citoyenneté en reconnaissant un particularisme communautaire ?

Par emprunt au vocabulaire colonial, nous sommes passés,

dans les années quatre-vingt, de « l'immigré » au « musulman ». Comme jadis, où il était question des Algériens musulmans et de la France. Décidément, les populations originaires du Maghreb (surtout de l'Algérie) et les jeunes issus de cette immigration ne peuvent pas être vus, considérés comme les autres migrants, Italiens ou Polonais par exemple. Originaire de l'autre côté de la Méditerranée, par sa naissance ou ses parents, celui qui vit ou travaille en France depuis de nombreuses années ne peut être qu'« immigré », et maintenant « musulman ». Deviendra-t-il un jour français à part entière ? L'exemple des harkis, citoyens à part dans un monde à part, permet d'en douter. Ou, pour le moins, de mesurer les obstacles au processus d'intégration.

Le traumatisme d'une guerre d'Algérie, gagnée militairement mais perdue politiquement, pèse toujours dans la société française. Un discours de la revanche, qui n'admet pas l'histoire accomplie de la décolonisation, remet en circulation un vieux racisme de type colonial. Avec ses stratégies classiques : le « bon Arabe », pacifique lorsqu'il se contente de travailler ; l'Arabe « fanatique », lorsqu'il entend jouer un rôle politique ou culturel dans la société où il évolue.

Cette mémoire coloniale, qui fonctionne de manière souterraine, induit le repli identitaire des populations d'origine maghrébine. Le refus d'égalité des droits profite aux partisans du tout-religieux. Ces derniers peuvent présenter l'islam comme la seule forme authentique d'existence, et de résistance.

### Communauté, islamisme et république

De nombreux musulmans sont, aujourd'hui, citoyens français, en particulier 500 000 ex-harkis et leurs familles, 450 000 fils d'immigrés et 150 000 naturalisés originaires du Maghreb. D'autres musulmans, installés depuis plusieurs années en France, ne sont pas prêts à retourner outre-Méditerranée (ils représentent 1,1 million de personnes). Certains demandent la naturalisation française pour eux, ou pour leurs enfants. Cette présence massive des musulmans, leur installation progressive, leur croissance à venir, leur cohabitation avec les autres confessions, les réactions qu'elles provoquent placent la France dans une situation complètement nouvelle. Toute une société islamique commence à affirmer sa foi, suivre son rituel. Or, quand elle est strictement appliquée, la loi coranique diffère par bien des côtés de nos us et coutumes. Comment intégrer les croyants de l'islam à la société européenne post-industrielle, sans leur demander de renier l'essentiel de leur foi ? Tel est le défi.

Il n'est pas facile à relever. Il y a bien sûr le poids de l'histoire ancienne, déjà évoquée. Le Front national n'est pas le seul à réactiver les fantasmes issus de la période coloniale, à tirer argument de la montée de l'islam en France pour réclamer le départ des étrangers. Estimant les musulmans inassimilables, un responsable de l'UDF, Alain Griotteray, prône le « retour au pays ». Le Club de l'Horloge mobilise également pour le départ des immigrés, et notamment des Maghrébins. Chaque projet de construction de mosquée, comme à Lyon ou Marseille, suscite de violentes polémiques. Les flambées de l'intégrisme islamique sont présentées comme des phénomènes profondément représentatifs de l'islam français.

Cette vision unitaire de « l'ennemi musulman » (rigoriste, intransigeant, contre la démocratie) est souhaitée par ceux qui ont œuvré à produire cette image négative : les islamistes eux-mêmes. Se positionnant en artisans d'une alternative cohérente, globale, les islamistes présentent l'islam comme l'opposé absolu de ce qui fonde l'universalité produite par l'Europe : progrès de la raison contre obscurantisme, laïcité, égalité homme-femme. Au diapason des mouvements qui montent en puissance au Maghreb, ils repoussent les voies d'une modernisation de l'islam, livrent une bataille visant à abolir toute séparation entre sphère de la vie privée et espace public.

Le concept de « communauté » contribue puissamment à établir cette représentation. L'homogénéité musulmane tant décrite et voulue efface l'existence de populations multiples, diverses par leurs origines ethniques, hétérogènes socialement et culturellement. En effet, au noyau central des Algériens (arrivés dans les années vingt), puis des autres Maghrébins (Tunisiens et Marocains installés dans les années soixante), se sont joints progressivement les Africains, et plus récemment les Turcs. Ce caractère presque insaisissable d'une « communauté » se comprend également par l'absence de clergé, de représentants officiels, malgré les ambitions de la mosquée de Paris. La progression en France d'un islam sécularisé pourrait faciliter la tâche de ceux pour qui la meilleure façon de combattre l'intégrisme est d'aider les musulmans à se faire toute leur place dans la société française, pluraliste et laïque.

Il est en effet évident que l'islam doit s'harmoniser avec nos institutions laïques. Et la réussite de l'intégration, dans la situation actuelle, implique une reconnaissance mutuelle, reconnaissance par les Français musulmans des principes républicains, reconnaissance par les autorités françaises de l'islam comme deuxième religion du pays.

Pour éviter toute dérive vers une nouvelle « guerre de religion », combattre les peurs réciproques, la meilleure solution passe par l'application des principes issus de 1789 : les droits de l'individu sont reconnus comme égaux dans la mesure où ils sont isolés de l'origine ethnique ou religieuse. Ils n'accordent pas la citoyenneté, faut-il le rappeler, à partir de critères religieux. Pour être français, il faut vouloir entrer dans la collectivité nationale, seule condition requise pour y être accueilli. Cet acte de volonté s'opère en connaissance des droits et des devoirs dictés par la République. Cela conduit au rejet de toute conception ethnique, y compris de ce que l'on appelle par euphémisme « l'identité française ». La religion restant une affaire privée. La discussion est ainsi plus que jamais ouverte entre ceux qui croient possible un « islam privé, tranquille » en France, et ceux pour qui l'islam, par nature, ne peut et ne pourra donc jamais être une religion sociologique, et privée. Un exemple tiré de la récente histoire de France peut éclairer ce débat : qui peut, maintenant, brandir l'argument des juifs de France « inassimilables » en raison de leurs pratiques religieuses ?

Si, aujourd'hui, n'est pas mise en œuvre une dynamique d'intégration sur une base républicaine, le risque bien réel est celui d'une « libanisation », d'une opposition entre « les Français de souche » et les « autres ». Au grand bonheur des islamistes, prêchant résolument le particularisme communautaire.

# III
## *Intégration et citoyenneté*

# 15

## La différence culturelle.
## Défi à la société française

*par Antoine Garapon, Hervé Hamon,
Étienne Le Roy, Nicole Llopis,
Jean-Claude Nicolle et Saadia Yakoub*

Dans notre étude [1], notre thèse est que l'examen du fonctionnement de cette justice, exceptionnelle à maints égards, révèle que nous sommes victimes d'un impensé central que nous avons dénommé le « tabou de l'altérité ». Magistrats et travailleurs sociaux affrontés à des mineurs et des familles migrantes ont témoigné — avec des arguments sur lesquels nous reviendrons — de leur méconnaissance des cultures (de la leur comme de celles des collectifs étrangers), de leur peu d'intérêt pour une telle connaissance (en dehors d'un vague paternalisme analogue à celui d'un touriste dans un club de vacances en Afrique) et de la barrière qu'un préjugé de supériorité (naturellement inconscient) fait peser sur leurs interventions.

Au-delà du défi global qu'elles nous lancent de trouver dans les années à venir des solutions à une présence permanente mais originale sur notre territoire, les minorités présentes en France nous conduisent à examiner trois défis:

---

1. Antoine GARAPON, Hervé HAMON, Étienne LE ROY, Nicole LLOPIS, Jean-Claude NICOLLE et Saadia YAKOUB, « La différence culturelle, argument devant la juridiction des mineurs, défi à la société française », *Rapport de recherche pour la Mire et le Conseil de la recherche du ministère de la Justice*, laboratoire d'anthropologie juridique de Paris-I, Paris, 1989, 286 p.

— tout d'abord, le défi qu'elles se donnent d'une intégration qui n'implique plus assimilation mais acceptation mutuelle d'une différence culturelle qui ne serait pas perçue comme agressive ou déstabilisante pour notre société;
— ensuite, plus particulièrement pour les travailleurs sociaux et les magistrats, en première ligne de la gestion au jour le jour de la différence culturelle, le défi à relever est celui de leur confrontation à ces valeurs différentes, défi qui doit dépasser le terrain de l'incompréhension ou du déni pour celui du dialogue interculturel;
— enfin, et comme condition fondamentale pour chacune des parties prenantes du système judiciaire et de l'éducation surveillée, le troisième défi à relever est d'assurer ce dialogue sur la base de la nécessaire négociation des appartenances culturelles, tant celles des populations migrantes que de nos croyances les plus affirmées — qui n'en sont pas moins souvent les plus fragiles.

## Le défi de l'intégration : familles et mineurs migrants face à la loi française

Nous avons évoqué précédemment une approche naïve, interprétant de manière globale et réductrice la différence culturelle, par négation de sa réalité ou de sa portée.

Il en est particulièrement ainsi dans le contexte des comportements culturels des familles migrant sur le sol français. On suppose le plus souvent qu'elles ne disposent que d'un bagage culturel extrêmement mince, plus ou moins organisé par la religion, bagage qui doit céder face à l'excellence de notre civilisation.

Une telle conception est triplement critiquable. Elle suppose tout d'abord que l'assimilation ainsi conçue avait été précédemment réalisée par les autres communautés (espagnole, polonaise, arménienne, par exemple), ce que dément une observation participante : les communautés ne sont pas fondues dans le creuset culturel français. Elles y sont devenues moins voyantes en adoptant des stratégies d'évitement, de contournement ou de détournement.

D'autre part, une telle approche n'est crédible que dans la mesure où l'on peut désigner des traits spécifiquement

*intégration et citoyenneté*

culturels que la société d'accueil impose aux migrants. Or, à l'occasion de nos entretiens avec des magistrats et des travailleurs sociaux de la région parisienne, nous avons été surpris par leur conception de la culture.

Ce qu'évoquent nos interlocuteurs n'est pas une affaire de comportements à assimiler, mais d'une identité à la fois censurée et appelée à se renouveler. La culture est assimilée à un principe vital, original, déterminant les comportements sociaux.

Or, anthropologiquement, nous le savons, on ne change pas d'identité comme d'un vêtement, surtout quand on ne sait pas comment il doit se porter.

Enfin, la conception de la table rase culturelle est contredite par la connaissance des situations que vivent les familles migrantes. Au lieu de ne remarquer le culturel qu'à travers des comportements déviants, en supposant ainsi que les comportements d'inscription dans la société d'accueil ne sont pas « culturels », il faut accepter d'y aller voir de plus près. C'est ce que nous avons tenté de faire à l'occasion de cette recherche en allant identifier en Algérie et au Sénégal comment fonctionnaient la justice des mineurs, l'éducation surveillée et leurs interventions dans les familles.

Ces deux missions ont été réalisées pendant des périodes délicates : Dakar venait de connaître des émeutes (à la suite de la proclamation des résultats des élections, le 28 février 1988) et Alger allait progressivement s'embraser (entre les 4 et 6 octobre 1988). Nous avons pu toutefois identifier un certain nombre de facteurs originaux :

— réinterprétation du modèle institutionnel : le modèle de la justice des mineurs fondé sur des ordonnances de 1945 et 1958 avait été introduit dans nos territoires coloniaux et globalement reconduit après l'accès à l'indépendance. Or, nous avons été surpris d'observer des pratiques institutionnelles étrangères à ce que nous avions observé en France, malgré un modèle judiciaire analogue. Après un moment d'étonnement, nous avons été obligés d'accepter l'hypothèse d'une réinterprétation du modèle en vertu d'une culture endogène faisant prévaloir la reproduction de la famille sur l'intervention de l'État ;

— de ce fait, l'intervention des services éducatifs est repensée sur le mode des rapports « traditionnels » : au Sénégal, le rapport aînés/cadets, le magistrat des mineurs étant assimilé à la tante paternelle ; et en Algérie, en fonction du clivage « structurel » entre les sexes ;

— enfin, ce qui fonde le travail éducatif ce n'est pas le rapport à la loi, mais, dans ces sociétés « coutumières », la prohibition de l'inceste (en Algérie) ou le tabou de l'ancêtre (au Sénégal).

Ainsi le jeune migrant dispose-t-il d'un certain nombre de comportements endogènes qui interfèrent nécessairement dans son rapport à la loi et à la justice françaises.

## Jeunes et familles devant la loi

Les jeunes mineurs ne partagent pas le rapport à la loi comme instance extérieure et supérieure d'énonciation de la norme. Pour eux, qui appartiennent à des cultures où le droit ne se condense pas dans des règles particulières, « juridiques », mais dans des modèles de comportements, saisis à travers les « manières de dire, les manières de faire », la confrontation à la loi n'a pas de sens. Ils perçoivent les policiers ou les « matons » de la détention préventive, éventuellement les magistrats et éducateurs, comme des aînés.

Par ailleurs, la loi positive est, dans le contexte de la justice des mineurs, particulièrement pauvre. Elle tient à quelques articles du Code civil ou du Code pénal et repose surtout sur des règles de procédure, au reste peu appliquées. Et quand elle existe et qu'elle est appliquée, la loi reste méconnue du jeune migrant comme de tous les adolescents marginalisés ou exclus de l'école ou de la vie professionnelle.

Comme le remarque A. Garapon, « cette justice sans loi aboutit ainsi à une juridicisation des valeurs sociales ». Mais quelles valeurs juridiciser dès lors que la loi fixe au juge quelques principes qui doivent gouverner sa décision :

— il doit s'efforcer de recueillir l'adhésion du mineur et de la famille à la mesure envisagée ;
— chaque fois que cela est possible, le mineur doit être maintenu dans son milieu actuel ;
— le juge doit tenir compte des convictions religieuses et philosophiques du mineur et de sa famille.

La loi, prenant « la forme d'un code déontologique du juge, dépendra en dernier ressort de la propre éthique du magistrat ». Elle ne pourra plus être simplement le droit positif français.

## Familles et mineurs : le mythe du retour

Il y a des situations (ainsi pour des familles algériennes à la suite des événements d'octobre 1988) où le mythe du retour vole en éclats. De nombreuses conséquences vont émerger dans des domaines sensibles. Les retours-sanctions des jeunes au pays devront céder la place à d'autres pressions ; le mariage des filles dans la famille algérienne sera moins facile à pratiquer... Donc, les chefs de famille seront plus dépendants des solidarités parentales et lignagères en France. Mais il s'agira d'une reconversion de stratégies et non d'un alignement sur des standards français.

En revanche, pour les migrations venant de l'Afrique, au sud du Sahara, la circulation n'a pas cessé, ni le mythe du retour.

Ces systèmes résidentiels reposent sur des réseaux d'entraide et de solidarité à base parentale et professionnelle au sein desquels les principaux événements de la vie sociale sont pris en charge parallèlement à ou en dehors de l'intervention de l'État français s'il s'agit de questions sensibles : exercice du droit de correction à l'africaine, polygamie et répudiation traditionnelles, droit de garde exercé au détriment des prérogatives masculines, excision, etc.

De même que les systèmes résidentiels sont plus ou moins développés, les structures familiales se présentent alors comme des communautés à géométrie variable qui s'ouvrent aux questions les plus délicates par appel aux conseils des plus avisés tout en limitant leur rôle aux seuls aspects sensibles pour la reproduction des groupes. Enfin, l'exigence de discrétion à l'égard des services officiels français est également de mise.

A nouveau, on peut conclure que la permanence de telles solidarités limite les possibilités d'une fusion dans la société d'accueil et que l'intégration apparaît comme un défi déjà délicat à relever, ne serait-ce qu'en raison de l'accueil parfois mitigé que leur réservent la justice et la société françaises.

## Magistrats et travailleurs sociaux face à la différence culturelle

Même si certaines préventions peuvent être exprimées individuellement, elles ne sont que très rarement transposées dans le registre des activités professionnelles.

La mise en relation entre les discours privés et professionnels et les pratiques judiciaires ou éducatives souligne que l'appartenance à une institution exige un filtrage et une réinterprétation de ses propres jugements — qu'ils soient favorables ou défavorables à la différence culturelle — en raison du poids des idéologies institutionnelles. Ces idéologies sont implicites, spécifiques à chaque corps, voire à chaque tribunal, car il y a des « coutumes » judiciaires variables qui tiennent à la personnalité d'un président de tribunal ou à la surcharge des rôles. Elles n'en ont pas moins une efficacité certaine en donnant le *la* pour s'accorder sur l'approche de questions sensibles, l'interprétation des textes ou la distribution des tâches. Parler de doctrine suggérerait une élaboration plus consciente qu'il n'en est en réalité. Il s'agit plutôt d'une philosophie spontanée.

Ces idéologies professionnelles, par nature floues et fluides, nous proposent cependant une image moins manichéenne de l'intervention judiciaire.

En effet, la différence culturelle est un fait d'expérience inévitable dans le contexte contemporain. Cette reconnaissance d'une réalité incontournable donne lieu à trois réflexions particulières :
— mal abordée ou mal appréciée, elle pourrait permettre des clichés et des stéréotypes qui sont, par un phénomène d'intériorisation, posés comme « à éviter » et, dans tous les cas, toujours attribués à autrui si on vient à en parler. L'idéologie professionnelle exprime ainsi une prise de position antiraciste ;
— mais la différence culturelle peut aussi être banalisée, car, comme le remarque un éducateur, les jeunes migrants sont souvent plus proches par leurs comportements et leurs demandes implicites des adolescents français issus de milieux défavorisés ou du quart monde que ces derniers des autres cohortes de collégiens ou de lycéens. Cette banalisation peut s'opérer au nom du même principe de l'antiracisme (refus

qu'il joue en sens contraire) et produire un « marquage » susceptible de devenir un stigmate de l'exclusion ;
— enfin, la différence culturelle peut être invoquée comme un obstacle à l'intervention ou comme une excuse « absolutoire » d'un échec.

Plus généralement, la différence culturelle apparaît comme un facteur aggravant dans la réalisation au jour le jour du travail social. Certains schémas d'intervention, pertinents dans les familles françaises, ne le sont plus nécessairement ailleurs. Ainsi, les magistrats négocient, avec les jeunes, en présence de leurs familles, des « contrats » impliquant des obligations particulières (ne pas fréquenter certains lieux et certaines personnes) contre certains « droits » (la possibilité de sorties à certaines heures, par exemple). Mais encore faut-il que la notion de contrat comme accord réciproque engageant deux personnes juridiques corresponde à des représentations culturelles introduisant un sentiment d'obligation et ouvrant sur une sanction.

La différence culturelle impose des contraintes spécifiques dans l'action éducative et l'éducation surveillée. Elle impose tout d'abord ses contraintes propres à l'exercice du mandat judiciaire. L'intervention dans les familles est toujours bouleversante. Certaines s'y refusent, françaises ou étrangères. Des cas nous ont été cités où des familles étrangères ont préféré déménager et partir sans laisser d'adresse pour échapper à l'intervention des services éducatifs. D'autres sont amenées, si le mandat judiciaire s'exerce trop directement, à démissionner de toute responsabilité. S'introduire dans une famille maghrébine, par exemple, c'est y introduire également la honte et le déshonneur, rendu public par le passage de l'assistante sociale ou par la convocation devant le juge des enfants. C'est aller à l'encontre, dans les familles d'Afrique du sud du Sahara, du primat de l'endo-régulation familiale.

De plus, la prise en compte de la différence culturelle pose des problèmes de communication. L'usage de l'interprète, souvent nécessaire, n'offre pas la garantie d'une exacte transposition des traits culturels ni d'une explication satisfaisante.

Enfin, des difficultés particulières apparaissent dans les deux contextes où nous avons plus particulièrement travaillé. Dans les familles maghrébines, les difficultés se condensent, de manière sans doute prévisible, autour de trois points : le statut du père, valorisé dans les cultures originaires, souvent dévalué en situation d'échec économique, de chômage..., et le poids du religieux, à la fois par l'assimilation à l'islam de valeurs culturelles et par des comportements plus revendicatifs : intégristes ou fondamentalistes.

Par ailleurs, la différence culturelle amplifie des transformations inhérentes à la migration ou à l'adolescence. Toute migration implique une rupture ou, pour reprendre un concept psychologique, « un travail de deuil » quant à ses appartenances culturelles.

Or, l'intervention judiciaire peut favoriser ce travail de deuil ou, au contraire, le transformer en crise identitaire. Il en est particulièrement ainsi lorsque le mandat judiciaire concerne des adolescents biculturés qui ajoutent au phénomène de crise propre à l'adolescence la remise en cause du modèle familial.

Confrontés ainsi à la différence culturelle, ces magistrats et travailleurs sociaux sont appelés non seulement à s'engager dans un travail de longue haleine toujours délicat, mais également, à un titre ou à un autre, parallèlement aux familles migrantes, à négocier leurs appartenances culturelles.

### De la confrontation à la négociation

Pour chacune des parties prenantes, des enjeux spécifiques apparaissent et doivent être pris en compte pour assurer un minimum d'intégration dans la société d'accueil. Concernant le jeune migrant, il s'agit de faire la part du culturel et du pathologique. Dans toute trajectoire de l'enfance à l'âge adulte, la crise pubertaire apparaît comme un moment spécifique ayant une dimension physiologique pouvant donner naissance à une pathologie. Chaque société traite de manière originale cette transition. Il faut tenter dans chaque situation de faire la part du culturel et du pathologique, parce que seul le culturel peut se négocier alors que la dimension pathologique fera l'objet d'un traitement qui peut prendre diverses formes.

Mais cette dimension culturelle prend nécessairement des formes différentes dans des sociétés individualistes et dans des sociétés communautaristes, d'où viennent les familles africaines que nous avons étudiées.

Les données anthropologiques relatives aux sociétés

d'origine soulignent, en parallèle, une forte dépendance à l'égard du groupe et le report de la majorité sociale bien au-delà de la majorité « civile » officielle, ce qu'exprime une jeune fille maghrébine sous mandat judiciaire et qui va atteindre l'âge de la majorité : à la réflexion de son assistante sociale l'informant des conséquences prévisibles de sa majorité, cette jeune fille répondra que dans sa société on n'est jamais majeur, surtout une fille.

Pour ces jeunes issus de milieux communautaires, il semble que la transition juvénile puisse prendre une forme originale faisant interférer le modèle individualisant de l'adolescence à la française et des valeurs (ou des contraintes) plus collectives. Par ailleurs, dans les sociétés africaines, la séparation de l'enfant et de la mère s'opère généralement très tôt, à la fin de l'allaitement, et se révèle particulièrement traumatisante pour le garçonnet. Dans nos sociétés occidentales, cette dé-fusion doit s'opérer essentiellement au moment de l'adolescence et elle est un moment essentiel de sa « crise ». Pour les jeunes migrants, en particulier ceux de la deuxième génération dont les familles ont déjà été influencées par les modèles de comportements de la société d'accueil, la post-puberté va être l'occasion d'une double séparation : quitter la mère et les valeurs familiales originelles.

A cette coupure s'ajoute ce que les parents, le père en particulier, peuvent ressentir comme une « trahison » des valeurs du groupe familial.

Gérer cette séparation n'est sans doute pas l'aspect le plus simple du travail social, d'autant qu'il apparaît que l'impact de cette séparation a été parfois sous-estimé.

Comme instance de négociation, la justice des mineurs a pour fonction essentielle d'assurer une « triangulation » de rapports trop confus ou imbriqués pour pouvoir être gérés. A cet égard, le rôle du magistrat est décisif en raison de la fonction de courtier entre les exigences éducatives et sanctionnatrices que la loi lui donne par la combinaison des ordonnances de 1945 et 1958. Mais l'intervention des travailleurs sociaux se révélera également opérationnelle lorsqu'ils pourront — ou sauront — tenir ce rôle de tierce partie dans la négociation des appartenances culturelles et des relations familiales.

Concernant la justice des mineurs comme lieu d'initiation des rapports à la loi, nous avons déjà indiqué que ces jeunes migrants n'ont qu'une connaissance de la loi d'autant plus évanescente que leur culture juridique repose sur la coutume. Leur socialisation sur le sol français doit donc s'accompagner d'une initiation aux conceptions juridiques prévalant dans la société d'accueil. Pour ce faire, face aux contradictions entre la loi française, les lois étrangères ou la conception coutumière, magistrats et travailleurs sociaux peuvent s'adosser à la loi symbolique pour assurer cette autre « triangulation » normative et indispensable à la vie dans la société d'accueil. Le magistrat et ses représentants sont en effet des substituts symboliques du père — de l'idée paternelle peut-être même —, gardiens de l'autorité et rappelant l'exigence du respect des modèles de comportements socialement acceptés ou acceptables. Ils peuvent ainsi négocier avec les mineurs et leurs familles les voies et moyens d'une intégration progressive dans la société d'accueil.

## Formation à l'interculturel et procédures de négociation

En conclusion, on peut dégager quelques pistes d'une approche renouvelée de la prise en charge de la différence culturelle par l'institution judiciaire.

La première est de favoriser une meilleure connaissance des cultures « autres » par les divers intervenants. Cela suppose que la formation initiale puis continue des magistrats et des travailleurs sociaux comporte une initiation substantielle aux questions de l'interculturel.

Une seconde voie paraît être de renforcer les procédures de négociation en élargissant le cadre institutionnel hors des cabinets de juges des enfants. Nous proposons ainsi de former des spécialistes interculturels à la médiation familiale pour compléter et renforcer l'intervention des travailleurs sociaux. Nous proposons également que certains placements puissent être faits sous mandat judiciaire français dans le pays d'origine, selon des modalités qui pourraient permettre au jeune d'être confronté à sa culture originelle pour pouvoir prendre ses marques avec elle et négocier son intégration dans la société d'accueil.

Ces exemples pris dans un ensemble de recommandations plus générales illustrent, nous semble-t-il, l'idée que la différence culturelle, tout en étant un défi pour la société française, ne pose pas des obstacles institutionnels tels qu'on ne puisse l'aborder positivement.

Derrière la différence culturelle, c'est le statut de l'autre qui est en question. Lever le tabou de l'altérité, c'est aussi s'interroger sur le projet de société, dans ses dimensions sociales et politiques, que nous offrirons à nos enfants, migrants ou non.

# 16

## Le système scolaire français : aide ou obstacle à l'intégration ?*

*par Danielle Boyzon-Fradet,
en collaboration avec Serge Boulot*

Le reproche le plus fréquemment adressé à l'école française depuis ses origines a été d'être une formidable machine assimilationniste, niant les identités culturelles et linguistiques des minorités régionales et immigrées sur le sol national.

C'est au cours des auditions devant la Commission du code de la nationalité, chargée en septembre-octobre 1987, par le gouvernement de Jacques Chirac, de redéfinir les critères d'accès à la nationalité française, qu'on a mis en doute pour la première fois la pérennité du rôle intégrateur de l'école à l'égard des enfants d'origine étrangère et particulièrement à l'égard des jeunes issus de l'immigration non européenne. Les détracteurs de l'école républicaine lui avaient jusque-là bien davantage reproché de ne tenir aucun compte, dans ses programmes et ses structures, des spécificités linguistiques et culturelles attribuées à ces populations.

En fait, les témoins entendus par la « commission des sages » ont été unanimes à reconnaître que l'école est l'un des vecteurs les plus puissants de la maîtrise du français et

---

\* Ce texte est une version mise à jour d'une communication faite à un colloque tenu à Royaumont en octobre 1989 (actes à paraître aux Presses universitaires de New York, sous la direction de Gérard NOIRIEL).

de l'inculcation des valeurs républicaines et laïques : « Ce qui pour ma part me paraît le plus important, ce n'est pas tellement le délai, c'est la scolarisation [...] il n'y a pas de facteur plus intégrationniste que la scolarité, surtout la scolarité primaire et secondaire [1]. » Cette unanimité a conduit la Commission, contre toute attente, à proposer dans ses conclusions d'ajouter la scolarité prolongée en France comme nouvelle composante permettant l'accès à la nationalité française [2].

Certes, l'école n'est pas le seul lieu d'intégration à la société, mais elle est la seule institution à prendre en charge les jeunes dès l'âge de 3 ans (voire 2 ans), et au moins jusqu'à 16 ans « quelle que soit leur origine sociale, culturelle ou géographique [3]. » C'est pourquoi nous tenterons d'analyser les raisons intrinsèques qui confèrent au système scolaire un rôle intégrateur aussi puissant et aussi constant depuis plus d'un siècle, les effets pervers des politiques de discrimination positive introduites depuis les années soixante-dix en faveur des enfants issus de l'immigration et les interrogations relatives aux pressions exercées par les autres secteurs de la société sur l'objectif d'intégration par l'école.

## Des principes et des objectifs quasi immuables

Bien avant la création de l'école publique, laïque et obligatoire, en 1881-1882, la Révolution française avait eu l'idée d'utiliser l'institution éducative pour former des citoyens acquis à ses propres valeurs. Ainsi, le décret du 30 vendémiaire an II (21 octobre 1793), relatif à l'organisation de l'instruction et à la distribution des premières écoles, confiait à l'école la mission de développer chez les enfants « les mœurs républicaines, l'amour de la patrie et le goût du travail ».

La constitution du service public d'éducation à la fin du siècle dernier ne dissimulait pas non plus ses objectifs : « La République a fait l'école, l'école fera la République. » Le

---

1. Rapport de la Commission de la nationalité, *Être français aujourd'hui et demain*, 10/18, Paris, 1988 ; témoignage de Paul Lagarde, t. I, p. 114.
2. Cf. « Français par le sang, par le sol... ou par l'école », par S. BOULOT, D. BOYZON-FRADET, *Plein Droit*, n° 3, avril 1988.
3. Loi d'orientation sur l'éducation, 10 juillet 1989.

pouvoir républicain encore précaire comptait ainsi élargir ses bases par l'éducation du peuple. Les nombreuses mutations politiques depuis cette période n'ont jamais porté atteinte à cet objectif, à l'exception du régime de Vichy qui a tenté d'introduire l'éducation religieuse à l'école publique, remettant gravement en cause le principe de sa laïcité.

Les dernières instructions pédagogiques [4] et la loi d'orientation sur l'éducation du 10 juillet 1989 montrent la permanence de cette volonté d'inculcation des principes républicains par le canal du service public d'éducation. Les instructions pédagogiques du ministère de l'Éducation nationale de 1985 sont parfaitement explicites. Ainsi, dans l'introduction du volume consacré à l'école élémentaire (6 à 11 ans), on peut lire :

« L'école que l'on appelle élémentaire parce qu'elle apporte les éléments fondamentaux du savoir, joue un rôle décisif dans le progrès de la démocratie.

« L'école, en instruisant, éduque à la liberté.

« Dans la vie à l'école et dans l'enseignement dispensé seront cultivées les vertus qui fondent une société civilisée et démocratique : la recherche de la vérité et la foi dans la raison humaine, la rigueur intellectuelle et le sens des responsabilités, le respect de soi et d'autrui, l'esprit de solidarité et de coopération, le refus des racismes, la reconnaissance de l'universel présent dans les différentes cultures, l'amour de la France qui se confond avec l'attachement à la LIBERTÉ, à l'ÉGALITÉ, et à la FRATERNITÉ. »

En outre, les instructions relatives aux diverses disciplines précisent en quoi elles concourent à l'objectif général :

« La maîtrise de la langue française commande le succès à l'école élémentaire. Elle est [...] le préalable à tous les apprentissages. [...] C'est pourquoi elle est le premier instrument de la liberté. [...] Aux enfants pour qui le français n'est pas la langue d'origine, l'école fournit un moyen d'intégration à la communauté française, ainsi qu'une culture toujours ouverte à la diversité. »

« La connaissance de notre héritage historique, l'assimilation du patrimoine politique et culturel de la France, la découverte des richesses de notre peuple et de notre pays sont

---

4. *L'École élémentaire. Programmes et instructions*, 1985. *L'École maternelle, son rôle, ses missions*, 1986. *Collèges. Programmes et instructions*, 1986.

indispensables à la formation du citoyen français. L'histoire et la géographie participent à l'apparition chez l'élève de la conscience nationale ; il peut ainsi apprécier l'apport des autres cultures, qu'il découvre par l'étude, le voyage ou la fréquentation des communautés immigrées. »

« L'État républicain est fait de personnes libres et responsables, ayant le sens de l'intérêt général. On naît citoyen, on devient un citoyen éclairé... Éminemment morale, l'éducation civique développe l'honnêteté, le courage, le refus des racismes, l'amour de la République. »

La loi d'orientation, quant à elle, si elle adopte un style moins militant, n'est pas pour autant moins claire sur le rôle de l'école dans la formation du citoyen :

« L'éducation est la première priorité nationale. Le service public de l'éducation est conçu et organisé en fonction des élèves et des étudiants. Il contribue à l'égalité des chances.

« Le droit à l'éducation est garanti à chacun afin de lui permettre de développer sa personnalité, d'élever son niveau de formation initiale et continue, de s'insérer dans la vie sociale et professionnelle, d'exercer sa citoyenneté. »

Les modalités de mise en œuvre, le dispositif institutionnel et l'étendue du public auquel l'école s'adresse ont certes évolué sous la double influence des nécessités économiques et de la demande sociale, mais les principes de base de l'école n'ont jamais été remis en cause ; bien au contraire, ils ont été sans cesse renforcés par l'exigence d'une plus grande égalité des chances.

Le système scolaire français, bien que constitué de deux secteurs, l'un public et l'autre privé, fonctionne selon des règles identiques dans la quasi-totalité des cas. En effet, le secteur privé, qui scolarise une proportion de 20 % des effectifs du premier et du second degré, est à plus de 90 % contractuel (99 % pour le premier degré et 90 % pour le second degré). Le contrat passé avec l'État impose l'accueil des enfants quelle que soit leur appartenance religieuse, le respect des objectifs, des contenus, des horaires nationaux, une formation des enseignants équivalente à celle des enseignants du public ; en contrepartie, l'État prend en charge leur salaire et, selon le type de contrat, une part des frais de fonctionnement de l'établissement.

Malgré la loi de décentralisation de 1982 qui confie la gestion des écoles maternelles et élémentaires aux municipalités, celle des collèges aux départements et celle des lycées aux régions, les contenus d'enseignement, les diplômes et les grandes orientations pédagogiques restent le fait du ministère de l'Éducation nationale, donc du pouvoir central.

Tout enfant résidant sur le sol français est donc soumis aux mêmes règles.

- *Une instruction obligatoire entre 6 et 16 ans*; dans les faits, elle est donnée, à l'exception de quelques cas marginaux, au sein de l'école publique ou privée. Le temps passé à l'école s'est considérablement accru au cours de la dernière décennie : à 100 % les enfants sont scolarisés depuis l'âge de 4 ans (plus de 95 % pour les 3 ans) et 63 % d'une classe d'âge sont encore à l'école à 18 ans.

- *Une égalité de traitement* quant aux horaires, aux contenus et au type d'encadrement pédagogique, quasi absolue dans l'élémentaire, plus formelle dans l'enseignement secondaire.

- *Un enseignement dans l'unique langue officielle du pays : le français*, à l'exception des établissements secondaires ayant des sections bilingues dont le nombre est très réduit [5].

- Une *éducation laïque* (dans le secteur public). « La laïcité, principe constitutionnel de la République, est un des fondements de l'école publique. A l'école comme ailleurs, les croyances religieuses de chacun sont affaire de conscience individuelle et relèvent donc de la liberté. Mais à l'école où se retrouvent tous les jeunes sans aucune discrimination, l'exercice de la liberté de conscience, dans le respect du pluralisme et de la neutralité du service public, impose que l'ensemble de la communauté éducative vive à l'abri de toute pression idéologique ou religieuse. » (Rappel du ministère suite aux incidents de la rentrée 1989) [6]. Cette laïcité implique l'absence d'enseignement religieux, l'absence d'exercice de cultes et l'absence de démonstration de prosélytisme à l'intérieur des locaux scolaires.

- *La gratuité* des études jusqu'à 16 ans (dans le secteur public et dans certains établissements privés).

---

5. En 1984-1985, les sections bilingues regroupaient au total 30 000 élèves français et étrangers. Seulement 1 000 d'entre eux fréquentaient des sections où l'on enseigne une langue d'un pays d'émigration, y compris l'espagnol, langue de tradition culturelle en France. Quant aux sections internationales, on en trouvait 6 dans les écoles, 10 dans les collèges et 7 dans les lycées durant cette même année.
6. Circulaire du ministre de l'Éducation nationale du 12 décembre 1989.

Ainsi, le système scolaire français repose sur l'hypothèse que l'égalité des chances passe nécessairement par ce traitement uniforme : l'école se veut libératrice, elle offre un même moule pour tous, devant permettre à chacun, selon ses mérites, d'avoir la possibilité de s'élever dans la hiérarchie sociale.

Bien entendu, l'identité des grands principes, celle des objectifs et des programmes cachent des disparités importantes de fonctionnement dès que les enfants ont quitté l'école élémentaire. Le choix des établissements, des options, des langues, permet aux parents avertis, dès l'entrée au collège, de se comporter en véritables « consommateurs d'école », les choix opérés conduisant vers des formations inégalement reconnues. Le système restant opaque pour les plus démunis, la logique égalitaire se trouve détournée au profit des mieux informés.

L'école élémentaire, héritière du projet politique initial, et dispensatrice des savoirs de base, résiste aux tentatives de rupture de la logique égalitaire. La prise en compte des spécificités des minorités régionales ou immigrées qui a conduit l'institution, de manière sporadique, à aménager ses horaires, ses programmes et même à introduire en son sein des agents extérieurs à la fonction publique nationale, n'a jamais véritablement réussi à s'imposer à ce niveau. L'exemple de l'enseignement des langues régionales et des langues nationales des immigrés est très révélateur de cette résistance.

Dès 1851, dans une circulaire d'application de la loi Falloux sur l'instruction primaire, la règle est fixée : « Le français sera seul en usage dans l'école. » A cette époque, il s'agissait d'éradiquer les patois, afin d'unir une France morcelée en terroirs. Or, comme le souligne F. Brunot dans son *Histoire de la langue française*, pour les responsables politiques, « il est certain que c'est la langue qui fait la patrie [7] ». L'enseignement des langues et cultures régionales se heurte donc, dans un premier temps, à la volonté d'unification nationale par l'école et, par la suite, aux résistances politiques (centralisme contre régionalismes), philosophiques (égalité de traitement contre respect des différences) et matérielles (rigidité des contenus et horaires d'enseignement, absence de crédits suffisants...) [8]. Toutes

---

7. F. BRUNOT, *Histoire de la langue française*, Colin, Paris, 1967, t. IX, 1.
8. Serge BOULOT et Danielle BOYZON-FRADET, « Un siècle de réglementation des langues à l'école », in *France, pays multilingue*, ouvrage collectif, L'Harmattan, coll. « Logiques sociales », Paris, 1987, t. 1.

les mesures de discrimination positive en fonction des origines linguistiques, culturelles, sociales ou géographiques, à l'intérieur de l'école élémentaire publique, se trouvent au carrefour d'enjeux multiples, souvent contradictoires avec les principes constitutifs de l'État-nation, et sont vouées à l'échec.

Il convient cependant d'être attentif aux effets de la mise en œuvre de la loi d'orientation de juillet 1989 qui prévoit une modification profonde de l'organisation de l'école maternelle et élémentaire : fonctionnement en « cycles », constitution de « groupes de niveau », projets d'établissements, autonomie des établissements, financement d'actions spécifiques par les collectivités territoriales, attribution de primes aux enseignants exerçant dans des secteurs réputés difficiles. La volonté d'intéresser tous les partenaires au projet éducatif ne risque-t-elle pas, en contrepartie, d'avoir pour effet d'accroître les inégalités entre des zones géographiques particulièrement favorisées et les autres ? La relance des zones d'éducation prioritaires, créées en 1981[9], devra dépasser son objectif initial de compensation des inégalités par la seule attribution de crédits supplémentaires. Redonner une image positive à ces véritables ghettos, cela nécessitera la création de sections prestigieuses attirant des populations en situation de réussite d'autres zones géographiques, ainsi que des enseignants compétents et stables.

## Les enfants d'immigrés à l'école

L'école française a été de tout temps confrontée à la diversité. A la fin du siècle dernier, elle a transformé les petits

---

9. La création des zones d'éducation prioritaire a été une des premières mesures éducatives prises par la gauche en 1981. Il s'agissait d'essayer de réduire les inégalités selon trois principes originaux :
— subordonner « l'augmentation des moyens à leur rendement, escompté en termes de démocratisation de la formation scolaire », c'est-à-dire : « donner le plus à ceux qui ont le moins » ;
— subordonner l'octroi de moyens à la « définition puis au suivi d'objectifs pédagogiques réalistes » ;
— impliquer dans l'action non seulement les enseignants, mais également les élus locaux et tous les partenaires sociaux, afin d'en conjuguer les efforts.
Après un démarrage difficile en 1981, le mouvement est lancé en 1982-1983 (6 % des écoles, 10 % des collèges et seulement 1 % des lycées), puis se fige et s'effiloche à partir de 1984. En 1989, le ministère relance cette politique.

*intégration et citoyenneté*

Bretons, les petits Occitans, les petits Basques... en citoyens français et converti les terroirs en nation, en même temps qu'elle intégrait les enfants des premières grandes vagues d'immigration dans le creuset national. En effet, la présence d'enfants étrangers dans l'école est un phénomène ancien. Si l'obligation pour les étrangers de scolariser leurs enfants n'apparaît de manière explicite que dans la loi de 1936 portant le terme de la scolarité obligatoire à 14 ans, ceux-ci étaient déjà très nombreux dans les écoles avant cette date. Georges Mauco, dans sa thèse sur *Les Étrangers en France* [10], fait état d'une enquête révélant des proportions d'étrangers dans le système scolaire équivalentes à celles que nous connaissons aujourd'hui : 8,4 % des effectifs scolaires de 6 à 13 ans étaient constitués d'enfants étrangers, en 1927.

Ces proportions évolueront en fonction des mouvements migratoires et des politiques de regroupement familial. Ainsi, au cours des années cinquante, on compte seulement 3 % d'enfants étrangers dans le premier degré du secteur public. A partir des années soixante-dix, on entre dans une nouvelle période de croissance des effectifs étrangers, les regroupements familiaux constituant des apports importants à ces effectifs.

Compte tenu des profondes mutations du système scolaire depuis les années soixante, de l'accroissement des enjeux de la scolarité pour l'ensemble de la population et de la transformation en profondeur de la population étrangère ou d'origine étrangère, il est excessivement difficile d'établir des comparaisons avec le passé. Seule la période 1970-1990 permet des analyses rigoureuses, en raison de l'absence de données équivalentes, antérieurement à cette période [11].

Les statistiques du ministère français de l'Éducation nationale ne prennent en compte que les critères juridiques de la nationalité. Elles recensent donc les enfants ÉTRANGERS et non les enfants IMMIGRÉS. Elles sont quasi homogènes depuis l'année scolaire 1976-1977. Cette année-là, les élèves étrangers des 1er et 2e degrés représentaient 6,6 % de l'ensemble des effectifs, proportion en constante augmentation jusqu'en

---

10. A. Colin, Paris, 1932.
11. Serge BOULOT et Daniel BOYZON-FRADET, *Les Immigrés et l'école: une course d'obstacles. Lectures de chiffres (1973-1987)*, L'Harmattan/CIEMI, Paris, 1988.

**1986-1987, et stabilisée aujourd'hui à moins de 9 % (8,72 %
en 1989-1990, soit un peu plus d'un million).**

NOMBRE D'ÉLÈVES FRANÇAIS ET ÉTRANGERS PAR NATIONALITÉS
ET PAR NIVEAUX D'ENSEIGNEMENT
Année scolaire 1989-1990

| Niveau nationalités | Effectifs en nb | 1er degré % | Effectifs en nb | 2e degré % | Total des effectifs | |
|---|---|---|---|---|---|---|
| | | | | | en nb | % |
| Effectifs | 6 699 116 | 100,00 % | 5 514 170 | 100,00 % | 12 213 286 | 100,00 % |
| Français | 6 041 169 | 90,18 % | 5 106 859 | 92,61 % | 11 148 028 | 91,28 % |
| Étrangers | 657 947 | 9,82 % | 407 311 | 7,39 % | 1 065 258 | 8,72 % |
| Af. Nf. | 11 093 | 0,16 % | 3 394 | 0,06 % | 14 487 | 0,12 % |
| Af. F. | 43 924 | 0,65 % | 20 330 | 0,37 % | 64 254 | 0,52 % |
| Algériens | 162 157 | 2,42 % | 92 618 | 1,68 % | 254 775 | 2,08 % |
| Espagnols | 10 925 | 0,16 % | 14 129 | 0,26 % | 25 054 | 0,20 % |
| Italiens | 9 159 | 0,14 % | 11 837 | 0,21 % | 20 996 | 0,17 % |
| Marocains | 162 860 | 2,43 % | 82 782 | 1,50 % | 245 642 | 2,01 % |
| Portugais | 84 832 | 1,27 % | 82 633 | 1,50 % | 167 465 | 1,37 % |
| Sud-Est-As. | 33 916 | 0,51 % | 19 061 | 0,35 % | 52 977 | 0,43 % |
| Tunisiens | 51 119 | 0,76 % | 24 686 | 0,45 % | 75 805 | 0,62 % |
| Turcs | 48 130 | 0,72 % | 24 225 | 0,44 % | 72 355 | 0,59 % |
| Yougoslaves | 6 345 | 0,09 % | 5 729 | 0,10 % | 12 074 | 0,10 % |
| Autres CEE | 7 880 | 0,12 % | 7 785 | 0,14 % | 15 665 | 0,13 % |
| Autres | 25 607 | 0,38 % | 18 102 | 0,33 % | 43 709 | 0,36 % |

*Source :* tableau établi d'après les données du MEN.

Depuis 1985, l'objectif du pouvoir politique est clairement affirmé : il s'agit *d'intégrer* les immigrés et leurs enfants dans la société française. L'intégration s'effectue par différents vecteurs et, en ce qui concerne les enfants, l'école en est l'instrument privilégié. Depuis cette date, les ministères successifs ont dressé un constat unanime sur les dangers des politiques de discrimination positive promues par leurs prédécesseurs.

Ainsi, suite aux incidents suscités à l'automne 1989 par les refus d'inscription des enfants étrangers dans les écoles de certaines communes et par le port de « foulards islamiques » par des jeunes filles durant les cours dans un collège de Picardie, le gouvernement a été contraint de placer le thème de l'immigration au cœur des débats parlementaires. Un Comité interministériel pour l'intégration a remis au début de l'année 1990 un rapport sur les différents secteurs concernés par l'intégration des immigrés. L'inspecteur général de l'Éduca-

*intégration et citoyenneté*

tion nationale, A. Hussenet, chargé du rapport sur la politique scolaire [12] a confirmé et explicité les orientations prises depuis le ministère de Jean-Pierre Chevènement (1985) :

« La mission assignée à l'école est donc désormais d'accueillir et d'intégrer les enfants étrangers, comme tous les autres enfants en situation difficile, ce qui conditionne leur intégration ultérieure dans la société française. » Il précise par ailleurs sa conception de l'intégration : « Intégrer, c'est établir une interdépendance plus étroite entre les membres d'une société, ce qui implique à la fois que l'école de la République transmette à tous les élèves un savoir commun, des valeurs d'humanisme, d'égalité, de liberté, de solidarité, et permette l'accès à la pensée rationnelle tout en accentuant l'ouverture de la culture française sur le monde. »

Ces principes s'accompagnent bien entendu d'un rappel de dispositions qu'il convient d'appliquer et la suggestion de mesures complémentaires. Tout d'abord, l'accueil.

• Une circulaire de 1984 précise que quelle que soit la situation de leurs parents au regard de la loi, les enfants étrangers sont soumis à l'obligation scolaire et les *conditions d'inscription* dans les établissements sont les mêmes que pour les Français. Ni l'appartenance ethnique, ni l'appartenance culturelle, ni la régularité du séjour en France des parents ne peuvent être opposées à l'inscription d'un enfant de moins de 16 ans dans une école, un collège ou un lycée. Cependant, des discriminations à cet égard sont pratiquées chaque année par quelques communes de diverses obédiences politiques qui utilisent cette arme au profit de luttes électorales ou comme moyen de pression sur d'autres secteurs de la vie politique, en particulier sur celui du logement. Condamnées par le pouvoir central, ces discriminations ont un effet non négligeable sur l'insertion harmonieuse des élèves concernés, même si les municipalités sont mises en demeure de renoncer à l'exécution de leurs décisions.

Le rapport Hussenet insiste sur la nécessaire précocité de cet accueil : « L'accueil dès deux ans à l'école maternelle des enfants étrangers comme des enfants issus de catégories socio-professionnelles défavorisées apparaît comme la meilleure prévention de l'échec scolaire. »

---

12. André Hussenet, *Une politique scolaire d'intégration*, rapport au ministre de l'Éducation nationale, janvier 1990 (non publié).

• L'accueil des *nouveaux arrivants non francophones* s'effectue, si leur nombre est suffisant, dans des structures spécifiques temporaires (un an maximum dans l'élémentaire, deux ans dans le secondaire) dont l'objectif principal est l'apprentissage intensif du français pour une insertion aussi rapide que possible dans le cursus normal. Depuis leur création, à titre expérimental, en 1970 pour les enfants de 6 à 11 ans et en 1973 pour ceux de 12 à 16 ans [13], ces structures ont scolarisé plus de 200 000 élèves; cependant, elles n'ont donné lieu à aucune évaluation : aucune donnée sérieuse ne permet de dire si elles contribuent ou s'opposent à une bonne scolarité ultérieure.

Compte tenu de l'arrêt de l'immigration et de la naissance en France de la quasi-totalité des enfants étrangers (87,4 % des 0-4 ans, 70,7 % des 5-9 ans, 52,6 % des 10-14 ans au recensement de 1982), ces structures ne concernent pas même 1 % des enfants étrangers (6 208 élèves en 1989-1990).

Le rapport précise que ces structures devront « être maintenues tant qu'elles sont justifiées par l'existence des regroupements familiaux », qu'elles devront être évaluées et confiées à des « enseignants formés à l'enseignement du français langue étrangère en milieu français ».

• Les enfants étrangers nés en France ou arrivés avant l'âge de 7 ans sont scolarisés dans les structures ordinaires et reçoivent le même enseignement que leurs camarades français.

• La seule mesure de discrimination positive, à l'intérieur du système scolaire lui-même, est constituée par l'organisation de *cours de langues et cultures d'origine* pour les enfants des ressortissants de certains pays d'émigration pendant le temps scolaire.

La possibilité pour leurs enfants de recevoir un enseignement de langue et de culture d'origine est une revendication ancienne des populations immigrées, enjeu dans les accords économiques entre la France et certains pays d'émigration. Déjà en 1925, l'autorisation d'un enseignement de « langues

---

13. Circulaire du 13 janvier 1970 : classes expérimentales d'initiation pour enfants étrangers. Circulaire du 25 septembre 1973 : scolarisation des enfants étrangers non francophones, arrivant en France entre 12 et 16 ans. Circulaires du 13 mars 1986 : apprentissage du français pour les enfants étrangers nouvellement arrivés en France. Accueil et intégration des élèves étrangers dans les écoles, collèges et lycées.

## Classes d'accueil pour enfants étrangers nouvellement arrivés (public)
### Proportion par rapport aux effectifs des différents niveaux d'enseignement
#### Année scolaire 1989-1990

| Niveau national | Total élémentaire | Classes d'initiations | | Total 1er cycle | Classes d'adaptation | |
|---|---|---|---|---|---|---|
| | | Nb | % | | Nb | % |
| Effectifs | 3 546 564 | 3 859 | 0,11 % | 2 625 104 | 3 894 | 0,15 % |
| Français | 3 124 151 | 598 | 0,02 % | 2 358 224 | 947 | 0,04 % |
| Étrangers | 422 413 | 3 261 | 0,77 % | 266 880 | 2 947 | 1,10 % |
| Af. Nf. | 4 980 | 141 | 2,83 % | 2 214 | 112 | 5,06 % |
| Af. F. | 26 397 | 107 | 0,41 % | 11 764 | 84 | 0,71 % |
| Algériens | 105 045 | 421 | 0,40 % | 63 500 | 252 | 0,40 % |
| Espagnols | 7 144 | 61 | 0,85 % | 7 188 | 25 | 0,35 % |
| Italiens | 6 373 | 16 | 0,25 % | 6 370 | 8 | 0,13 % |
| Marocains | 107 898 | 726 | 0,67 % | 59 978 | 590 | 0,98 % |
| Portugais | 58 060 | 217 | 0,37 % | 51 022 | 289 | 0,57 % |
| Sud-Est-As. | 19 757 | 384 | 1,94 % | 11 314 | 291 | 2,57 % |
| Tunisiens | 32 051 | 107 | 0,33 % | 17 552 | 76 | 0,43 % |
| Turcs | 31 929 | 542 | 1,70 % | 18 847 | 594 | 3,15 % |
| Yougoslaves | 4 433 | 91 | 2,05 % | 3 696 | 102 | 2,76 % |
| Autres CEE | 4 308 | 21 | 0,49 % | 3 900 | 116 | 2,97 % |
| Autres | 14 038 | 427 | 3,04 % | 9 535 | 408 | 4,28 % |

*Source:* tableau établi d'après les données du MEN.

vivantes par des moniteurs étrangers » dans les locaux scolaires publics *après* les cours, donne lieu à une circulaire du ministère de l'Éducation nationale [14]. Il s'agissait en fait d'une concession du gouvernement, facilitant le renouvellement des accords de main-d'œuvre entre le Comité des Houillères de France et la Confédération agricole des régions dévastées d'une part et le gouvernement polonais d'autre part [15]. C'est seulement en 1973 que cet enseignement s'introduit (de manière expérimentale et sporadique) dans le système public d'enseignement, à raison de trois heures hebdomadaires prélevées sur les vingt-sept heures de l'emploi du temps normal des enfants. A cette époque, en remplacement de trois heures d'activités d'éveil (histoire/géographie, sciences, musique et arts plastiques), depuis 1985, en remplace-

---

14. Circulaire du 25 juillet 1925: Moniteurs étrangers de langues vivantes.
15. J. Ponty, « Les problèmes soulevés par la scolarisation des enfants polonais en France après la Première Guerre mondiale », *Relations internationales*, n° 12, 1977

ment de tout ou partie de l'une des disciplines au programme, au choix des enseignants. Les cours sont destinés aux seuls enfants des ressortissants des pays ayant contracté des accords avec la France. Les premiers accords bilatéraux ont été signés avec le Portugal et l'Italie en 1973, les derniers en 1982 avec l'Algérie. En tout, huit pays sont concernés : *Algérie, Espagne, Italie, Maroc, Portugal, Tunisie, Turquie et Yougoslavie.* Les cours sont dispensés par des enseignants étrangers, extérieurs à la fonction publique, recrutés et payés par leurs pays d'origine. Les circulaires réglementant cet enseignement lui attribuent des objectifs ambigus et parfois contradictoires en lien direct avec la situation économique et la politique migratoire, tels que : faciliter le retour au pays d'origine ou l'insertion dans le système scolaire ; entretenir un patrimoine supposé ou permettre une meilleure acquisition du français.

Les difficultés matérielles (harmonisation des horaires, locaux supplémentaires...), l'ambiguïté des objectifs, la mainmise des pays d'origine, mais surtout la stigmatisation provoquée par cette mesure d'exception à l'intérieur d'un système totalement unifié, en particulier à l'école élémentaire, conduisent à s'interroger sur son opportunité dans la perspective d'intégration officiellement proclamée par les pouvoirs publics. En effet, l'école élémentaire fonctionne selon l'équation simple : un groupe d'enfants d'une classe d'âge et d'un niveau scolaire donné = un local-classe + un instituteur. Les cours de langue supposent qu'à certains moments le groupe-classe se sépare de certains de ses membres qui doivent se rendre dans un autre local (souvent inexistant ou destiné à d'autres vocations : préau, cantine...), avec des enfants d'autres classes, d'autres niveaux et d'âges différents, sous l'autorité d'un enseignant étranger à l'école, aux pratiques pédagogiques souvent éloignées de celles des enseignants français. Quant au contenu des cours, il peut parfois déroger aux principes de laïcité et de neutralité de l'école publique, le contrôle des autorités académiques françaises se heurtant bien souvent à l'obstacle de la langue [16].

Sur ce point, le rapport du Comité interministériel est

---

16. Serge BOULOT et Danielle BOYZON-FRADET, « L'apprentissage de leur langue maternelle par les enfants d'immigrés », *Le Citoyen de demain et les langues*, Les Langues modernes, 1985.

formel : « On peut constater que ces enseignements constituent, en l'état actuel des choses, un facteur de discrimination et non d'intégration. » Les propositions suggèrent, dans un premier temps, de corriger les dysfonctionnements, essentiellement ceux qui touchent aux infractions au principe de laïcité de l'enseignement, d'évaluer la qualité et la pertinence de ces cours et dans un second temps de réexaminer les accords bilatéraux, afin de transformer les enseignements intégrés en cours hors du temps scolaire.

Depuis quelques années, le nombre global d'élèves bénéficiant de cours de langue d'origine intégrés au temps scolaire diminue régulièrement ; seulement 17,3 % des enfants potentiellement concernés en 1989-1990 participaient à ces activités, soit un peu plus de 60 000 élèves :

COURS DE LANGUES ET CULTURES D'ORIGINE INTÉGRÉS
À L'ÉCOLE ÉLÉMENTAIRE (ÉTABLISSEMENTS PUBLICS)
Évolution de 1981-1982 à 1989-1990

| Langues | 1981-1982 | 1982-1983 | 1983-1984 | 1984-1985 | 1985-1986 | 1986-1987 | 1988-1989 | 1989-1990 |
|---|---|---|---|---|---|---|---|---|
| Arabe | | | | | | | | |
|   Algérien | 6 232 | 9 549 | 25 668 | 30 559 | 27 289 | 23 340 | 18 745 | 16 754 |
|   Marocain | 3 775 | 4 195 | 6 723 | 4 740 | 3 813 | 5 339 | 12 279 | 12 378 |
|   Tunisien | 3 131 | 3 501 | 3 506 | 4 011 | 3 639 | 3 212 | 2 854 | 2 316 |
| Espagnol | 996 | 905 | 1 452 | 813 | 494 | 411 | 345 | 387 |
| Italien | 8 149 | 8 216 | 8 503 | 12 519 | 10 335 | 10 142 | 11 138 | 11 100 |
| Portugais | 16 644 | 17 409 | 18 166 | 19 585 | 16 881 | 14 735 | 11 547 | 9 990 |
| Turc | 4 382 | 3 880 | 5 209 | 7 029 | 7 802 | 8 047 | 8 104 | 7 932 |
| Langues de Yougoslavie | 143 | 44 | 71 | 104 | 107 | 108 | 176 | 69 |
| *Total* | *43 452* | *47 699* | *69 298* | *79 360* | *70 360* | *65 334* | *65 188* | *60 926* |
| %** | *** | 12,36 % | 17,74 % | 20,24 % | 19,32 % | 17,52 % | 18,14 % | 17,26 % |

\* Les données concernant ces cours ne sont disponibles qu'à compter de l'année 1981-1982.
\*\* % d'élèves suivant ces cours par rapport aux élèves potentiellement concernés.
\*\*\* Données non disponibles.

*Source :* établi d'après les données du MEN.

Quant au collège, le choix des « langues d'immigration » y reste exceptionnel, l'anglais et l'allemand monopolisant jusqu'à 98 % des choix en première langue ! Et cela n'est pas seulement imputable à l'absence d'offre véritable. Le modèle culturel dominant pèse en faveur de l'anglais et, de ce point de vue, il peut être préjudiciable pour les enfants d'immigrés de choisir la langue du pays d'origine de leurs parents comme première langue vivante : reconstitution de filières uniquement destinées aux immigrés, absence d'enseignement de ces langues dans certaines sections... Selon les études de suivis d'élèves de 1980, seulement 5 % des Maghrébins auraient pris l'arabe en sixième, 15,6 % des Portugais le portugais, 19,4 % des Espagnols l'espagnol et 2 % des Italiens l'italien...

Depuis quelques années, mieux informés, notamment par la diffusion des travaux des chercheurs, les autorités consulaires étrangères adoptent des politiques très différentes quant à l'intégration des cours au temps scolaire. Conscientes des difficultés rencontrées dans la mise en œuvre de leur action, sensibles aux risques de marginalisation qu'entraîne cette mesure et quelquefois interpellées par les communautés immigrées elles-mêmes, certaines d'entre elles préfèrent reporter les cours de langue après le temps scolaire, d'autres s'orientent vers le choix d'activités plus culturelles que linguistiques, destinées à des classes entières où sont mêlés des enfants étrangers et français et en coopération avec les enseignants français. Il s'agit alors de la promotion d'une pédagogie interculturelle.

Cependant, cette orientation, née du projet pilote de la Commission des Communautés européennes de 1976-1979 [17], a très vite été détournée de sa conception d'origine. Alors qu'il s'agissait dans ce projet de contourner les difficultés insurmontables que rencontraient l'enseignement des langues et cultures d'origine pendant le temps scolaire, de remplacer le cours de langue par une activité pédagogique commune à tous les enfants, sous la responsabilité conjointe des enseignants étrangers et français, activité nécessitant des approches multiples et complémentaires tendant à développer l'esprit critique des enfants et à lutter contre les stéréotypes [18], le concept d'interculturel a été totalement dévoyé et

---

17. Projet pilote des Communautés européennes, rapports (11 volumes), CREDIF, documents multigraphiés, 1977, 1978, 1979, 1980.

18. Cf. Serge BOULOT, Danielle FRADET et Soledad OBISPO, « Napoléon : la conquête de l'Espagne ou la guerre d'indépendance », in *Une année d'enseignement de la langue et de la culture espagnoles à des enfants espagnols scolarisés dans une école élémentaire de Paris*, volume 2, CREDIF, 1980 ; « Guernica », in *op. cit.*, volume 3 ; Serge BOULOT et Danielle BOYZON-FRADET, *Autour des Ritals de Cavanna*, Didier, 1984.

les activités généralement proposées dans les classes se sont très souvent réduites à des démonstrations folkloriques ou culinaires ! En outre, on ne s'était guère interrogé sur les effets psychologiques qu'entraîne l'exhibition en classe de « la culture » de l'enfant, ni sur ce qu'était cette « culture » dite « d'origine »... [19]

Il est vite apparu également que la transformation des cours de langue, financés par les pays d'origine, en activités culturelles destinées à un groupe d'enfants autochtones et étrangers mélangés, n'était pas toujours appréciée des autorités étrangères.

Sans doute la mise en évidence des contradictions entre les objectifs de ces activités et leurs effets a-t-elle accéléré la prise de conscience de la nécessité pour l'école française d'ouvrir ses programmes aux productions des cultures étrangères et d'y intégrer l'histoire de l'immigration.

Ainsi, en 1985, le professeur J. Berque, dans son rapport intitulé *L'Immigration à l'école de la République*[20], déclare : « L'ouverture culturelle, nécessaire à tous les élèves compte tenu de l'évolution irréversible de nos sociétés, doit systématiquement et décidément trouver sa place dans l'ensemble des enseignements dispensés à tous. Elle doit devenir une dimension normale de la vie du collège comme de l'école élémentaire. » L'application de cette orientation implique bien entendu une certaine refonte des programmes d'enseignement et des formations adéquates, opération longue et difficile !

Afin d'accélérer le processus, le ministère de l'Éducation nationale a publié en septembre 1989 une circulaire incitant les établissements à organiser des Projets d'action éducative (PAE) sur « les apports étrangers dans le patrimoine français » (Opération composition française). Projets encouragés et financés conjointement par l'Éducation nationale et par le Fonds d'action sociale[21]. Quelques réalisations inté-

---

19. Signalons que le Centre pour la recherche et l'innovation dans l'enseignement de l'OCDE avait émis de sérieuses réserves quant à ces politiques éducatives multiculturelles concernant les migrants. Voir à ce sujet le compte rendu du colloque de janvier 1985 sur les politiques de l'éducation et groupes sociaux minoritaires : *L'Éducation multiculturelle*, OCDE/CERI, Paris, 1987.
20. Jacques BERQUE, *L'Immigration à l'école de la République*, rapport au ministre de l'Éducation nationale, La Documentation française, Paris, 1985.
21. Fonds d'action sociale pour les travailleurs immigrés et leurs familles, établissement public, créé en 1958. Il a trois grands domaines d'interventions : la formation, les actions sociales et culturelles, le logement.

ressantes ont été filmées et diffusées à la télévision afin de susciter de nouvelles initiatives.

Le rapport du Comité interministériel de décembre 89 suggère trois mesures en faveur de l'ouverture sur le monde des contenus d'enseignement et des formations d'enseignants :
— « *une mise en perspective des apports de l'immigration à la constitution de la France.* » L'étude de l'immigration figure dans les programmes d'histoire de manière diffuse, il convient d'aller plus loin et surtout de former les enseignants afin de leur permettre « d'éclairer leurs enseignements disciplinaires de références pertinentes, littéraires, artistiques scientifiques ou techniques » ;
— *une étude objective des croyances et des rites des grandes religions représentées en Europe (christianisme, judaïsme, islam).* Cette disposition s'inscrit dans la même perspective que la première et selon les mêmes modalités ;
— « *une ouverture des enseignements sur les civilisations, les cultures et les réalités actuelles des pays d'immigration et les modes de comportement particuliers de leurs ressortissants.* »

Ces actions devraient être renforcées par le « développement des échanges de tous ordres entre nos écoles et nos établissements et les établissements étrangers ».

Il s'agit bien dans l'esprit du rapporteur d'une prise en charge par le système éducatif français, dans le cadre de son fonctionnement normal et de ses principes fondamentaux, de la gestion pédagogique de l'hétérogénéité de ses publics, hétérogénéité reconnue comme constitutive du pays.

En tout état de cause, l'enseignement des langues et cultures « d'origine » des enfants d'immigrés aura suscité, au cours des quinze dernières années, un débat passionné sur le fonctionnement de l'institution scolaire française mais également une prise de conscience des valeurs auxquelles les agents et les usagers de l'école sont attachés. Laïcité, neutralité politique de l'école et philosophie de l'égalité des chances sont sorties renforcées de ce débat.

« L'expérimentation contrôlée d'une langue étrangère à l'école élémentaire » lancée dans certaines académies à la rentrée scolaire 1989-1990 n'a guère ouvert de possibilités d'insertion aux langues des pays d'émigration. 90 % des classes concernées ont choisi l'anglais, 58 % l'allemand, 8,8 % l'espagnol, 0,75 % le portugais, 0,5 % l'italien, 0,3 % le

*intégration et citoyenneté*

russe, 0,09 % le polonais et 0,05 % l'arabe. Ces résultats ne sont guère étonnants compte tenu des contraintes (légitimes) imposées par le texte : choix unique pour l'ensemble d'une classe, enseignement poursuivi au collège, personnel enseignant disponible. On ne voit guère comment le vœu de diversification pourrait être réalisé à ce niveau quand on connaît le choix des parents et les possibilités d'offre des langues au collège.

La création de sections internationales dans les zones géographiques à fort taux d'immigrés, préconisée par le rapport, qui va dans le sens d'une revalorisation de ces zones souvent défavorisées, correspond-elle aux vœux des familles ? La représentation chez les usagers du choix des langues obéit à des lois difficilement maîtrisables où la politique scolaire n'est pas seule à jouer un rôle.

L'ensemble des mesures préconisées par les récents rapports insiste sur la nécessaire formation des enseignants concernés par la scolarisation des enfants étrangers ou d'origine étrangère. Cette exigence — d'ailleurs imposée par une direction des Communautés européennes depuis 1977 [22] a été le souci du ministère dès 1975 : sessions de formation d'instituteurs, création de CEFISEM [23], formation de formateurs.

Aujourd'hui, un système cohérent concernant la formation initiale et continue des enseignants de tous les niveaux a été mis en place ; il est doublé d'opérations d'information auprès des cadres et des partenaires non enseignants intervenant dans le système éducatif. Cependant, seuls les instituteurs sont soumis, depuis 1986, à une unité de formation initiale obligatoire (27 heures sur les 1 800 heures de leur cursus). En principe, la création des Instituts universitaires de formation des maîtres [24] devrait combler cette lacune en introduisant cette dimension dans les cursus de tous les futurs enseignants. La formation continue, quant à elle, fonctionne

---

22. Directive 77/486/CEE.
23. CEFISEM : centres de formation et d'information pour la scolarisation des enfants de migrants. Ce sont des sections pédagogiques d'écoles normales dont la mission est de contribuer à informer et former les personnels concernés par l'éducation des enfants issus de l'immigration. 23 académies sur 26 en sont pourvues en France métropolitaine.
24. A partir de la rentrée scolaire 1991-1992, les enseignants du premier et du second degré, recrutés au niveau de la licence, seront formés dans ces Instituts universitaires de formation des maîtres.

selon le mode du volontariat, ce qui en limite la portée; en outre, les structures sont insuffisantes eu égard aux besoins.

En fait, le dispositif mis en place depuis les années soixante-dix ne s'est jamais inscrit, jusqu'en décembre 1989, dans une politique globale et cohérente de l'immigration. Pas de débat à l'Assemblée nationale sur les objectifs de l'éducation des enfants d'immigrés, c'est le pouvoir exécutif qui, à l'aide de circulaires administratives a réglé le fonctionnement de l'accueil et de la scolarisation de ces enfants. C'est pourquoi il n'est guère étonnant que les objectifs aient fluctué, se soient contredits d'une circulaire à l'autre, plaçant les enseignants dans une situation d'incertitude nuisible à une action efficace.

Les mutations fondamentales du phénomène migratoire et en particulier la naissance en France de la majorité des enfants, mais aussi et surtout le débat politique suscité par les positions des partis de droite et d'extrême droite ont, dans un premier temps, conduit les ministères de l'Éducation nationale depuis 1985 à affirmer très nettement la volonté d'accorder la priorité absolue à l'intégration des enfants d'immigrés dans le système normal d'enseignement, et, tout récemment, à intégrer la politique éducative dans une définition globale de la politique migratoire. Les états d'âme du début des années quatre-vingt sur le « droit à la différence » ont cédé la place, face à l'évidence des effets pervers des mesures discriminatoires, à une déclaration unanime en faveur de l'intégration. Les mesures pratiques sauront-elles répondre à une telle volonté?

## Le système scolaire français: aide ou obstacle à l'intégration?

Pour notre propos, être intégré à la société française signifie, d'une part, y trouver une place sociale et professionnelle et, d'autre part, adhérer aux valeurs qui la fondent sans reniement de ce qui constitue l'identité propre du sujet. Mesurer le poids de la scolarisation dans le processus d'intégration des enfants d'immigrés n'est pas chose aisée. Avant les années soixante de ce siècle, l'intégration des jeunes d'origine étrangère se faisait également par d'autres instances (sans aucun doute l'apprentissage auprès d'un patron, et l'adhésion précoce au mouvement syndical ouvrier). Cette intégration à la société était d'ailleurs à cette époque la voie la plus courante pour les populations autochtones. Aujourd'hui, la situation a considérablement évolué et il est extrêmement difficile d'isoler les facteurs d'intégration les uns des autres. En effet, tous les enfants étant scolarisés au minimum entre 3 et 16 ans, on ne dispose pas de population de référence pour établir des comparaisons. En outre, le rôle des études dans l'insertion professionnelle s'est considérablement accru et le marché de l'emploi recrute aujourd'hui essentiellement sur des critères de diplômes et non plus sur des qualifications professionnelles spécifiques. L'école est devenue le passage obligatoire et son rôle — positif ou négatif — s'en est trouvé renforcé.

L'étude des cursus d'élèves français et étrangers menée par le service des statistiques du ministère de l'Éducation nationale sur des échantillons représentatifs de la population scolaire permet de faire des analyses comparatives, toutes données sociologiques équivalentes par ailleurs, sur les processus qui conduisent à la réussite ou à l'échec. Ainsi, on peut dégager de ces travaux les conclusions suivantes :

• L'insertion sur le marché du travail est en corrélation étroite avec le niveau de sortie du système éducatif : plus le niveau est élevé, plus le taux de chômage est faible, plus la position est élevée dans la hiérarchie professionnelle, plus le salaire est important.

ÉVOLUTION DES TAUX DE CHÔMAGE DES JEUNES DÉBUTANTS
(18-24 ANS) PAR NIVEAU DE DIPLÔME
(en %)

| Années<br>Certification | 1973 | | | 1977 | | | 1980 | | |
|---|---|---|---|---|---|---|---|---|---|
| | H | F | Ens. | H | F | Ens. | H | F | Ens. |
| Sans diplôme | 12 | 18 | 15 | 31 | 46 | 38 | 42 | 63 | 52 |
| BEPC | 5 | 16 | 11 | 22 | 20 | 21 | 29 | 43 | 37 |
| CAP-BEP | 6 | 10 | 8 | 17 | 26 | 21 | 21 | 42 | 32 |
| BAC | 9 | 10 | 10 | 15 | 22 | 20 | 19 | 28 | 25 |
| Sup. court | 3 | 4 | 4 | 7 | 9 | 8 | 12 | 13 | 13 |
| Sup. long | 10 | 12 | 11 | 14 | 14 | 14 | 11 | 21 | 16 |
| *Ensemble* | *9* | *13* | *11* | *20* | *26* | *23* | *26* | *39* | *36* |

Source : INSEE, *Données sociales*, 1984.

- Le facteur prépondérant de réussite ou d'échec scolaire reste l'appartenance socio-professionnelle des parents. En dépit de la volonté de démocratisation, les résultats scolaires épousent la hiérarchie sociale.

DEVENIR DES ÉLÈVES ENTRÉS EN 6e EN 1972-1973-1974
SELON LA CSP (BASE 1000)

| Niveau \ CSP | Ouvriers | Prof. lib. et cadres sup. |
|---|---|---|
| 6e .............. | 1 000 | 1 000 |
| 3e .............. | 549 | 943 |
| 2e .............. | 269 | 855 |
| Bac (diplôme) .... | 166 | 641 |

*Source :* ministère de l'Éducation nationale.

- A catégories socio-professionnelles d'origine équivalentes, les résultats scolaires des élèves étrangers sont identiques à ceux de leurs camarades français et légèrement supérieurs pour les plus défavorisés d'entre eux. Seule l'arrivée tardive en France, souvent accompagnée d'une faible scolarisation au pays d'origine constitue un handicap certain pour une insertion réussie.

TAUX D'ADMISSION EN TERMINALE DES ÉLÈVES
DES CSP DÉFAVORISÉES SELON LA NATIONALITÉ

| | |
|---|---|
| Français ................................. | 19,8 % |
| Étrangers nés en France ................... | 20,5 % |
| Étrangers nés hors de France .............. | 14,5 % |

*Source :* ministère de l'Éducation nationale.

- Les comportements des familles étrangères par rapport à l'école sont quasi identiques à ceux des familles françaises et plus la migration est ancienne, moins ils se différencient : préscolarisation de plus en plus précoce, choix majoritaire de l'anglais au collège, revendication d'une scolarité longue... Cependant peu d'enfants étrangers sont dirigés vers le secteur privé d'enseignement (20 % de la population scolaire totale se trouve dans le privé et seulement 5 %

des enfants étrangers), mais les nationalités les plus représentées dans ce secteur sont originaires des communautés les plus anciennes.

Si l'appartenance massive des enfants d'immigrés aux couches les plus défavorisées de la population les place au premier rang des interrogations sur l'échec scolaire, il semble évident que cet échec n'est nullement un effet de leurs origines ethniques mais plutôt une incapacité du système scolaire à réduire les inégalités sociales. Ainsi, si, à l'inverse, on analyse les processus d'éviction des filières de réussite, on constate qu'ils sont identiques quelle que soit la nationalité des élèves, certains facteurs, tel le redoublement ayant parfois des conséquences moins désastreuses pour un enfant d'origine étrangère que pour un autochtone, le premier étant crédité d'un handicap par rapport à la langue qui lui permet de bénéficier d'une année supplémentaire pour le combler.

Autre élément de la réalité de l'intégration, la mobilité sociale ascendante des jeunes d'origine étrangère par rapport à leurs parents, mise en évidence par l'étude de Jean-Louis Borkowski, publiée en janvier 1990 dans les *Données sociales*[25]. Les jeunes issus de l'immigration qui ont réussi leur intégration en France reconnaissent à l'école un rôle prépondérant, l'investissement familial ayant également influé considérablement sur cette réussite[26]. C'est parmi ces jeunes que l'on rencontre les plus fermes défenseurs des valeurs démocratiques et laïques de cette société, leur conscience en ayant été exacerbée par les luttes qu'ils ont dû mener. A l'inverse, les jeunes ayant échoué à l'école attribuent cet échec à l'institution scolaire et à ses agents, mais en ce sens, ils se comportent de manière identique à leurs camarades français.

On prétend souvent que les populations tziganes sont l'exemple même de la résistance à l'intégration par l'école. En fait, lorsque ces populations sont nomades, la scolarisation des enfants reste sporadique et se limite à l'objectif d'apprentissage des savoirs de base : lire, écrire et compter. En revanche, les populations sédentarisées tendent à un modèle de scolarisation normalisé, mais se trouvent socia-

---

25. La Documentation française, Paris, 1990.
26. Différents récits autobiographiques d'auteurs d'origine étrangère le prouvent, notamment : CAVANNA, *Les Ritals*, Belfond, Paris, 1978 ; Azouz BEGAG, *Le Gône du Chaâba*, Le Seuil, Paris, 1986.

lement marginalisées du fait de leur regroupement dans des zones réservées. Cette question est complexe et demanderait une étude spécifique [27].

Il n'est pas dans notre propos de tracer un tableau idyllique de la situation scolaire des enfants issus de l'immigration, mais il semble que la force intégratrice de l'école ne soit guère remise en cause, quelles qu'aient été les mutations profondes qu'elle a subies depuis 1881. L'institution scolaire produit à la fois des élites et des laissés-pour-compte qu'elle recrute de manière identique chez ses autochtones et chez ses « étrangers ».

Les incidents créés par le port de « foulards islamiques », en octobre-novembre 1989, par des jeunes filles d'origine maghrébine ont été interprétés par certains comme un indice de la volonté de non-intégration de ces jeunes. En fait, une analyse attentive de cette « affaire »[28] a démontré qu'il n'en était rien : médiatisation excessive d'un incident marginal, rapports de force politiques, cristallisation de problèmes latents dans une zone particulièrement sensible, tentative d'émergence de mouvements intégristes religieux et volonté de déstabiliser l'école, autant de raisons de placer ce débat sur la scène publique! Au bout du compte, les pouvoirs publics se sont trouvés dans l'obligation de saisir le Conseil d'État pour résoudre le conflit, et d'organiser un débat sur la politique migratoire. Les principes fondateurs de la République, donc de l'école publique, sont sortis renforcés du débat, mais les effets électoraux de cette « affaire » ont été négatifs pour les immigrés (renforcement du Front national).

Cette rentrée scolaire 1990-1991 inaugure les premières mesures d'application de la loi d'orientation sur l'enseignement de 1989. Elle devrait également voir la mise en pratique des recommandations du Comité interministériel à l'intégration des immigrés, concernant non seulement l'école mais tous les secteurs sensibles de la politique d'intégration. Un récent sondage d'opinon [29] montre à quel point les Français sont inquiets à ce propos, tout en manifestant leur

---

27. Cf. les travaux de J.-P. Liégeois.
28. Cf. *Hommes et Migrations*, n⁰ˢ 1129-1130, février-mars 1990; *Hérodote*, n° 56, premier trimestre 1990; *Le Débat*, n° 58, janvier-février 1990.
29. *Le Nouvel Observateur*, n° 1349, 13 septembre 1990.

*intégration et citoyenneté*

soutien à l'objectif gouvernemental et à la tradition du « creuset français ».

Le défi lancé à notre société nécessite une réponse à certaines interrogations :
— dans un contexte de crise économique, la volonté de réussite à l'école conservera-t-elle toute sa puissance face aux discriminations ethniques opérées par le marché du travail à diplômes équivalents ?
— la politique de l'habitat et singulièrement la rénovation des centres urbains qui conduit à rejeter à la périphérie des villes les populations les plus démunies, donc par voie de conséquence les populations d'origine étrangère, transforme les écoles de ces quartiers en véritables ghettos. Les contacts avec la population française sont alors très limités : l'accumulation des difficultés ne risque-t-elle pas de conduire une part non négligeable des jeunes, et particulièrement ceux qui sont en échec, vers la délinquance ou le repli identitaire ? (Encore conviendrait-il de s'interroger sur l'existence de modalités spécifiques de délinquance chez les jeunes d'origine étrangère et d'analyser les conséquences réelles des replis identitaires sur l'adhésion aux principes de fonctionnement de la société d'accueil).

Il est difficile, dans cette période de mutations, de faire des prédictions quant à la pérennité de l'influence de l'école sur l'intégration des jeunes d'origine étrangère dans notre société. L'autonomisation des établissements, la décentralisation de leur gestion et le développement à l'intérieur du système scolaire d'une logique d'entreprise, qui semblent être inévitables dans une perspective d'amélioration du rendement de l'Éducation nationale et qui devraient en alléger le fonctionnement, ne risquent-ils pas d'avoir des effets très négatifs sur les populations les plus démunies ? La logique du marché dans le domaine scolaire conduit à favoriser les stratégies des mieux avertis. Le développement du consumérisme est-il pour l'éducation un facteur de démocratisation ?

# Annexe

## ORGANISATION DES ENSEIGNEMENTS DU PREMIER ET DU SECOND DEGRÉ

| Structures ordinaires | | | Structures spéciales | |
|---|---|---|---|---|
| | | | Enfants non francophones* | Enfance inadaptée** |
| 1er degré | Préélémentaire | Petite section<br>Moyenne section<br>Grande section | | Classes spéciales : |
| 1er degré | Élémentaire | Cours préparatoire<br>Cours élémentaire 1<br>Cours élémentaire 2<br>Cours moyen 1<br>Cours moyen 2 | Classes d'initiation (Cl. In.) | adaptation<br><br>perfectionnement |
| 2e degré | 1er cycle | Cycle d'observation<br>6e<br>5e | Classes d'adaptation (Cl. Ad.) | Sections d'éducation spécialisée (SES) |
| 2e degré | 1er cycle | Ens. long<br>4e<br>3e | Ens. prof. court<br>CPPN 2e<br>CPA cycle court<br>(CAP/BEP) | | Groupes classes-ateliers (GCA) |
| 2e degré | 2e cycle | 2e<br>1re<br>Terminale | | | Écoles nationales de perfectionnement (ENP) |

\* Les élèves sont placés dans ces structures sur décision du chef d'établissement avec accord des familles.
\*\* C'est une commission spécialisée qui décide de l'affectation d'un élève dans ces structures (enseignants, médecins, parents...).

# 17

## Penser l'« intégration » des immigrés*

*par Stéphane Beaud et Gérard Noiriel*

« Immigré », « intégration », « deuxième génération » : ces termes reviennent sans cesse dans les articles de presse et dans les discours politiques concernant l'immigration, mais on en chercherait en vain des définitions précises et rigoureuses [1]. Cette indétermination du vocabulaire est sans doute l'une des raisons qui explique que la « question de l'immigration » fonctionne aussi bien comme instrument de mobilisation et de polémiques politiques. A partir du moment où chacun met ce qu'il veut derrière les mots, tout le monde peut se sentir concerné par le « problème ». Et l'on sait que les hommes politiques, ceux de l'extrême droite mais pas seulement eux, sont passés maîtres dans l'art de jouer sur les mots, d'entretenir les ambiguïtés du vocabulaire pour mobiliser les électorats les plus larges et les plus hétérogènes.

Ce qui peut paraître plus surprenant, c'est la démission de la plupart des chercheurs spécialistes de l'immigration à pro-

---

\* Le présent texte (extrait de *Hommes et Migrations*, juin 1990) est une version écourtée d'un article intitulé « L'"assimilation", un concept en panne », paru dans la *Revue internationale d'action communautaire*, Québec, octobre 1989. On s'y reportera pour une analyse plus complète et plus théorique.
1. Comme le montre bien S. BONNAFOUS dans sa thèse, *Immigrés et immigration dans la presse politique française de 1974 à 1984*, université de Paris-IV, 1990. (Voir aussi, *supra*, le texte n° 7).

pos de la réflexion conceptuelle. Nous avons interrogé plusieurs banques de données informatisées, à partir des mots clés servant à désigner la question de « l'intégration des immigrés ». Sur plusieurs centaines de références bibliographiques, nous n'en avons trouvé qu'un nombre infime préoccupées de définir les concepts employés. Sans entrer dans les détails d'une recherche qu'il faudrait approfondir, notons simplement l'omniprésence du terme d'« intégration », associé pratiquement à toutes les études concernant l'immigration et d'un usage tellement étendu qu'il ne désigne plus rien de précis.

A l'opposé, le vocable « assimilation » apparaît beaucoup plus rarement, alors que, comme nous le verrons, il était largement dominant dans le vocabulaire sociologique de la première moitié du XX$^e$ siècle. Mais ce qui frappe surtout, c'est que ces deux termes, tout comme les autres mots clés que nous avons retenus (acculturation, adaptation, insertion) sont largement interchangeables. On observe ainsi que, selon la banque de données interrogée, une même étude sera dans un cas identifiée sous le terme « insertion » et dans l'autre sous le terme « adaptation » ; un même article sera chez les uns désigné par le mot clé « acculturation », et chez les autres par le mot « assimilation ».

Force est donc de constater qu'en ce qui concerne la recherche sur l'immigration, l'emploi des mots ne correspond nullement au souci d'appréhender de façon rigoureuse un objet scientifique. Le plus souvent, c'est la routine, les frontières entre disciplines qui expliquent l'utilisation de tel vocable plutôt que tel autre. L'absence de cadre conceptuel précis est à la fois une illustration et une conséquence de la faible autonomie dont a disposé jusqu'ici la recherche sur l'immigration par rapport au contexte politique.

L'histoire du terme « assimilation » est à cet égard très instructive. Comme nous allons le voir, les pères fondateurs de la sociologie universitaire américaine et française se sont efforcés, dès le début du siècle, de combattre les discours xénophobes de leur époque en faisant de la notion d'« assimilation » un concept essentiel des sciences sociales. Pourtant, à partir des années cinquante, dans l'atmosphère politique de la décolonisation, les chercheurs ont progressivement abandonné un terme jugé « réactionnaire », à tel point qu'on ne le trouve même plus aujourd'hui dans les index des grandes revues. Mais en jetant le bébé avec l'eau du bain, c'est tout l'héritage scientifique que véhiculait le concept d'assimilation sociale qui a été du coup refoulé ; ce qui n'a pas peu contribué à la faiblesse de la réflexion intellectuelle sur l'immigration que tout le monde dénonce aujourd'hui. Imagine-t-on en effet des physiciens ignorant les découvertes passées de leur discipline sous prétexte que les hommes politiques en ont fait parfois un mauvais usage ?

Cet article est un appel pour que l'*on veuille bien enfin admettre qu'en matière d'immigration aussi il faut faire une place à la « recherche fondamentale » et la distinguer de la « recherche appliquée »*. C'est pourquoi on rappellera brièvement les points forts de la réflexion sociologique sur l'« intégration » développée par les « pères fondateurs » de la sociologie américaine (« L'école de Chicago ») et française (« L'école durkheimienne »). On tentera ensuite de montrer que ces travaux théoriques ne sont pas des « lubies d'intellectuels », comme le croient parfois les gestionnaires, mais qu'ils peuvent être très précieux pour la réflexion politique sur l'intégration des immigrés.

## Deux approches conceptuelles de l'assimilation sociale

### Xénophobie et racisme en France et aux États-Unis

C'est une banalité de rappeler que la sociologie s'autonomise en tant que discipline scientifique à peu près au même moment (entre 1890 et 1920) en France et aux États-Unis, grâce aux travaux d'Émile Durkheim d'un côté et à ceux des sociologues de l'université de Chicago de l'autre. On n'a pas assez insisté, en revanche, sur la similitude du contexte dans lequel s'est effectuée cette naissance. Ce point est pour le sujet qui nous occupe ici d'une importance décisive. En effet, dans les deux cas la pensée sociologique émerge dans un environnement *socio-politique profondément marqué par la xénophobie*. La France et les États-Unis, qui représentent (ne serait-ce que par le symbole de leur Déclaration des droits de l'homme) les deux principaux modèles démocratiques, sont confrontés à la fin du XIX$^e$ et au début du XX$^e$ siècle, à une violente réaction nationaliste s'acharnant contre les nombreux immigrants qui affluent dans les deux pays.

Aux États-Unis, la propagande « nativiste » se développe au début du XXᵉ siècle, au moment où l'immigration atteint son paroxysme. S'appuyant sur l'apparente scientificité du néo-darwinisme, l'argumentation raciste parvient à convaincre la majeure partie de l'opinion publique américaine que les nouveaux venus : Italiens, Polonais, Juifs de Russie... appartiennent à des « races » biologiquement inférieures. Certains intellectuels relaient cette propagande au sein même des « sciences sociales », notamment des psychologues comme William Mac Dougall qui prétendent prouver l'infériorité intellectuelle des enfants d'immigrants en leur appliquant les tests mesurant le quotient intellectuel. Des sociologues affirment que leur « assimilation » au sein de la société américaine est impossible du fait d'une « distance » ethnique et culturelle trop importante par rapport aux Anglo-Saxons.

En France, le courant xénophobe se structure dans les années 1880 et s'illustre par une multitude de projets de lois hostiles aux étrangers et par un antisémitisme de plus en plus virulent qui débouche sur l'affaire Dreyfus. Là aussi, les polémiques s'étendent au monde intellectuel. La thèse de l'impossible « assimilation » des dernières vagues d'immigrants est justifiée par le fait que « les races ont d'autant plus de chance de s'acclimater dans une région qu'elles sont plus voisines ethnologiquement des types qui l'habitent — ce qui favorise les croisements — et que les nouvelles conditions ambiantes ont plus de ressemblances avec celles de leur pays d'origine ». C'est « l'accumulation héréditaire » qui est considérée comme le facteur principal de la formation d'une nation et de la cohésion d'un peuple, car elle seule explique que tous les individus aient le même sentiment des choses, les mêmes valeurs. Les métaphores organicistes confortent ces explications biologiques. Le peuple français s'est formé à partir d'ethnies très diverses, mais les migrations d'autrefois étaient facilement assimilables car la nation était en formation ; mais aujourd'hui (fin du XIXᵉ siècle), la phase de « croissance » de l'organisme ayant été remplacée par le stade de la « maturité », les immigrants ne peuvent rester qu'à l'état de « corps étrangers »[2].

---

2. Cf. par exemple, J. LAUMONNIER, *La Nationalité française*, Chamvel, Paris, 1892, t. 2.

L'histoire est appelée également à la rescousse. Plus que l'argument biologique, c'est la problématique de l'enracinement, de l'ancienneté des générations, comme critère principal légitimant l'appartenance nationale qui est mise en avant (cf. par exemple le thème de l'arbre et des racines chez Taine). Dans ces conditions, comme le note par exemple Vacher de Lapouge, un sol n'appartient qu'à ceux dont les ancêtres ont participé à sa mise en valeur. L'assimilation des nouveaux venus n'est concevable que sur le très long terme ; deux à trois générations sont considérées comme nécessaires pour que se produise une véritable « naturalisation ».

C'est dans ce contexte que les sociologues américains de Chicago et les premiers sociologues universitaires français élaborent leur réflexion sur le problème de l'« assimilation ». Eux-mêmes sont d'ailleurs des acteurs de la lutte pour les droits de l'homme [3]. Néanmoins, tous leurs efforts visent à séparer l'engagement militant de l'activité scientifique en luttant pour l'autonomie de la recherche. Pour Durkheim, cela passe avant tout par un effort rigoureux de définition des mots employés afin de combattre les préjugés du sens commun et les manipulations politiques. « Les sociologues sont tellement habitués à employer les termes sans les définir, c'est-à-dire à ne pas déterminer, ni circonscrire méthodiquement l'ordre des choses dont ils entendent parler, qu'il leur arrive sans cesse de laisser une même expression s'étendre à leur insu, du concept qu'elle visait primitivement ou paraissait viser, à d'autres notions plus ou moins voisines. Dans ces conditions, l'idée finit par devenir d'une ambiguïté qui défie la discussion car n'ayant pas de contours définis, elle peut se transformer presque à volonté selon les besoins de la cause et sans qu'il soit possible à la critique de prévoir par avance tous les aspects divers qu'elle est susceptible de prendre [4]. » Les sociologues américains, William Thomas et Robert Park notamment, critiquent quant à eux les « fichus

---

3. E. Durkheim contribue à la fondation de la Ligue des droits de l'homme. Les sociologues de Chicago entretiennent des liens très étroits avec le mouvement des *settlement house* de Jane Addams, qui se préoccupe notamment de fournir une aide sociale en faveur des immigrants. De même, Thomas participe activement à la commission mise en place par la municipalité de Chicago pour réformer la prostitution. Avant d'entamer sa carrière de sociologue, Robert Park s'est fait connaître comme journaliste militant de la cause anticolonialiste.

4. E. Durkheim, *Le Suicide*, PUF, Paris, 1983 (rééd.), p. 108 (1re éd., 1897).

bienfaiteurs » qui se penchent sur le social en confondant sociologie et bons sentiments.

Néanmoins, les deux « écoles » sociologiques vont développer des approches très contrastées du problème de l'assimilation sociale ; ce qui s'explique par la différence des contextes nationaux. La taille modeste du pays, l'ancienneté et l'importance relative de l'appareil administratif, la centralisation des pouvoirs à Paris font qu'en France la réflexion sociologique est d'emblée confrontée *à la question de l'État et du pouvoir politique*. Dès cette époque, le problème de l'immigration est posé comme une question politique mettant en cause l'unité de la nation française. Par ailleurs, le fait qu'en France les universités soient sous la coupe de l'État rend impossible toute réflexion « marginale » directement au service des communautés d'immigrants ou des minorités (les Juifs par exemple). Durkheim, comme la plupart des sociologues français jusque dans les années cinquante, doit emprunter la voie « royale » proposée à l'élite, étroitement balisée par les normes étatiques (École normale, agrégation de philosophie...). Suite notamment aux longues années d'internat que ce genre de compétition impose, on forme ainsi une caste universitaire coupée du monde, sans expérience pratique. Dans ces conditions, on ne peut s'étonner que l'approche durkheimienne de l'assimilation ait privilégié la réflexion théorique et le problème de l'intégration nationale. A l'inverse, à Chicago, l'initiative privée, les pouvoirs locaux sont les interlocuteurs familiers. Les grandes œuvres produites par les sociologues américains correspondent le plus souvent à une demande sociale émanant d'institutions privées. D'où l'accent mis sur les recherches monographiques et urbaines privilégiant les enquêtes de terrain et l'observation participante.

Un troisième élément qu'il faut signaler pour illustrer la différence des contextes français et américain, évidemment lié aux précédents, tient à la nature même des références que les sociologues de cette époque peuvent mobiliser pour défendre leur thèse et réfuter prioritairement certains arguments.

Dans le cas français, l'héritage de la Révolution française tel qu'il apparaît matérialisé dans les règles de droit et les pratiques administratives (cf. notamment l'appareil statistique), relègue au second plan la question « ethnique ». En France, les partisans d'une politique fondée sur la ségrégation

« ethnique » se heurteront toujours aux grands principes constitutionnels du droit républicain. Tous les renseignements considérés comme « privés » (race, religion, langue...) sont exclus des recensements. Les quotas fondés sur ce type de critère, que ce soit pour le recrutement des immigrants ou l'accès à certains emplois, ne seront jamais officialisés juridiquement. Mais si le racisme biologique est relativement marginal, en revanche la ségrégation de type juridique, entre nationaux et étrangers, est incontestablement plus forte qu'ailleurs. Il suffit d'évoquer la place occupée, dans la tradition bureaucratique française, par la question des « papiers d'identité » et l'ampleur de la ségrégation visant les étrangers sur le marché du travail pour s'en convaincre. L'omniprésence du critère juridique de la nationalité explique pourquoi les polémiques concernant l'immigration se sont concentrées depuis un siècle autour du problème de la légitimité de l'appartenance nationale. A la fin du XIXe siècle, la thèse de Michelet définissant le peuple français comme le résultat d'une fusion multiséculaire des races différentes s'est imposée. D'où l'importance accordée au critère de l'enracinement : est véritablement français celui qui a hérité directement de ses ancêtres la culture nationale. Dans ce contexte, on comprend que toute l'énergie de Durkheim se soit concentrée sur la réfutation des thèses « généalogiques », en s'appuyant sur les valeurs universalistes du droit républicain.

Dans le cas américain, la question raciale est incontournable. L'existence des Indiens et la présence d'une forte population noire sont constitutives de l'identité nationale américaine (surtout de sa face cachée). Comme le prouvent les classifications adoptées par les recensements, pendant longtemps les critères ethniques apparaissent comme plus importants que les critères nationaux. La politique des quotas ethniques, pratiquée pour le recrutement des immigrants et même des étudiants dans certaines universités, l'atteste. Dans ce pays « neuf », sans traditions étatiques multiséculaires, ce n'est pas l'histoire qui joue le rôle central dans la conscience collective. C'est surtout l'anthropologie, nourrie de l'évolutionnisme spencérien et du darwinisme social, qui fixe les cadres de la réflexion. Les sociologues progressistes américains doivent surtout combattre les préjugés racistes de l'anthropologie physique, en utilisant les outils théoriques forgés par l'anthropologie culturelle (Boas puis Herskovits), ce qui leur interdit toute mise en question des *a priori* du « culturalisme » (notamment en ce qui concerne l'ethnicité).

On peut donc considérer que les « pères fondateurs » de la sociologie américaine et française ont forgé le concept d'« assimilation » dans le but de « défendre » la cause des immigrants. Mais les différences de contexte national expliquent l'accent mis dans le cas américain sur le problème des rapports interpersonnels au niveau local (psychologie sociale) et dans le cas français sur l'aspect institutionnel (sociologie politique).

## *L'assimilation sociale dans les travaux de l'« école de Chicago »*

Le fait même que les sociologues de Chicago aient toujours privilégié le travail empirique de terrain explique l'absence de définition claire et opératoire du concept d'assimilation dans leurs travaux. Comme le remarque R. Turner, « le concept d'assimilation est, parmi les termes qu'emploie Park, un des plus difficiles à définir »[5], car celle-ci est conçue essentiellement comme un processus et non comme un résultat. L'œuvre fondatrice de W.I. Thomas et F. Znaniecki, consacrée à l'immigration polonaise à Chicago[6], met en relief deux éléments qui restent tout à fait pertinents pour réfléchir à la question aujourd'hui. Ils soulignent tout d'abord l'ampleur de la rupture que provoque toute immigration dans un pays étranger, rupture qui entraîne la *désarticulation de tous les liens sociaux qui liaient entre eux les membres du groupe dans le pays d'origine*. C'est pourquoi, écrivent-ils, l'assimilation ne peut se produire que si la société d'accueil favorise la reconstitution d'une vie collective dans le nouveau pays. Selon eux, *la première étape vers une véritable assimilation consiste, paradoxalement, dans la reconstitution du milieu d'origine, par le développement d'une sociabilité locale vigoureuse.* Si le renforcement des liens « communautaires » n'est pas un obstacle à l'assimilation,

---

5. R. TURNER (ed.), Robert PARK, *On Social Control and Collective Behavior*, Chicago Univ. Press, 1967.
6. W.I. THOMAS et F. ZNANIECKI, *The Polish Peasant in Europe and America*, Dover Publ., New York, 1958 (rééd.).

*intégration et citoyenneté*

c'est parce que celle-ci ne peut être expliquée dans les termes d'un passage d'un état culturel de départ (la « polonité ») à un état culturel d'arrivée (l'« américanité »).

En fait, ce que le sens commun désigne comme une « communauté polonaise » (ou « maghrébine » aujourd'hui en France) est une reconstruction consécutive à la rupture initiale qui donne naissance à un nouveau groupe original indissociablement polonais *et* américain, ou selon les termes mêmes de Thomas et Znaniecki, « une nouvelle société polono-américaine à partir des fragments séparés de la société polonaise et encastrés dans la société américaine[7] ». Ce nouveau groupe joue un rôle décisif de *médiation* entre la société d'origine et la société d'accueil, en ce sens qu'il offre la possibilité d'une étape de transition dans le passage de l'une à l'autre. S'appuyant sur la psychologie sociale, les auteurs montrent que l'assimilation est en fait un *processus en bonne partie inconscient*, qui ne dépend finalement ni d'un programme politique volontariste du pays d'accueil, ni des stratégies d'acteurs déployées par les membres du groupe, mais d'une *multitude d'interactions par lesquelles d'un côté l'individu s'identifie aux autres membres du groupe et à ses institutions, et de l'autre entre en conflit avec le monde extérieur au groupe.*

Dans un ouvrage ultérieur, W.I. Thomas (qui écrit l'essentiel du livre bien que son nom n'apparaisse pas) systématise et généralise les analyses produites antérieurement[8]. Les travaux du sociologue allemand Georg Simmel sont mis à contribution pour montrer que les conflits entre nationaux et étrangers ne sont pas des obstacles à l'assimilation. Le conflit a un rôle socialisateur, ne serait-ce que parce qu'il permet à l'immigrant de découvrir qu'il a lui aussi une identité nationale. Stigmatisé comme « italien » dans les ghettos de Chicago, le Sicilien finit par s'identifier à une image nationale dont paradoxalement il n'avait guère conscience quand il était en Sicile. Pour l'individu déraciné, cette possibilité d'identification à des individus que les autres considèrent comme semblables à lui, représente la première étape de

---

7. *Ibid.*, vol. 2, p. 1469.
8. R. PARK et H. MILLER, *Old World Traits Transplanted. Americanization Studies*, Paterson-Smith, New York, 1969 (rééd.).

l'intégration, car elle lui permet de sortir de l'isolement et de retrouver une vie collective.

La seconde étape se traduit par une *adaptation aux normes dominantes* (en l'occurrence américaines), vestimentaires, langagières, gestuelles, qui peu à peu amènent l'individu à évoluer de sa nationalité d'origine vers la nationalité du pays d'accueil. Les sociologues de l'école de Chicago enrichiront leur approche de l'assimilation en abordant notamment la question raciale. Pour Robert Park, l'intégration des Noirs à la société américaine pose des problèmes spécifiques à cause de la visibilité des différences liée à la couleur de la peau. Il note que les immigrants adoptent très vite les signes extérieurs de conformité aux normes dominantes (langue, costume...), tout en conservant leur culture d'origine dans leur univers « interne ». Mais cette stratégie est interdite à ceux qui n'ont pas la possibilité de masquer leurs différences (d'être blanc dehors et noir dedans). La couleur de la peau est ainsi décrite comme un « uniforme racial », obstacle à l'assimilation, mais qui favorise la conscience de soi.

Retenons que le fil conducteur de toutes ces analyses reste le même. Produite contre les courants hostiles aux immigrants qui réfutent toute possibilité d'assimilation des nouveaux venus au nom d'une communauté conçue comme une réalité figée et immuable, la conceptualisation proposée par Park met au contraire l'accent sur les rapports sociaux, les interactions entre individus — se produisant dans un cadre local déterminé — qui sans cesse modifient et enrichissent la vie collective. Dans cette perspective, l'interaction est fondatrice du lien social et productrice d'ordre. D'où une conception évolutionniste de l'assimilation, que Park et Burgess systématiseront dans leur manuel d'introduction à la sociologie[9] : l'immigrant traverse d'abord une phase dominée par la concurrence, puis par le conflit, qui précède elle-même la phase d'accommodation ; l'assimilation étant considérée comme le stade ultime, mais aussi comme la seule étape spécifique aux immigrants, puisque les étapes précédentes caractérisent toute forme d'interaction sociale.

Le caractère « engagé » de la réflexion des sociologues de Chicago s'illustre par leurs efforts pour tirer des conclusions

---

9. E. BURGESS et R. PARK, *Introduction to the Science of Sociology*, Chicago Univ. Press, 1921, p. 735.

pratiques de leurs analyses sociologiques. Le dernier chapitre de l'ouvrage dirigé par W.I. Thomas fait ainsi de *la réconciliation des héritages culturels, des souvenirs et des histoires propres à chaque communauté ethnique, à la fois l'objectif ultime et l'instrument de toute politique d'assimilation*. La seule manière, selon lui, de parvenir à ce que la mémoire américaine devienne aussi une mémoire d'immigrants, c'est de faire en sorte que ces derniers puissent l'associer à leur propre expérience vécue, d'où la nécessité d'inventer des formes d'association-identification entre les deux passés collectifs.

## L'approche institutionnelle d'Émile Durkheim

Ce que nous avons dit plus haut des différences de contexte explique que dans le cas français les premiers travaux sociologiques concernant l'assimilation aient été fortement influencés par des préoccupations théoriques. Les travaux d'Émile Durkheim s'illustrent par un effort beaucoup plus rigoureux que dans la sociologie américaine pour rompre avec les évidences de l'opinion publique, construire des définitions claires et opératoires. Par ailleurs, tradition républicaine oblige, le fondateur de la sociologie universitaire française refuse de privilégier les approches ethniques du problème. Toute son œuvre s'efforce au contraire de montrer que les problèmes des immigrants, des minorités religieuses, etc., ne peuvent se comprendre *que si on les rapporte à une question sociologique plus vaste qui est au cœur des mutations de la société contemporaine*. Ce processus, qui n'est pas vraiment analysé par l'école de Chicago, c'est le triomphe de l'État-nation dont les organes enserrent toujours plus les individus au point de les transformer profondément. D'où l'accent mis ici sur le politique (au sens large).

En dépit de ces voies détournées d'appréhension du phénomène, on peut estimer cependant que Durkheim tente de répondre à la même question que W. Thomas ou R. Park : comment un individu ou un groupe social n'ayant pas la même culture, c'est-à-dire la même histoire, que le groupe dominant, peuvent-ils néanmoins s'y assimiler ? On peut considérer que le premier ouvrage publié par Durkheim (qui est en fait sa thèse de doctorat) contient ses principaux arguments en la matière[10]. L'époque de ce qu'il appelle la « solidarité mécanique », fondée sur les solidarités ethniques, la force des traditions locales et les formes directes (parents/enfants) de transmission culturelle, reflète un état dépassé du monde social.

Avec l'avènement des sociétés industrielles et nationales, les interactions se déroulant dans le cadre de petits groupes locaux, si elles subsistent, ne constituent plus de fondement du lien social. L'approfondissement de la division du travail, les progrès des transports et l'émergence de la nation expliquent que les individus soient, qu'ils le veuillent ou non, pris dans des relations sociales se déroulant sur un espace beaucoup plus vaste qu'autrefois, et entrent en contact avec des millions d'individus *qu'ils ne connaissent même pas*. D'où le rôle fondamental joué par le droit (en tant que médiateur de l'action de l'État) dans le triomphe de la « solidarité organique » propre à la société contemporaine. C'est ce lien objectivé et invisible qui relie désormais le plus fortement les hommes entre eux. Mais du fait même que le droit pénètre partout (jusque dans les affaires domestiques, dit Durkheim), du fait aussi que l'industrialisation suppose la mobilité des hommes (cf. l'exode rural), dans les nations modernes, tous les individus sont, en puissance, des « déracinés », car eux aussi sont coupés des enracinements qui autrefois les attachaient aux groupes primaires, aux ancêtres, au sol natal.

Désormais, l'individu n'est plus socialisé par ses attaches primaires, mais par la position qu'il occupe à l'intersection des multiples fils qui le relient à l'État, *par la fonction qu'il occupe dans la division du travail social.* C'est donc surtout à ce niveau que se pose le problème de son « assimilation » (Durkheim emploie plus volontiers le terme d'« intégration ») à la société d'ensemble : participation à l'activité des « groupes intermédiaires » (syndicats, associations...), insertion professionnelle...

C'est également à partir de cette opposition entre communautés locales d'autrefois et sociétés nationales d'aujourd'hui que Durkheim explique cet autre aspect fondamental du problème de l'assimilation : la transmission de l'héritage culturel. C'est ici que réside, à notre avis, le principal point

---

10. E. DURKHEIM, *De la division du travail social*, Alcan, Paris, 1893 ; réédition, PUF, Paris, 1978.

d'achoppement avec la sociologie américaine de l'immigration. En effet, Durkheim critique de façon véhémente « l'individualisme interactionniste » que prône son principal concurrent sur la scène sociologique française : Gabriel Tarde. Contestant l'idée selon laquelle la société ne serait composée que d'individus : « Elle comprend aussi des choses matérielles et qui jouent un rôle essentiel dans la vie commune », il affirme que celles-ci ne sont en fait rien d'autre que les traces objectivées des sociétés qui nous ont précédés. « La vie sociale, qui s'est ainsi comme cristallisée et fixée sur des supports matériels se trouve donc par cela même extériorisée, et c'est du dehors qu'elle agit sur nous [11]. »

Ce qui nous importe dans cette argumentation, c'est qu'elle propose une définition de l'héritage culturel qui s'oppose à la définition généalogique dominante. Par suite du déracinement caractéristique des sociétés modernes, « la solidarité du temps est moins sensible parce qu'elle n'a plus son expression matérielle dans le contact continu des générations ». En revanche, le passé nous est transmis de plus en plus par des documents écrits, des monuments... Dans ces conditions, l'histoire d'un pays donné, ses traditions nationales, ne sont nullement réservées aux nationaux « de souche ». *Elles peuvent être transmises à tout le monde grâce à l'éducation.* D'où le rôle essentiel que la sociologie durkheimienne assigne à *l'école comme facteur d'intégration sociale* par opposition à tous ceux qui considèrent les immigrés comme « inassimilables » car étrangers, par leurs origines familiales, à la culture et à l'histoire françaises.

L'importance accordée à l'éducation nationale illustre aussi une autre thèse de Durkheim : l'assimilation des immigrants n'est jamais totale dès la première génération. Tout d'abord, dans les sociétés où domine la solidarité organique, l'étranger se heurte de plus en plus aux normes juridiques établies par le pays d'accueil. Alors que dans les sociétés traditionnelles, « la naturalisation est l'opération la plus simple du monde », car la solidarité est faible, « la trame sociale plus lâche », dans les sociétés modernes, les fonctions sont plus spécialisées. C'est pourquoi, « l'étranger sans doute peut bien s'introduire privoisoirement dans la société, mais l'opération par laquelle il est assimilé, à savoir la naturalisation, devient

---

11. *Le Suicide, op. cit.*, p. 354.

longue et complexe. Elle n'est plus possible sans un assentiment du groupe solennellement manifesté et subordonné à des conditions spéciales ».

Par ailleurs, étant donné la force des habitudes que les individus acquièrent dans leur jeunesse, il leur est impossible d'assimiler complètement une autre culture au cours de leur vie : « C'est une opération toujours laborieuse que de déraciner des habitudes que le temps a fixées et organisées en nous [...]. Ainsi pour peu que de telles transformations soient profondes, une vie individuelle ne suffit pas à les accomplir. Ce n'est pas assez d'une génération pour défaire l'œuvre des générations, pour mettre un homme nouveau à la place de l'ancien [12]. » Toute la théorie durkheimienne vise donc finalement à *déplacer vers la deuxième génération le moment clé de l'assimilation*. Selon lui, en effet, « l'enfant, en entrant dans la vie, n'y apporte que sa nature d'individu. La société se trouve donc, à chaque génération nouvelle, en présence d'une table presque rase sur laquelle il lui faut construire à nouveaux frais ». Du fait même que l'éducation, conçue comme instance étatique de transmission culturelle, « crée dans l'homme un être nouveau [13] », c'est le « problème » même d'une spécificité de l'assimilation des enfants d'immigrants qui est invalidé.

## Sociologie de l'assimilation sociale et politique d'intégration des immigrés

### Des divergences de plus en plus accentuées

L'exposé très succinct des analyses américaine et française sur l'assimilation produites par les « pères fondateurs » de la sociologie universitaire montre combien ce concept a été par la suite vidé de son sens par tous ceux qui l'ont utilisé dans les polémiques politiques opposant les adeptes du « respect des différences » aux partisans de l'« unification jacobine ». Il ne s'agit pas pour autant de reprendre telles quelles

---

12. *De la division du travail social*, 1978 (rééd.), p. 122, 279.
13. E. DURKHEIM, *Éducation et sociologie*, PUF, Paris, 1985 (rééd.), p. 52 (1re éd., 1922).

des analyses datant du début du siècle pour les plaquer sur la réalité d'aujourd'hui. Il faut au contraire les enrichir en les adaptant à la conjoncture. Chacune des deux théories présentées ci-dessus met d'ailleurs en évidence les limites de l'autre.

Ainsi l'accent mis par les sociologues de Chicago sur la psychologie sociale et les interactions entre membres des divers groupes ethniques a occulté dans leurs travaux tout le problème de l'institutionnalisation de la vie sociale. L'argumentation de Robert Park sur « l'uniforme racial » comme obstacle à l'intégration montre les limites des analyses « substantialistes » qui font des groupes ethniques ou raciaux des catégories naturelles. Or, la visibilité d'un groupe quel qu'il soit est le résultat d'un processus largement politique visant à mettre en valeur et à instituer certains critères et à masquer les autres. C'est ce qui explique qu'aux États-Unis le racisme se porte principalement sur la population noire et en France sur les Maghrébins.

Inversement, dans son immense effort intellectuel visant à rejeter tous les particularismes, Durkheim ne parvient pas à penser l'autonomie des groupes primaires (notamment la famille) et le rôle qu'ils peuvent jouer dans la reproduction des formes sociales. C'est une critique semblable qu'adressera Piaget à la sociologie durkheimienne de l'éducation en lui reprochant d'avoir ignoré « complètement l'existence des sociétés enfantines spontanées [14] ».

Au lieu de tenter l'articulation entre les deux sources, à bien des égards complémentaires, de la réflexion sociologique sur l'assimilation, les chercheurs ont suivi par la suite des voies de plus en plus divergentes. L'approfondissement de la division du travail dans les sciences sociales après la Seconde Guerre mondiale, entre les disciplines « littéraires » et « juridiques » notamment, explique que désormais on ne puisse trouver chez un même individu à la fois une culture politique et juridique approfondie et une culture théorique en sociologie, selon le modèle que Durkheim avait incarné.

Par ailleurs, après la Seconde Guerre mondiale, les politologues se désintéressent de plus en plus de la question de l'immigration. Celle-ci devient l'apanage des nouveaux courants de la recherche sociologique et tout particulièrement de

---

14. J. PIAGET, *Le Jugement moral chez l'enfant*, Alcan, Paris, 1932, p. 358.

la psychologie sociale que Jean Stoetzel et Alain Girard « intronisent » dans l'Université française, en y acclimatant les concepts et les méthodes de la sociologie de Chicago (notamment l'enquête de terrain) [15]. Si bien que lorsque la science politique redécouvre (un demi-siècle après André Siegfried) le problème de l'« intégration des immigrés », elle l'aborde dans les termes mêmes où il se pose sur la scène politique (« menace » de l'intégrisme islamiste, « crise de citoyenneté », etc.), en ignorant superbement l'immense effort de réflexion développé par les sciences sociales sur le sujet dans les décennies précédentes. D'où le sentiment qu'au sein de la recherche sur l'immigration, il existe aujourd'hui plusieurs mondes qui s'ignorent et qui sont incapables de se comprendre étant donné l'absence de références communes [16].

*Utiliser la réflexion sociologique pour mieux réfléchir à une politique d'intégration des immigrés*

En s'appuyant à la fois sur les travaux de psychologie sociale américaine et sur la sociologie durkheimienne des institutions, on peut essayer d'éclairer un certain nombre de problèmes qui se posent aujourd'hui en matière d'immigration.

Le premier enseignement que l'on peut tirer de ces travaux, c'est que *derrière le terme vague d'« intégration », il convient de distinguer deux processus fort différents*. Le premier touche à la dimension psychosociologique de l'« assimilation ». Les sociologues de Chicago et les durkheimiens se retrouvent pour affirmer l'importance de l'enfance dans le processus d'intériorisation des normes dominantes. Certes, les enfants de la « deuxième génération » immigrée subissent une socialisation contradictoire, écartelée entre les valeurs culturelles d'« origine » véhiculées par leur famille et la culture nationale transmise par l'école et le groupe dominant.

---

15. A. GIRARD et J. STOETZEL, « Français et immigrés », *Travaux et Documents de l'INED*, PUF, Paris, 1953 et 1954, 2 vol.
16. Des courants de la recherche en sciences sociales qui sont restés marginaux en France jusqu'ici ont tenté cette articulation ; voir notamment les travaux de Norbert Elias où l'on trouve les plus riches développements concernant la question de l'assimilation.

Mais de multiples études tant américaines que françaises ont prouvé que la culture d'origine, affaiblie et déstructurée par le déracinement consécutif à l'immigration, était dans l'incapacité de s'opposer à l'assimilation (très souvent inconsciente) des normes dominantes par les enfants d'immigrants. La facilité avec laquelle la plupart d'entre eux assimilent la langue française, même quand leurs parents ne la parlent pas, a ici valeur emblématique et prouve l'inanité de toute l'argumentation en terme de « distance culturelle », opposant une prétendue « culture européenne » aux cultures du tiers monde... Dans cette perspective, tous les enfants qui sont socialisés dans le pays d'accueil, par définition, « assimilent » la culture nationale (et sont donc « assimilés » par elle), selon des modalités qui reproduisent la diversité propre à la société considérée (selon le milieu social, la région où ils vivent, etc.). L'attachement au « pays d'accueil », le « sentiment d'appartenance » qu'ils éprouvent à son égard, même quand ils le critiquent, s'expliquent pour les membres de la deuxième génération par le fait qu'ils sont, comme les Français « de souche », littéralement habités par la langue apprise dans l'enfance, marqués à tout jamais par leurs souvenirs d'enf(r)ance.

La psychologie sociale montre que la stigmatisation (l'accusation dont souffrent les enfants d'immigrants de « ne pas être comme les autres ») constitue en elle-même un puissant facteur d'assimilation. Ayant intériorisé le regard de l'autre dès ses premières années, l'individu dont l'identité est contestée, mise en question, adopte le plus souvent des comportements visant à prouver son appartenance. L'engagement massif des immigrés dans la Résistance peut s'expliquer, entre autres causes, par ce processus (que l'on constate également aux États-Unis). Lorsqu'on parle pour les précédentes vagues d'immigration d'assimilation « réussie », il faut toujours avoir à l'esprit le prix que les individus ont dû payer pour cela et le caractère odieux de toutes les mesures politiques (même bien intentionnées) visant à conforter l'idée que les membres de la deuxième génération ne sont pas « comme les autres ».

Le deuxième aspect mis en valeur par la réflexion sociologique sur l'assimilation sociale concerne *la participation à la vie collective* (c'est ce point que le terme d'« intégration » veut désigner le plus souvent) : modalités d'accès au marché du travail, degré d'intégration aux formes locales et nationales de sociabilité... Soulignons d'abord que cette question est liée à la première. La participation à la vie politique, par exemple, est inséparable du « sentiment d'appartenance » évoqué plus haut, fondement de la mobilisation collective pour telle ou telle cause. De même, la rapidité de la laïcisation de la deuxième génération « maghrébine » est incompréhensible indépendamment du rapport aux normes dominantes exposé ci-dessus. *C'est ce qui explique que depuis un siècle, il n'y a jamais eu, ni aux États-Unis ni en France, de communauté immigrée qui ait pu durablement se mobiliser politiquement contre l'État d'accueil sur la base de l'origine ethnique ou religieuse, en dépit de toutes les prédictions apocalyptiques intéressées sur l'« éclatement de la communauté nationale ».*

Il est indispensable de ce point de vue de distinguer les « minorités ethniques » et les « communautés immigrées ». Les premières sont enracinées dans un territoire depuis une longue période, parfois avant même la constitution de l'État-nation (Flamands et Wallons en Belgique, par exemple). Très souvent, elles ont été partie prenante du processus d'institutionnalisation (reconnaissance officielle d'une langue propre, d'une représentation politique sur une base ethnique ou culturelle, etc.) ; ce qui explique qu'elles puissent conserver leur spécificité.

En revanche, les « communautés » immigrées, du fait même de la rupture consécutive au déracinement, sont d'une extrême fragilité. D'emblée, elles trouvent en face d'elles une société nationale fortement constituée. Comme l'avaient bien vu Thomas et Znaniecki, la reconstruction du groupe porte dès le départ la marque du pays d'accueil. Par ailleurs, le processus de mobilité sociale et géographique, très perceptible en France comme aux États-Unis dès la deuxième génération, disperse les individus. Si bien que les groupements d'immigrants ne disposent ni du temps nécessaire à l'enracinement et à la consolidation des communautés de base, ni des moyens matériels (notamment juridiques) pour institutionnaliser leur existence propre. *Cela suppose bien évidemment que la société d'accueil rejette vigoureusement toutes les pratiques de ségrégation, explicites ou insidieuses, susceptibles de transformer les « communautés » immigrées en ghettos* : lutte pour l'égalité des droits, mesures contre les diverses formes de discriminations, contre le racisme...

Quelles conséquences concrètes ceux qui réfléchissent aujourd'hui à la politique française d'intégration des immigrés peuvent-ils tirer de ces remarques ?

Au risque de décevoir, nous soulignerons en premier lieu que *le « problème » de l'assimilation ne peut se résoudre uniquement à coup de mesures politiques et même que certaines mesures politiques irréfléchies peuvent aller à l'encontre de l'objectif proclamé.* L'histoire de France montre que les précédentes « deuxièmes générations » (que l'on disait déjà difficilement « assimilables ») se sont intégrées sans qu'aucune politique spécifique ait été mise en œuvre par les pouvoirs publics. De même, on constate, en dépit des rares travaux français dont nous disposons sur le sujet, que malgré les différences de système politique en France et aux États-Unis, le processus d'assimilation des immigrants depuis un siècle (le « problème noir » n'est pas directement lié à l'immigration) s'est accompli de façon aussi efficace dans les deux cas, en fonction des traditions propres à chacune de ces deux sociétés nationales.

Ce dernier point nous paraît tout à fait essentiel. Dans l'état actuel des choses, sans savoir ce que nous réserve l'Europe unie, *la politique française d'intégration ne peut aller à l'encontre des traditions propres du pays.* Or, jusqu'ici, l'assimilation des immigrants reposait sur trois éléments essentiels de l'histoire républicaine. Un système de discriminations non pas fondé sur l'origine mais sur la nationalité ; un droit de la nationalité permettant dès la deuxième génération l'accession quasi automatique à la citoyenneté française ; un cantonnement dans la sphère « privée » (cf. la loi sur les associations de 1901) de toutes les pratiques communautaires liées à la religion, l'origine ethnique ou nationale. La très grande vitalité de la vie associative mise en œuvre par les immigrés depuis le début du siècle montre que le système républicain n'a jamais eu pour objectif la liquidation des « différences » comme on l'a dit, mais qu'il s'est constamment opposé à ce que ces critères d'ordre « privé » deviennent des instruments d'action dans la vie politique et dans l'administration publique. La victoire républicaine dans l'affaire Dreyfus a permis de réaffirmer solennellement ces principes fondamentaux de la Déclaration des droits de l'homme.

De fait, on constate que si la xénophobie contre les immigrés a été extrêmement violente en France depuis le début du siècle, elle s'est concentrée principalement jusqu'ici sur les étrangers et très peu sur la « deuxième génération ». *La principale nouveauté de la situation actuelle nous paraît tenir dans la visibilité de cette « deuxième génération », qui s'explique à la fois par les transformations de la société française (émergence de la catégorie « jeunes » liée à la prolongation de la scolarité et aux nouveaux modèles médiatiques) et par la multiplication des organismes chargés de gérer « le problème des immigrés ».* Par rapport à la période précédente, où le statut d'« immigré » et la ségrégation allant avec n'étaient que *temporaires, limités à une ou au pis à deux générations*, le déplacement actuel du regard collectif vers la deuxième génération risque de substituer au critère juridique républicain, le critère « ethnique ».

Tous les jours, l'actualité nous fournit des illustrations de ce processus où des individus que l'on désignait autrefois par leur nationalité, leur appartenance professionnelle, etc., sont aujourd'hui désignés par leur origine (les « Beurs »). Le pire est sans doute qu'à cet égard les discours racistes et antiracistes se rejoignent les uns pour « attaquer », les autres pour « défendre » des « communautés » vues comme « spécifiques ». Bien que la majorité des chercheurs soient d'accord pour dire qu'il n'y a pas de problèmes spécifiques d'intégration pour les Maghrébins, la presse, les partis politiques, voire les représentants de certaines associations de « défense » des immigrés continuent à affirmer exactement le contraire. Il faudra bien un jour essayer de comprendre pourquoi !

L'erreur serait de minimiser l'importance de ces discours en disant : « Ce ne sont que des mots. » Les sociologues connaissent en effet, ou devraient connaître, l'ampleur du « pouvoir des mots », *l'efficacité du travail de désignation dans la construction des « groupes ethniques » eux-mêmes.* Comme l'avaient bien vu les sociologues de Chicago il y a soixante-quinze ans, l'individu se perçoit toujours lui-même partiellement comme ceux qui ont le pouvoir de la parole le désignent. D'où les effets pervers de toute politique d'intégration visant un groupe spécifique : en montrant du doigt une « communauté » à intégrer, qui donc « pose problème », on contribue à sa ségrégation, on alimente les préjugés xénophobes et l'on risque de conforter l'identité de groupe que l'on veut dissoudre.

Une politique de l'intégration devrait donc au premier chef être une politique luttant contre toutes les formes de ségrégation, *y compris toutes celles qui s'étalent dans les discours.* La difficulté tient au fait que beaucoup d'intérêts se conjuguent aujourd'hui pour entretenir le mythe de la spécificité du « problème maghrébin ». L'immigration permettant de mobiliser l'électorat intéresse l'homme politique ; suscitant les passions, elle fait vendre les journaux... Le jeu même de la concurrence fait que nul n'est en mesure, par « décret », d'empêcher cette dérive malsaine. Le rôle des pouvoirs publics devrait donc être de favoriser l'émergence de « contrepoids », *en aidant notamment les chercheurs et en faisant connaître leurs travaux.*

Pour le dire brutalement, un ministère de « l'Intégration des immigrés » nous apparaît comme une contradiction dans les termes. Ce qui ne constitue nullement un encouragement à la passivité. Mais si l'on considère, comme c'est notre cas, que *le problème essentiel de l'immigration dans la France d'aujourd'hui est celui de la ségrégation,* il est très important de veiller à ne pas l'aggraver par des mesures ou des discours irréfléchis. Tous ceux qui sont réellement attachés à la cause de l'« intégration » devraient donc impérativement s'assurer, avant de décider telle ou telle mesure, que le « problème » qu'ils veulent résoudre relève réellement du statut d'« immigré » et non d'autres critères sociologiques, comme le sexe, la classe d'âge, la catégorie professionnelle, etc. Seules des recherches sérieuses et approfondies permettraient de répondre à des questions qui sont le plus souvent abordées aujourd'hui de façon superficielle.

Soulignons pour finir que des actions en apparence très peu « politiques » peuvent à terme avoir des effets politiques très importants. Les spécialistes de la question du racisme ont souvent souligné les limites de toute pédagogie « rationaliste » ou « moralisante » en cette matière. On peut être logiquement convaincu de l'inanité des explications racistes, sans pour autant cesser d'être raciste. Cela s'explique par le fait que la haine de l'autre touche aux ressorts subjectifs, « irrationnels », de l'être humain ; ce que les partis d'extrême droite ont compris depuis longtemps. *Dans ces conditions, la lutte contre le racisme doit également se montrer capable de jouer sur ce registre de l'affectivité en rendant « familier » ce qui apparaît comme « étranger », en proposant notamment des modèles différents des images franco-françaises traditionnelles.* Le sport joue à cet égard un rôle très important et valorise depuis longtemps des jeunes issus de l'immigration auxquels les Français « de souche » peuvent s'identifier. Mais une véritable politique d'intégration devrait promouvoir d'autres formes de valorisation. *Dans ce processus, l'histoire, en tant que mémoire collective, est un enjeu tout à fait essentiel, largement sous-estimé par les pouvoirs publics.* Le fait que, dans la France actuelle, la mémoire de l'immigration soit encore largement illégitime (dans la recherche historique, dans les manuels scolaires, à la télévision...) renforce le sentiment collectif de l'« étrangeté » de l'immigré et les réflexes populaires de rejet vis-à-vis de ceux qui apparaissent comme une menace. Les sociologues de Chicago ont eu clairement conscience de ce problème. C'est pourquoi, comme nous l'avons vu, William Thomas faisait de la conciliation des « mémoires » propres aux différents groupes composant la nation un instrument privilégié d'assimilation. *A contrario*, on verra une autre preuve de l'importance politique que représente la lutte pour la redéfinition de la mémoire collective dans l'utilisation intensive que l'extrême droite fait de l'histoire nationale (Charles Martel, Hugues Capet, Jeanne d'Arc...) pour légitimer son rejet des immigrés.

# 18

## Citoyenneté et particularisme. L'exemple des Juifs de France

*par Pierre Birnbaum*

Depuis la Seconde Guerre mondiale, la société française a connu des mutations considérables qui ont radicalement transformé les bases du consensus et les rapports entre les groupes sociaux. L'industrialisation croissante, la mobilité sociale, la formation rapide d'une immense classe moyenne, le recul de la classe ouvrière ont accentué le déclin des violents conflits sociaux propres à l'histoire française. En dehors des affrontements liés à la décolonisation, ou encore de Mai 1968, les « guerres franco-françaises »[1] qui rythment l'histoire de l'hexagone depuis la Révolution jusqu'à la Commune, l'affaire Dreyfus, le Front populaire ou Vichy, paraissent provisoirement reculer au profit d'une société plus apaisée. Du coup, les luttes idéologiques qui caractérisent depuis toujours la société française et la distinguent des autres sociétés du monde occidental, les violentes passions politiques qui l'entre-déchirèrent sans cesse, provoquant de quasi-guerres civiles, paraissent devoir s'estomper.

Par-delà l'épisode de Vichy, la République semble bénéficier désormais d'une entière légitimité et la plupart des citoyens — en dehors de quelques nostalgiques d'un ordre

---

1. Voir « Les guerres franco-françaises », *Vingtième Siècle*, n° 5, janvier-mars 1985.

monarchique ou de ceux qui restent attachés à l'image d'une France fille aînée de l'Église et combattent encore de nos jours le ralliement à l'ordre républicain —, affirment leur allergie aux fièvres extrémistes, même si les flambées poujadistes et, maintenant, la mobilisation lepéniste qui s'enracine quant à elle plus durablement, font toujours resurgir la possibilité de nouvelles intolérances.

Dans ce sens, la relative extinction des guerres franco-françaises et l'accord plus ou moins général sur les règles du jeu politique respectueuses des alternances repoussent quelque peu les préjugés, les haines et les fantasmes au profit d'un relatif consensus sur les institutions. Si, dans les situations de crise, seule la force de l'État se révélait capable de maintenir l'ordre social menacé d'éclatement, de nos jours on assiste au contraire à un certain recul de l'État qui, dans une certaine mesure, s'efface au profit d'une société civile très diversifiée ; c'est pourquoi tant la prééminence accordée au marché que, par exemple, la décentralisation, sont autant d'exemples de retour à la société, de reconnaissance de la légitimité de ses groupes aux cultures les plus diverses. Alors que la citoyenneté était auparavant tout entière tournée vers l'État, dorénavant les allégeances particularistes triomphantes risquent de remettre en question cette conception de la citoyenneté : le « civil » empiète de plus en plus sur le « civique »[2]. C'est dans ce contexte nouveau qu'il convient de réfléchir sur le destin propre aux Juifs de France. Ceux-ci, depuis le temps de la Révolution française, ont toujours connu des rapports privilégiés avec l'État qui les a émancipés selon ses propres principes libérateurs et égalisateurs. Les Juifs ont adhéré avec enthousiasme à cet État fort qui les faisait accéder si vite à la citoyenneté et assurait un ordre public protecteur. Pour beaucoup d'historiens, le franco-judaïsme illustre précisément cette rencontre privilégiée propice à l'assimilation et à l'apparition des israélites fidèles à l'État républicain, détachés de plus en plus de leurs liens communautaires internes. Soucieux d'apparaître comme des citoyens modèles, dévoués à la patrie et respectueux de ses valeurs, les israélites du siècle passé, à des degrés divers, se seraient

---

2. Voir Jean LECA, « Individualisme et citoyenneté », *in* P. BIRNBAUM et J. LECA (éd.), *Sur l'individualisme*, Presses de la Fondation nationale des sciences politiques, Paris, 1986, p. 159-203.

intégrés mais aussi acculturés à la nation française en s'éloignant nécessairement des valeurs spécifiques au judaïsme. On sait que cette interprétation par trop systématique se trouve désormais de plus en plus rejetée de nos jours par d'autres historiens qui démontrent la résistance de liens ethniques, de réseaux de sociabilité ou de valeurs particularistes démentant une entière assimilation des Juifs ou leur entière métamorphose en simples israélites [3]. Confrontés de plus à un antisémitisme particulièrement virulent, de l'affaire Dreyfus aux années trente, les israélites se sont vu sans cesse rappelés à leur condition particulière, qui persiste par-delà la citoyenneté qu'ils partagent avec tous les autres Français. Pourtant, jusqu'à la période postérieure à la Seconde Guerre mondiale, en dehors de quelques groupes de Juifs orthodoxes ou encore de Juifs venant d'immigrer d'Europe de l'Est, l'attachement au judaïsme demeure surtout confiné à l'espace privé et ne débouche pas, sauf pour certaines catégories limitées de Juifs attachés à une dimension plus communautaire, dans l'espace public lui-même. C'est dire que cette réinterprétation du modèle de l'israélite à laquelle se livrent actuellement les historiens, n'impliquent pas néanmoins, jusqu'à une époque récente, la mise en lumière de structures communautaires déjà constituées.

## La trahison de l'État

Au lendemain de la Seconde Guerre mondiale, les prémices des changements actuels se font pourtant jour. L'État, avec tout son appareil politico-administratif, a trahi ses Juifs si fidèles, il les a le plus souvent abandonnés et livrés sans scrupules à la police allemande, participant ainsi délibérément au processus d'extermination. Heureusement pour eux, il s'est trouvé au sein de la société française un nombre assez élevé de citoyens pour aider les Juifs à échapper aux foudres d'un État ayant oublié son histoire et perdu toute sa raison. Tout s'en est trouvé changé; c'est de la société qu'est venu le salut et non plus de l'État ! C'est donc dans la société civile

---

3. Phyllis Cohen ALBERT, « Ethnicité et solidarité chez les Juifs de France au XIXᵉ siècle », *Pardès*, 3, 1986, p. 29-53 ; Michael GRAETZ, *Les Juifs en France au XIXᵉ siècle*, Le Seuil, Paris, 1989.

qu'il leur faut désormais s'organiser en accord avec les autres groupes sociaux, en délaissant, tels des amoureux dépités, un État qu'ils avaient tant adulé.

Avec la création, en 1944, du CRIF (Conseil représentatif des israélites de France, devenu plus tard le Conseil représentatif des institutions juives de France), puis celle d'un grand nombre d'institutions particulières, tel le FSJU, avec aussi l'éclosion de multiples structures particulières qui se trouveront ensuite revigorées par l'arrivée des Juifs d'Afrique du Nord aux lendemains de la décolonisation, l'idée que les Juifs forment une communauté spécifique prend virtuellement tournure. Cette perspective, si contraire au fonctionnement propre à l'État-nation, va insensiblement s'imposer dans le cadre, précisément, de la remise en question de la prétention de l'État à demeurer le lieu unique de légitimité. Elle se trouve, bien sûr, renforcée par divers accidents historiques, telle la surprenante déclaration du général de Gaulle lors de la guerre israélo-arabe de 1967, qui choque profondément nombre de Juifs au point que certains d'entre eux s'élèvent publiquement contre un jugement considéré parfois comme antisémite. Que celui qui symbolise à lui seul l'État fort et libérateur puisse estimer que les Juifs forment « un peuple d'élite, sûr de lui-même et dominateur » heurte considérablement les citoyens juifs français, qui se voient publiquement séparés de leurs concitoyens, accusés de double allégeance et rattachés à un « peuple » appréhendé de plus, selon les vieux mythes antisémites, comme essentiellement dominateur. René Cassin, le fidèle compagnon de toujours, affirme que « la France s'identifie à l'injustice » en trahissant la vision émancipatrice de l'abbé Grégoire, tandis que Raymond Aron soutient que « le général de Gaulle a sciemment, volontairement, ouvert une nouvelle période de l'histoire juive et peut-être de l'antisémitisme ». Dans le même sens, les colères du président Pompidou contre les Juifs américains, puis la déclaration plus qu'ambiguë de Raymond Barre, alors Premier ministre, séparant les victimes juives des victimes françaises considérées comme « innocentes », lors de l'attentat de la rue Copernic, ont bouleversé les Juifs français qui se voient distingués ainsi, par les plus hautes autorités de l'État, de leurs concitoyens[4].

---

4. Henry H. WEINBERG, *The Myth of the Jew in France, 1967-1982*, Mosaic Press, Oakville, 1987.

Dès lors, une communauté longtemps considérée comme « imaginaire » par les Juifs eux-mêmes va lentement prendre corps ; une communauté dans laquelle ne se reconnaissent pourtant pas nombre de Juifs français. De nombreuses manifestations collectives qui se produisent dans l'espace public comme les « Douze heures pour Israël » ou, en 1989, l'année même de la commémoration du bicentenaire de la Révolution de 1789, *Yom hatorah*, le jour de la *Torah*, mobilisation purement religieuse qui va attirer 35 000 personnes, sont autant de signes de la lente formation d'une communauté juive « à l'américaine ». Dans le même sens, le développement d'une organisation loubavitch, certes minoritaire mais néanmoins très entreprenante et souvent visible dans l'espace public, et qui s'inspire des groupes loubavitch américains — maintenant d'étroits contacts avec ceux-ci et s'inspirant de leurs méthodes d'action jusqu'à utiliser dans ses proclamations messianiques des expressions anglaises —, renforce toujours davantage cette présence tant collective que publique.

## Une communauté publiquement reconnue

Dans la même perspective, le CRIF se présente comme le représentant de la « communauté » juive vis-à-vis des pouvoirs publics, et semble souvent être reconnu comme tel par de nombreux ministres qui le consultent et se montrent attentifs à ses déclarations. Le président de la République lui-même, François Mitterrand, lors de la venue officielle en France de Yasser Arafat, en mai 1989, déclare dans une lettre au CRIF, en réponse aux protestations de cette organisation : « Au moment où s'achève la Pâque juive et à la veille de la journée de la déportation, je veux exprimer à la communauté juive de France ma sympathie personnelle et lui dire combien j'apprécie son apport à la communauté nationale. Le passé cruel et lâche ne s'efface pas de nos mémoires lorsque nous conduisons la politique étrangère de la France. »

Dans cette déclaration officielle, la « communauté » juive se voit publiquement reconnue par la plus haute autorité de l'État, alors même que son éventuelle structuration comme un ensemble particulariste présent dans l'espace public reste contraire aux principes de l'État-nation tel qu'il s'est construit en France. De manière paradoxale, l'État hâte lui-même l'auto-organisation d'une communauté restée largement « imaginaire » et à laquelle ne participent en réalité de manière active qu'un nombre plus que limité de Juifs. Les israélites du XIXᵉ siècle, adeptes du franco-judaïsme, demeureraient stupéfiés par un tel changement, qu'ils ne pourraient que condamner. Plusieurs facteurs paraissent devoir renforcer encore cette évolution qui intercale, à l'encontre de la tradition jacobine, une « communauté » entre l'État et ses citoyens, poussant peut-être ceux-ci à se montrer sans cesse plus attentifs à leur appartenance « civile » au détriment sans doute de leur seule vision « civique ». Évoquons seulement ici, de manière rapide, trois d'entre eux : le retrait relatif de l'État, l'enracinement récent en France d'une population musulmane souvent soucieuse de maintenir sa spécificité, et enfin la forte poussée du mouvement lepéniste au racisme « différentialiste ».

L'expérience socialiste, qui a reposé d'abord sur une action volontariste d'un État interventionniste, a laissé place, surtout au niveau idéologique, à un retour au marché, au libéralisme, au pluralisme des groupes, en un mot, à la société civile. Cette renaissance des perspectives « girondines » se réalise également dans le cadre d'une réémergence des spécificités régionales : des langues comme le breton ou le corse deviennent quasi officielles grâce à des *cursus* d'apprentissage reconnus et à une utilisation locale devenue légitime dans l'espace public qui marque même le territoire. La décentralisation très poussée mise en place facilite elle aussi l'épanouissement des particularismes locaux que l'État-nation a si longtemps et si constamment combattus. De nos jours, c'est l'État qui facilite le renouveau des identités particulières, en remettant en question, dans une certaine mesure, une centralisation extrême. Dans ce sens, il renforce ce mouvement d'« américanisation » de la société française si contraire à sa propre histoire, en semblant considérer comme légitime l'attachement des citoyens à des groupes particularistes. Les Juifs sont au premier chef concernés par ce brusque changement des rapports entre centre et périphérie : habitués à tourner leurs regards vers l'État, en conformité avec le vieux modèle du franco-judaïsme révolutionnaire, ils ont désormais la possibilité, comme tous les groupes culturels ou religieux, de s'auto-organiser, de retourner plus ouvertement à leurs valeurs propres, à leurs traditions ; pourtant cette poussée décentralisatrice, qui n'est d'ailleurs peut-être que provisoire et limitée, les affecte d'une manière spécifique car à l'encontre, par exemple, des Bretons, des Corses ou encore des Basques, ils n'ont aucun rapport privilégié avec un terroir. C'est pourquoi ce quasi-retour à une France des régions, antérieure à l'étatisation révolutionnaire qui les émancipa de manière universaliste, grâce à l'obtention d'une citoyenneté supposée entièrement tournée vers le civique, renforce certes leurs propres tendances à constituer un ensemble social un peu plus collectif, mais risque de rendre plus explicite leur statut particulier de « Juifs sans terroir », qu'ils partagent d'ailleurs de manière problématique avec les musulmans, que ceux-ci soient français ou immigrés. Notons d'ailleurs que la délégitimation relative de la Révolution étatisatrice, le triomphe des idéaux girondins, de même que la réinterprétation, par exemple, des combats vendéens appréhendés maintenant par certains historiens de manière plus favorable dans la mesure où ils symboliseraient la résistance à l'État révolutionnaire considéré comme porteur de velléités totalitaires, renforcent encore l'ambiguïté de leur propre situation de « Juifs sans terroir » conviés néanmoins, en accord parfois avec leurs propres demandes, à reconstruire une existence partiellement communautaire.

### Des réactions contradictoires

On comprend mieux désormais que les Juifs de France réagissent de manière plus que contradictoire à ces transformations historiques qui façonnent leur propre destin. Si certains d'entre eux se hâtent d'accentuer ce mouvement de retour à une vie diasporique — maintenant perçue de plus en plus comme légitime — en voulant rapidement reconstruire une culture et une communauté juives, en s'efforçant de redonner vie à des écoles ou à des lieux d'études où une existence proprement juive centrée sur l'analyse des textes renaîtrait en dehors tant de voies habituelles de l'émancipation intégratrice que d'une attention sans cesse centrée sur l'État d'Israël, d'autres redoutent ce processus de subversion, devenu presque légitime en raison des changements du contexte politique propre à la France, et tentent de freiner autant qu'ils le peuvent la remise en question des visions universalistes. Dès lors, les changements qui affectent la société tout entière ont des échos directs à l'intérieur des milieux juifs.

L'affaire des foulards portés par de jeunes musulmanes au sein de l'école publique, qui a mené à leur exclusion provisoire du système scolaire pour atteinte à la laïcité, et les prises de position opposées qu'elle a suscitées parmi les Juifs illustrent tout particulièrement ces attitudes contradictoires. Parmi les hérauts contemporains les plus décidés d'une laïcité pure et dure, parmi les adeptes actuels du petit père Combes et d'une séparation stricte entre l'Église et l'État — à laquelle avaient d'ailleurs contribué, au tournant du siècle, plusieurs Juifs eux aussi hostiles à l'emprise de la religion dominante, à savoir l'Église catholique —, on trouve toujours un grand nombre de Juifs récusant, par-delà l'expression publique d'une appartenance à la religion musulmane, toute affirmation de croyances religieuses quelles qu'elles soient, en particulier au sein du système scolaire. De manière provocatrice, par des prises de position fortement exprimées, un certain nombre de Juifs fidèles au message universaliste de l'émancipation révolutionnaire se sont trouvés au cœur du débat public, attachés qu'ils sont au triomphe d'une République sous sa version jacobine et non girondine. Leur combat mené aux yeux de tous, de manière quelque peu ostentatoire, est donc clair : il s'agit, à leurs yeux, de récuser l'emprise croissante des valeurs religieuses qui peuvent miner une citoyenneté universaliste et, en américanisant encore davantage la France, donner tout leur poids aux appartenances particularistes ainsi qu'aux fidélités tournées vers les groupes et non plus vers l'État, lequel reste pourtant, selon eux, toujours porteur de valeurs rationalistes non perverties par les relativismes des multiples croyances religieuses ou nationalitaires En s'opposant au port du foulard islamique dans l'école de Jules Ferry, ces Juifs fidèles aux mythes fondateurs de la IIIe République entendent, dans un même mouvement, refuser aussi bien le port de la croix que celui de la *kippa*, qui leur apparaissent comme autant de signes de retour au « temps des tribus » antérieur au triomphe d'un État républicain et universaliste. Par-delà les dérapages verbaux, sensibles ici ou là, cette querelle est bien en réalité l'expression d'un véritable enjeu dont la solution se fera longtemps sentir sur le destin des Juifs de France.

Or, pour la première fois peut-être depuis le Sanhédrin et l'étatisation du judaïsme français, les rabbins se joignent publiquement aux partisans d'une remise en question de la laïcité, en se rapprochant du même coup aussi bien des positions adoptées par nombre d'évêques que de celles affichées par plusieurs dignitaires ou intellectuels musulmans. Prenant publiquement position, affirmant à leur tour des points de vue tout aussi tranchés mais situés implicitement aux antipodes de ceux des intellectuels juifs fidèles à une laïcité rationaliste, récusant même, dans leurs déclarations privées, le judaïsme de ces juifs laïcs et détachés des croyances, les rabbins liés au Consistoire, de même que ceux qui n'y sont pas rattachés (car ils le trouvent encore trop dépendant de l'État), font entendre de plus en plus leur voix, après avoir volé au secours des jeunes musulmanes attaquées dans leurs croyances particulières. Ces rabbins entendent eux aussi récuser la laïcité qu'ils considèrent comme mutilatrice, favorisant certes l'intégration des Juifs et leur mobilité sociale mais au prix de leur pure et simple assimilation : ils veulent en réalité devenir, dans l'espace public, les seuls représentants légitimes des Juifs de France, contestant du même coup également les institutions communautaires au fondement laïque, tel le CRIF, qui sont jusqu'à présent les seules à être reconnues par les autorités étatiques.

## Pas de distinction entre le religieux et le politique

Le retour aux structures communautaires souhaité ardemment, en particulier, par les Juifs sépharades, s'accompagne ainsi d'un changement radical des valeurs des rabbins qui, partisans d'un refus de la séparation des Églises et de l'État, récusent l'autonomie de la sphère du politique et la limitation du religieux au seul domaine privé. Dans cette perspective, le grand rabbin Sirat déclare être « le grand rabbin de tous les Juifs, même de ceux qui ne sont pas pratiquants », et estime qu'« il n'y a pas de distinction entre le religieux et le politique dans le judaïsme. Les dichotomies sont passées de mode. Entendez la voix des bonnes sœurs, des évêques et des dirigeants de l'islam. Dans le judaïsme non plus, cette dichotomie n'existe pas ». Les conflits qui se font jour parmi les intellectuels juifs à propos des conséquences émancipatrices ou réductrices de la Révolution française, et qui ont mené à des points de vue entièrement divergents à propos des foulards islamiques, revêtus dans l'espace public, trouvent ici leurs prolongements ; ainsi le grand rabbin Goldman déclare à propos du bicentenaire de la Révolution : « Je ne vois pas pourquoi je fêterais un événement qui a permis la déjudaïsation en détruisant les Juifs [5]. » La pure et simple logique découlant de cette vision mène alors à la renaissance d'un judaïsme au sein même de l'espace public universaliste. De manière paradoxale, la question de la place de l'islam dans la société française se trouve utilisée pour porter atteinte à la figure de l'israélite assimilé et républicain du XIXe siècle, au moment même où de nombreux Beurs s'inspirent au contraire de ce modèle de l'israélite pour tenter de hâter leur propre intégration.

Or ce chassé-croisé, — qui est d'ailleurs loin d'être aussi systématique puisque de nombreux Juifs restent attachés au modèle de l'israélite assimilé et refusent toute idée de communauté à fondement religieux, tandis qu'au contraire une large partie des musulmans continuent de proclamer leur attachement à une communauté religieuse en récusant la simple citoyenneté républicaine, — se produit au moment même où la France connaît la plus forte poussée des forces d'extrême droite depuis les années trente et même, peut-être, depuis l'époque de l'affaire Dreyfus. L'implantation du Front national qui attire à lui de 10 % à 15 % de l'électorat au niveau national et souvent près de 25 % à 30 % et même davantage au niveau local, dans de très grandes agglomérations urbaines, se réalise à partir d'un refus de la présence islamique sur un sol considéré comme chrétien. Cette haine de l'autre se construit par une inversion habile de l'antiracisme, l'islam étant accusé de ne pas respecter l'identité chrétienne propre à la société. Par une terrible ironie, le retour aux identités culturelles, la redécouvertre du relativisme des valeurs, la relégitimation des communautés particularistes à partir desquelles on souhaite construire une « France plurielle », aboutissent à l'exacerbation du particularisme chrétien que prétend incarner le Front national.

---

5. Stéphane ARFI et Jérôme GUILBERT, *Les Rabbins et le politique*, mémoire de l'IEP, Paris, avril 1989.

Le retour au religieux et le déclin de la séparation entre le religieux et le politique, réalisés au nom de la légitimité de valeurs religieuses dont l'application ne devrait pas être limitée au seul domaine privé, ébranlent le modèle républicain reposant sur une citoyenneté vécue comme universaliste. Dans un mouvement de politisation généralisée, il risque, dans le contexte actuel du déclin de la légitimité de l'État, de mener à des affrontements qui mettraient un terme à des attitudes communes adoptées par les représentants des diverses croyances religieuses, et reposant sur un identique refus de la séparation des Églises et de l'État. Le Front national cherche, dans cette perspective, à s'identifier à l'identité chrétienne menacée et s'engage désormais dans un combat systématique et clairement proclamé contre les identités juive et islamique, considérées l'une et l'autre comme étrangères aux véritables traditions nationales. On voit alors se déployer de nouveaux et violents efforts pour assimiler ces deux ensembles, considérés l'un et l'autre comme profondément soudés et homogènes, à l'« anti-France ».

Désignant clairement la minorité musulmane comme son adversaire privilégié, mobilisant contre elle, en particulier au niveau local, un électorat sans cesse plus large, le Front national s'en prend dans le même mouvement à la minorité juive considérée elle aussi comme étrangère à l'identité de la France chrétienne, laquelle constituerait en réalité la seule véritable communauté organique au sein de laquelle se transmettraient, par héritage quasi génétique, les valeurs nationales. « J'ai aussi le droit d'exiger, s'exclame dans ce sens Jean-Marie Le Pen, de ne pas être soupçonné et persécuté parce que je suis français et catholique. A bas le racisme anti-français! » Retrouvant spontanément le vocabulaire de Maurice Barrès et de Drumont, les partisans du Front national reprennent le vieux slogan de « La France aux Français », partent à nouveau en guerre contre « la République juive »[6] et opposent la spécificité biologique de la France au « cosmopolitisme »

---

6. Voir Pierre BIRNBAUM, *Un mythe politique: la « République juive ». De Léon Blum à Pierre Mendès France*, Fayard, Paris, 1988; Pierre-André TAGUIEFF, « Un programme "révolutionnaire"? », *in* Nonna MAYER et Pascal PERRINEAU, *Le Front national à découvert*, Presses de la Fondation nationale des sciences politiques, Paris, 1989, p. 195-227; ID., « Antisémitisme politique et national-populisme en France dans les années 1980 », *in* P. BIRNBAUM (éd.), *Histoire politique des juifs de France. Entre universalisme et particularisme*, Presses de la Fondation nationale des sciences politiques, Paris, 1990, p. 125-150.

de la *France juive* liée aux internationales capitaliste, révolutionnaire et franc-maçonne, en attaquant sans relâche, en termes orduriers, les plus connus des Juifs jouant de nos jours un rôle dans l'État ou encore dans le personnel politique, toutes tendances confondues.

## La « France française »

Dans cette perspective, contre les « ghettos » musulmans et juifs, la communauté française limitée aux seuls chrétiens doit revendiquer elle aussi « le droit à la différence », la « France française » ne peut que repousser « le racisme anti-français » pour imposer enfin, en application d'un véritable processus démocratique où l'immense majorité l'emporte sur les minorités, ses propres valeurs nationales[7]. La séduction de ce message pervers paraît devoir sans cesse s'étendre bien au-delà des rangs déjà fournis de la droite extrême : quelques représentants de la droite modérée adhèrent déjà à une telle logique, comme on a pu le constater lors de la poussée d'antisémitisme qui s'est produite en novembre 1989 à Aix-les-Bains, à l'encontre de Juifs orthodoxes organisés en une véritable petite communauté paisible et fermée.

Poussé à son extrême, le raisonnement identitaire, qui se fait jour également chez de nombreux Juifs, se révèle aussi gros, malgré lui, de multiples affrontements potentiels entre les diverses cultures, d'autant plus que les sentiments antisémites paraissent aussi partagés parfois, ainsi que le montrent des travaux récents[8], par une certaine partie des immigrés et des Français musulmans. En réalité, de manière souvent involontaire, il fragilise la République en accentuant la dimension particulariste de la citoyenneté, soudain tirée surtout vers le « civil » : soucieux, à juste titre, d'une relégitimation des valeurs et de la culture juives mises à mal par l'étatisation monarchique, révolutionnaire ou républicaine, partisan, de manière tout à fait légitime, d'une réactualisation d'un message que beaucoup ont oublié, le raisonnement

---

7. Pour la dimension théorique de ce racisme « différentialiste », voir P.-A. TAGUIEFF, *La Force du préjugé. Essai sur le racisme et ses doubles*, La Découverte, Paris, 1988 (puis, Gallimard, coll. « Tel », 1990).

8. Voir par exemple : Fatiha DAZI et Rémy LEVEAU, « L'intégration par le politique : le vote des Beurs », *Études*, septembre 1988, p. 179-188.

identitaire se trouve néanmoins énoncé à un moment particulièrement délicat de la société française. Les luttes fratricides et les guerres franco-françaises qui s'étaient éloignées ne pourraient-elles alors resurgir dans cette recherche identitaire partagée, de manière souvent plus intolérante, par de nombreux groupes avides de retrouver leurs valeurs propres ? Et, dans un contexte de recul de la force et de la légitimité de l'État, ne pourrait-on assister au réveil de nouvelles formes d'intolérance et peut-être, demain, d'exclusion ?

# 19

## L'Europe : de l'empire aux colonies intérieures*

*par Claude-Valentin Marie*

Ils ne sont pas étrangers et ne se perçoivent pas vraiment comme « immigrés », pourtant ils viennent d'ailleurs. Employés du tri postal ou chargés de la distribution du courrier, femmes de salle des hôpitaux ou infirmières, agents de la RATP, de la police ou des douanes, et, pour une minorité, cadres moyens ou supérieurs de la fonction publique ou du privé, la présence antillaise en France est aujourd'hui plus que remarquable. Pourtant, cette immigration demeure encore à beaucoup de Français insaisissable. Être antillais, c'est, il est vrai, vivre une culture du paradoxe, c'est jongler en permanence avec les réalités et les valeurs de la société française. Peut-être, à partir de ce jeu expérimenté de longue date, une chance est-elle offerte (ironie de l'histoire) de réintégrer une pensée du paradoxe dans la réflexion sur les thèmes de *l'immigration* et surtout, corrélativement, de *l'assimilation*, puisque celle-ci paraît à beaucoup l'unique voie de règlement des problèmes que poserait celle-là.

Partons donc de l'assimilation. La notion traduit généra-

---

\* Une première version de ce texte a été publiée dans le n° 11 (octobre 1990) de la revue *L'Événement européen*, spécialement consacré à « L'Europe et ses immigrés ».

lement, on le sait, le refus de reconnaître à des communautés particulières le droit à une expression collective spécifique ou, pis encore, à l'autonomie au sein de l'ensemble français. Un principe intellectuel et politique énoncé au nom de l'unité et de l'intégrité de la nation mais qui, de longue date, a été fortement contesté aux Antilles. Pourtant, paradoxalement, certains parmi ceux qui défendent le droit à l'expression de l'identité antillaise, voire l'idée d'un nationalisme antillais, n'hésitent plus à affirmer aujourd'hui qu'il n'y a pas inéluctablement antinomie entre *assimilation* et *différence*. C'est qu'ils refusent l'alternative simpliste entre fusion ou exclusion, et envisagent l'assimilation (à l'inverse du sens commun) comme la possibilité, plus encore, *le droit* d'un peuple ou d'une communauté de s'abreuver de toutes les richesses du monde, d'en nourrir son génie propre, lequel ne s'épanouit, *dans sa différence*, que d'être ouvert au dialogue et à l'échange. Et, sous ce regard, il n'existe donc aucune corrélation nécessaire entre assimilation et intégration, pas plus qu'entre différence et exclusion.

Cela souligné, indiquons d'emblée que l'ambiguïté caractéristique de la réalité antillaise ne fonctionne pas toujours de manière aussi positive et que les Antillais n'en tirent pas à tout coup avantage. Il en va ainsi de l'expérience quotidienne des Guadeloupéens et Martiniquais qui, dans l'hexagone, sont fréquemment assimilés à des « immigrés étrangers », eux qui se savent, et pour beaucoup se veulent, français depuis toujours et de longue date citoyens, même si auparavant ils ont été esclaves plus de trois cents ans. D'abolition récente (1848), l'esclavage reste présent dans toutes les mémoires, même si, la liberté conquise, l'ancien esclave mâle s'est vu ouvrir l'accès à la communauté des citoyens à une époque où — autre paradoxe — les femmes, en France comme aux colonies, en étaient toujours exclues et pour longtemps encore.

La qualité de citoyen, autant que l'exercice des droits qui lui sont attachés, ne sont donc pas des données d'évidence, qui seraient fixées une fois pour toutes dans l'histoire. Ces données ne sont ni consubstantielles de la nationalité, ni exclusivement fondées sur un principe de territorialité [1].

---

[1]. Nous le rappellent entre autres le droit de vote des femmes, les citoyens de premier et de second collège dans l'Algérie coloniale, où les Français de souche du premier collège étaient distingués des indigènes du second collège qui avaient des droits inférieurs.

Elles sont d'abord des conquêtes de la démocratie qui sont, aujourd'hui plus que jamais, à poursuivre, comme en témoigne la revendication du droit de vote pour les étrangers comprise comme l'extension à leur bénéfice des droits de la citoyenneté sans qu'il soit exigé d'eux une totale allégeance à la souveraineté de l'État par une acquisition préalable de la nationalité. Si cette perspective paraît légitime, et donc envisageable, s'agissant des ressortissants d'États du Nord, elle est, en revanche, plus qu'iconoclaste lorsqu'il s'agit de populations venues des pays du Sud. D'où il ressort que la question n'est pas simplement celle du « droit de vote aux étrangers », mais celle du droit de *tous* les étrangers à bénéficier de ce droit. Outre de savoir qui est désigné comme « étranger », et qui ne l'est pas ; qui est vu comme « immigré », et qui ne l'est pas ; notre réflexion vise aussi, on le voit, à comprendre en quoi la nationalité serait, aujourd'hui plus qu'hier, la condition, à la fois nécessaire et suffisante, du plein accès à la qualité de citoyen.

Mais il conviendrait de pousser plus loin encore notre analyse, car reconnaître une égalité de droits politiques à tous les membres de la cité (nationaux et étrangers) ne suffit pas à assurer un fonctionnement satisfaisant de la démocratie, comme l'atteste aujourd'hui la désaffection croissante des nationaux à l'égard de leurs devoirs civiques. Et qu'il en soit ainsi au moment même où, paradoxalement, des non-nationaux survalorisent les bénéfices escomptés de l'exercice des droits politiques dont ils sont exclus souligne bien que, sous des formes multiples, c'est bien un seul et même défi qui est lancé à la démocratie aujourd'hui : celui d'une nécessaire remise en chantier des formes d'organisation et d'expression politiques en vigueur, pour les adapter à la (re)composition organique de nos sociétés. Un impératif qui vise donc, à la fois, à une ouverture de la communauté des citoyens à de nouveaux membres autres que les nationaux et à la remobilisation de ces derniers sur des enjeux qui redonneraient un véritable sens à la vie politique de notre société.

## L'autre et le fantasme de l'Autre

Mais restons-en, pour l'heure, à l'histoire de l'immigration antillaise en France, pour souligner encore la valeur relative des notions de nationalité et de citoyenneté, d'étranger et d'immigré. Pendant longtemps, le critère de la nationalité, donc celui de la citoyenneté, a distingué radicalement la migration antillaise de toutes les immigrations étrangères. La chose, jusqu'à une période récente, était particulièrement précise au plan de l'emploi. Les deux populations avaient certes été sollicitées pour répondre aux mêmes fonctions économiques, mais leur distinction à raison de la nationalité avait permis leur répartition différenciée par secteurs d'activité et, dès lors, exclu toute véritable concurrence entre elles. Pendant que les uns, les travailleurs étrangers, parfois anciens nationaux devenus étrangers, étaient systématiquement orientés vers les basses qualifications du secteur privé, les autres, les Antillais, nationaux mais quand même immigrés, étaient recrutés en masse dans le secteur public, mais toujours aux postes de basses qualifications. Entre les deux existait une différence majeure, pas tant de revenus que de « statut » (celui de fonctionnaire), dont la gestion symbolique a donné corps à l'illusion de ces Antillais d'être à l'abri de toute confusion avec cet « immigré étranger » socialement dévalorisé. Une illusion cependant impuissante à annuler les effets réels de l'équivalence effective des revenus des deux groupes, laquelle, dans un univers social quasi exclusivement organisé autour de rapports marchands, a ramené les choses à leur exacte réalité. Et notamment aux relations de proximité, donc de confusion que des perspectives quasi identiques en matière d'habitat imposent aux deux populations.

Quand il réclame un logement, l'Antillais expérimente que *monsieur-tout-le-monde* ne le distingue guère d'un Africain. Les rassemblant tous deux sous la catégorie de « populations noires », il leur oppose un égal refus à une demande qu'il juge souvent intempestive. La séparation que le premier tenait pour acquise au plan de l'emploi n'a donc pas cours au plan du logement. Loin de s'éloigner de ces « étrangers » dont ils voulaient se démarquer, les Antillais occupent avec eux les mêmes HLM, dans les mêmes banlieues où ils sont perçus comme appartenant à un seul et même univers social dévalorisé, celui de l'immigration. Et tous leurs fantasmes de dissociation, de séparation n'y peuvent rien. Il s'ensuit à l'égard de ces « étrangers » (c'est-à-dire, concrètement, les Maghrébins ou les Africains) des comportements parfois plus que désagréables : certains Antillais renchérissent en effet sur les pratiques de rejet des « immigrés » dans l'espoir, ce faisant, de s'en distinguer aux yeux des Français « de souche ».

Nous voici rendus à la dimension plus spécifiquement raciste de l'objet de notre réflexion. Nous nous proposons de l'aborder sous l'angle des interrogations suivantes : qu'en est-il du comportement de ceux qui sont victimes du racisme ? Comment intériorisent-ils le discours tenu à leur propos ? Quelle représentation d'eux-mêmes et des autres se construisent-ils à travers le discours que le groupe dominant tient à leur propos ?

Le cas des Antillais est, là encore, très éclairant et ce, dès l'époque coloniale où, en raison de la meilleure scolarisation dont ils bénéficiaient, comparativement à celle des autres colonisés, certains se sont vu ouvrir l'accès à des postes importants de l'administration coloniale, y compris celui de gouverneur en Afrique. Ce fut l'occasion, pour ceux-là qu'on croyait cousins des Africains, d'attitudes souvent pires que celles des colons blancs ; et qui déjà étaient motivées par ce refus violent d'être confondus avec ces Noirs jugés inférieurs, perçus non pour ce qu'ils étaient, mais à travers le prisme du regard de ce tiers (le Blanc) auquel ces Antillais s'efforçaient de ressembler, de... « s'assimiler ». C'est là une situation typique de la nature des relations induites par le contexte colonial où, plus qu'ailleurs, les rapports ne sont jamais des rapports directs à l'autre, mais médiatisés par le fantasme de l'Autre.

C'est, pour partie, ce modèle de relation triangulaire hérité de la colonisation que reproduit le contexte de l'immigration, et que compliquent encore les mutations qui affectent, depuis dix ans, ce que l'on nomme « l'immigration étrangère ». Terme impropre s'il en est, puisque parmi ceux qui, venus travailler, se sont installés durablement en France, certains, à leur arrivée, n'étaient pas étrangers ; et que d'autres, qui l'étaient (ou qui entre-temps le sont devenus) ne le sont plus aujourd'hui. Le cas typique est évidemment celui des Algériens qui, avant 1962, migrent en tant que nationaux français, libres de se déplacer d'une partie à une autre du territoire national. Devenue étrangère une fois l'indépendance de l'Algérie acquise (1962), la communauté algérienne installée durablement en France retrouve partiellement, aujourd'hui, sa nationalité française par l'entremise de ses enfants nés en France.

Et voilà encore qui n'est pas sans conséquence sur l'avenir de l'immigration antillaise en France et, notamment, sur les perspectives qui lui sont offertes sur le marché du travail. En effet, tant qu'ils étaient étrangers, et à ce titre interdits d'accès à la fonction publique, les Algériens (comme les autres étrangers) ne présentaient pour les Antillais aucun danger de concurrence sur ce plan. Il n'en va pas de même aujourd'hui. A la différence de leurs parents, les jeunes Antillais nés en France ou aux Antilles qui aspirent à devenir fonctionnaires doivent désormais affronter la concurrence *légitime* de jeunes nés en France de parents algériens et qui, français, ont à l'égard de ce statut un droit égal à celui de tous les nationaux.

## Des politiques d'immigration introuvables

A considérer ce qui précède, nous comprenons bien que ce que l'on croit être un problème d'étrangers est, *pour une part grandissante*, un problème *de populations françaises d'origine étrangère*. D'abord, parce que nombre de migrants, autrefois étrangers, ont acquis ou réintégré la nationalité française; mais aussi parce qu'à ceux qui ont fait le voyage (français ou étrangers) s'ajoutent leurs enfants le plus souvent nés en France et qui sont, aujourd'hui, de nationalité française. Alors, de qui parle-t-on lorsqu'on parle d'immigration? Des étrangers? Mais de quels étrangers? Des immigrés? Mais les enfants nés en France sont-ils des immigrés?

Dès 1982, le recensement indiquait que 25 % des étrangers vivant en France y étaient nés, comme 40 % des enfants d'étrangers de moins de 18 ans et 80 % de ceux âgés de moins de 10 ans. Ces chiffres, déjà largement dépassés, soulignent l'importance de la mutation qui a affecté l'immigration depuis 1974, date de la décision des pouvoirs publics français (à l'instar de tous les gouvernements européens) de suspendre l'immigration de travail[2]. Cette décision qui, pour beaucoup d'observateurs, constitue une rupture importante, marque certes un tournant de la politique d'emploi du pays, mais assurément pas de sa politique d'immigration.

---

2. L'immigration saisonnière est aujourd'hui encore autorisée.

Faire venir des étrangers chez soi n'est pas forcément mener une politique d'immigration. Et mener une politique d'immigration, ce n'est pas seulement faire venir chez soi des travailleurs étrangers. Il ne faut en effet pas confondre politique de main-d'œuvre et politique d'immigration. L'Allemagne en offre un parfait exemple.

Lorsque, au début des années soixante, la construction du mur de Berlin tarit la source des migrations en provenance de l'Allemagne de l'Est, la République fédérale d'Allemagne, pour pallier ses pénuries de main-d'œuvre et assurer sa croissance économique, encourage ses industriels à recruter massivement des étrangers et multiplie, à cette fin, les accords bilatéraux. Pour les autorités ouest-allemandes, il était clair que ces accords (tels ceux conclus avec la Turquie) étaient des accords de main-d'œuvre et non d'immigration. Cependant (autre paradoxe), cette clarté dans les principes ne dispense pas l'Allemagne de s'enfermer elle aussi dans une impasse, lorsqu'elle défend, aujourd'hui encore, la perspective irréaliste d'une politique de main-d'œuvre qui exclut, s'agissant des Turcs résidant sur son territoire, toute référence à une politique d'immigration et encore moins de peuplement.

La conception allemande de la nation, du peuple et de la communauté explique ce rejet de toute idée d'une stabilisation définitive en Allemagne de travailleurs étrangers et de leurs familles, qui conduirait à terme à leur naturalisation. Et, en conséquence, l'État allemand se refuse à mener une quelconque politique « d'intégration » de populations qui, selon lui, ont vocation à retourner dans leur pays. Il en résulte que les 2,5 à 3 millions de Turcs d'Allemagne ne sont jamais désignés comme « immigrés », mais comme des « travailleurs invités ». Et qu'ils y soient installés depuis vingt ans, cela n'empêche pas le chancelier de la République fédérale d'Allemagne d'affirmer que « l'Allemagne n'est pas un pays d'immigration », soulignant ainsi le décalage entre sa représentation idéologique de la nation allemande et la réalité [3].

La pensée, constitutive de la « philosophie » de la société allemande, d'une autonomie du *Volk* et du *Reich* et d'une

---

3. Il est piquant que le Premier ministre Michel Rocard, reprenant une déclaration de Valéry Giscard d'Estaing, fasse aujourd'hui écho à ces propos en indiquant à l'Assemblée nationale que « la France n'est *plus* un pays d'immigration ».

primauté du premier sur le second, autorise une gestion très particulière de la nation, du peuple et du territoire ; catégories essentielles que structure le droit de la nationalité pour fonder la nature des liens unissant l'individu à l'État. C'est ainsi qu'une distinction nette est établie entre les populations des pays de l'Est, étrangères mais d'origine allemande, et les Turcs nés en Allemagne, mais étrangers au peuple allemand. Tout ressortissant d'un des pays de l'Est qui peut se revendiquer d'une origine allemande est considéré comme un élément constitutif du *peuple* allemand, que la *nation* allemande a le devoir d'accueillir. Une reconnaissance qui lui garantit l'accès immédiat, non seulement au *territoire* allemand, mais à la *communauté nationale* allemande. Un Roumain ou un Bulgare, dont l'origine allemande présumée remonterait à trois ou quatre générations, qui arrive en Allemagne sans rien connaître réellement de ce pays et parfois sans en maîtriser la langue, a d'emblée plus de droits qu'un Turc qui y réside depuis vingt ans ou que son enfant qui y est né. Pour les uns, il est envisageable de penser une *politique de peuplement* même si elle requiert une nouvelle gestion *des* populations allemandes, tandis que, pour les autres, la fiction est maintenue d'une stricte *politique de main-d'œuvre* sans perspective aucune de pleine égalité de droits avec les nationaux. Les récents événements de l'Europe de l'Est ne font qu'ajouter à la complexité de cette situation, et rendre encore plus irrecevable la position allemande, tant il est vrai que les ségrégations, les discriminations, les exclusions, voire les exactions que ce système autorise ne pourront que se renforcer à mesure des difficultés sociales à venir dans cette partie de l'Europe.

Dans ses principes comme dans ses effets, cette situation est très différente de celle qu'il est possible d'observer en France, où l'on a mené une politique de main-d'œuvre en recourant à des communautés dont certaines, on l'a dit, ont vu leur nationalité fluctuer au cours de ces dernières décennies. Ainsi, depuis 1917 et jusqu'en 1962, les Algériens arrivant en France ont été traités à raison de leur statut de nationaux. La fluidité de circulation d'une rive à l'autre de la Méditerranée, que ce statut favorisait, était à ce point importante pour la bonne gestion par la France de ses problèmes de main-d'œuvre que les accords d'Évian de 1962 tentèrent d'en sauvegarder le bénéfice, en accordant aux travailleurs algériens un nouveau statut qui les distinguait de tous les autres étrangers. Ces derniers, on le sait, sont soumis aux dispositions de l'ordonnance de 1945 qui prévoit pour tous les étrangers (à l'exception des ressortissants de la CEE) une double procédure de contrôle : l'une touchant à leur qualité de travailleur et dépendant du ministère du Travail, l'autre relative à leur séjour et placée sous l'autorité du ministère de l'Intérieur. Jusqu'en 1984, tout étranger installé en France était donc tenu de posséder deux titres administratifs, dont les délais de validité étaient de un an, trois ans, ou dix ans. Étant entendu que la qualité de travailleur seule fonde ici le droit au séjour, à la différence de la situation de réfugié politique.

A leur restriction dans le temps, la première et la seconde de ces cartes de travail ajoutaient une double limitation régionale et professionnelle[4], que complétait une non-concordance des durées de validité de chacune des cartes de travail et de séjour[5]. Seule, la carte de *travailleur permanent*, valable dix ans pour toutes les professions et toutes les régions, offrait à l'étranger une réelle possibilité de gestion autonome de son itinéraire professionnel, à la fois dans le temps et dans l'espace. Le contrôle de la mobilité géographique et sociale qui découlait de ce système, dont la complexité ouvrait en outre une large place à l'arbitraire administratif, explique aisément les difficultés de ces travailleurs à élaborer des projets d'avenir. Pour une très grande part, les difficultés sociales actuelles dites « d'intégration » sont le prix de cette inconséquence. Il a fallu, en effet, attendre l'établissement de la carte unique (1984), regroupant les autorisations de séjour et de travail et limitant à un an ou dix ans les durées de validité, pour que les étrangers soumis au régime de droit commun aient enfin plus d'autonomie dans l'organisation de leur vie sur le territoire français.

---

4. Elle n'autorisait son titulaire à une activité salariée que pendant une année, dans une région et une profession données. Si le travailleur concerné changeait de région ou de profession, ou prolongeait sa durée de séjour, il se retrouvait *de facto* et *de jure* en situation irrégulière. La seconde, carte dite « temporaire » valable trois ans, était élargie soit à « toutes les professions » mais limitée à une seule région, soit, au contraire, à « toutes régions », mais limitée à une profession.

5. Un travailleur pouvait se retrouver avec une carte de séjour périmée entraînant la perte de ses droits à la carte de travail, même si celle-ci était encore valable : inversement, un autre, au chômage, pouvait de ce fait voir suspendre ou se voir retirer sa carte de travail, et par suite perdre ses droits à la carte de séjour.

*intégration et citoyenneté*

A raison de leur statut particulier, les Algériens échappent à cette situation. Gérés par le seul ministère de l'Intérieur, leur carte de résident leur vaut autorisation de séjour et de travail, valable un an ou dix ans. On comprend que l'Algérie se soit efforcée de soustraire ses ressortissants aux obligations du « droit commun », en l'occurrence, celles de l'ordonnance de 1945. Le paradoxe est ici que leur gestion par le seul ministère de l'Intérieur, qui souffre de la plus mauvaise image de marque en matière d'immigration, a présenté pour eux une forme d'avantage.

## Les incertitudes de la nationalité

Déjà exceptionnelle au regard des lois sur les étrangers, la situation des Algériens l'est plus encore si l'on y ajoute les effets du code de la nationalité. Une combinaison qui a pour principale conséquence de multiplier les statuts individuels au sein de la population algérienne et souvent au sein même des familles, selon les dates de naissance et d'arrivée en France et selon le lieu de naissance.

Ceux qui sont nés en Algérie avant 1962, arrivés en France avant ou après cette date et qui ont choisi de garder leur nationalité française, sont formellement citoyens français : c'est le cas des harkis. Ils se distinguent de ceux qui, en 1962, ont opté pour la nationalité algérienne et qui, venus en France pour y travailler, y résident en tant que ressortissants étrangers sous le statut de résident algérien. Les choses se compliquent, au plan juridique, pour les enfants de ces deux groupes, en dépit d'une quasi-identité de situation au plan socio-économique. Pour les fils et filles de harkis, il n'y a pas d'ambiguïté juridique : ils sont français. En revanche, pour les enfants d'Algériens, nés après 1962, deux cas doivent être distingués selon leur lieu de naissance, en Algérie ou en France. Ceux nés en Algérie sont, comme leurs parents, de nationalité algérienne. En revanche, leurs frères, cousins ou amis nés en France sont automatiquement français, en vertu de l'article 23 du code de la nationalité qui stipule que « toute personne née sur le sol français de parents nés eux-mêmes français sont de droit français ».

Le cas peut se présenter d'une famille algérienne résidant en France avec deux de ses enfants nés après 1962, l'un en

Algérie, l'autre en France, et ayant un troisième enfant né en Algérie où il est demeuré avec les grands-parents au-delà de ses 18 ans. Le premier est de nationalité algérienne et il doit, pour être en règle en France, posséder comme ses parents un certificat de résidence. Le second est français et donc, comme tout citoyen français, formellement libre de ses déplacements. Le troisième, en revanche, de nationalité algérienne et ayant en outre dépassé l'âge ouvrant droit au regroupement familial, n'aurait plus l'autorisation de s'installer librement en France sans l'obtention préalable d'un certificat de résidence, à l'instar de n'importe quel autre travailleur algérien.

Cet itinéraire spécifique de l'immigration algérienne est inimaginable en Allemagne. De ce point de vue, la France et l'Allemagne offrent l'exemple de deux modèles de gestion de l'immigration totalement différents, mais à partir desquels doivent être pensées les réalités de l'Europe de demain. Ces modèles résultent de la combinaison de ces deux éléments fondamentaux : d'une part, les politiques de main-d'œuvre qui ont dominé toute la période de la croissance économique et, d'autre part, les règles d'accès à la nationalité en vigueur aujourd'hui. En développant sa politique de main-d'œuvre, chaque pays européen a déterminé des conditions d'entrée et de séjour sur son territoire qui lui étaient propres, avec le vif souci du plein exercice de sa souveraineté en cette matière. Quant aux règles relatives à la nationalité, personne, dans les années soixante et soixante-dix, ne soupçonnait qu'elles acquerraient l'importance qu'elles ont de nos jours. Et, de fait, selon les dispositions du code qui en régissent l'accès, les perspectives d'avenir offertes aux migrants étrangers en Europe et à leurs enfants seront fort différentes d'un pays à l'autre de la CEE. La combinaison des dispositions de la police des étrangers et du code de la nationalité spécifique à chaque État de la Communauté nous ramène à l'ambiguïté de départ que nous avons illustrée, pour la France, de cas observables au sein d'un même groupe, voire d'une même famille : qui est immigré, qui est étranger, qui est français ? Toutes interrogations qui nous renvoient à une question : « Qui désigne-t-on quand on parle du problème de l'immigration [6] ? »

---

6. Compte tenu de ce qui a été indiqué précédemment, on imagine sans peine combien plus ambiguë encore serait la réponse à cette question, si, délaissant le

*intégration et citoyenneté*

## Le retour ironique de la question coloniale

Pour faire bonne mesure, à la complexité de l'itinéraire de l'immigration étrangère en France, ajoutons que les Tunisiens et les Marocains échappent à la logique mise en évidence à travers l'exemple des Algériens. A la différence de l'Algérie, la Tunisie et le Maroc n'ont pas été départements français et leurs ressortissants ne bénéficient donc pas des mêmes dispositions du code de la nationalité, ni ne sont régis par les mêmes dispositions de police des étrangers. Il en aurait été de même des Calédoniens s'ils avaient obtenu leur indépendance. Ressortissants d'un territoire d'outre-mer, ces derniers auraient été, comme les Tunisiens et les Marocains, exclus des avantages attenant au statut de département d'outre-mer et, notamment, de l'application de l'article 23 du code de la nationalité. Ce qui ne serait pas le cas des Martiniquais ou des Guadeloupéens s'ils venaient à se trouver dans la même situation.

Dans les réalités actuelles de l'immigration, les traces de l'histoire coloniale sont, on le voit, plus que durables. C'est ce que confirme amplement l'exemple britannique qui se distingue des modèles français et allemand, autant en raison de lois différentes sur la nationalité et sur les étrangers, que du fait d'une histoire particulière de l'immigration fortement dépendante du passé colonial anglais. En Grande-Bretagne, l'immigration a été pour l'essentiel le fait des ressortissants des ex-colonies de l'Empire, devenues membres du Commonwealth : « nationaux » de leur pays d'origine, ces migrants étaient aussi « sujets » de Sa Majesté. Un statut qui, outre une libre circulation vers le Royaume-Uni, leur permettait de s'y installer, d'y travailler et, surtout, d'accéder sans formalité juridique particulière à la qualité de *citoyen* britannique. Aussi, lorsque la question de l'immigration prend place au centre des préoccupations de la Grande-Bretagne (dès le début des années soixante-dix), le souci de celle-ci n'est pas à proprement parler de régler une question d'immigration étrangère, ses immigrés étant à la fois : *sujets de sa Majesté, citoyens britanniques et étrangers*. En conséquence, la politique de la Grande-Bretagne en matière de limitation de flux

---

niveau national, on s'interrogeait sur ce qui aujourd'hui fait fonction de politique européenne de l'immigration.

a moins consisté en une refonte de la législation sur l'entrée et le séjour des étrangers, qu'en une remise en cause de la législation traitant de la citoyenneté britannique. D'où un débat sur la nationalité abordé dès 1970 par les Britanniques, alors que le sujet n'animera la vie politique française qu'à partir des années 1985-1986. Sous cette perspective, l'exemple britannique a pour intérêt qu'il nous oblige à prendre conscience des liens organiques qui unissent le thème du contrôle des entrées (avec pour figure emblématique le « clandestin ») à celui du droit de la nationalité dans son rapport à l'histoire coloniale [7]. Cette pesanteur du statut colonial, actuel ou passé, sur le statut des immigrés en France ou en Grande-Bretagne, est impensable en Allemagne, en raison, tout à la fois, d'une conception de la nationalité et d'une histoire coloniale allemandes totalement différentes.

Les contours observables de l'objet de notre réflexion ne sont donc pas le fruit de hasards, ni de conjonctures particulières, mais des effets durables de l'histoire. Rien de ce que nous vivons aujourd'hui, en matière d'immigration, n'est de l'ordre de l'épiphénomène. Toutes les populations installées aujourd'hui en Europe par suite des grandes vagues d'émigration de travail de l'après-guerre y sont parce que *l'histoire de l'Europe les a conduites là où elles sont.* Les ressortissants des ex-colonies britanniques ne se sont pas rendus en France, pas plus, à l'inverse, que les ex-coloniaux français n'ont émigré vers la Grande-Bretagne. Dans l'espace des Caraïbes, à peu près aux mêmes dates, les Trinidadiens et les Jamaïcains se sont embarqués pour Londres, les Portoricains pour New York, les Surinamiens pour Amsterdam et les Martiniquais et Guadeloupéens pour Paris.

## L'Europe et le clandestin

A la veille de l'échéance de 1993, c'est autour du thème du « clandestin » que s'articule, en France comme dans l'ensemble des pays européens, toute la réflexion sur les mouvements de populations originaires du tiers monde. Le spectre, au double sens du terme, du « clandestin » est l'aune à

---

[7]. C.-V. MARIE, « Entre économie et politique : le "clandestin", une figure sociale à géométrie variable », *Pouvoirs*, n° 47, 1988, p. 87-91.

*intégration et citoyenneté*

laquelle se mesure l'ensemble des appréciations portées sur les déplacements de populations non occidentales, qu'il s'agisse de celles ayant une longue tradition d'immigration de travail avec l'Europe ou qu'il s'agisse de réfugiés politiques.

Que dit dans ce contexte l'Acte unique européen ?

Préconisant une libéralisation accrue des échanges économiques et un élargissement de l'espace des libertés individuelles, l'Acte unique paraît s'inscrire dans la lignée du bel esprit humaniste des accords d'Helsinki, pour construire une Europe où se concrétise l'ambition d'une circulation plus libre des idées et des hommes. A la réserve près que cette liberté de circulation bénéficie exclusivement aux populations européennes, comme le précisent les accords de Schengen.

Un nouvel ordre économique social et juridique s'édifie qui vante les mérites d'un marché du travail débarrassé de toute entrave à la circulation des hommes, et incite chacun à construire son avenir en se saisissant des opportunités dans quelque région de l'Europe qu'elles se présentent. Mais un ordre qui en même temps renouvelle les mécanismes d'exclusion par son refus d'étendre le bénéfice de cette liberté nouvelle aux populations non européennes résidant en Europe. Ainsi, les travailleurs turcs installés depuis vingt ans en Allemagne pas plus que leurs enfants qui y sont nés n'auront, à la différence de leurs collègues ou amis ouvriers allemands, aucun droit à s'installer et travailler en France ou ailleurs dans la CEE s'ils le veulent. A l'échelle de l'Europe est rétablie *une limitation sélective de la mobilité et donc de la promotion sociale*, équivalente de celle qu'imposait le système français des cartes de travail et séjour multiples évoqué plus haut, et dont l'abolition a été réclamée en 1983 par la « Marche pour l'égalité » des jeunes issus de l'immigration : dix ans exactement avant l'entrée en vigueur de l'Acte unique. Vu sous cet angle, l'espace occidental nous offre le spectacle d'une double ambition qui, d'un côté, vise à plus d'échanges, plus de dialogues, plus de liberté (Acte unique) et, de l'autre, requiert plus de fermeture, de contrôle et de sélection des populations (Schengen). Et l'image s'impose d'une Europe qui d'une main abat le mur de Berlin, cependant que, de l'autre, elle réhabilite à ses frontières extérieures les vertus de la ligne Maginot.

Un nouvel ordre social et juridique se profile, qui élargit

les espaces de promotion et de liberté, mais sous condition, c'est-à-dire en renforçant les mécanismes de ségrégation. Revenons à l'exemple algérien. Les enfants nés en France de parents algériens, parce qu'ils sont français, pourront librement, s'ils le veulent, se rendre en Allemagne ou ailleurs dans la CEE, s'y installer et saisir toute opportunité intéressante d'emploi qui s'offrirait à eux. Leurs frères et leurs parents nés en Algérie, donc algériens et non communautaires, se verront, à l'instar des jeunes Turcs nés en Allemagne, interdire cette possibilité. Ainsi, l'avenir d'un étranger, dans l'Europe d'après 1992, sera-t-il extrêmement différent selon sa nationalité, son lieu de naissance et l'État européen dans lequel il réside.

Il se profile ainsi, dans l'Europe de demain, autant de risques de discriminations, de dangers d'exclusion et de processus de marginalisation des populations qu'il y a de lois sur les étrangers, de codes de nationalité et de nationalités étrangères non communautaires dans chaque pays européen. Voilà encore qui n'est point un fait du hasard, mais un héritage de l'histoire.

# 20

## La citoyenneté en question*

*par Jean Leca*

### Communauté politique et citoyenneté : définitions et problèmes

La citoyenneté moderne est en général conçue comme un ensemble idéal de trois traits. Elle est d'abord *un statut juridique* conférant des droits et des obligations vis-à-vis de la collectivité politique. Selon la division classique proposée par T.H. Marshall en 1948 [1], ce statut se décompose à son tour en trois éléments : *l'élément civil*, les droits nécessaires à la liberté individuelle, libertés de la personne, de parole, de pensée, de croyance, droit de propriété et de passer contrat, accès à une justice égale ; *l'élément politique*, droit de participer à l'exercice du pouvoir politique en tant que membre d'un

---

\* Les deux premières parties de ce texte reprennent des développements extraits des études suivantes : « Questions sur la citoyenneté », *Projet*, n°s 171-172, janvier-février 1983, p. 113-125 (étude de référence en langue française) ; « Individualisme et citoyenneté », *in* P. BIRNBAUM et J. LECA (éd.), *Sur l'individualisme*, Presses de la FNSP, Paris, 1986, p. 159-209 ; « Réflexions sur la participation politique des citoyens en France », *in* Y. MÉNY (éd.), *Idéologies, partis politiques et groupes sociaux (Pour Georges Lavau)*, Presses de la FNSP, Paris, 1989, p. 43-70 (P.-A. T.).

1. T.H. MARSHALL, *Citizenship and Social Class*, Cambridge University Press, 1950.

organe doté d'autorité politique ou en tant que participant à sa désignation ; *l'élément social*, allant de la participation minimale au bien-être économique et à la sécurité sociale jusqu'au partage de l'ensemble des biens disponibles et valorisés dans une société donnée.

La citoyenneté est aussi *un ensemble de rôles sociaux spécifiques* (distincts des rôles privés, professionnels, économiques, etc.) par lesquels chaque citoyen, quelle que soit sa place dans la division du travail politique, est en mesure d'opérer des choix (ou de les accepter, ou d'y participer) entre des propositions contradictoires, même si celles-ci sont également légitimes à ses yeux (il peut être parfaitement légitime de demander à l'État de s'abstenir d'interférer dans la gestion par un citoyen de sa vie privée, et d'être plus actif dans la protection et la subvention de cette vie, mais il y a en fin de compte des limites à la violation du principe de non-contradiction). Ces rôles supposent des dispositions culturelles adéquates permettant en particulier *l'intelligibilité de l'État* : reconnaissance de la nécessité d'une autorité rationnelle, c'est-à-dire non arbitraire et non contradictoire, loyauté vis-à-vis d'institutions à vocation universaliste (par opposition aux groupes exclusifs), intérêt pour les affaires « publiques ». Dans le langage français savant, ce trait est parfois désigné comme « compétence politique ». Ce terme implique évidemment la possibilité pour le citoyen d'utiliser son rôle pour faire triompher dans l'arène politique ses intérêts en tant que membre de groupes sociaux distincts par l'occupation, le sexe, la résidence, la classe sociale, etc.

La citoyenneté est enfin *un ensemble de qualités morales considérées comme nécessaires à l'existence du « bon » citoyen*, ce que le langage français, commun et savant, désigne sous le nom de « civisme ». En recensant les rares travaux consacrés en France à ce sujet [2], on est frappé de voir l'opinion publique française (quel que soit le vague de ce terme) accorder aux qualités relevant de la morale « sociale » beaucoup plus d'importance qu'à celles relevant de la morale

---

2. Par exemple *Actualités Documents (études d'opinion), Les Français et l'État,* Premier ministre, Comité interministériel pour l'information, avril 1971 ; Alain DUHAMEL, « Le consensus français », *in* SOFRES, *L'Opinion française en 1977,* Presses de la Fondation nationale des sciences politiques, Paris, 1978, p. 87-117 ; Madeleine GRAWITZ, *Élèves et enseignants face à l'instruction civique,* Bordas, Paris, 1980.

« politique » et, au sein de la morale sociale, faire prévaloir les qualités de conformité sur celles de participation. L'attachement à la patrie (ou plutôt l'importance attachée à cette notion) décline dans toutes les classes sociales et dans toutes les classes d'âge (plus encore chez les jeunes), et le seul civisme politique vraiment hégémonique est la participation au vote, le militantisme syndical ou partisan venant toujours en dernier. Ceux qui attacheraient le plus d'importance à la morale politique seraient peut-être les 7 % (environ) de lycéens « contestataires » interrogés en 1974 par Madeleine Grawitz, pour qui le civisme revient à accepter un système « injuste », « réactionnaire », « patriarcal », « bourgeois » : le civisme serait le produit de l'idéologie dominante, c'est l'incivisme qui serait moral. En revanche, pour une majorité impressionnante et vertueuse, le bon citoyen doit s'informer sur la vie du pays, respecter les règlements et prendre soin de l'éducation de ses enfants. Ce relatif mépris pour les vertus politiques confirme après coup les recommandations faites il y a vingt ans par Michel Crozier pour favoriser une participation effective des citoyens [3] : une suffisante décentralisation du pouvoir, l'existence de sources indépendantes du pouvoir permettant aux opposants d'échapper à la contrainte de la majorité, un système d'éducation et de sélection faisant moins de place au concours.

Que l'on approuve ou non cet éclairage, il ne fait pas de doute que la citoyenneté suppose que la société et le gouvernement peuvent être intelligibles. Non pas transparents ni consensuels : la citoyenneté ne supprime pas la lutte des classes. Mais cette lutte est aménagée par un système de communication entre parties qui procèdent à des évaluations différentes du contenu de l'intérêt public, mais admettent en principe que celui-ci existe et que les parties ont le droit de participer à son élaboration et l'obligation de déférer à ses lois.

Rien de tout cela n'est évident : la société peut très bien n'être pas vue du tout, ou être comprise comme une guerre sociale où la citoyenneté n'est que l'arme diabolique des dominants pour entraîner les dominés dans des combats qui ne sont pas les leurs (de cette tradition le mouvement ouvrier

---

3. Michel Crozier, « Le citoyen », *in* Club Jean-Moulin, *L'État et le citoyen*, Le Seuil, Paris, 1961.

peut témoigner, que l'on se rappelle l'attitude ambiguë des socialistes lors de l'affaire Dreyfus ou les hésitations sur l'antifascisme entre les deux guerres). Il existe encore bien d'autres conceptions que celles de la citoyenneté. La sociologie de la citoyenneté semble au moins s'accorder sur la nécessité d'une unification culturelle pour promouvoir cette conception du monde[4]. Celle-ci n'est pas seulement le produit de mouvements d'idées mais de transformations dans l'existence matérielle des sociétés : centralisation politique, division poussée du travail, mobilité occupationnelle, développement du savoir technologique, extraction du surplus social par le jeu d'un marché dépassant les limites des communautés primaires et non pas des moyens directement politiques (...).

## Nationalité et citoyenneté

La plupart des États modernes établissent un lien entre citoyenneté et nationalité[5]. Que celle-ci soit conçue comme un produit biologique ou comme le résultat d'un contrat (le « serment civique » de la législation révolutionnaire française par lequel on choisit une patrie et en accepte les règles), qu'elle exprime le rattachement à une nation formée d'intérêts multiples ou soumise à une norme uniforme, la nationalité est considérée comme une condition nécessaire sinon toujours suffisante à l'exercice de la citoyenneté ; par extension, le sentiment national a longtemps été associé au civisme. Si l'opinion publique, au moins en France, semble attacher moins d'importance à cette association, aucun gouvernement dans aucun pays ne paraît y avoir renoncé. Les cas de double nationalité sont toujours conçus comme spécifiques (et implicitement exceptionnels). Citoyenneté, nationalité et communauté culturelle sont superposées.

Inversement, il n'est pas légitime de revendiquer des droits politiques pour des communautés culturelles distinctes par leur langue ou leur ethnie. L'accès aux droits politiques s'accompagne non pas de la disparition de symboles cultu-

---

4. Morris JANOWITZ, « Observations on the Sociology of Citizenship : Obligations and Rights », *Social Forces*, septembre 1980, p. 1-24.
5. L'Union soviétique, surtout à ses débuts, fait exception. Il faut aussi rappeler que cet « État multinational » se rapproche plus à cet égard de l'Empire que de l'État-nation.

rels non nationaux, mais de leur refoulement dans le statut de symboles « folkloriques » insuffisants pour fonder des liens politiques légitimes. N'est légitimement politique, outre l'alignement national, que l'alignement sur la base d'entités a-culturelles (idéologie universaliste, appartenance de classe, etc.). La conscience collective, ou du moins celle des intellectuels producteurs des symboles dominants, s'est habituée à penser les conflits et les inégalités en termes fonctionnels (manuels contre non manuels, salariés contre patrons), morphologiques (bas revenus contre hauts revenus) ou idéologiques (droite contre gauche) et non en termes de statuts prescrits (langues périphériques contre langue centrale, femmes contre hommes, par exemple).

Si l'on excepte les conflits coloniaux, dont l'issue est précisément la constitution d'un nouvel État-nation, toutes les grandes idéologies comportent des métaphores universalistes pour décrire les relations entre dominants et frustrés à l'intérieur de chaque État : la citoyenneté aplanit et dépolitise les différences culturelles. La version démocratique de la nation conçoit donc la politique comme un mécanisme d'affrontement de « parties » qui communiquent et que leurs membres peuvent éventuellement abandonner pour changer d'identité politique : on peut toujours transférer son loyalisme d'un parti à un autre ; seul le loyalisme national du citoyen n'est pas transférable, la naturalisation est une autre opération que le changement de son vote.

Dans cette conception, la citoyenneté se nourrit de trois ingrédients ; en allant du plus « matériel » au plus « symbolique » : *1)* le fait que la division du travail assure une croissance suffisante pour donner satisfaction relative aux attentes sociales dirigées vers l'ascension et l'égalité ; *2)* une communication entre styles de vie permettant une mobilité géographique et occupationnelle acceptée par ceux qui « entrent » (dans l'entreprise, la région, la profession), et tolérée par ceux qui y sont déjà ; *3)* des symboles d'identification collective acceptés par ceux qui « sont (encore) à la porte », et leur permettant d'attendre et d'espérer la réalisation des deux premiers éléments et de payer le « coût d'accès » à la communauté ; ce coût d'accès est en général pour les premières générations l'ostracisme des membres déjà installés : les ouvriers sont « sales » et « ivrognes », les Corses « violents » et « paresseux », etc. L'instrument fondamental de la citoyenneté est l'existence d'une industrie culturelle [6] et scolaire implantant avec succès non seulement l'idée que l'homogénéisation politique est une arme efficace pour ceux qui sont « dehors » ou « en bas », mais aussi, dans une certaine mesure, la réalisation matérielle de cette idée. Si aucun des trois ingrédients n'est accordé à une collectivité d'exclus et que celle-ci dispose en plus d'une tradition culturelle forte, un nouveau nationalisme et une nouvelle citoyenneté se développeront éventuellement, forgeant leur propre État et leur propre industrie culturelle [7].

## *Le pluralisme culturel*

Tout va bien tant que la société moderne des premiers États-nations fournit à ses citoyens un taux de croissance matérielle et de satisfaction symbolique suffisant et que la (ou les) nouvelles nations y parviennent également à peu près avec leurs propres citoyens. Le problème est évidemment un peu plus compliqué quand la situation est inverse : il y a de bonnes chances pour que l'industrie culturelle d'homogénéisation politique fonctionne plus mal. Certains groupes régionaux des vieilles nations peuvent juger rétrospectivement qu'ils ont payé jadis un coût d'accès trop lourd à la citoyenneté parce qu'aujourd'hui ils n'ont pas le sentiment d'en tirer bénéfice.

Le cas des travailleurs immigrés est plus complexe : leur afflux augmente après la décolonisation, manifestant ainsi les « ratés » économiques de l'industrie culturelle des nouveaux États, mais à la différence d'ailleurs relative des autres vagues d'immigration, s'ils souhaitent partager les biens matériels de la production « nationale », ils ne sont guère enthousiastes pour s'identifier aux valeurs politiques de la communauté du même nom.

---

6. Ce terme ne renvoie pas ici à la transformation en marchandise de produits de la création artistique, mais simplement à la production de services d'enseignement et de formation à grande échelle par des organisations spécialisées différentes des petits groupes primaires. Par exemple, Pierre BOURDIEU parle en ce sens d'« *industrie culturelle* orientée vers la production [...] d'instruments de correction linguistique » (*Ce que parler veut dire*, Fayard, Paris, 1982, p. 51).

7. J'arrange à ma guise en les simplifiant les idées d'Ernest GELLNER, « Nationalism », *Theory and Society*, novembre 1981, p. 753-776, tout en regrettant que la littérature sociologique française sur le nationalisme et la citoyenneté soit si pauvre.

*intégration et citoyenneté*

Les raisons matérielles paraissent les plus importantes même si elles ne jouent pas seules : dans la division du travail, une large partie d'entre eux a accès aux emplois qui ne requièrent pas le passage par l'industrie culturelle (sans parler de ceux qui n'ont pas de place du tout dans la division du travail) et l'espoir que leurs enfants réussiront mieux grâce à ce passage obligé, espoir encore fortement enraciné, commence à s'estomper dans la mesure où ces enfants n'y réussissent pas bien, où l'école elle-même — indépendamment de tout problème d'affrontement de cultures — a subi sa propre crise d'identité correspondant à une crise de « malproduction » (l'idée que le produit scolaire est bon et qu'il peut à son tour produire la satisfaction des attentes sociales de ceux « d'en bas » est discutée) ; les produits de référence de l'industrie culturelle nationale (fonctionnaires, juges, policiers, ingénieurs, etc.) ne ressemblent évidemment pas aux immigrés ; seul le marché intellectuel et artistique fait exception, encore n'est-ce probablement pas l'avis des intellectuels immigrés (surtout africains) ni des non-intellectuels qui ne se sentent guère représentés par ces derniers. Les attachements aux groupes primaires, ou de clientèle, ou religieux, ou nationaux d'origine (même si l'immigré n'exerce sa citoyenneté d'origine que du bout des doigts) sont donc considérés comme plus réels, et plus signifiants, pour exprimer une situation de classe ou de marginalité. Tout cela n'est guère favorable à l'harmonisation ou la communication des différents styles de vie.

Ainsi, le modèle de communauté représenté par l'État-nation européen n'est plus un modèle attrayant : il représente peut-être matériellement au moins un peu de « beurre sur le pain », mais, symboliquement, c'est plutôt l'impérialisme (ou, pour les exaltés du régionalisme, le « colonialisme parisien », voire français) que la liberté-égalité-fraternité.

Le pluralisme culturel se développe sur ces bases. C'est un modèle de construction des identités politiques sur des bases sub- ou transnationales : langue, ethnie, région, couleur de la peau. Il se rattache à un type de comportement social qui voit la société comme une mosaïque de solidarités compartimentées où la justice doit être poursuivie par la distribution de portions égales du gâteau national à chaque segment culturel. Cette situation est moderne : les empires traditionnels ont affronté des problèmes apparemment semblables qu'ils ont gérés sans difficulté pendant des siècles, dans la mesure où le pouvoir n'y était pas légitimé par la représentation d'une société mais par un pouvoir extérieur à elle et d'une autre essence (Dieu, le Cosmos, un groupe doté d'attributs le mettant à part) et où ce pouvoir n'exigeait des groupes périphériques qu'un loyalisme minimal tout en les laissant vivre économiquement sur eux-mêmes. Ce modèle a été brisé par le long processus de modernisation et de capitalisation qui a accompagné la formation de l'État-nation. Le pluralisme actuel est post-national : il sépare la construction et le maintien des solidarités périphériques de l'attachement aux règles de fonctionnement et aux symboles du pouvoir central, tout en exigeant de celui-ci qu'il fasse « quelque chose » car il n'est tout simplement plus possible de vivre en communautés autosubsistantes. C'est cette exigence paradoxale mais rigoureusement logique que manifeste en fin de compte la déconnection revendiquée de la citoyenneté et de la nationalité [8].

## Une Communauté ou des communautés politique(s) ?

L'un des problèmes classiques de l'éthique de la citoyenneté est de savoir si le citoyen a d'abord une obligation envers l'État en tant que gouvernement ou envers la société en tant que pacte d'association [9]. Il est compliqué par l'existence du pluralisme culturel dans la mesure où la société paraît se transformer en des sociétés, chacune dotée de sa propre communauté politique. Les étapes de cette mutation pourraient être les suivantes :

L'éducation devient pluraliste, dans les valeurs religieuses, les opinions, les langues et les styles de vie. N'enseignant plus de langue unique de communication et n'assurant plus de possibilité d'intégration professionnelle, l'école devient de moins en moins satisfaisante pour ceux-là mêmes qui réclament sa diversification (l'exemple des chiites libanais le prouve, ce sont les plus défavorisés qui sont victimes d'un système éducatif dispersé entre communautés). Ou bien elle

---

8. Voir les intéressants débats du colloque des 5 et 6 décembre 1981, *Les Droits politiques des immigrés*, *Études*, 15, rue Monsieur, 75007 Paris.
9. Michael WALZER, *Obligations: Essays on Disobedience, War and Citizenship*, Harvard University Press, 1970; George Armstrong KELLY, « Who Needs a Theory of Citizenship », *Daedalus*, 1979, p. 32-34.

reste « éducation nationale » et est un lieu de consommation et de marchandage où l'élève n'investit plus de sentiment de loyalisme, ou bien elle s'adapte à la mosaïque ethnico-sociale et devient un lieu de mobilisation politique pour des groupes particuliers.

La représentation politique peut changer. La représentation des démocraties pluralistes repose entre autres sur un système de partis compétitifs où aucun intérêt n'est absolu ni non négociable. Les « nouveaux mouvements » susceptibles de se développer seraient fondés au contraire non sur une position contractuelle collective (le marché du travail, par exemple) mais sur un sens de l'identité « absolue » parce que prescrite (la race, l'ethnie, mais pourquoi pas aussi le sexe, l'âge, les pratiques sexuelles ?) ; ils ne demanderont pas à être représentés pour améliorer leur position contractuelle mais à être autonomes sur un territoire métaphorique dont l'identité n'est pas négociable. Les plus activistes demanderont à l'État de les aider à constituer leur souveraineté interne où l'État abandonnerait sa fonction régulative. Le droit à la différence se crispera alors sur le refus de communication et sur un narcissisme collectif.

Les niveaux de la citoyenneté se multiplient et provoquent son éclatement vertical. Tocqueville comme Durkheim faisaient le pari que ces différents niveaux (local, régional, professionnel, associatif, etc.), en conférant aux individus plus de pouvoirs pour réaliser leurs objectifs et en concrétisant les relations de coopération et de réciprocité, leur permettraient d'échapper à l'anomie tout en leur donnant une meilleure conscience de leurs obligations civiques. Mais il n'est pas complètement impossible d'aboutir en sens inverse à une affirmation de droit sans contrepartie, le problème de l'obligation étant toujours renvoyé à un niveau supérieur : refuser une centrale atomique ou une mosquée, dans sa commune, tout en acceptant — voire en réclamant — au plan national l'énergie nucléaire et la liberté d'exercice des cultes, est une attitude toute naturelle. Ce qui est peut-être nouveau est l'affaiblissement des régulations et des arbitrages. La défense exaspérée du privé qui dénie toute limite normative à la manifestation des besoins individuels (qu'ils soient de sécurité, de bien-être ou de liberté morale), en même temps que l'interpénétration complète du public et du privé [10] qui fait d'un nombre infini de problèmes une « affaire d'État » (la fessée est interdite en Suède par la loi), peuvent favoriser la coexistence d'une « citoyenneté négative », où chacun demande plus de garanties pour ses besoins privés, et de la tentation pour les communautés privées de se saisir des moyens publics pour défendre leurs intérêts : de la légitime défense à l'exercice spécialisé de la vengeance privée collective (au bénéfice d'un quartier ou d'une ethnie), la distance n'est pas si grande. Que les pouvoirs publics servent parfois des intérêts particuliers n'est pas nouveau, que ceux-ci prétendent à être légitimement des pouvoirs publics l'est peut-être un peu plus : « Plogoff-Kaboul même combat », lisait-on sur tous les murs du village rebelle à la centrale nucléaire. Diable! Mais cette évocation de nos trois étapes n'est bien sûr qu'une caricature qui n'a aucun rapport avec des personnages réellement existants (...).

## La citoyenneté « plurielle »

La théorie politique classique a longtemps opposé une conception de la citoyenneté fondée sur la conformité aux lois en échange de la protection de celles-ci, et une conception fondée sur la participation permanente et régulière aux activités politiques [11]. La première, exprimée par exemple par Jean Bodin, insiste sur la dimension privée, la seconde, qui remonte à Aristote, sur la dimension publique. Benjamin Constant faisait de cette distinction la clé de l'opposition entre la liberté des modernes (privée et bourgeoise à l'intérieur des grands États) et celle des anciens (publique dans des cités de petite dimension), et la rattachait à juste titre à des transformations fondamentales dans l'organisation de la production [12]. Il percevait bien que poussées chacune dans leurs ultimes implications, ces conceptions menaient dans le monde moderne, la première à un citoyen privatisé et dominé par les forces du commerce, la seconde

---

10. Sur ce problème qu'on ne peut aborder ici que par allusion, j'ai hasardé quelques généralisations dans « Pourquoi élire un président ? », *Projet* n° 52, février 1981, p. 145-160.
11. Michael WALZER, *op. cit.*, p. 203-225.
12. Benjamin CONSTANT, « De la liberté des anciens comparée à celle des modernes » (1819), dans *De la liberté chez les modernes*, Le Livre de poche, coll. « Pluriel », Paris, 1980, p. 491-515.

à un citoyen manipulé par les professionnels de l'idéologie et de la politique; en termes contemporains, un État nomocratique soumis aux lois, mais avant tout à celle du marché et de l'intérêt individuel de l'acteur rationnel, contre un État télocratique ayant un projet de transformation sociale au nom de la loi de l'histoire ou de l'intérêt des « masses ». Le premier type d'État abandonne la société à elle-même pourvu qu'elle veuille bien respecter la loi, l'ordre, la morale, la police et l'armée; le second annexe la société en modelant son organisation sur celle des bureaucraties politiques et administratives.

Entre les deux, la citoyenneté moderne s'appuie sur les mécanismes de la représentation sur laquelle Constant insiste et de la corporation (dans les termes de Hegel, c'est-à-dire des groupes professionnels et sociaux qui forment « la racine morale de l'État, celle qui est implantée dans la société civile. »[13]) Autrement dit, la citoyenneté est un mécanisme profondément pluriel et peu satisfaisant pour ceux qui cherchent l'unité de tous les aspects de la vie : la représentation est toujours structurellement une trahison de ce que l'on veut ou croit vouloir, et donc une dépossession du citoyen ; les corporations permettent les manifestations multiples d'intérêts structurellement en conflit les uns avec les autres et dérangent la majestueuse rationalité que les philosophes des États nomocratique et télocratique croient voir dans le réel. Et pourtant, c'est dans cette zone médiocre que la citoyenneté démocratique se déploie, ce qui explique sans doute pourquoi une dose de vertu civique y est indispensable pour relier les intérêts à la communauté politique.

Quatre problèmes assaillent cette citoyenneté plurielle.

La crise de l'industrie culturelle de l'État-nation qui a quelques difficultés à assurer un minimum d'égalité relative dans la répartition des biens matériels et culturels et dans la satisfaction des attentes sociales.

La difficulté pour la culture politique française à faire confiance aux organisations sociales (ou « socio-publiques ») pour prendre en charge les besoins : chacun est attaché à la gestion contractuelle dégagée de la tutelle de l'État à condition que ceux qui s'en chargent bénéficient de prérogatives

---

13. G.W.F. HEGEL, *Principes de la philosophie du droit*, trad. fr. A. Kaan, Gallimard, Paris, 1940, rééd. 1963, p. 268, § 255.

ou de ressources publiques. Le « bénévole » a mauvaise presse, il n'a pas de place entre le fonctionnaire, le militant, le contractuel et le marginal.

La communication des « styles de vie » : au moment où les Français manifestaient en 1977 le sentiment d'une indifférenciation culturelle croissante, s'affirmaient de plus en plus le droit à la différence et ce que nous avons nommé pluralisme culturel. Comment combiner la citoyenneté et la coexistence de styles de vie qui ne communiquent que par le sourd ressentiment qu'ils éprouvent les uns envers les autres ?

La question des symboles d'identification (à quoi exactement, à la communauté, aux communautés ?) est peut-être la plus délicate. Toute société est susceptible de connaître de rudes clivages portant sur les styles de vie, les valeurs familiales, les habitudes alimentaires, les niveaux de vie, les identités partisanes et idéologiques, les « valeurs ultimes » à caractère transcendant ou profane, les acceptions de l'identité de la communauté politique.

Jusqu'à présent, on n'a pas élaboré de conception de la citoyenneté qui s'accommoderait de tous les clivages à la fois. Mieux (ou pire) encore, la citoyenneté de l'État-nation démocratique semble postuler un adoucissement des premiers et la suppression du dernier [14]. Que se passe-t-il quand le développement du pluralisme culturel, comme les attitudes de l'opinion publique, semblent manifester un affaiblissement (relatif : la Couronne britannique ne se porte pas mal, mais qu'en pensent les Antillais et les Pakistanais de Londres ou Manchester ?) des grands symboles unificateurs ? Un gouvernement peut-il à la fois réactiver ces grands symboles pour défendre son industrie contre le « capital étranger » et les désactiver pour permettre aux « étrangers » d'être en même temps « citoyens » ? Reste évidemment l'identification à la « solidarité internationale des travailleurs » contre le « cosmopolitisme du capital », mais cette conception du monde n'a jusqu'à présent pas fabriqué une seule communauté politique ni un seul citoyen.

---

14. Le sociologue contemporain qui a le plus vigoureusement exprimé ces idées est Edward SHILS, *Center and Periphery. Essays in Macro-Sociology*, The University of Chicago Press, 1975.

## Repenser la citoyenneté : paradoxes et obstacles

### *Le dilemme de la théorie démocratique est-il surmontable ?*

Le dilemme habituel de la théorie démocratique moderne peut être présenté de la façon suivante : ou bien la citoyenneté démocratique est rationnellement fondée sur l'intérêt (même « bien compris » ou « éclairé ») de chaque individu et, en ce cas, comment échapper à la conclusion que cet intérêt conduit à une « culture de sujets » orientée vers les *outputs*, ce qui mène à la dégénérescence de l'esprit public qui « de plus en plus substitue des intérêts particuliers aux sentiments, aux opinions, aux idées communes »[15] ? Ou bien elle est une « culture de participation » orientée vers les *inputs*, mais ce loyalisme civique doit trouver sa source ailleurs que dans l'intérêt individuel, porté naturellement, au plan des comportements, à la stratégie du « passager clandestin » d'Olson, au vote clientélaire ou au corporatisme social selon les cas de figure, et, au plan des structures, à l'exploitation impersonnelle du marché du travail. La citoyenneté démocratique n'a dès lors plus de fondement sociologique : qu'est-ce qui peut pousser à la démocratie participative là où un autoritarisme paternaliste et/ou un « familialisme amoral »[16] apparaissent plus efficaces ? Notons que le dilemme reste formellement le même si l'on introduit dans le schéma démocratique non pas l'individualisme utilitariste et quantitatif du marché orienté vers la comparabilité, mais l'individualisme qualitatif du romantisme allemand orienté vers l'incomparabilité et l'incommensurabilité des individus. Comme Simmel l'a observé, « cet individualisme (la liberté y étant réduite à son sens purement intérieur) évolue aisément en tendance antilibérale »[17]. Pour des raisons substantiellement opposées à celles de l'individualisme des Lumières ou de l'utilitarisme, l'individualisme romantique fait partie du dilemme de la citoyenneté : le premier ne peut la fonder que sur une « unité mécanique » d'individus atomisés et indis-

---

15. Discours d'Alexis de Tocqueville à la Chambre des députés (27 janvier 1848).
16. Edward BANFIELD, *The Moral Basis of a Backward Society*, The Free Press, Glencoe, 1958.
17. Georg SIMMEL, « L'individu et la société dans certaines conceptions de l'existence du XVIIIe et du XIXe siècle. Exemple de sociologie philosophique », in *Sociologie et épistémologie*, tr. fr. L. Gasparini, PUF, Paris, 1981, p. 137-160, notamment p. 159.

tincts, la seconde sur une unité organique d'individus auxquels la totalité assigne à chacun sa place, ce qui retrouve les théories « descendantes » ou « holistes » dans un contexte individualiste.

Un individualisme conscient de lui-même et constituant un *Zeitgeist* ne peut donc donner à la citoyenneté qu'un fondement moraliste et volontariste, dont la version contemporaine est l'appel un peu usagé au « projet de société », laïcisation du « supplément d'âme ». Lindsay, auteur il y a plus de quarante ans d'un remarquable ouvrage consacré à *L'État démocratique moderne*, posait bien le problème d'une légitimité dévoilée : il montrait combien la théorie du droit divin monarchique, en transférant le devoir religieux d'obéir, de la loi et de l'Église, au monarque, maintenait l'autorité de Dieu au bénéfice du Souverain absolu, tout en se donnant toujours comme autorité religieuse. Il remarquait que cette formule présentait l'avantage de légitimer mieux le gouvernement que le calcul rationnel des avantages individuels ; celui-ci ne peut produire la stabilité et l'obéissance universelle qu'une société politique demande. « L'égoïsme individuel raisonné ne suffit pas [...] un sens de l'intérêt doit être traduit en un sens de l'obligation [18] [...] »

Il n'apparaît pas possible de résoudre logiquement le dilemme à partir de l'individualisme ni, par conséquent, de fonder la citoyenneté dans une société fonctionnant sur la base de l'individualisme. La crise actuelle de la citoyenneté n'est peut-être que la suite d'une longue histoire commencée avec l'apparition de l'individu moderne. Mais il ne s'ensuit pas pour autant que la citoyenneté soit demeurée abstraite et creuse ni que l'individualisme soit purement et simplement autodestructeur. Il se peut qu'un dilemme logiquement indépassable soit aussi sociologiquement nécessaire au fonctionnement d'une société : la combinaison de deux principes contradictoires, l'individu privé, calculateur optimisant sur un marché, producteur et produit d'un nouveau type d'inégalité de classe, et l'individu, participant à une communauté de droits, égal aux autres, échangeant droits et obligations pour le bien public et investissant du loyalisme dans la cité, est peut-être le ressort non logique des sociétés contemporaines. L'individu de la « théorie économique de

---

18. A.D. LINDSAY, *The Modern Democratic State*, Oxford University Press, Londres, 1943, p. 79.

la politique » *(economics of politics)* et celui de la « théorie politique de l'économie » *(political economy)* font partie d'une même société mais non d'un même « système », et c'est pourquoi le citoyen n'est pas que l'abstraction nécessaire, faussement générique, de l'individu-bourgeois. Leur tension même, née de l'appartenance à deux systèmes différents, fonde la société démocratique, toujours traversée par le *principe civil*, libéral et inégalitariste, et le *principe civique*, interventionniste et égalitariste. L'extension actuelle du principe civil est manifeste : l'interventionnisme n'est plus justifié dans les démocraties occidentales comme lors des débuts de l'État keynésien par la nécessaire politisation de l'économie dans l'intérêt de la justice sociale, encore moins par l'extension de la citoyenneté à l'industrie et la lutte contre « l'usage privé de l'argent public », mais par le soutien de l'État aux demandes d'autonomie individuelle. Il est vrai que celles-ci sont plus facilement légitimées quand elles émanent de personnes privées dans le domaine des mœurs et de l'environnement, et de groupes ethniques dans le domaine culturel, que d'entrepreneurs dans le domaine économique. Mais une nouvelle tendance apparaît, née de l'observation selon laquelle le principe civique et son corollaire, l'intervention de la puissance publique, produisent des effets tout aussi inégalitaires que le marché compétitif. On fera alors appel au marché non seulement pour améliorer l'efficience des services publics, mais aussi pour redonner le sens des responsabilités et des obligations « civiques » à des citoyens devenus passifs et négatifs et à des fonctionnaires redevenus « patrimoniaux ». Paradoxe intrigant où l'on demande à l'individualisme de marché de ranimer un civisme défaillant, nouvelle variation sur les rapports de l'éthique puritaine et du capitalisme.

Ces intéressants développements sociaux et idéologiques ne sauraient cependant faire oublier que si l'individualisme de marché peut, à la rigueur, être fondé sur un individu libre de toute attache sociale et de toute communauté et ainsi fonctionner comme un mécanisme auto-entretenu, il n'en est pas de même pour la citoyenneté : l'individu citoyen en est l'agent et le but, il ne peut en être le fondement social (ni, de ce fait, l'acteur souverain), que ce soit par la magie du volontarisme créateur de communauté chez Rousseau ou Saint-Just, ou par le jeu subtil des stratégies de maîtrise de sa vie de Stinchcombe [19]. Les « structures de médiation » réclamées par les réformateurs sociaux de tous camps idéologiques pour remplir l'espace entre l'individu isolé et les organisations sont l'aveu de cette simple vérité sociologique : sans communauté de quelque sorte, pas de citoyenneté, car une « communauté politique » n'est pas une sommation d'individus.

## L'extension de la participation citoyenne : nationalité et citoyenneté éclatée

*L'extension* de la participation (et son symétrique, la restriction et l'exclusion) peut résulter de mécanismes tant légaux ou réglementaires que sociaux pratiques produisant aussi bien une auto- qu'une hétéro-exclusion. Nous nous en tiendrons ici aux premiers.

Les mécanismes réglementaires distinguent, sous le nom général de « droits civiques et civils », les droits politiques que je qualifierai de « pléniers » (la participation aux activités conduisant à la désignation formelle des représentants et à la formulation des lois, élections et référendum), les droits politiques partiels (participation aux partis ou aux associations politiques), les droits socio-publics (participation aux syndicats, aux médias), enfin les droits civils (participation aux associations), le tout dans un climat qui prétend assurer au maximum de résidents quelques « libertés publiques » fondamentales (expression, circulation, groupement). La ligne de séparation passe entre les deux premiers types de droits et elle est essentiellement fondée sur le critère de la nationalité. Un étranger régulièrement résident peut, en effet, très bien participer à un parti, créer un journal ou, depuis la réforme de 1891, une association sans autorisation préalable. Les autres critères d'exclusion touchant le sexe [20] et la

---

19. Arthur STINCHCOMBE, « Social Structure and Politics », *in* Fred GREENSTEIN et Nelson POLSBY (ed.), *Handbook of Political Science*, 2, *Macropolitical Theory*, Addison-Wesley, New York, 1975, p. 602 *sq*.

20. En ce qui concerne les femmes, on a tenté de remplacer l'exclusion par une inclusion forcée. La proposition n° 47 du candidat François Mitterrand prescrivait que chaque liste de candidats comporte au moins 30 % de femmes. Elle a été abandonnée, car elle supposerait au moins une révision de la Constitution. Le Conseil constitutionnel a en effet jugé, à propos des élections municipales, que la pratique des quotas n'était pas conforme à la Constitution (Jean-Louis QUERMONNE, *Le Gouvernement de la France sous la V<sup>e</sup> République*, Dalloz, Paris, 1987, p. 142, note).

profession (les militaires) ont progressivement disparu ; l'exclusion fondée sur l'âge est évidemment maintenue mais abaissée à dix-huit ans depuis la loi de 1974. Demeurent évidemment un certain nombre d'exclusions liées au droit pénal et au droit civil [21].

La nationalité demeure donc la seule barrière massive à l'extension totale de la citoyenneté à tous les résidents adultes réguliers, le droit français, à la différence du droit des États-Unis ou du Canada, ne faisant pas de la nationalité le corollaire presque automatique de la résidence. Il est vrai qu'en même temps, depuis la loi de 1889 complétée par la loi de 1927 et l'ordonnance de 1945, la généralisation du *jus soli* permet largement aux enfants étrangers d'être français s'ils sont nés en France. Cette disposition est liée à la loi contemporaine sur le service militaire visant à intégrer les jeunes « étrangers » dans l'armée et à les faire échapper à un « privilège » qui, au terme d'une pétition de jeunes ouvriers français, leur permet de « nous prendre nos emplois, nos places, nos fiancées [22] ». L'ironie de l'histoire est que cet argument, utilisé en 1889 pour étendre la nationalité, est aujourd'hui utilisé pour tenter de la restreindre [23]. C'est que, depuis la fin de la période coloniale, le débat s'est en quelque sorte inversé : les jeunes (ou moins jeunes) immigrants venus des ex-colonies, voire les travailleurs venus du sud de l'Europe et de la Turquie, demandent (quand ils demandent quelque chose) moins la nationalité que la citoyenneté, et cela moins par désir civique d'exercer des droits politiques dans une communauté nationale à laquelle ils s'identifieraient que par désir rationnel d'exercer un pouvoir qui garantirait leur sécurité juridique. Tout comme le théoricien hégélien anglais Bosanquet, ils penseraient que « là où il n'y a pas de liberté politique, la liberté juridique ne saurait être véritablement en

---

21. Philippe ARDANT, « Les exclus », *Pouvoirs*, 7, 1978 ; Jean-Louis QUERMONNE, *op. cit.*, p. 141-143. Il convient aussi de noter que certaines professions (notamment les militaires) peuvent se voir exclure des droits politiques partiels et des droits socio-publics.
22. Cité par Pierre BARRAL, « La vision de la citoyenneté chez les fondateurs de la Troisième République », *in* Dominique COLAS (dir.), *L'État de droit*, PUF, Paris, 1987, p. 23.
23. Sur les importants débats concernant la réforme du Code de la nationalité, voir le rapport de la Commission de la nationalité, *Être français aujourd'hui et demain*, La Documentation française et Union générale d'éditions, Paris, 1988, 2 vol. ; cf. aussi François BORELLA, « Nationalité et citoyenneté en droit français » dans Dominique COLAS (dir.), *L'État de droit, op. cit.* p. 27-51.

sécurité [...] et c'est invariablement une violation des libertés juridiques qui amène à revendiquer une part dans les charges et les fonctions politiques hautement positives [24] ». Inversement, la résistance des Français « premiers arrivés » par rapport aux « intrus », résistance nullement nouvelle [25], prend désormais la forme d'une redéfinition plus restrictive des règles de la nationalité et du maintien d'un lien rigide entre nationalité et citoyenneté [26]. En 1984, un sondage de la SOFRES révélait que 28 % des Français faisant l'objet de l'enquête « approuvaient les positions de Jean-Marie Le Pen sur les immigrés » (contre 43 % qui les désapprouvaient), dont 45 % des sympathisants du RPR, 32 % des sympathisants de l'UDF, 21 % des sympathisants du parti socialiste et 20 % de ceux du parti communiste [27]. Ces chiffres donnent une idée de l'intensité et de la saillance du problème.

Le problème qui demeure est pourtant celui de l'éclatement de la citoyenneté en une série de groupes d'appartenances plus immédiats, plus concrets, au détriment de la communauté politique globale, ce groupe abstrait toujours ouvert et à construire pour rendre la société vivable. La communauté globale devient de moins en moins objet de loyalisme parce qu'elle devient de moins en moins intelligible, d'où la transformation des élections générales en drames médiatiques où le citoyen se décidera sur la base de pulsions esthétiques déclenchées par des grands communicateurs. Cette revanche posthume de Joseph Schumpeter n'est *pas* un recul de la démocratie, mais le résultat pervers de son contraire : les individus et les groupes se sentent de plus en plus portés à participer (de façon « réelle », « manipulée » ou « imaginaire », c'est un problème) à ce qui les touche et *qu'ils pensent pouvoir modifier*, soit directement (c'est ce qui se passe pour la famille), soit par l'intermédiaire d'un « gouvernement » impliquant la mobilisation de ressources collectives. Mais

---

24. Bernard BOSANQUET, *The Philosophical Theory of the State*, MacMillan, Londres, 1925, p. 128-129 (1re éd. 1899).
25. Cf. Gérard NOIRIEL, *Le Creuset français*, Le Seuil, Paris, 1988.
26. La littérature sur le sujet commence à devenir très importante. Cf. entre autres Catherine WIHTOL DE WENDEN, *Les Immigrés et la politique*, Presses de la FNSP, Paris, 1988 ; Rémy LEVEAU et Gilles KEPEL (dir.), *Les Musulmans dans la société française*, Presses de la FNSP, Paris, 1988 ; Abdelmalek SAYAD, « Les immigrés algériens et la nationalité française », dans Smaïn LACHER (dir.), *Questions de nationalité*, L'Harmattan, Paris, 1987.
27. SOFRES, *Opinion publique 1985*, Gallimard, Paris, 1985, p. 180.

celui-ci peut très bien ne pas être le gouvernement de la République, surtout quand ce dernier juge plus commode de se décharger sur d'autres « gouvernements » des responsabilités que son poids croissant dans la société, illustré par le volume des dépenses des transferts sociaux, rend de moins en moins faciles à mettre en cohérence en période de crise, c'est-à-dire de restructuration de l'économie mondiale. Il est commun de dénoncer des processus politiques de plus en plus déconnectés des choix politiques substantiels, comme si les citoyens avaient envie de jouer avec leur imaginaire et les élites étaient ravies de les tromper. Cette interprétation me paraît radicalement fausse : les citoyens ne sont pas irrationnels (ou ludiques) à ce point et les gouvernants ne sont pas d'habiles montreurs de marionnettes, non parce qu'ils sont incorruptibles mais parce qu'ils ne maîtrisent pas mieux qu'il y a un siècle (et à mon avis plutôt moins bien) les jeux de la manipulation. En fait, les citoyens sont de plus en plus intéressés aux politiques concrètes parce qu'elles conditionnent leur vie quotidienne, mais celles-ci peuvent de moins en moins être mises en cohérence, d'où l'intérêt pour les régulations partielles des « petites Républiques ». L'ennui est que celles-ci excluent autant de problèmes (et d'acteurs) qu'elles en intègrent. Si les Français sont aussi « peu satisfaits du fonctionnement de leur démocratie », ce n'est pas parce que celle-ci recule, mais parce qu'elle a quelques difficultés à surmonter les problèmes d'allocation et de régulation globales, c'est-à-dire les problèmes d'hégémonie.

## Démocratie et nationalisme : questions de légitimité

Débusquer et dénoncer les mécanismes d'exclusion sur lesquels est fondée (ou, dans une version plus faible, qui sont présents dans) la démocratie pluraliste, seule forme de démocratie fonctionnant réellement dans les sociétés modernes, ne revient pas pour autant à basculer dans la douceur sucrée de la gentille utopie ou à justifier l'aveugle révolte des victimes de l'exclusion. Il est possible de démontrer ce que les « récits fondateurs » de la démocratie occidentale ont de mythologique ou d'idéologique et d'expliquer pourquoi leur force de persuasion décline aujourd'hui. De là à proposer une solution miracle qui ignorerait les problèmes au lieu de les poser, il y a un fossé que l'on est trop souvent tenté de franchir allégrement. Mais ce risque n'est jamais une raison pour démissionner au départ et se réfugier dans un conservatisme prudent sous prétexte que « nous » vivons après tout dans le moins mauvais des mondes possibles. La question est en effet celle de la consistance actuelle de ce « nous », si aisément tenu pour acquis : les formules-fétiches de tous les journalistes commentateurs de sondages (« Les Français pensent que... ») ne sont en général contestées qu'eu égard à la signification de « l'opinion » ; mais il faut aller plus loin et se demander ce qu'est cette « communauté nationale » de citoyens que « nous » sommes supposés constituer.

Toute théorie politique à vocation justificatrice d'un régime a un aspect « conte de fées » où le prince épouse la bergère. La théorie démocratique moderne n'échappe pas à cette destinée. Sa particularité est que les bergers (et bien plus tard, et dans une moindre mesure, les bergères) y sont émancipés, et sont de ce fait supposés jouir des mêmes droits civils et politiques que les princes. Du coup, les princes ne sont plus immunisés contre la revendication égalitariste des bergers, qui a succédé au devoir paternaliste de protection dont les princes étaient chargés par leurs propres contes de fées. Les trois composantes institutionnelles des systèmes politiques occidentaux sont donc la composante libérale ou « civile », qui assure l'autonomie des individus et de la société civile (le marché des sphères privées) contre l'invasion étatique ; la composante démocratique (ou « civique »), qui fonde la légitimité sur la mobilisation des citoyens et leur participation à tous les stades du processus politique ; la composante « welfariste » ou solidariste, qui fait des citoyens des « clients » à qui l'État, ou toute forme d'organisation publique bureaucratique, fournit des biens collectifs et des transferts particuliers pour leur survie et leur bien-être matériel, social et culturel. Mais chaque composante est aussi en tension avec chacune des deux autres, le couple libéralisme-démocratie étant un pont aux ânes de la théorie politique, tout comme le couple libéralisme-*welfare* pour la théorie sociale.

En revanche le couple démocratie-*welfare* a rarement été perçu comme en tension, car il apparaît au premier abord logique d'assumer que les acteurs rationnels d'une démocratie ont tout intérêt à constituer une majorité favorable à l'État-providence et à ses institutions qui, une fois établies, renforceront les intérêts à les soutenir. Le modèle contractualiste semble suffisant pour fonder et légitimer cette organisation sociale. Contre cette thèse qui semble évidente à notre sens commun actuel, Claus Offe a tenté, non sans succès, de montrer logiquement qu'une démocratie d'acteurs rationnels guidés par leurs intérêts ne produit pas les institutions du *welfare*, si celles-ci ne sont pas soutenues par des solidarités et des modes d'intégration normatifs qui étayent la production continue de biens collectifs et la garantissent, *en dépit* du fait que la démocratie, plus qu'aucune autre forme de gouvernement, fournit des occasions moins coûteuses de se retirer du jeu et de faire obstacle à cette production. Dans de nombreux cas, c'est la notion de communauté d'intérêts et de destin, d'identité collective, en somme d'ordre (tenu pour) naturel qui est la ressource ultime permettant de définir un bien collectif et de légitimer sa production [28]. Or il est plausible que les bases sociales de cette nécessaire propension à la solidarité viennent à s'affaiblir pour des raisons structurelles tenant à la division du travail, à la fragmentation des classes, aux différenciations culturelles et à l'organisation comme à la représentation politiques. Ce n'est que dans ce cadre général que l'on peut prendre la mesure du problème des nouvelles immigrations trop souvent vues comme une déstabilisation externe de sociétés elles-mêmes stables. C'est en réalité presque le contraire : ces immigrations constituent un problème au moment où (et peut-être parce que) les sociétés européennes font face à des crises de régulation qui les privent des ressources nécessaires pour le traiter.

On est confronté ici à un redoutable problème qui n'a pas échappé à certains analystes politiques, sensibles à l'opposition entre les justifications individualistes et communautaristes de la démocratie. Le conte de fées occidental n'est pas seulement libéral, démocratique et solidariste, il est aussi un conte où les bergers ressemblent aux princes, et c'est cette commune appartenance culturelle, socialement construite et non donnée, d'ailleurs fortement imaginaire et en tout cas nullement exclusive de solides processus de distinction et de discrimination, qui en est venue à être admise comme « l'illusion bien fondée » nécessaire pour légitimer le *welfare* et la

---

28. « Democracy Against the Welfare State ? », *Political Theory*, novembre 1987.

social-démocratie. L'assomption est que tous les êtres humains sont caractérisés par quelque chose nommée nationalité, qu'ils vivent dans des unités politiquement centralisées, que celles-ci sont les seuls organismes de coercition légitimes, et qu'elles sont « correctes » seulement si elles sont perçues comme l'expression de cette nationalité. En d'autres termes, c'est une assomption nationaliste dont le cœur est que, si ceux qui gouvernent une unité politique appartiennent à une nation autre que celle à qui appartient la majorité des gouvernés, cela constitue une atteinte aux conventions politiques tout à fait intolérable. Par extension, la présence d'un nombre « excessif », jamais chiffrable, de non-nationaux dans le processus politique (voire, par une seconde extension, dans l'ensemble de l'espace social) est une atteinte aux mêmes conventions.

Cela a pour conséquence une théorie de la légitimité politique : le gouvernement légitime (dont le contraire est l'usurpateur) n'est pas celui qui gouverne justement et répond aux besoins des gouvernés, mais d'abord celui qui n'en est pas ethniquement (ou nationalement) séparé, qui lui ressemble. Plus exactement, celui qui ne ressemble pas est présumé manquer d'une des qualités constitutives du gouvernant responsable. Les critères de la ressemblance, ou les limites des frontières d'appartenance légitime, peuvent bien entendu varier considérablement : aucun gouvernement ne doit (ni ne peut) être la réplique sociale à l'échelon central de la composition nationale de la collectivité qu'il gouverne. L'identification au sommet national-gouvernant ne doit pas être poussée trop loin, pas plus que l'identification à la base national-citoyen : si l'étranger peut être expulsé du territoire national (sort dont le citoyen est à l'abri), il peut recevoir cependant des garanties contre l'arbitraire de la procédure d'expulsion, voir son séjour garanti, et évidemment jouir d'une série de droits civils, sociaux, parapolitiques (être membre d'un parti politique, par exemple) compris dans la citoyenneté. La triade identitaire « national-citoyen-gouvernant » reste cependant l'image forte constitutive à la fois du modèle nationaliste et du modèle démocratique.

Il serait loisible de montrer soigneusement comment ces deux contes fondateurs (le conte libéral-démocratique-social et le conte nationaliste) sont eux-mêmes fondés sur des processus qui les démentent partiellement. Le processus d'affran-

*intégration et citoyenneté*

chissement qui est la trame du premier s'accompagne sans arrêt d'un processus de clôture de l'univers politique qui exclut de nouveaux « citoyens passifs ». Le processus d'homogénéisation, voire de standardisation (par déclin des cultures de région ou de classe), qui sert de leitmotiv au second est lui aussi processus d'exclusion en même temps que d'intégration. Ni l'un ni l'autre n'ont jamais complètement fabriqué ces entités fortes, fermées et homogènes, les États (ou, dans d'autres langages, les « communautés politiques modernes »), les nations qui nous sont présentées avec tant de force par les idéologies démocratiques et nationalistes bien au-delà de l'univers occidental où elles se développèrent d'abord. L'on pourrait aussi montrer comment citoyenneté et nationalité sont, pour citer Max Weber, des concepts de « clôture sociale » déterminant les limites à (ou l'exclusion de) certains extérieurs à certaines interactions sociales. Ces clôtures découlent de la combinaison des localisations dans la structure sociale et la division du travail d'une part, et des clivages culturels (linguistiques, couleur de peau, sexe, religion) créant des sentiments communautaires plus ou moins forts, unissant les individus dans un « entre-soi » définissant du même coup « les autres ». Elles sont légitimées par des arbitraires culturels implicitement tenus pour évidents ou explicitement justifiés par des systèmes d'idées et de doctrines. Ces clôtures étant des arbitraires, ce qui signifie non qu'elles sont inexplicables, irrationnelles ou toujours moralement injustifiables (sauf du point de vue du royaume de Dieu), mais qu'elles sont des constructions sociales, constituant différentes formes de stratifications ne découlant pas immédiatement de la nature biologique et des programmes génétiques; elles sont toujours des solutions à des problèmes d'organisation sociale et leur remise en cause, totale ou partielle, manifeste qu'un nouveau problème est en train d'apparaître dans la réalité sociale. Ce problème n'est pas donné comme Minerve sortant toute casquée (dit-on), il est, à son tour, construit dans un ensemble conflictuel et polémique, où la nomination de ses termes est elle-même un objet de conflit (donc une part du problème).

On insistera pour terminer sur ce que ces deux contes ont de logiquement contradictoire et de sociologiquement complémentaire. Mais cette complémentarité qui a fonctionné à un moment de l'histoire européenne doit désormais être repensée. Le modèle citoyen-démocratique et le modèle nationaliste divergent dans les démocraties occidentales (qu'on les appelle, selon les chapelles, « postindustrielles », « postmodernes » ou de « capitalisme avancé » m'est assez indifférent). Le premier modèle, plus artificialiste, pose que les identités individuelles et collectives sont fondées contractuellement et qu'une communauté politique est potentiellement inclusive de tous ceux qui en sont laissés à l'extérieur, juridiquement et socialement, mais aussi (pourquoi pas ?) physiquement, à partir du moment où ces extérieurs-exclus ne se comportent pas en conquérants. Il constitue cette citoyenneté qui rassemble des *fellow-strangers*, pour citer la formule d'Alfred Schutz. Selon le second, plus naturaliste, les identités sont fondées moralement et précontractuellement, et une communauté politique, étant « une communauté de caractère, historiquement stable, association d'hommes et de femmes spécialement engagés les uns envers les autres et dotés d'un sens spécifique de leur vie commune » (dans les termes de Michael Walzer), a le droit intrinsèque d'exclure, ou du moins de refuser d'admettre les entrants tout comme un club le fait, ce droit étant cependant limité par la définition même de la communauté : les « parents » communautaires ou ethniques sont exceptés de l'exclusion. A l'opposé, les tenants les plus radicaux du premier modèle soutiennent une vue différente des droits, où priorité est donnée au droit égal de tous (sous-entendu : « quelle que soit leur localisation sociale ou géographique ») aux nécessités de base de la vie et sont au bord d'invoquer le principe de différence de Rawls pour justifier le devoir étatique d'accueil des immigrants. On juge, à ces débats dont on ne peut donner ici qu'un aperçu — qui pourrait être complété par les débats sur la « tolérance » de pratiques culturelles et des styles de vie dans l'espace public —, que le premier modèle est, potentiellement, indéfiniment inclusionnaire alors que le second est exclusionnaire. Mais l'inclusion ne fonde pas la solidarité car elle résulte de la loi et du marché, et non de l'adoption familiale. La solidarité avec les inclus suppose l'appel à l'autre modèle, celui de la communauté, qui seule permet de légitimer l'appel à l'égalité (ou la moindre inégalité) des chances de vie au nom de la parenté des styles de vie. Les deux modèles forment un cercle vertueux quand le naturalisme soutient l'artificialisme, c'est-à-dire quand la solidarité soutient l'inclusion grâce à la « face noire » de l'exclusion « naturelle » du non-national et de la « naturalisation »-assimilation du candidat à la nationalité. Cette solidarité entre les *insiders* grâce à l'exclusion des *outsiders* est admirablement formulée par Rousseau, quand ce dernier se demande comment les hommes aimeront leur pays si celui-ci n'est rien de plus pour eux que pour des étrangers et ne leur accorde que ce qu'il ne peut refuser à personne.

Ce schéma ne peut plus fonctionner tel quel et il s'est transformé en un dilemme. Les « nouvelles immigrations » constituent un défi aux traditions démocratiques : sous peine de les renier, les États européens doivent assumer les conséquences du modèle artificialiste de l'inclusion dans, et par, la citoyenneté, à un moment où la base communautaire nationale révèle sa face hideuse du rejet des « autres » sous la forme de la « préférence nationale » sans conserver sa face chaleureuse de solidarité des nationaux, et où les nouveaux immigrés et les nouveaux nationaux sont à la fois partie à, et victimes de, l'interminable conflit né du colonialisme et de l'impérialisme, dont les stéréotypes sont enfouis dans la mémoire collective des *insiders* comme des *outsiders*.

Il est permis, à partir de là, de réfléchir sur certains des problèmes les plus généraux de la sociologie du lien social dans les communautés politiques modernes, structurées par la société civile et non par la communauté des croyants ou des membres d'un même lignage, ou, à l'opposé, par un pouvoir impérial superposé aux communautés. Le pluralisme et la tolérance supposent-ils un sens commun préalable fourni par une homogénéisation sociale et culturelle créant l'illusion d'une communauté naturelle donnée (« nationale », par exemple) qui est la négation du pluralisme proclamé infiniment ouvert ? Toute une tradition sociologique, dont Durkheim est l'un des fleurons, insiste sur la constitution de la différence et de l'altérité par toute société en tant que conséquence de l'importance fonctionnelle d'un centre moral : les sociétés humaines ont toutes un aspect exclusionnaire, ou classificatoire, puisqu'elles sont stratifiées par le double processus de différenciation et d'évaluation. L'originalité des sociétés occidentales, s'il en est une, est que la constitution de ce centre moral est désormais plus problématique (en partie pour les raisons que Claus Offe donne), ce qui fait l'éclatement de la combinaison inclusion-exclusion : alors que la formule stato-nationale assurait l'inclusion interne en externalisant l'exclusion, la situation actuelle voit les deux processus s'internaliser ; l'inclusion s'accompagne de (demandes) d'exclusions internes dont les « Fronts nationaux » sont la traduction politique la plus apparente, car la lutte entre *insiders* et *outsiders*, schématisée jadis par Norbert Elias, se déroule désormais à la fois entre partenaires sociaux d'une même communauté nationale *et* entre partenaires de communautés différentes à l'intérieur d'un même ensemble résidentiel.

En présence d'un des défis le plus pressants à la théorie et à la pratique occidentale, il est aussi possible d'esquisser deux voies de recherche possibles. La première tiendrait compte du fait que la citoyenneté nationale n'est déjà plus ce statut compact garantissant au « national » qu'il n'est soumis qu'à son gouvernement et que ses droits lui sont réservés et déniés aux autres. Nombre de décisions collectives lui viennent d'appareils supranationaux, et de nombreux droits sont attachés aux résidents tout autant qu'aux nationaux. Tout comme aux États-Unis, la citoyenneté nationale est ainsi « dévaluée », ce qui affaiblit les valeurs émotionnelles qui nourrissent la civilité et le civisme, mais représente un gain immense pour les valeurs inclusionnaires et égalitaires. Mais il faut aussi tenir compte du fait que l'État-nation reste encore largement l'espace de perception des identités, le site des luttes sociales et le lieu de mise en sens des choix idéologiques et politiques, résultat provisoire de traditions historiques fortes. Peut-être la recherche d'une « nouvelle citoyenneté » devrait-elle aller de pair avec la réflexion sur les conditions sociales de construction de « nouvelles nationalités » et de nouvelles aires de solidarité...

# Table

Avertissement .................................. 7

## I / RACISMES ET DISCRIMINATIONS

1 / Les métamorphoses idéologiques du racisme et la crise de l'antiracisme *(Pierre-André Taguieff)*    13

2 / Racisme et antisémitisme dans l'opinion publique française *(Nonna Mayer)* .................. 64

3 / L'expansion du racisme populaire *(Michel Wieviorka)* ................................ 73

4 / Le Front national : du désert à l'enracinement *(Pascal Perrineau)* ......................... 83

5 / Des lois contre le racisme *(Jacqueline Costa-Lascoux)* ................................... 105

## II / IMMIGRATION ET INTÉGRATION

6 / Les politiques de l'immigration en France depuis la Seconde Guerre mondiale *(Patrick Weil)* .. 135

7 / « Immigrés », « immigration ». De quoi parler ? *(Simone Bonnafous)* .... .......... 144

8 / « Seuil de tolérance » et cohabitation pluri-ethnique *(Véronique de Rudder)* ........... 154

9 / Relations interethniques et formes d'intégration *(Riva Kastoryano)* ....................... 167

10 / Le logement des travailleurs immigrés : détournements et impasses d'une politique *(Patrick Weil)* .................................... 178

11 / La délinquance des étrangers *(Jacqueline Costa-Lascoux)* ................................. 189

12 / Les cahots de la prévention *(Christian Bachmann)* ............................... 196

13 / Les mouvements de « réislamisation » de la société *(Gilles Kepel)* ..................... 208

14 / L'intégrisme islamique en France : entre fantasmes et réalités *(Benjamin Stora)* ......... 216

## III / INTÉGRATION ET CITOYENNETÉ

15 / La différence culturelle. Défi à la société française *(Antoine Garapon, Hervé Hamon, Étienne Le Roy et al.)* ........................... 225

16 / Le système scolaire français : aide ou obstacle à l'intégration ? *(Danielle Boyzon-Fradet*, en collaboration avec *Serge Boulot)* ........ .. 236

17 / Penser l'« intégration » des immigrés *(Stéphane Beaud et Gérard Noiriel)* .................. 261

18 / Citoyenneté et particularisme. L'exemple des Juifs de France *(Pierre Birnbaum)* .......... 283

19 / L'Europe : de l'empire aux colonies intérieures *(Claude-Valentin Marie)*................... 296

20 / La citoyenneté en question *(Jean Leca)* 311

# Table du tome I.
## Les moyens d'agir

Avertissement.................................. 7

Introduction: la lutte contre le racisme, par-delà illusions et désillusions *(Pierre-André Taguieff)* . 11

### *I / ORIENTATIONS POUR L'ACTION*

1 / Nos peurs face au racisme *(Anne Tristan)* .... 47

2 / Peut-on faire appel à la police, et comment? *(Denis Langlois)* ......................... 54

3 / La justice est-elle efficace? *(Roland Rappaport)* 60

4 / La formation, une arme contre le racisme? Une expérience à Mantes-la-Jolie *(Charles Rojzman)* 72

5 / Que peut l'école contre le racisme? *(Alain Seksig)* 85

6 / Faut-il censurer Le Pen ? *(Gilles Perrault)* ... 101

7 / Pour l'intégration : conditions et instruments *(Harlem Désir)* .............................. 106

## II / DES MYTHES AUX PROBLÈMES : L'ARGUMENTATION XÉNOPHOBE PRISE AU MOT

*(Argumentaire coordonné par Annick Duraffour avec la collaboration de Claudine Guittonneau)*

8 / Démographie : « La France est envahie ».... 127
   *Argument n° 1 : la décadence* .............. 127
   *Argument n° 2 : l'invasion* ................ 130
   *Argument n° 3 : des chiffres que l'on cache.* 135
   *Argument n° 4 : l'immigration continue* ..... 138
   *Argument n° 5 : les faux réfugiés* .......... 145
   *Annexe :* la nationalité, une voie vers l'intégration *(Jacqueline Costa-Lascoux)* ......... 147

9 / Droits sociaux : « Les immigrés coûtent cher » 154
   *Argument n° 1 : le coût social de l'immigration* 154
   *Argument n° 2 : les dépenses de santé* ...... 158
   *Argument n° 3 : les prestations familiales* ... 161
   *Argument n° 4 : les retraites* ............... 163
   *Argument n° 5 : l'aide sociale* .............. 164

10 / École : « Les enfants d'immigrés font baisser le niveau » .................................. 167
   *Argument n° 1 : l'immigration, un danger pour l'école* .................................. 167
   *Argument n° 2 : les écoles-ghettos* .......... 168
   *Argument n° 3 : la baisse de niveau* ........ 171
   *Argument n° 4 : les cultures étrangères* ..... 173

11 / Emploi et économie : « Les immigrés prennent le travail des Français » .................... 177
   *Argument n° 1 : les immigrés responsables du chômage* ................................. 177

*Argument n° 2 : les immigrés profitent du chômage* .................................... 183
*Argument n° 3 : l'impossible intégration économique* ....................................... 184
*Argument n° 4 : l'immigration cause du retard économique* ................................ 186
*Argument n° 5 : l'immigration, frein au progrès social* .................................. 187

12 / Islam : « Une religion incompatible avec nos traditions culturelles » ...................... 189
*Argument n° 1 : la religion qui fait peur* .... 189
*Argument n° 2 : la France, future république islamique ?* ............................. 193
*Argument n° 3 : l'identité française menacée*. 198
*Argument n° 4 : une religion réfractaire à la laïcité* .................................. 204
*Argument n° 5 : l'islam incompatible avec le christianisme* ........................... 206
*Argument n° 6 : un obstacle à l'assimilation* . 209

13 / Logement : « Les immigrés prennent les logements des Français » ....................... 215
*Argument n° 1 : la pénurie de logements* .... 215
*Argument n° 2 : le « racisme antifrançais »* .. 218

14 / Sécurité : « Les immigrés sont la cause principale de l'insécurité en France » ............. 223
*Argument n° 1 : la surdélinquance des immigrés* 223
*Argument n° 2 : l'insécurité croissante* ...... 230
*Argument n° 3 : la peur gagne* ............. 232

Annexe : les condamnations pour racisme et antisémitisme de Jean-Marie Le Pen ............... 235

IMPRIMERIE HÉRISSEY À ÉVREUX (EURE)
DÉPÔT LÉGAL NOVEMBRE 1993. N° 20979 (62868)

# Collection Points

**SÉRIE ESSAIS**

1. Histoire du surréalisme, *par Maurice Nadeau*
2. Une théorie scientifique de la culture
   *par Bronislaw Malinowski*
3. Malraux, Camus, Sartre, Bernanos, *par Emmanuel Mounier*
4. L'Homme unidimensionnel, *par Herbert Marcuse* (épuisé)
5. Écrits I, *par Jacques Lacan*
6. Le Phénomène humain, *par Pierre Teilhard de Chardin*
7. Les Cols blancs, *par C. Wright Mills*
8. Littérature et Sensation. Stendhal, Flaubert
   *par Jean-Pierre Richard*
9. La Nature dé-naturée, *par Jean Dorst*
10. Mythologies, *par Roland Barthes*
11. Le Nouveau Théâtre américain
    *par Franck Jotterand* (épuisé)
12. Morphologie du conte, *par Vladimir Propp*
13. L'Action sociale, *par Guy Rocher*
14. L'Organisation sociale, *par Guy Rocher*
15. Le Changement social, *par Guy Rocher*
17. Essais de linguistique générale
    *par Roman Jakobson* (épuisé)
18. La Philosophie critique de l'histoire, *par Raymond Aron*
19. Essais de sociologie, *par Marcel Mauss*
20. La Part maudite, *par Georges Bataille* (épuisé)
21. Écrits II, *par Jacques Lacan*
22. Éros et Civilisation, *par Herbert Marcuse* (épuisé)
23. Histoire du roman français depuis 1918
    *par Claude-Edmonde Magny*
24. L'Écriture et l'Expérience des limites, *par Philippe Sollers*
25. La Charte d'Athènes, *par Le Corbusier*
26. Peau noire, Masques blancs, *par Frantz Fanon*
27. Anthropologie, *par Edward Sapir*
28. Le Phénomène bureaucratique, *par Michel Crozier*
29. Vers une civilisation des loisirs ?, *par Joffre Dumazedier*
30. Pour une bibliothèque scientifique
    *par François Russo* (épuisé)
31. Lecture de Brecht, *par Bernard Dort*
32. Ville et Révolution, *par Anatole Kopp*
33. Mise en scène de Phèdre, *par Jean-Louis Barrault*
34. Les Stars, *par Edgar Morin*
35. Le Degré zéro de l'écriture
    *suivi de* Nouveaux Essais critiques, *par Roland Barthes*
36. Libérer l'avenir, *par Ivan Illich*

37. Structure et Fonction dans la société primitive
    *par A. R. Radcliffe-Brown*
38. Les Droits de l'écrivain, *par Alexandre Soljenitsyne*
39. Le Retour du tragique, *par Jean-Marie Domenach*
41. La Concurrence capitaliste
    *par Jean Cartell et Pierre-Yves Cossé* (épuisé)
42. Mise en scène d'Othello, *par Constantin Stanislavski*
43. Le Hasard et la Nécessité, *par Jacques Monod*
44. Le Structuralisme en linguistique, *par Oswald Ducrot*
45. Le Structuralisme : Poétique, *par Tzvetan Todorov*
46. Le Structuralisme en anthropologie, *par Dan Sperber*
47. Le Structuralisme en psychanalyse, *par Moustapha Safouan*
48. Le Structuralisme : Philosophie, *par François Wahl*
49. Le Cas Dominique, *par Françoise Dolto*
51. Trois Essais sur le comportement animal et humain
    *par Konrad Lorenz*
52. Le Droit à la ville, *suivi de* Espace et Politique
    *par Henri Lefebvre*
53. Poèmes, *par Léopold Sédar Senghor*
54. Les Élégies de Duino, *suivi de* Les Sonnets à Orphée
    *par Rainer Maria Rilke* (édition bilingue)
55. Pour la sociologie, *par Alain Touraine*
56. Traité du caractère, *par Emmanuel Mounier*
57. L'Enfant, sa « maladie » et les autres, *par Maud Mannoni*
58. Langage et Connaissance, *par Adam Schaff*
59. Une saison au Congo, *par Aimé Césaire*
61. Psychanalyser, *par Serge Leclaire*
63. Mort de la famille, *par David Cooper*
64. A quoi sert la Bourse ?, *par Jean-Claude Leconte* (épuisé)
65. La Convivialité, *par Ivan Illich*
66. L'Idéologie structuraliste, *par Henri Lefebvre*
67. La Vérité des prix, *par Hubert Lévy-Lambert* (épuisé)
68. Pour Gramsci, *par Maria-Antonietta Macciocchi*
69. Psychanalyse et Pédiatrie, *par Françoise Dolto*
70. S/Z, *par Roland Barthes*
71. Poésie et Profondeur, *par Jean-Pierre Richard*
72. Le Sauvage et l'Ordinateur, *par Jean-Marie Domenach*
73. Introduction à la littérature fantastique
    *par Tzvetan Todorov*
74. Figures I, *par Gérard Genette*
75. Dix Grandes Notions de la sociologie, *par Jean Cazeneuve*
76. Mary Barnes, un voyage à travers la folie
    *par Mary Barnes et Joseph Berke*
77. L'Homme et la Mort, *par Edgar Morin*
78. Poétique du récit, *par Roland Barthes,
    Wayne Booth, Wolfgang Kayser et Philippe Hamon*

79. Les Libérateurs de l'amour, *par Alexandrian*
80. Le Macroscope, *par Joël de Rosnay*
81. Délivrance, *par Maurice Clavel et Philippe Sollers*
82. Système de la peinture, *par Marcelin Pleynet*
83. Pour comprendre les média, *par M. McLuhan*
84. L'Invasion pharmaceutique
    *par Jean-Pierre Dupuy et Serge Karsenty*
85. Huit Questions de poétique, *par Roman Jakobson*
86. Lectures du désir, *par Raymond Jean*
87. Le Traître, *par André Gorz*
88. Psychiatrie et Antipsychiatrie, *par David Cooper*
89. La Dimension cachée, *par Edward T. Hall*
90. Les Vivants et la Mort, *par Jean Ziegler*
91. L'Unité de l'homme, *par le Centre Royaumont*
    1. Le primate et l'homme
    *par E. Morin et M. Piattelli-Palmarini*
92. L'Unité de l'homme, *par le Centre Royaumont*
    2. Le cerveau humain
    *par E. Morin et M. Piattelli-Palmarini*
93. L'Unité de l'homme, *par le Centre Royaumont*
    3. Pour une anthropologie fondamentale
    *par E. Morin et M. Piattelli-Palmarini*
94. Pensées, *par Blaise Pascal*
95. L'Exil intérieur, *par Roland Jaccard*
96. Semeiotiké, recherches pour une sémanalyse
    *par Julia Kristeva*
97. Sur Racine, *par Roland Barthes*
98. Structures syntaxiques, *par Noam Chomsky*
99. Le Psychiatre, son « fou » et la psychanalyse
    *par Maud Mannoni*
100. L'Écriture et la Différence, *par Jacques Derrida*
101. Le Pouvoir africain, *par Jean Ziegler*
102. Une logique de la communication
    *par P. Watzlawick, J. Helmick Beavin, Don D. Jackson*
103. Sémantique de la poésie, *par T. Todorov, W. Empson
    J. Cohen, G. Hartman, F. Rigolot*
104. De la France, *par Maria-Antonietta Macciocchi*
105. Small is beautiful, *par E. F. Schumacher*
106. Figures II, *par Gérard Genette*
107. L'Œuvre ouverte, *par Umberto Eco*
108. L'Urbanisme, *par Françoise Choay*
109. Le Paradigme perdu, *par Edgar Morin*
110. Dictionnaire encyclopédique des sciences du langage
    *par Oswald Ducrot et Tzvetan Todorov*
111. L'Évangile au risque de la psychanalyse, tome 1
    *par Françoise Dolto*

112. Un enfant dans l'asile, *par Jean Sandretto*
113. Recherche de Proust, *ouvrage collectif*
114. La Question homosexuelle, *par Marc Oraison*
115. De la psychose paranoïaque dans ses rapports avec la personnalité, *par Jacques Lacan*
116. Sade, Fourier, Loyola, *par Roland Barthes*
117. Une société sans école, *par Ivan Illich*
118. Mauvaises Pensées d'un travailleur social *par Jean-Marie Geng*
119. Albert Camus, *par Herbert R. Lottman*
120. Poétique de la prose, *par Tzvetan Todorov*
121. Théorie d'ensemble, *par Tel Quel*
122. Némésis médicale, *par Ivan Illich*
123. La Méthode
    1. La nature de la nature, *par Edgar Morin*
124. Le Désir et la Perversion, *ouvrage collectif*
125. Le Langage, cet inconnu, *par Julia Kristeva*
126. On tue un enfant, *par Serge Leclaire*
127. Essais critiques, *par Roland Barthes*
128. Le Je-ne-sais-quoi et le Presque-rien
    1. La manière et l'occasion, *par Vladimir Jankélévitch*
129. L'Analyse structurale du récit, Communications 8 *ouvrage collectif*
130. Changements, Paradoxes et Psychothérapie *par P. Watzlawick, J. Weakland et R. Fisch*
131. Onze Études sur la poésie moderne *par Jean-Pierre Richard*
132. L'Enfant arriéré et sa mère, *par Maud Mannoni*
133. La Prairie perdue (Le Roman américain) *par Jacques Cabau*
134. Le Je-ne-sais-quoi et le Presque-rien
    2. La méconnaissance, *par Vladimir Jankélévitch*
135. Le Plaisir du texte, *par Roland Barthes*
136. La Nouvelle Communication, *ouvrage collectif*
137. Le Vif du sujet, *par Edgar Morin*
138. Théories du langage, Théories de l'apprentissage *par le Centre Royaumont*
139. Baudelaire, la Femme et Dieu, *par Pierre Emmanuel*
140. Autisme et Psychose de l'enfant, *par Frances Tustin*
141. Le Harem et les Cousins, *par Germaine Tillion*
142. Littérature et Réalité, *ouvrage collectif*
143. La Rumeur d'Orléans, *par Edgar Morin*
144. Partage des femmes, *par Eugénie Lemoine-Luccioni*
145. L'Évangile au risque de la psychanalyse, tome 2 *par Françoise Dolto*
146. Rhétorique générale, *par le Groupe* μ

147. Système de la mode, *par Roland Barthes*
148. Démasquer le réel, *par Serge Leclaire*
149. Le Juif imaginaire, *par Alain Finkielkraut*
150. Travail de Flaubert, *ouvrage collectif*
151. Journal de Californie, *par Edgar Morin*
152. Pouvoirs de l'horreur, *par Julia Kristeva*
153. Introduction à la philosophie de l'histoire de Hegel
    *par Jean Hyppolite*
154. La Foi au risque de la psychanalyse
    *par Françoise Dolto et Gérard Sévérin*
155. Un lieu pour vivre, *par Maud Mannoni*
156. Scandale de la vérité, *suivi de* Nous autres Français
    *par Georges Bernanos*
157. Enquête sur les idées contemporaines
    *par Jean-Marie Domenach*
158. L'Affaire Jésus, *par Henri Guillemin*
159. Paroles d'étranger, *par Élie Wiesel*
160. Le Langage silencieux, *par Edward T. Hall*
161. La Rive gauche, *par Herbert R. Lottman*
162. La Réalité de la réalité, *par Paul Watzlawick*
163. Les Chemins de la vie, *par Joël de Rosnay*
164. Dandies, *par Roger Kempf*
165. Histoire personnelle de la France, *par François George*
166. La Puissance et la Fragilité, *par Jean Hamburger*
167. Le Traité du sablier, *par Ernst Jünger*
168. Pensée de Rousseau, *ouvrage collectif*
169. La Violence du calme, *par Viviane Forrester*
170. Pour sortir du XX$^e$ siècle, *par Edgar Morin*
171. La Communication, Hermès I, *par Michel Serres*
172. Sexualités occidentales, Communications 35
    *ouvrage collectif*
173. Lettre aux Anglais, *par Georges Bernanos*
174. La Révolution du langage poétique, *par Julia Kristeva*
175. La Méthode
    2. La vie de la vie, *par Edgar Morin*
176. Théories du symbole, *par Tzvetan Todorov*
177. Mémoires d'un névropathe, *par Daniel Paul Schreber*
178. Les Indes, *par Édouard Glissant*
179. Clefs pour l'Imaginaire ou l'Autre Scène
    *par Octave Mannoni*
180. La Sociologie des organisations, *par Philippe Bernoux*
181. Théorie des genres, *ouvrage collectif*
182. Le Je-ne-sais-quoi et le Presque-rien
    3. La volonté de vouloir, *par Vladimir Jankélévitch*
183. Le Traité du rebelle, *par Ernst Jünger*
184. Un homme en trop, *par Claude Lefort*

185. Théâtres, *par Bernard Dort*
186. Le Langage du changement, *par Paul Watzlawick*
187. Lettre ouverte à Freud, *par Lou Andreas-Salomé*
188. La Notion de littérature, *par Tzvetan Todorov*
189. Choix de poèmes, *par Jean-Claude Renard*
190. Le Langage et son double, *par Julien Green*
191. Au-delà de la culture, *par Edward T. Hall*
192. Au jeu du désir, *par Françoise Dolto*
193. Le Cerveau planétaire, *par Joël de Rosnay*
194. Suite anglaise, *par Julien Green*
195. Michelet, *par Roland Barthes*
196. Hugo, *par Henri Guillemin*
197. Zola, *par Marc Bernard*
198. Apollinaire, *par Pascal Pia*
199. Paris, *par Julien Green*
200. Voltaire, *par René Pomeau*
201. Montesquieu, *par Jean Starobinski*
202. Anthologie de la peur, *par Éric Jourdan*
203. Le Paradoxe de la morale, *par Vladimir Jankélévitch*
204. Saint-Exupéry, *par Luc Estang*
205. Leçon, *par Roland Barthes*
206. François Mauriac
    1. Le sondeur d'abîmes (1885-1933), *par Jean Lacouture*
207. François Mauriac
    2. Un citoyen du siècle (1933-1970), *par Jean Lacouture*
208. Proust et le Monde sensible, *par Jean-Pierre Richard*
209. Nus, Féroces et Anthropophages, *par Hans Staden*
210. Œuvre poétique, *par Léopold Sédar Senghor*
211. Les Sociologies contemporaines, *par Pierre Ansart*
212. Le Nouveau Roman, *par Jean Ricardou*
213. Le Monde d'Ulysse, *par Moses I. Finley*
214. Les Enfants d'Athéna, *par Nicole Loraux*
215. La Grèce ancienne, tome 1
    *par Jean-Pierre Vernant et Pierre Vidal-Naquet*
216. Rhétorique de la poésie, *par le Groupe µ*
217. Le Séminaire. Livre XI, *par Jacques Lacan*
218. Don Juan ou Pavlov
    *par Claude Bonnange et Chantal Thomas*
219. L'Aventure sémiologique, *par Roland Barthes*
220. Séminaire de psychanalyse d'enfants, tome 1
    *par Françoise Dolto*
221. Séminaire de psychanalyse d'enfants, tome 2
    *par Françoise Dolto*
222. Séminaire de psychanalyse d'enfants
    tome 3, Inconscient et destins, *par Françoise Dolto*
223. État modeste, État moderne, *par Michel Crozier*

224. Vide et Plein, *par François Cheng*
225. Le Père : acte de naissance, *par Bernard This*
226. La Conquête de l'Amérique, *par Tzvetan Todorov*
227. Temps et Récit, tome 1, *par Paul Ricœur*
228. Temps et Récit, tome 2, *par Paul Ricœur*
229. Temps et Récit, tome 3, *par Paul Ricœur*
230. Essais sur l'individualisme, *par Louis Dumont*
231. Histoire de l'architecture et de l'urbanisme modernes
    1. Idéologies et pionniers (1800-1910), *par Michel Ragon*
232. Histoire de l'architecture et de l'urbanisme modernes
    2. Naissance de la cité moderne (1900-1940)
    *par Michel Ragon*
233. Histoire de l'architecture et de l'urbanisme modernes
    3. De Brasilia au post-modernisme (1940-1991)
    *par Michel Ragon*
234. La Grèce ancienne, tome 2
    *par Jean-Pierre Vernant et Pierre Vidal-Naquet*
235. Quand dire, c'est faire, *par J. L. Austin*
236. La Méthode
    3. La Connaissance de la Connaissance, *par Edgar Morin*
237. Pour comprendre *Hamlet*, *par John Dover Wilson*
238. Une place pour le père, *par Aldo Naouri*
239. L'Obvie et l'Obtus, *par Roland Barthes*
240. Mythe et Société en Grèce ancienne
    *par Jean-Pierre Vernant*
241. L'Idéologie, *par Raymond Boudon*
242. L'Art de se persuader, *par Raymond Boudon*
243. La Crise de l'État-providence, *par Pierre Rosanvallon*
244. L'État, *par Georges Burdeau*
245. L'Homme qui prenait sa femme pour un chapeau
    *par Oliver Sacks*
246. Les Grecs ont-ils cru à leurs mythes ?, *par Paul Veyne*
247. La Danse de la vie, *par Edward T. Hall*
248. L'Acteur et le Système
    *par Michel Crozier et Erhard Friedberg*
249. Esthétique et Poétique, *collectif*
250. Nous et les Autres, *par Tzvetan Todorov*
251. L'Image inconsciente du corps, *par Françoise Dolto*
252. Van Gogh ou l'Enterrement dans les blés
    *par Viviane Forrester*
253. George Sand ou le Scandale de la liberté, *par Joseph Barry*
254. Critique de la communication, *par Lucien Sfez*
255. Les Partis politiques, *par Maurice Duverger*
256. La Grèce ancienne, tome 3
    *par Jean-Pierre Vernant et Pierre Vidal-Naquet*
257. Palimpsestes, *par Gérard Genette*

258. Le Bruissement de la langue, *par Roland Barthes*
259. Relations internationales
    1. Questions régionales, *par Philippe Moreau Defarges*
260. Relations internationales
    2. Questions mondiales, *par Philippe Moreau Defarges*
261. Voici le temps du monde fini, *par Albert Jacquard*
262. Les Anciens Grecs, *par Moses I. Finley*
263. L'Éveil, *par Oliver Sacks*
264. La Vie politique en France, *ouvrage collectif*
265. La Dissémination, *par Jacques Derrida*
266. Un enfant psychotique, *par Anny Cordié*
267. La Culture au pluriel, *par Michel de Certeau*
268. La Logique de l'honneur, *par Philippe d'Iribarne*
269. Bloc-notes, tome 1 (1952-1957), *par François Mauriac*
270. Bloc-notes, tome 2 (1958-1960), *par François Mauriac*
271. Bloc-notes, tome 3 (1961-1964), *par François Mauriac*
272. Bloc-notes, tome 4 (1965-1967), *par François Mauriac*
273. Bloc-notes, tome 5 (1968-1970), *par François Mauriac*
274. Face au racisme
    1. Les moyens d'agir
    *sous la direction de Pierre-André Taguieff*
275. Face au racisme
    2. Analyses, hypothèses, perspectives
    *sous la direction de Pierre André Taguieff*

# Collection Points

**SÉRIE HISTOIRE**

DERNIERS TITRES PARUS

H50. Histoire de la bourgeoisie en France
2. Les Temps modernes, *par Régine Pernoud*
H51. Histoire des passions françaises (1848-1945)
1. Ambition et amour, *par Theodore Zeldin*
H52. Histoire des passions françaises (1848-1945)
2. Orgueil et intelligence, *par Theodore Zeldin* (épuisé)
H53. Histoire des passions françaises (1848-1945)
3. Goût et corruption, *par Theodore Zeldin*
H54 Histoire des passions françaises (1848-1945)
4. Colère et politique, *par Theodore Zeldin*
H55. Histoire des passions françaises (1848-1945)
5. Anxiété et hypocrisie, *par Theodore Zeldin*
H56. Histoire de l'éducation dans l'Antiquité
1. Le monde grec, *par Henri-Irénée Marrou*
H57. Histoire de l'éducation dans l'Antiquité
2. Le monde romain, *par Henri-Irénée Marrou*
H58. La Faillite du Cartel, 1924-1926
(Leçon d'histoire pour une gauche au pouvoir)
*par Jean-Noël Jeanneney*
H59. Les Porteurs de valises
*par Hervé Hamon et Patrick Rotman*
H60. Histoire de la guerre d'Algérie, 1954-1962
*par Bernard Droz et Évelyne Lever*
H61. Les Occidentaux, *par Alfred Grosser*
H62. La Vie au Moyen Age, *par Robert Delort*
H63. Politique étrangère de la France
(La Décadence, 1932-1939)
*par Jean-Baptiste Duroselle*
H64. Histoire de la guerre froide
1. De la révolution d'Octobre à la guerre de Corée, 1917-1950
*par André Fontaine*
H65. Histoire de la guerre froide
2. De la guerre de Corée à la crise des alliances, 1950-1963
*par André Fontaine*
H66. Les Incas, *par Alfred Métraux*
H67. Les Écoles historiques, *par Guy Bourdé et Hervé Martin*
H68. Le Nationalisme français, 1871-1914, *par Raoul Girardet*
H69. La Droite révolutionnaire, 1885-1914, *par Zeev Sternhell*
H70. L'Argent caché, *par Jean-Noël Jeanneney*

H71. Histoire économique de la France du XVIIIᵉ siècle à nos jours
1. De l'Ancien Régime à la Première Guerre mondiale
*par Jean-Charles Asselain*
H72. Histoire économique de la France du XVIIIᵉ siècle à nos jours
2. De 1919 à la fin des années 1970
*par Jean-Charles Asselain*
H73. La Vie politique sous la IIIᵉ République
*par Jean-Marie Mayeur*
H74. La Grèce archaïque d'Homère à Eschyle
*par Claude Mossé*
H75. Histoire de la « détente », 1962-1981
*par André Fontaine*
H76. Études sur la France de 1939 à nos jours
*par la revue « L'Histoire »*
H77. L'Afrique au XXᵉ siècle, *par Elikia M'Bokolo*
H78. Les Intellectuels au Moyen Age
*par Jacques Le Goff*
H79. Fernand Pelloutier, *par Jacques Julliard*
H80. L'Église des premiers temps, *par Jean Daniélou*
H81. L'Église de l'Antiquité tardive
*par Henri-Irénée Marrou*
H82. L'Homme devant la mort
1. Le temps des gisants, *par Philippe Ariès*
H83. L'Homme devant la mort
2. La mort ensauvagée, *par Philippe Ariès*
H84. Le Tribunal de l'impuissance, *par Pierre Darmon*
H85. Histoire générale du XXᵉ siècle
1. Jusqu'en 1949. Déclins européens
*par Bernard Droz et Anthony Rowley*
H86. Histoire générale du XXᵉ siècle
2. Jusqu'en 1949. La naissance du monde contemporain
*par Bernard Droz et Anthony Rowley*
H87. La Grèce ancienne, *par la revue « L'Histoire »*
H88. Les Ouvriers dans la société française
*par Gérard Noiriel*
H89. Les Américains de 1607 à nos jours
1. Naissance et essor des États-Unis, 1607 à 1945
*par André Kaspi*
H90. Les Américains de 1607 à nos jours
2. Les États-Unis de 1945 à nos jours, *par André Kaspi*
H91. Le Sexe et l'Occident, *par Jean-Louis Flandrin*
H92. Le Propre et le Sale, *par Georges Vigarello*
H93. La Guerre d'Indochine, 1945-1954
*par Jacques Dalloz*
H94. L'Édit de Nantes et sa révocation
*par Janine Garrisson*

- H95. Les Chambres à gaz, secret d'État
  *par Eugen Kogon, Hermann Langbein et Adalbert Rückerl*
- H96. Histoire générale du XXᵉ siècle
  3. Depuis 1950. Expansion et indépendance (1950-1973)
  *par Bernard Droz et Anthony Rowley*
- H97. La Fièvre hexagonale, 1871-1968, *par Michel Winock*
- H98. La Révolution en questions, *par Jacques Solé*
- H99. Les Byzantins, *par Alain Ducellier*
- H100. Les Croisades, *par la revue « L'Histoire »*
- H101. La Chute de la monarchie (1787-1792)
  *par Michel Vovelle*
- H102. La République jacobine (10 août 1792 - 9 Thermidor an II)
  *par Marc Bouloiseau*
- H103. La République bourgeoise
  (de Thermidor à Brumaire, 1794-1799)
  *par Denis Woronoff*
- H104. La France napoléonienne (1799-1815)
  1. Aspects intérieurs, *par Louis Bergeron*
- H105. La France napoléonienne (1799-1815)
  2. Aspects extérieurs, *par Roger Dufraisse* (à paraître)
- H106. La France des notables (1815-1848)
  1. L'évolution générale
  *par André Jardin et André-Jean Tudesq*
- H107. La France des notables (1815-1848)
  2. La vie de la nation
  *par André Jardin et André-Jean Tudesq*
- H108. 1848 ou l'Apprentissage de la République (1848-1852)
  *par Maurice Agulhon*
- H109. De la fête impériale au mur des fédérés (1852-1871)
  *par Alain Plessis*
- H110. Les Débuts de la Troisième République (1871-1898)
  *par Jean-Marie Mayeur*
- H111. La République radicale ? (1898-1914)
  *par Madeleine Rebérioux*
- H112. Victoire et Frustrations (1914-1929)
  *par Jean-Jacques Becker et Serge Berstein*
- H113. La Crise des années 30 (1929-1938)
  *par Dominique Borne et Henri Dubief*
- H114. De Munich à la Libération (1938-1944)
  *par Jean-Pierre Azéma*
- H115. La France de la Quatrième République (1944-1958)
  1. L'ardeur et la nécessité (1944-1952)
  *par Jean-Pierre Rioux*
- H116. La France de la Quatrième République (1944-1958)
  2. L'expansion et l'impuissance (1952-1958)
  *par Jean-Pierre Rioux*

H117. La France de l'expansion (1958-1974)
1. La République gaullienne (1958-1969)
*par Serge Berstein*
H118. La France de l'expansion (1958-1974)
2. Croissance et crise (1969-1974)
*par Serge Berstein et Jean-Pierre Rioux* (à paraître)
H119. La France de 1974 à nos jours
*par Jean-Jacques Becker* (à paraître)
H120. Textes et Documents d'histoire contemporaine
*par Christophe Prochasson et Olivier Wieviorka*
H121. Les Paysans dans la société française
*par Annie Moulin*
H122. Portrait historique de Christophe Colomb
*par Marianne Mahn-Lot*
H123. Vie et Mort de l'ordre du Temple, *par Alain Demurger*
H124. La Guerre d'Espagne, *par Guy Hermet*
H125. Histoire de France, *sous la direction de Jean Carpentier et François Lebrun*
H126. Empire colonial et Capitalisme français
*par Jacques Marseille*
H127. Genèse culturelle de l'Europe (Vᵉ-VIIIᵉ siècle)
*par Michel Banniard*
H128. Les Années trente, *par la revue « L'Histoire »*
H129. Mythes et Mythologies politiques, *par Raoul Girardet*
H130. La France de l'an Mil, *collectif*
H131. Nationalisme, Antisémitisme et Fascisme en France
*par Michel Winock*
H132. De Gaulle 1. Le rebelle (1890-1944)
*par Jean Lacouture*
H133. De Gaulle 2. Le politique (1944-1959)
*par Jean Lacouture*
H134. De Gaulle 3. Le souverain (1959-1970)
*par Jean Lacouture*
H135. Le Syndrome de Vichy, *par Henri Rousso*
H136. Chronique des années soixante, *par Michel Winock*
H137. La Société anglaise, *par François Bédarida*
H138. L'Abîme 1939-1944. La politique étrangère de la France
*par Jean-Baptiste Duroselle*
H139. La Culture des apparences, *par Daniel Roche*
H140. Amour et Sexualité en Occident, *par la revue « L'Histoire »*
H141. Le Corps féminin, *par Philippe Perrot*
H142. Les Galériens, *par André Zysberg*
H143. Histoire de l'antisémitisme 1. L'âge de la foi
*par Léon Poliakov*
H144. Histoire de l'antisémitisme 2. L'âge de la science
*par Léon Poliakov*

H145. L'Épuration française (1944-1949), *par Peter Novick*
H146. L'Amérique latine au XXᵉ siècle (1889-1929)
*par Leslie Manigat*
H147. Les Fascismes, *par Pierre Milza*
H148. Histoire sociale de la France au XIXᵉ siècle
*par Christophe Charle*
H149. L'Allemagne de Hitler, *par la revue « L'Histoire »*
H150. Les Révolutions d'Amérique latine
*par Pierre Vayssière*
H151. Le Capitalisme « sauvage » aux États-Unis (1860-1900)
*par Marianne Debouzy*
H152. Concordances des temps
*par Jean-Noël Jeanneney*
H153. Diplomatie et Outil militaire
*par Jean Doise et Maurice Vaïsse*
H154. Histoire des démocraties populaires
1. L'ère de Staline, *par François Fejtö*
H155. Histoire des démocraties populaires
2. Après Staline, *par François Fejtö*
H156. La Vie fragile, *par Arlette Farge*
H157. Histoire de l'Europe, *sous la direction de Jean Carpentier et François Lebrun*
H158. L'État SS, *par Eugen Kogon*
H159. L'Aventure de l'Encyclopédie, *par Robert Darnton*
H160. Histoire générale du XXᵉ siècle
4. Crises et mutations de 1973 à nos jours
*par Bernard Droz et Anthony Rowley*
H161. Le Creuset français, *par Gérard Noiriel*
H162. Le Socialisme en France et en Europe, XIXᵉ-XXᵉ siècle
*par Michel Winock*
H163. 14-18 : Mourir pour la patrie, *par la revue « L'Histoire »*
H164. La Guerre de Cent Ans vue par ceux qui l'ont vécue
*par Michel Mollat du Jourdin*
H165. L'École, l'Église et la République
*par Mona Ozouf*
H166. Histoire de la France rurale
1. La formation des campagnes françaises
(des origines à 1340)
*sous la direction de Georges Duby et Armand Wallon*
H167. Histoire de la France rurale
2. L'âge classique des paysans (de 1340 à 1789)
*sous la direction de Georges Duby et Armand Wallon*
H168. Histoire de la France rurale
3. Apogée et crise de la civilisation paysanne
(de 1789 à 1914)
*sous la direction de Georges Duby et Armand Wallon*

H169. Histoire de la France rurale
   4. La fin de la France paysanne (depuis 1914)
   *sous la direction de Georges Duby et Armand Wallon*
H170. Initiation à l'Orient ancien, *par la revue « L'Histoire »*
H171. La Vie élégante, *par Anne Martin-Fugier*
H172. L'État en France de 1789 à nos jours
   *par Pierre Rosanvallon*
H173. Requiem pour un empire défunt, *par François Fejtö*
H174. Les animaux ont une histoire, *par Robert Delort*
H175. Histoire des peuples arabes, *par Albert Hourani*
H176. Paris, histoire d'une ville, *par Bernard Marchand*
H177. Le Japon au XX$^e$ siècle, *par Jacques Gravereau*
H178. L'Algérie des Français, *par la revue « L'Histoire »*
H179. L'URSS de la Révolution à la mort de Staline, 1917-1953
   *par Hélène Carrère d'Encausse*
H180. Histoire médiévale de la Péninsule ibérique
   *par Adeline Rucquoi*


H201. Les Origines franques (V$^e$-IX$^e$ siècle)
   *par Stéphane Lebecq*
H202. L'Héritage des Charles (de la mort de Charlemagne
   aux environs de l'an mil), *par Laurent Theis*
H203. L'Ordre seigneurial (XI$^e$-XII$^e$ siècle)
   *par Dominique Barthélemy*
H204. Temps d'équilibres, Temps de ruptures
   *par Monique Bourin-Derruau*
H205. Temps de crises, Temps d'espoirs
   *par Alain Demurger*
H206. La France et l'Occident médiéval
   de Charlemagne à Charles VIII
   *par Robert Delort*
H207. Royauté, Renaissance et Réforme (1483-1559)
   *par Janine Garrisson*
H208. Guerre civile et Compromis (1559-1598)
   *par Janine Garrisson*
H209. La Naissance dramatique de l'absolutisme (1598-1661)
   *par Yves-Marie Bercé*
H210. La Puissance et la Guerre (1661-1715)
   *par André Zysberg* (à paraître)
H211. L'État et les Lumières (1715-1783)
   *par André Zysberg* (à paraître)